# 胡锦涛文选

## 第 一 卷

人民出版社

图书在版编目(CIP)数据

胡锦涛文选　第一卷/胡锦涛著.
-北京:人民出版社,2016.9(2017.1 重印)
ISBN 978 - 7 - 01 - 016718 - 3

Ⅰ.①胡…　Ⅱ.①胡…　Ⅲ.①胡锦涛-选集　Ⅳ.①D2-0

中国版本图书馆 CIP 数据核字(2016)第 222633 号

# 胡 锦 涛 文 选
## HU JINTAO WENXUAN

### 第 一 卷

**人民出版社** 出版发行
(100706　北京市东城区隆福寺街 99 号)

北京盛通印刷股份有限公司印刷　新华书店经销

2016 年 9 月第 1 版　2017 年 1 月北京第 6 次印刷
开本:635 毫米×927 毫米 1/16　印张:36.25　插页:1
字数:375 千字　印数:120,001—130,000 册

ISBN 978 - 7 - 01 - 016718 - 3　定价:55.00 元

邮购地址 100706　北京市东城区隆福寺街 99 号
人民东方图书销售中心　电话 (010)65250042　65289539

胡锦涛

# 出 版 说 明

　　《胡锦涛文选》第一卷收入的是胡锦涛同志在一九八八年六月八日至二○○二年九月二日这段时间内的重要著作,共有报告、讲话、谈话、文章、信件、批示等七十四篇,相当一部分是第一次公开发表。

　　曾经公开发表过的著作,这次编入本卷时,又作了少量的文字订正。为了便于读者阅读,编辑时作了必要的注释,附在篇末。

　　在编辑本书时,作者逐篇审定了全部文稿。

中共中央文献编辑委员会

二○一六年九月

# 目　　录

# 建立毕节开发扶贫
# 生态建设试验区<sup>*</sup>

## （一九八八年六月八日）

　　建立开发扶贫、生态建设试验区的设想，是在学习贯彻党的十三大精神过程中逐步形成的，是进一步解放思想、深化改革的产物。我省是全国最贫困的省份之一。党的十一届三中全会以来，我省经济社会有了很大发展，但由于经济基础薄弱，各种客观条件制约，加上我们工作的原因，使我省与全国特别是东部地区的差距越来越大。就省内而言，一个贫困，一个生态恶化，仍然是严重困扰我省经济社会发展的两大突出问题。实践告诉我们，在同样的政策条件下，贫困地区与发达地区在经济社会发展上存在着效益上的差距，其结果将是地区差距扩大，如果不清醒看到这一点，并相应采取有力措施，贫困地区将会更加落后。

　　面对这一现实，通过对过去工作的反思，我们提出了用灵活的梯度政策来弥补日益扩大的效益差距、探索我省经济社会发展新路子的想法。也就是说，要以改革总揽全局，坚持从

---

　　* 这是胡锦涛同志在贵州省毕节地区开发扶贫、生态建设试验区工作会议上讲话的主要部分。胡锦涛同志当时任中共贵州省委书记。

贵州实际出发,坚持生产力标准,采取一切有利于消除贫困落后的特殊措施,探索解决贫困和生态恶化新途径。为此,省委和省政府决定变全面推进为重点突破,选择典型地区进行改革试验,把毕节地区作为开发扶贫、生态建设试验区。

经过前段时间酝酿准备,加上这次会议所做工作,建立试验区条件已经基本具备,序幕已经拉开。这次会议后,毕节试验区就要由准备阶段转入起步阶段。如何把试验区工作迅速展开,如何加快试验区建设步伐,我讲几点看法。

**一、牢牢把握开发扶贫、生态建设这个主题**。

毕节地区是开发扶贫、生态建设试验区。这是毕节地区情况所决定的,也是毕节试验区与全国其他经济特区、开发区所不同的。全国所有经济特区、开发区都是对外开放的前沿地带,采取出口导向的经济战略,以发展外向型经济为目标;而毕节地区作为内陆边远山区,则是以市场为导向、发挥资源优势,以发展商品经济为目标。经济特区、开发区是解决经济起飞先富起来的问题,而毕节则是改变贫困面貌、继续解决温饱的问题。我们必须对毕节试验区的目标、任务特别是自身特点有清醒认识,牢牢把握开发扶贫、生态建设这个主题。在学习和借鉴先进地区经验时,不可能也不应该照抄照搬沿海开放地区的做法和模式。这不仅仅是思想方法、工作方法问题,从某种意义上说也是决定试验区工作成败的关键问题。

牢牢把握开发扶贫、生态建设这个主题,就要针对全地区还有三百万农村人口温饱问题没有彻底解决这一现实,采取一切有利于摆脱贫困落后的政策措施,加快资源开发,加速劳动力转移,大力发展商品经济,逐步实现绝大多数农民脱贫目标。要针对全地区水土流失面积已占总面积一半以上的现实，采取强有力措施，全面规划、综合治理，把生态建设和经济开发紧密结合起来，尽快停止人为的生态破坏，逐步走向生态良性循环。如果这两大目标都能如期实现，那就表明试验区改革试验是成功的，工作是卓有成效的。如果没有实现，那就说明试验区任务没有完成。

实现这两大目标，任务很艰巨。这就需要在统一认识的基础上，强化对开发扶贫、生态建设工作的领导，强化有利于开发扶贫、生态建设的政策，有倾斜度地安排开发扶贫、生态建设的资金投入和技术投入，动员各方面力量，努力把开发扶贫、生态建设工作落到实处。

**二、以改革总揽全局，加快改革步伐。**

开发扶贫、生态建设试验区，首先必须是加快和深化改革的试验区。实现自然经济向商品经济转变，必须改革束缚商品经济发展的僵化体制。实现由救济扶贫向开发扶贫转变，必须改革扶贫方式和扶贫工作。实现生态恶性循环向良性循环转变，必须以改革精神推进生态建设。因此，改革是加快经济发展的动力，也是开发扶贫、生态建设的动力。

在制定并落实更加灵活和更加优惠的政策、改善外部环境的同时，必须引导企业和有关方面把注意力放在深化内部改革、激发内在活力、改善经营机制上。没有这一点，再好的政策也难以发挥应有效益。

这里，我想强调一下运用价值规律问题。我省生产力发展水平低，不仅表现在人均生产水平上，而且表现在商品化程度上。商品经济不发达，在农村仍然是自然经济和半自然经济占主体,这也是我省经济的一个重要特征。这方面毕节地区恐怕更为突出,因此发展社会主义商品经济任务就更加艰巨。这就更加需要注意发挥价值规律作用。认为商品化程度低、价值规律起不了作用的认识是不正确的。价值规律是最有效的指挥棒,愈是商品经济不发达,就愈要自觉借助于价值规律的力量去推动和激发商品生产发展。由于我们在价值规律运用上还不熟悉,这就有必要进一步提倡学习价值规律、运用价值规律,上好价值规律这所大学校。

还有,发展多种所有制经济问题,已经作为试验区建设重要指导原则确定下来。能不能取得突破性进展,固然有政策引导问题,这一方面应该说已初步得到解决,更重要的是解决观念和习惯势力问题。首先把各级干部特别是领导干部思想观念问题解决好,只要不再把两眼只盯着全民所有制经济,多种经济成分就可以发展起来。

**三、注重智力开发和培养引进人才。**

党的十三大明确提出了"使经济建设转到依靠科技进步和提高劳动者素质的轨道上来"。这是建设试验区必须坚持的战略思想。从毕节实际情况看,技术落后、管理落后、劳动者素质较低是导致经济落后的重要原因。反过来说,进行智力开发、提高科技和管理水平,又是提高经济效益的决定性因素。在试验区工作逐步展开后,能否有效解决人才短缺矛盾,将从根本上影响试验区工作进程。因此,加强智力开发,注重培养人才、引进人才,已经到了刻不容缓的程度。要在全地区进一步造成尊重知识、尊重人才的环境,充分调动广大知识分子和各类人才积极性。

随着城乡商品经济发展,各地都涌现出了一批有胆略、有魄力、懂生产、会经营的商品生产经营者。他们当中的一些人已经成长为名副其实的企业家,他们是发展社会主义商品经济的带头人。一定要正确对待他们,充分肯定他们在改革和发展商品经济中的开拓精神,对他们的缺点和失误要真心诚意教育和帮助。要善于发挥"能人效应",力求用好一个能人、带动周围一片,形成一个有利于改革探索、有利于发展社会主义商品经济的良好社会环境。

要十分注意提高全体劳动者素质。在企业,要加强职工全员培训,特别是新建企业一定要对新职工进行必要的政治、经济知识的普及。在农村,要加强乡土科技人才培养和使用,促进农业生产由粗放经营向集约经营转变。

要把发展教育事业放在突出的战略位置,从毕节实际出发,在大力加强基础教育、努力提高教学质量的同时,重点发展职业技术教育、培养大批初级技术人才,以适应试验区建设需要。

**四、全方位扩大开放**。

从实现开发扶贫、生态建设目标出发,从大力发展社会主义商品经济的要求出发,从全国发展外向型经济战略的形势出发,都必须彻底改变毕节长期形成的封闭格局,实行全方位开放。只有这样,才能缓解开发建设过程中人才、资金、信息短缺矛盾,借助外力加快开发扶贫、生态建设步伐。

要进一步解放思想,树立全方位开放意识。坚决抛弃满足现状、夜郎自大、自我封闭的自然经济观念,坚决克服"怕吃亏"、"怕肥水流入外人田"的小生产狭隘观念,从思想上解决好让利于外、让利在先问题,形成有利于扩大开放的舆论环境。

实行全方位开放,当然包括向国外开放。从毕节实际出发,要着重抓好投资环境改善。同时,对已确定的援助项目和外商有投资意向的项目,要加快科学论证,搞好协调服务,提高办事效率,力求搞一个成一个,以树立良好信誉,为今后进一步扩大对外开放创造条件。

实行全方位开放,当前主要还是向国内、省内开放。要充分利用已经制定的优惠政策,充分利用地区优势资源,充分利用已有资金作导向,大力发展多层次横向经济联合,特别是发展和沿海地区大跨度的横向经济联合。

**五、发扬艰苦奋斗、扎实苦干精神。**

随着试验区工作逐步展开和生产力发展,贫困人口温饱问题会基本解决,广大群众生活也会进一步改善,这是毫无疑问的。但是,必须向广大干部群众讲清楚,我们是在全国最贫困的地区搞试验,是在进行开发扶贫试验,决不能期望像沿海发达地区那样,经过不太长时间就能使大家都富裕起来。各级干部特别是领导干部要树立长期艰苦奋斗的思想,带领群众谱写毕节地区艰苦创业的历史。要集中更多资金用于开发扶贫、生态建设,用于包括电力、交通在内的基础设施建设。对楼堂馆所建设,一定要按照规定严格管理。各项管理权限下放以后,地、县权力大了,但责任也重了。一定要坚持科学决策、民主决策,完善必要的议事程序,坚决防止盲目决策、瞎指挥,防止乱铺摊子,防止铺张浪费。

要鼓实劲、办实事、讲实效,体现试验区工作效率和作风。

要少说多做，说了就做，做就做好，不搞花架子，不做表面文章，不图虚名。要勇于探索、奋力进取、知难而进、坚韧不拔，不要遇到一点风吹草动就犹豫迟疑，发生动摇。

# 关于贵州发展和改革<sup>*</sup>

（一九八八年八月二十二日）

## 关于经济发展目标和方针

今后五年内，我们要围绕组织全省第二个经济翻番，以改革总揽全局，加快资源开发步伐，加快支柱产业形成，加快基础设施建设，努力完成国民经济计划，基本解决贫困农户温饱问题，为全省人民逐步走向小康打下坚实基础。遵循中央确定的"注重效益、提高质量、协调发展、稳定增长"战略[1]，结合我省实际，要贯彻以下方针。

第一，切实加强农业建设，大力发展农村商品经济。

我省农业基础薄弱，加强农业建设是长期的带有特殊艰巨性的任务，必须高度重视，放到极端重要的位置上。要坚持一靠政策、二靠科学，不断深化改革，增加投入，促进农业发展。

粮食问题是制约贵州经济发展的一个突出问题，随着人口增加、人均耕地面积减少，粮食短缺矛盾将更加尖锐，对此

---

＊ 这是胡锦涛同志在中国共产党贵州省第六次代表大会上的报告《进一步解放思想，加快改革开放步伐，迎接贵州九十年代的新发展》的一部分。

决不能掉以轻心。解决这个问题,首先要在增加生产上下功夫。要切实加强土地管理,保护耕地,培肥地力,稳定播种面积,实行集约经营,努力提高单产。继续改革耕作制度和耕作技术,加速适用农业科技成果推广应用,争取大面积开花结果。努力改善农业生产条件,实行国家、集体、个人投入相结合,生物措施和工程措施相结合,大力搞好水利建设,改造中低产田土,建设一批高产稳产基本农田。重视并提倡施用有机肥。切实加强化肥、农药、塑料薄膜、农机等支农工业,增加农用物资生产和供应,改进农业生产支援和服务工作。

继续大力发展多种经营,特别是要把开发非耕地资源放到重要位置。充分运用农业区划成果,因地制宜、发挥优势,统一规划、分步实施,承包经营、注重效益,发展农林牧副渔相结合的多模式开发性农业。要发展庭院经济。林业生产要坚持营护并重、采育结合、综合加工、永续利用,使用材林、经济林、薪炭林、水土保持林协调发展,发挥综合效益。发展畜牧业要坚持猪牛并重,大力发展羊禽杂,开发草山草坡,重视草场建设,抓好品种改良和疫病防治,加强饲料生产和质量监测。广泛利用水面资源,发展水产业。要搞好商品基地建设,上批量、求效益,发展种、养、加、销相结合的农副产品加工业。

进一步推进乡镇企业发展,使乡镇企业成为繁荣农村经济的重要支柱。坚持户办、联户办、村办、乡办、区办"五轮齐转",依托本地资源,适应市场需求,广开生产门路,抓住拳头产品,逐步发展多种类型的联合,带动千家万户。继续鼓励城市企业和教学科研单位以及各方面力量以多种形式扶持和促进乡镇企业发展。要把乡镇企业发展作为整个国民经济协调发展的有机组成部分,积极帮助乡镇企业解决困难,提高经营管理水平和经济效益,推动农村非农产业发展。

第二,调整优化产业结构,培育支柱产业。

调整优化产业结构,实现生产要素合理配置,是加快我省经济发展的一个关键问题。必须以国内外市场为导向,立足本省资源,广泛培育各个生产领域里的生长点。必须积极推广新技术、新材料和现代管理方法,大力改造传统产业,逐步提高现代产业比重。必须发挥现有物质技术力量作用,特别是进一步推进军民结合,发挥三线[2]企业、重点企业优势,合理调整生产力区域布局,把生产能力重新组合和增加新的生产力结合起来。

要制定正确的产业政策和技术政策,着力发展以下产业:继续积极发展名优酒、日用消费品等为主体的轻工业;大力发展包括汽车、日用机电、电子产品在内的机械电子工业;有步骤发展与能源相结合的磷、铝、铁合金等资源开发和加工工业;有选择培育以微电子技术和生物技术为主的高技术新兴产业。与此相适应,要加快以有色金属、钢铁、化工原料为重点的原材料工业发展,加快建材业和建筑业发展。

切实加强基础设施建设。开辟多种集资引资渠道,实行水火并举、大中小并举的方针,加快以电力为中心的能源工业发展,尽快改变电力紧张状况。认真抓好现有铁路、公路、航道、机场改造,积极争取国家扶持增辟新线,修建新机场,加快以综合运输体系为主轴的交通事业发展。努力改变邮电通信设施落后状况,提高信息传播能力。

各地都应当根据市场情况和资源特点确定重点产业,开发龙头产品,发挥本地优势,形成各具特色的产业系列,带动不同层次产业发展。

第三,加快科学技术和教育事业发展,推进科研教学同经济建设结合。

进一步提高对科学技术是第一生产力的认识,贯彻经济建设必须依靠科学技术、科技工作必须面向经济建设的方针。从实际出发加强科研工作,加强新技术开发,广泛推广应用科技成果,促进传统技术和工业改造,提高技术和管理水平。要进一步深化科技体制改革,把竞争机制引入科研机构,积极推行各种形式的承包经营责任制。密切科研机构同企业的联系,发展多层次、多形式、多种所有制的科研生产联合。坚持放活科技人员的政策,发挥科普协会和专业学会作用,支持科技人员以各种形式参加发展经济活动。认真搞好人才开发和知识更新,进一步发挥各类人才作用。鼓励集体和个人创建各类民办科技实体,充分发挥农村科技示范户作用,切实保护其合法权益。加强统筹协调,认真组织实施"星火计划"[3]、"丰收计划"[4]、"燎原计划"[5]、"火炬计划"[6]。进一步发展技术市场,推动科技成果商品化。加强软科学研究。发挥我省科学技术基金作用,有重点地扶持基础研究工作。

坚持把发展教育事业放在突出的战略位置。随着经济发展,逐年增加对教育事业的投入,鼓励、支持社会力量和群众集资办学、捐资助学。深化教育体制改革,全面贯彻党的教育方针,改革教学思想、内容、方法,大面积提高教育质量。实行地方统筹、分级管理,大力抓好基础教育,在普及初等教育的基础上,积极、有步骤推进九年义务教育。把发展职业技术教育作为一项战略措施抓紧抓好,加强在职教育和职前培训,培养适应经济社会发展需要的各种人才。积极办好各类师范院校,切实加强师资队伍建设。高等、中等专业学校要根据需求,逐步调整专业设置、科类比例、层次结构,挖掘潜力,发展同企业的联系,推进教学和生产的结合,更好面向经济建设。要努力改善教学条件,帮助广大教育工作者解决实际困难和问题。提倡勤工俭学。

第四,统筹规划、分类指导,促进地区协调发展。

各地区生产力发展水平不同,发展路子也应有所不同,必须统筹规划、分类指导、突出重点、各展所长。省里要注意抓好以水电开发为龙头的乌江流域综合开发等项目,加快全省资源开发步伐。

要发挥城市中心作用,逐步理顺各方面关系,扩大中心城市权力,完善功能,提高自我积累和发展能力。要加快城市建设步伐,密切城市同周围各县的联系,逐步建立适应商品经济发展的城镇网络。积极创造条件,支持基础较好的地方尽量发展得快一些,达到更高发展目标。

进一步为贫困地区发展创造良好环境。凡是有利于贫困地区经济社会发展的政策措施,都应当允许采用和试验。要改进扶贫工作,把重点放在支持和帮助贫困地区办好一批能够带动千家万户的项目上,在开发和发展商品经济中逐步摆脱贫困。继续加强对贫困地区的技术支持,鼓励各类科研单位和科技人员到贫困地区开展技术培训和咨询。提倡和鼓励先进地区及企业到贫困地区建项目、办企业、搞开发,贫困地区应当欢迎并提供优惠,主动发展对外联合和协作。重视贫困地区交通、能源、市场等建设,为进一步发展打下良好基础。

要制定有利于县级经济发展的政策,进一步完善县级财政体制,切实搞活县级经济。各县要从实际出发,积极探索加快发展新路子。创造条件尽快把乡级财政普遍建立起来,激发乡的活力。

第五,进一步扩大开放,积极发展对外经济技术交流合作。

加快经济发展,必须因地制宜,进一步扩大两个开放,即对外开放和对内开放;面向两个市场,即国内市场和国际市场;抓好两个输出,即商品输出和劳务输出。

积极发展和加强同沿海地区及其他省区的横向联合和协作,引进技术、资金、管理经验,提高我们的技术和管理水平,创名牌、上批量,努力扩大贵州产品市场覆盖面。充分发挥我省能源和原材料工业优势,完善政策,狠抓落实,吸引沿海地区联合开发,加快能源和原材料基地建设。搞活省内劳务市场,逐步扩大劳务输出。支持各地放手发展地区、企业的经济技术交流合作,不搞地区封锁。

积极开拓国际市场,以企业开放为先导、优势产品为拳头,培养发展外向型经济生长点,大力扶持和发展不同类型、不同所有制形式的外向型企业。抓好出口商品生产和基地建设,调整出口商品结构,增加创汇能力。要加快和深化外贸体制改革,把外贸承包经营责任制切实落实到企业。逐步下放出口经营权,把一批有条件的生产企业直接推向国际市场。要完善投资政策,改善投资环境,广开引进外资渠道,增强吸引外资能力,认真抓好项目前期准备工作,加快发展"三资"企业[7]步伐。

第六,坚定不移搞好计划生育工作。

实行计划生育、控制人口增长,在我省具有特殊重要的意义,丝毫不能放松。必须严格执行《贵州省计划生育试行条例》,进一步加强计划生育工作,从严从紧控制人口增长,实行优生优育,提高人口质量。重点抓好农村和城市流动人口计划生育工作。树立人均观念,增强群众实行计划生育自觉性。发展医疗卫生保健事业,提高人民健康水平。

第七,在发展中保护和建设生态环境。

扭转生态环境恶化状况,在我省具有重大战略意义。要针对存在的主要问题,贯彻长短结合、重在治本的方针,制止乱砍滥伐和陡坡开荒,搞好小流域综合治理,巩固并逐步增加绿色植被,制止水土流失进一步扩大,进而争取生态环境转向改善。坚持开发与治理并重,经济、社会、环境效益相结合,从现阶段实际出发,在推进经济建设的同时,注意保护和利用各种自然资源,加强对环境污染的预防和综合治理。


# 关于加快和深化经济体制改革


当前和今后一个时期,全省经济体制改革的主要任务是:按照中央总部署,深化农村改革;围绕提高经济效益,深化企业经营机制改革,继续完善企业承包经营责任制,逐步优化企业组织结构,积极推行股份制;积极稳妥推进价格、工资改革;相应进行流通、财政、金融、投资以及其他方面综合配套改革;加快城乡市场体系建立和培育,改善商品生产环境,促进多种经济成分共同发展,逐步确立新经济体制的主导地位。

第一,深化农村改革。

围绕农村市场建立和培育,改革农副产品购销体制,逐步调整和理顺农副产品价格体系,充分调动广大农民发展农业特别是粮食生产积极性。农副产品逐步放开由市场调节以后,要运用合同收购、实行最低保护价、建立主要农副产品发展基金和风险保障基金等措施,指导和帮助农民发展生产,保护农民利益。

继续完善联产承包责任制,进一步发挥家庭经营潜力,扩展承包经营领域。逐步完善土地政策,坚持公有制,搞活使用权,调动农民对土地投入的积极性。要采取联合经营、转包等办法促使土地合理集中,在有条件的地方逐步形成适度规模经营。

加快建立健全由多种经济成分组成的农村社会化服务体系。充分发挥供销社、农推站、农村金融组织作用,扶持、引导、鼓励、促进各种为产前、产中、产后服务的农民经济组织发展,大力发展个体运销户,建立产供销结合的多类型经济联合体,把家庭生产和市场有机联系起来,改变生产经营每个环节都要农户自己完成的状况。同时,逐步实现服务劳动商品化。

第二,进一步搞活全民所有制企业,大力提高经济效益。

提高经济效益特别是工业企业经济效益,是增强我省经济实力、保证改革顺利进行的根本途径。为此,必须认真贯彻企业法和有关企业承包的法规条例,充分发挥竞争机制作用,继续落实和完善承包经营责任制,使企业能够真正自主经营、自负盈亏。要注意把承包发包双方的责权利,以契约形式确

定下来。企业承包以后，要把改革重点转向内部。层层引入
竞争机制，严格管理，完善厂内经济核算，降低物耗、能耗，提
高劳动生产率。改革劳动用工制度，推行劳动优化组合，搞好
岗位定员定额，实行合同用工。要继续推行工资总额和经济
效益挂钩，实行定额、计件等工资制度。

鼓励企业积极实行"一厂两制"或"一厂多制"，采取灵活
多样的方式经营。推行多形式、多层次的股份制，发展全民所
有制和集体所有制联合建立的公有制企业以及地区、部门、企
业、个人互相参股的多种所有制联合的股份制企业。认真做
好把企业承包中形成的资金划分为国家资金和企业资金的改
革试点工作，解决企业参股和实行"一厂两制"、"一厂多制"的
资金来源，并调动企业积累的积极性，促使投资主体逐步由国
家转向企业。

继续发展企业横向联合。从实际出发，以名优产品和大
中型骨干企业为龙头，组建城乡结合、大中小企业结合、农工
商联合的新型企业集团。要打破部门、行业、地区、所有制界
限，本着双方自愿、等价交换的原则，实行企业产权有条件的
有偿转让，使闲置或利用率不高的资产得到充分利用，并促使
企业兼并机制逐步形成。

第三，促进多种经济成分共同发展繁荣。

在公有制为主体的前提下放手发展多种所有制经济，
当前特别是要下大力促进集体、个体、私营、合作经济以及
股份制经济发展，逐步提高它们在所有制结构中的比重。
在不同经济领域、不同地区，允许各种经济成分比重有所
不同。

要采取多种办法、开辟多条渠道增加对集体经济和其他经济成分的投入。各级财政有偿用于企业技术改造的资金，要打破所有制界限，根据产品市场状况以及企业经济效益择优投入。新上项目凡适合集体办的都应办成集体性质。对经营不善的国营小企业可以公开拍卖。集体所有制企业也要从实际出发，采取多种形式，积极推行承包经营责任制。放手发展城乡个体经济和私营经济，放宽私人企业生产经营范围，鼓励私人投资者将个人所得投入再生产，同时加强引导、监督、管理。

第四，建立和培育适应生产发展的市场体系。

按照中央部署和要求，紧密联系我省实际，在改革农副产品购销体制的同时，继续改革生产资料流通体制，方向是开放，形成市场调节的机制，最终取消"双轨制"。进一步打破地区封锁，促进地区间共同市场的形成。切实解决流通领域中间环节过多问题，尽可能促进产销直接见面。建立和培育市场体系，分阶段进行外贸、物资、投资等方面配套改革，加快住房制度改革，建立房地产市场，发展城乡消费品市场、生产资料市场、生产要素市场，搞好农村集镇建设，增加商品集散网点，以流通促进生产发展和效益提高。

加快金融体制改革，建立开放的资金市场，用好用活有限资金。要在充分发挥专业银行作用的同时，积极发展和活跃地方金融组织，放手发展城镇信用社和农村金融组织，开放农村金融市场，集聚民间资金，支持集体、个体经济和农村商品经济发展。巩固和发展多种类型的地方性非银行信用机构，用活地方积累资金和大中型企业的生产资金。要积极探索解决企业资金不足的其他办法,鼓励有条件的企业发行股票、债券筹措资金。银行要适应经济建设需要,采取多种融资形式,开辟多条融资渠道,运用多种信用工具,发展和完善短期、中长期资金市场和外汇调剂市场。

第五,积极稳妥进行价格改革。

深化各个领域经济改革,都提出了按价值规律办事的要求,价格改革已经势在必行。今后五年,必须根据中央部署,结合我省实际改革价格管理体制,理顺不合理的价格关系,着重解决好农副产品、矿产品和一部分原材料价格长期偏低问题,促进产业结构和产品结构合理化,把改革推向前进。在价格改革中,物价总水平有所上升是不可避免的。为了保证绝大多数人民群众实际收入不下降,必须把物价改革同工资改革结合起来进行,在理顺物价的同时逐步解决好工资问题。切实加强物价管理和监督,制止乱涨价,对严重违反物价政策和物价管理办法的要依法制裁。还要进行正确宣传引导,提高群众对物价变动的心理承受能力。

第六,大胆进行改革试验和探索。

建立改革试验区,探索适合贵州特点的改革发展道路,是全省经济体制改革的一项重要内容。要在深入调查研究的基础上,科学制定试验区各项改革方案。经过批准,可以突破某些现行政策。在试验中要及时总结经验,积极推广行之有效的措施。对试验区工作,总体上要加强指导,具体实践活动要放手,有关部门要积极参加、大力支持。综合改革试点城市和试点县要继续深化改革,不断取得新进展新突破。

### 注　释

〔1〕这一战略,是中国共产党第十三次全国代表大会明确提出的。

〔2〕三线,指三线地区。二十世纪六十年代初期,中共中央和毛泽东提出从战备需要出发,根据战略位置的不同,将我国各地区分为一、二、三线。三线地区泛指全国的战略大后方。

〔3〕"星火计划",是由国家科学技术委员会(一九九八年更名为科学技术部)一九八六年组织实施的一项旨在依靠科技进步和科学技术普及振兴农村经济、带动农民致富的科技计划。

〔4〕"丰收计划",是由农牧渔业部(一九八八年更名为农业部)和财政部一九八七年共同组织实施的一项旨在通过加快农牧渔业科研成果和先进技术的普及推广促进农牧渔业丰收的综合性计划。

〔5〕"燎原计划",是由国家教育委员会(一九九八年更名为教育部)一九八八年组织实施的一项旨在通过改革发展农村教育促进农村经济发展和社会进步的教育计划。

〔6〕"火炬计划",是由国家科学技术委员会(一九九八年更名为科学技术部)一九八八年组织实施的一项旨在促进我国高新技术成果商品化、产业化和国际化的科技计划。

〔7〕"三资"企业,指中外合资企业、中外合作经营企业和外商独资企业。

# 继往开来，团结奋斗，振兴西藏<sup>*</sup>

## （一九八九年四月二十日）

民主改革是西藏社会发展史上一场深刻革命。这场革命废除了政教合一的封建农奴制度，使西藏各族人民翻身解放，走上了社会主义康庄大道，为西藏繁荣进步开拓了广阔前景。

在庆祝西藏实行民主改革三十周年的时候，我们深切怀念为解放西藏、平息叛乱、民主改革和在保卫边疆、建设社会主义新西藏的伟大事业中，英勇献身的各族干部、群众、爱国人士和光荣牺牲的革命烈士。他们的业绩将永远铭记在西藏各族人民心中。

在庆祝西藏实行民主改革三十周年的时候，我们向全区各族人民、各界人士和为西藏人民服务的各族干部、职工、知识分子表示亲切的问候！向中国人民解放军驻藏部队、武警西藏总队全体指战员表示亲切的慰问！向为西藏革命、建设作出卓越贡献的离退休干部、职工表示亲切的问候并致以崇高的敬意！

在庆祝西藏实行民主改革三十周年的时候，我们回顾过

---

　　* 这是胡锦涛同志在庆祝西藏实行民主改革三十周年报告会上的讲话。胡锦涛同志当时任中共西藏自治区委员会书记。

去、展望未来，对新西藏美好的明天充满了信心。我们要在三十年革命、建设的基础上继往开来，团结奋斗，振兴西藏！

**一、历史的回顾和三十年的伟大成就。**

西藏民主改革前的社会制度是政教合一、僧侣贵族专政的封建农奴制，是以封建领主所有制和农奴对三大领主[1]人身依附关系为基础的封建压迫剥削制度。在长期历史发展中，封建农奴制日渐落后腐朽，严重阻碍了社会进步，束缚了生产力发展。

近代以来，帝国主义势力利用政治渗透、经济掠夺、军事侵略、培植亲信等手段，一步步侵入西藏地区，离间西藏同祖国的关系，不断加剧分裂活动，西藏深深陷于帝国主义侵略和羁绊之下。

落后腐朽的社会制度和帝国主义侵略，使西藏人民遭受双重灾难，社会矛盾进一步加剧，西藏社会长期处于停滞和缓慢发展状态。马克思主义认为，改革落后的社会制度，对于任何一个民族来说，都是发展进步的必由之路。变革旧西藏的上层建筑和生产关系，是西藏人民的迫切愿望，也是西藏社会发展的客观要求和必然结果。

一九五一年五月二十三日，中央人民政府与西藏地方政府签订了《关于和平解放西藏办法的协议》[2]，西藏实现了和平解放。这是西藏永远摆脱帝国主义侵略和羁绊、从黑暗和痛苦走向光明和幸福的关键性的第一步。随后，依照协议规定，人民解放军进军西藏、巩固边防，开始了党在西藏的工作。人民解放军和各族干部模范执行党的各项政策，以实际行动团结上层、影响群众。经过八年艰苦卓绝的工作，我们党团结了广大基本群众和上层爱国人士,培养了一大批民族干部,壮大了反帝爱国力量,孤立了少数分裂主义分子,为实现改革准备了条件。

改革旧西藏的社会制度,是十七条协议明确规定的方针。但是,在西藏什么时候实行改革,则主要由西藏人民及其领导人员协商决定。为了实现和平改革,我们党反复做宣传解释工作,耐心等待,并适时进行了一些政策调整,做到了仁至义尽。尽管如此,一九五九年三月,西藏上层反动集团仍然违背历史潮流和西藏广大人民意愿,公然背叛祖国、背叛人民,撕毁十七条协议,悍然发动了全面武装叛乱。他们的反动目的是阻挠改革、分裂祖国、妄图实现其"永远不改"的幻想。为了维护祖国统一、保护西藏广大人民利益,中央毅然决定进行平叛,并根据广大藏族人民强烈要求,决定进行民主改革,适时提出了"充分发动群众,边平边改,先叛先改,后叛后改,未叛地区暂缓改"的方针。这一决定,赢得了西藏僧俗各界热烈拥护。正如毛泽东同志预言的,"只要西藏反动派敢于发动全局叛乱,那里的劳动人民就可以早日获得解放,毫无疑义"〔3〕。

西藏民主改革是中国共产党领导的中国新民主主义革命的一个组成部分。民主改革的主要任务是推翻封建农奴主阶级在西藏的统治,变封建农奴主所有制为农牧民个体所有制,变封建农奴制的西藏为人民民主的西藏。在民主改革中,我们党坚持依靠受剥削受压迫的基本群众,团结各界爱国人士和一切可以团结的力量,区分农村、牧区、城镇、寺庙的不同情况,制定了具体政策。在党的领导下,西藏高原上掀起了轰轰烈烈的民主改革运动。经过两年多时间,民主改革得以胜利实现，开创了西藏历史新纪元，对西藏社会发展进步、西藏民族繁荣昌盛具有深远影响和划时代的伟大意义。

实行民主改革三十年来，西藏发展进步也出现过坎坷，特别是在十年"文化大革命"中，由于极左路线对党的各方面政策的破坏，西藏各项事业同全国其他地方一样遭受了严重损失。党的十一届三中全会后，恢复了实事求是的思想路线，西藏在拨乱反正中前进，在改革开放中发展，实行了一系列有利于调动各族各界人民群众积极性、有利于保护和发展社会生产力的方针政策，各项事业都有了长足进步。在党中央、国务院领导和关怀下，在全国各兄弟民族大力支援下，经过西藏各族干部、群众、爱国人士共同努力，三十年来西藏社会发生了举世瞩目的巨大变化，革命、建设事业取得了重大成就。

——民主改革废除了政教合一的僧侣贵族专政，开始了人民当家作主历史新时期。随着社会主义民主政治建设进展，西藏各族人民享有历史上从未有过的广泛民主和自由。民主改革后，各地和广大农牧区经过民主选举，建立了各级基层政权组织。一九六五年，西藏自治区正式成立，使我国宪法所赋予少数民族人民享有民族区域自治权利在西藏得以实现。民族区域自治法实施以来，民族区域自治制度进一步得到贯彻。一九八八年七月召开的自治区第五届人民代表大会，藏族和其他少数民族代表占百分之八十二点九。自一九七九年自治区人大常委会产生以来，共通过和颁布地方性法规二十三个。学习和使用民族语言文字工作得到了重视，藏族群众宗教信仰和风俗习惯得到了进一步尊重。为保证区内其他少数民族自治权利，一九八三年以来先后建立了门巴、珞巴、纳西族等八个民族乡。各级民族区域自治机关的建立和逐步完善，人民当家作主权利的实现，是西藏人民政治上翻身解放的重要标志。

根据民族区域自治制度的要求，我们党通过多种渠道，大力培养少数民族干部，一支以藏族为主体的民族干部队伍已经形成，一九八八年已达三万三千人，占全区干部总数的百分之六十一点三五。一大批政治素质好、业务能力强的民族干部走上了各级领导岗位，在自治区一级领导干部中少数民族已占百分之七十一点七，各级人大、政府第一把手都由本民族干部担任，全区共有中高级技术职称的少数民族专业干部三千多人。培养造就一大批具有共产主义觉悟和建设才能的民族干部，是我们党三十多年来在西藏取得的具有根本性的成就，对西藏的过去、现在、将来都具有十分重要的意义。

——民主改革废除了封建农奴主所有制，实现了生产关系变革，解放了社会生产力，特别是党的十一届三中全会以来，党在西藏实行一系列特殊政策和灵活措施，促进了西藏经济迅速发展。一九八八年，全区粮食总产量达五亿二千万公斤，比一九五九年增长近三倍；牲畜总头数达二千三百万头（只），比一九五九年增长一点四倍；农牧业总产值七亿七千万元，比一九五九年增长三点九倍，农牧业生产条件较前大大改善。三十年来，现代工业从无到有，目前全区共有各类工业企业二百六十三个，工业总产值一九八八年达二亿元。在国家大力扶持下，西藏交通运输事业、人民邮电事业、商业、外贸、旅游业也有了很大发展。

随着经济发展，人民生活逐步得到改善。一九八八年，全区农牧民人均收入三百八十元。大多数农牧民温饱问题已基本解决。随着人民生活水平提高，城乡居民储蓄额大幅度增长，一九八八年达三亿一千七百万元，人均一百五十四元。为了使部分贫困地区尽快脱贫致富，一九八〇年至一九八八年，国家共拨出专项扶贫款、社会救济款、自然灾害补助款一亿二千一百万元。旧西藏民不聊生状况发生了根本变化。

　　——民主改革砸碎了套在西藏人民身上的锁链，促进了民族和社会进步。三十年来，党和政府十分重视发展民族教育事业。目前，全区共有各类学校二千四百六十九所，在校生十七万五千多人，近年来内地十八个省市为西藏开办了八十多个中学班，在校学生五千二百多人，教育正在为西藏发展繁荣作出新的贡献。西藏群众文化和专业文化艺术工作不断发展，藏学研究、传统文化遗产抢救整理工作取得显著成绩，一批本民族作家、艺术家、文化工作专业人才成长起来，一批既有民族特色又具有时代气息的好作品赢得了区内外赞誉。科技工作者在应用科学研究和普及方面，作出了可喜成绩。新闻出版事业迅速发展，全区共有藏汉文报刊三十多种，并建立起了自治区、地、县三级混合覆盖的广播电视网。卫生、体育事业稳步发展，全区现有医疗卫生机构近九百个，卫生医务人员八千九百多人，其中少数民族医务人员占百分之七十三。在党和政府重视扶持下传统藏医藏药发展很快，旧西藏严重危害人民生命和健康的恶性传染病得到了有效控制，全区人口一九八八年达二百一十二万，比一九五九年的一百二十二万增长百分之七十四。

　　——民主改革胜利实现，巩固了祖国统一，加强了民族团结。实行民主改革,废除封建农奴制度,打破了帝国主义势力妄图把西藏从祖国分离出去的幻想。三十年来,西藏人民充分感受到了祖国大家庭的温暖,同兄弟民族建立了社会主义的新型民族关系。各族人民互相支援、共同发展繁荣的事实,激发了西藏各族人民的爱国主义热情和民族团结精神。在党的领导下,翻身的西藏人民以主人翁姿态投身于革命、建设事业,为各民族共同繁荣作出了贡献。在平叛和民主改革、自卫反击作战[4]、平息拉萨骚乱等重大事件中,西藏各族人民和人民解放军、武警部队、公安干警一道,以自己的实际行动维护了祖国统一、民族团结、边防巩固。实践证明,西藏人民是热爱社会主义祖国的,藏汉民族关系是经得起考验的。在反分裂斗争中,西藏人民更加紧密地团结在中国共产党周围,更加珍惜社会主义建设成果,更加自觉地维护祖国统一和民族团结。

在看到三十年来各项事业取得巨大成绩时,也必须看到,一方面,由于西藏过去经济基础差,革命、建设起步晚、起点低,加上十年动乱的影响和我们工作中的失误,我区生产力发展水平还很低,商品经济不发达,文化教育事业落后,人民生活还不富裕,发展经济文化建设任务十分艰巨。另一方面,国内外分裂势力仍在策划和煽动分裂祖国的活动,反分裂斗争形势严峻,稳定局势任务很重。西藏前进道路上还有许多亟待解决的困难和问题。我们既要看到成绩,对未来充满信心,也要看到差距,增强紧迫感,团结一致、齐心协力,把西藏工作搞上去。民主改革以来的三十年里,西藏革命、建设事业既有成功经验,也有挫折教训。正反两方面经验告诉我们,西藏政局要稳定，经济文化要繁荣，人民生活要改善，各项事业要发展，必须始终如一坚持中国共产党领导，坚持走社会主义道路，紧密团结在各民族共同繁荣的祖国大家庭中；必须坚持解放思想、实事求是，一切从西藏实际出发，把马克思主义基本原理同西藏实际紧密结合，把握好普遍性和特殊性、共性和个性的有机统一；必须紧紧依靠翻身的西藏人民和广大各族干部，充分发挥各界爱国人士重要作用，团结一切可以团结的力量，调动一切积极因素；必须发扬艰苦奋斗、清正廉洁的优良传统和作风，与各族人民同呼吸、共命运，全心全意为西藏人民服务；必须坚持慎重稳进的方针，防急戒躁，谨慎、积极地把西藏各项事业推向前进。

**二、关于今后工作的几个问题。**

建设团结、富裕、文明的社会主义新西藏是我区今后的主要工作任务，也是全区各族人民奋斗的目标。总结三十年来正反两方面经验，根据党的十三大提出的社会主义初级阶段的基本路线和党中央关于西藏工作的指示精神，我们必须正确处理好改革、建设、稳定局势的关系，这是做好西藏工作的一个十分重要的问题。我们在任何时候都要坚定不移以经济建设为中心，大力发展社会生产力。为了经济建设顺利进行，当前尤其要抓好稳定局势工作。坚持一手抓经济建设和改革开放，一手抓稳定局势和反分裂斗争，是今后一个时期西藏工作总的指导思想。当前，我们必须抓好以下几个方面的工作。

第一，深入开展反分裂斗争，稳定西藏局势，为经济建设和深化改革创造一个安定团结的社会环境。

我国是一个多民族的统一国家，西藏是祖国神圣领土不可分割的一部分。在长期历史发展中,藏族人民同全国各族人民一起,共同创造了中华民族灿烂文化,共同缔造了伟大的人民共和国。团结统一是人心所向、众望所归。一九八七年九月以来,国内外分裂主义势力多次在拉萨制造以"西藏独立"为目的的骚乱闹事,并疯狂进行打砸抢烧,使拉萨人民生命财产受到严重损失,安定团结的政治局面和正常生产生活秩序遭受严重破坏。我们同国内外分裂主义分子的斗争,既不是民族问题,也不是宗教问题,更不是什么"人权"问题,而是一场严肃的政治斗争,是同敌对势力的斗争,是关系到祖国统一、关系到全国人民也包括西藏人民根本利益的重大问题。在这个根本原则问题上,各族人民、各族干部、各界爱国人士都必须立场坚定、旗帜鲜明,决不能有丝毫含糊。任何无动于衷、麻木不仁的态度都是要不得的,同情甚至支持分裂主义分子活动更是十分错误的。

　　最近,国务院从西藏各族人民根本利益出发,果断决定在拉萨市实行戒严[5],有效制止了打砸抢烧活动,打击了少数分裂主义分子的嚣张气焰。但是,西藏分裂和反分裂的斗争由来已久。历史和现实都证明,国内外分裂主义势力决不会轻易改变所谓"西藏独立"的反动立场,我们要深刻认识反分裂斗争的长期性。要估计到,即使我们的工作做好了,经济发展了,民族团结增强了,群众生活改善了,分裂主义势力也决不会善罢甘休,他们会继续进行捣乱和破坏。因此,我们必须树立长期斗争的思想准备。还要深刻认识反分裂斗争的复杂性,这是由西藏的特殊性所决定的。在西藏,分裂主义分子往往打着"民族"、"宗教"旗帜、利用民族宗教问题制造事端进行分裂活动，具有很强的欺骗性和蒙蔽性，我们对此必须要有清醒认识。要把分裂问题和民族宗教问题这两个性质完全不同的问题区分开，既要坚决同分裂主义势力作斗争，又要尊重群众民族感情和宗教感情；既要毫不手软打击煽动、策划骚乱的极少数分裂主义分子和严重违法犯罪分子，又要教育和争取那些受骗上当的群众。总之，在斗争中既要坚持原则、旗帜鲜明，又要讲究策略、注意方法。

稳定局势是一项社会系统工程，涉及到社会方方面面，必须坚持综合治理的方针，采取思想教育、纪律、行政、法律、经济的手段，五管齐下，充分发挥各级党组织和政权组织作用，紧紧依靠西藏广大各族干部群众，依靠广大公安干警、武警部队、驻藏人民解放军，重视发挥各界爱国人士作用，才能战胜分裂主义势力，把西藏局势进一步稳定下来。

第二，从西藏实际出发，扎扎实实抓好经济建设和改革开放。

西藏实行民主改革后，人民摆脱了政治上的枷锁。但是，旧制度遗留下来的十分低下的生产力水平和人民十分贫困的现实，却不能随旧制度消灭而立即改变，在一定时期内仍然困扰着西藏广大人民群众，这是西藏极为重要的一个特殊性。我们不仅要使西藏人民在政治上翻身解放，还要努力使西藏人民在经济上彻底摆脱贫穷落后。发展社会生产力应该成为西藏的主要任务，即使出现一些干扰因素，我们也要排除干扰，坚定不移抓经济建设和改革开放，提高和改善人民生活。这是西藏社会长治久安的基础，集中体现了西藏各族各界人民群众的共同心愿，也是党和国家的殷切希望。发展西藏经济,必须尊重客观经济规律,坚持从西藏实际出发,因地制宜,发挥优势,注重效益。我区农牧民占全区人口的百分之八十以上,农牧业总产值占全区工农业总产值的百分之八十左右,我们必须下大气力抓好农牧业这个基础。同时,必须加强交通、能源、通信等基础设施的建设,为今后发展和资源开发利用做好必要的准备工作。还要充分利用当地资源发展多种经营,发展民族手工业和其他投资少、见效快的产业。只有从西藏实际出发,经济建设才能收到实效。

发展西藏经济,必须着眼于扎扎实实给人民群众带来看得见、摸得着的实际利益。不断满足各族人民日益增长的物质文化需要,是我们发展社会生产力的根本目的。一九八〇年以来,党在西藏实行了一系列有利于调动群众生产经营积极性、有利于社会安定团结的富民政策,受到了全区人民欢迎。这些富民政策不仅要继续坚定不移贯彻下去,而且要随着生产发展和改革深化不断发展完善。目前,我区还有一部分农牧民群众没有解决温饱问题,城市居民生产生活中还有一些亟待解决的困难和问题,应该引起各级党政领导高度重视。要注重调查研究,倾听群众呼声,切实帮助这部分群众发展生产、克服困难。

西藏经济振兴的根本出路在于改革开放。必须继续解放思想,坚持以改革总揽全局,以发展社会生产力和商品经济为主要任务。当前,要重点抓好深化企业改革和农牧区改革工作,抓好同兄弟省区的横向经济联系,利用多种形式引进技术、引进人才。通过改革开放,继续使西藏经济实现三个转变,即促使自然经济向商品经济转变、封闭型经济向开放型经济转变、供给型经济向经营型经济转变。

第三，贯彻民族区域自治政策，完善民族区域自治制度。

民族区域自治是中国共产党运用马克思主义基本原理解决我国民族问题的基本政策，是国家的一项重要政治制度。民主改革以来西藏实行民族区域自治的实践证明，这项基本政策是正确的、成功的。但是，也要看到，国家民族区域自治法规定的自治权利有些还没有很好兑现，需要随着经济体制改革和政治体制改革深化，进一步完善民族区域自治制度。我国民族区域自治包括两个基本含义，一是由实行自治的少数民族干部和人民对本民族自治地方的事务当家作主，在中国共产党领导下走社会主义道路；二是一切实行民族区域自治的地方都是祖国不可分离的部分，整个国家和自治地方的关系是中央和地方的关系。民族区域自治政策这两个特点，要求我们一方面要继续按照宪法和民族区域自治法的要求，进一步完善民族区域自治制度，保证藏族人民在政治、经济、文化生活等各方面行使自治权利，同时要坚决反对以任何形式破坏祖国统一、搞分裂倒退活动。

培养、选拔、任用少数民族干部，是实行民族区域自治的重要内容。建国初期，毛泽东同志就指出："要彻底解决民族问题，完全孤立民族反动派，没有大批从少数民族出身的共产主义干部，是不可能的。"[6] 今后我们要继续加强这方面工作，继续采取多种形式大力培养坚定维护祖国统一和民族团结、有强烈的责任感和事业心、有一定专长的少数民族干部。同时，系统进行马克思主义民族观教育，教育各族干部坚持"汉族离不开少数民族，少数民族离不开汉族"[7]的思想，进一步加强藏汉干部团结。要把对待祖国统一、民族团结的立场和态度,作为西藏选拔任用干部的一条重要标准。

完善民族区域自治制度,还必须进一步落实党的民族政策。党的民族政策的核心是各民族在平等、团结、互助的基础上共同发展、共同繁荣。执行党的民族政策,就要时时处处从西藏各族群众最大利益出发,充分尊重西藏人民的历史、文化传统、风俗习惯,十分重视学习、使用、发展藏语文,不断巩固社会主义的新型民族关系。制定与民族区域自治法相配套的法规是全面贯彻执行民族区域自治法的重要内容。近几年来,我们已制定了一些单行条例规定,为党的民族区域自治政策在西藏的落实起到了很好作用,但与形势发展还不相适应。立法机关要以宪法和民族区域自治法为依据,结合西藏特点深入调查研究,制定与民族区域自治法相配套的单行条例、自治条例、自治法实施细则等各种法规,以进一步完善民族区域自治法,使党的民族区域自治政策在西藏得到全面贯彻实施。

第四,大力发展民族教育,积极推动科技进步,努力提高我区各族人民科学文化素质。

西藏振兴,民族发展,最根本的出路在于科技进步和人的素质提高,归根结底取决于教育事业发展。党中央最近指出:"西藏的发展,从长远来讲,智力投资,智力开发,办好教育,培养人,提高人的素质,更带有根本的意义。这个指导思想在西藏的长期发展上要明确",并强调"培养人是最重要的基本建设"[8]。各级领导和党政组织都要认真领会这一指导思想,正确理解和把握教育在整个国民经济中的战略地位,做到全党重视教育,各级政府抓好教育,全社会关心支持教育。

逐步改变我区教育与经济社会发展不相适应的局面，是西藏的一项战略任务。近年来，我们在这方面做了大量工作，取得了一定成绩，但任务仍很繁重。教育要面向现代化、面向世界、面向未来，是我们办好西藏民族教育的总的指导思想。解决教育和经济建设的关系问题，就是解决教育要为经济建设服务、经济建设要重视和依靠教育问题。目前，我区教育同经济社会发展不协调问题还较多，教育还缺少主动适应经济建设需要的活力。根据这一实际，我区教育发展要重点加强基础教育，优先发展师范教育，积极发展职业技术教育，稳步发展成人教育，巩固和提高高等教育。要办好西藏民族教育，必须从西藏实际出发，从社会发展进步需要出发，抓好教育体制、教育思想、教育内容、教育方法改革。着重抓好学校管理，整顿教学秩序，提高教学质量。学校既要传授知识，又要做人的思想政治工作，使受教育者树立热爱社会主义祖国、立志献身西藏社会主义事业的坚定政治方向。

科学技术是西藏经济社会发展进步的重要支柱。三十年来，西藏科技工作者在应用科学研究和普及方面作出了可喜成绩。我们要牢固树立科学技术是第一生产力的思想，把应用科学研究开发放在首要位置，实行应用科学研究和基础科学研究相结合，把弘扬民族技能同科技成果推广普及结合起来。各级领导要重视科技事业发展，创造条件尽可能满足科技事业发展需要。

第五，认真做好统战工作和宗教工作，团结一切可以团结的力量，调动一切积极因素。

党领导下的统一战线是中国革命取得胜利的三大法宝之

一。在新时期,"统一战线仍然是一个重要法宝,不是可以削弱,而是应该加强,不是可以缩小,而是应该扩大"〔9〕。在西藏革命、建设过程中,我区各界爱国人士坚定不移跟党走,与中国共产党同舟共济、荣辱与共,为维护祖国统一、增强民族团结、推动社会进步作出了重大贡献,受到了党和各族人民赞誉。在建设团结、富裕、文明的社会主义新西藏的宏伟事业中,各界爱国人士仍然是一支不可缺少的重要力量,应该充分发挥他们的影响和作用,为经济建设和稳定局势献计献策、贡献力量。

目前,西藏统一战线的任务,就是要维护祖国统一,增强民族团结,反对分裂倒退,为大力发展社会生产力和商品经济服务,为社会主义物质文明和精神文明建设服务。这是新时期统一战线的政治基础,也是检验工作成效的根本标准。凡是符合这个根本标准的要支持、要鼓励,凡是不利于爱国、团结、进步的要批评、要帮助、要改进。各级党组织要切实加强对统战工作的领导,充分发挥各界爱国人士作用,重大情况和决策要及时向他们通气,虚心听取他们意见和建议,为他们知情出力、献计献策创造条件。要同各界爱国人士交知心朋友、坦诚相见,并关心和帮助他们成长和进步。

在庆祝西藏实行民主改革三十周年的时候,我们深切怀念流落在异国他乡的藏族同胞。我们殷切希望他们为维护祖国统一,为故乡繁荣、民族昌盛贡献自己的一份力量。

全面贯彻党的宗教政策,正确处理宗教问题,对于巩固和发展我区安定团结的政治局面,抵制国外敌对势力渗透和影响,有着不可忽视的重要意义。我们要结合西藏实际,全面贯彻执行党中央《关于我国社会主义时期宗教问题的基本观点和基本政策》，尊重信教群众的感情，保护正当宗教活动，继续解决落实宗教政策、寺庙政策中的遗留问题，帮助寺庙逐步实现自养。全面贯彻党的宗教信仰自由政策，绝对不允许利用宗教反对党的领导和社会主义制度、破坏祖国统一和民族团结。对打着"宗教"旗号进行分裂活动，对搞打砸抢烧的一切犯罪行为，必须坚决打击、绝不姑息。做好宗教和寺庙工作的目的，是为了满足信教群众宗教生活需要，团结广大僧尼和信教群众。各宗教团体必须在各级党委和政府领导下，贯彻执行《寺庙民主管理章程》，帮助宗教界人士和广大信教群众不断提高社会主义觉悟，组织正当宗教活动，办好教务。要加强对寺庙的管理，使寺庙领导权真正掌握在爱国守法的僧尼手中。要坚持政教分离，绝不允许恢复已经废除的宗教封建特权和宗教剥削制度。党和政府要支持和帮助宗教组织开展工作，解决他们的实际困难。

第六，加强党的领导和党的建设，是西藏各项事业取得胜利的根本保证。

党的领导是我们最大的政治优势。和平解放西藏三十多年来，西藏社会发生了翻天覆地的变化，各项事业取得了巨大成就，这是党领导西藏人民团结奋斗的结果。没有共产党就没有新西藏，这是被历史证明了的真理。现阶段，西藏面临改革、建设、稳定局势的繁重任务，必须发挥我们的政治优势，加强党的领导，加强党的建设。这就要求我们把加强党的领导同加强党的建设结合起来，把加强党的建设同党的主要工作结合起来，把党的建设放在西藏特定的社会历史背景下，放在西藏经济建设、稳定局势这两个任务中去抓,在改革、建设、稳定局势中充分发挥党的领导作用、基层党组织的战斗堡垒作用和党员的先锋模范作用。

加强党的建设,就要从思想上组织上加强党组织内部凝聚力,加强思想上组织上的高度一致性。在我们西藏,摆在全区每一个共产党员面前有三个严峻考验,这就是执政、改革开放、反分裂斗争的考验,每一个共产党员和党的干部在考验面前必须坚定共产主义信念,执行党的路线,遵守党的纪律,维护党的原则。要深刻领会中央关于当前西藏工作的重要指示,用中央精神统一我们的思想、规范我们的行动,做到思想上统一认识、行动上令行禁止。

加强党的建设,必须重视党员教育工作。要对全体党员进行维护祖国统一、加强民族团结、反对分裂倒退的爱国主义教育。要对党员进行党在社会主义初级阶段的基本路线教育,在实际工作中坚持"一个中心、两个基本点",提高贯彻党的方针政策的自觉性。要教育党员把共产主义远大理想同我们的现实目标——建设团结、富裕、文明的社会主义新西藏事业紧密结合,继承我党我军艰苦奋斗、密切联系群众、全心全意为人民服务的光荣传统,扎扎实实做好本职工作。要对党员进行党的基本知识教育。要注意采取平等对话、回忆对比等生动形象的教育方式,提高思想政治工作效果。

加强党的建设,必须抓好廉洁廉政建设。保持党政机关廉洁是当前党的建设一项极为重要的工作,在西藏同样具有十分重要的现实意义。就我区而言,抓廉洁廉政建设,一要对党员特别是党的各级领导干部进行廉洁奉公教育;二要抓制度建设,使各项工作有章可循;三要强化群众监督和新闻舆论监督,建立健全防腐蚀机制,提高党的反腐败能力;四要严肃党纪,从严查处各种腐败现象和违纪行为。

加强党的建设,要抓好基层党组织建设和基层政权建设。基层党政组织是党联系广大人民群众的桥梁和纽带,抓基层党政组织建设的目的就在于强化党在群众中的吸引力和凝聚力。要加强基层党支部建设,充分发挥党支部的战斗堡垒作用。要做好干部培训工作,建立健全基层党政组织学习制度和组织生活制度,提高基层干部政治素质和发展商品经济能力。

加强党的建设,关键是抓好各级领导班子自身建设。当前,要在各级领导班子基本稳定的前提下,进一步加强班子内部团结,加强各族干部、新老干部团结,提倡互相支持、互相谅解、互相学习,建立一种团结合作、民主和谐的亲密关系。要切实转变领导作风,经常深入基层,注重调查研究,密切联系群众,把我们党的优良传统作风发扬光大。


## 注　　释

〔1〕三大领主,指西藏民主改革前官家、贵族和寺院上层僧侣组成的西藏农奴主阶级。

〔2〕《关于和平解放西藏办法的协议》,简称十七条协议。主要内容是:西藏人民团结起来,驱逐帝国主义侵略势力出西藏,西藏人民回到中华人民共和国祖国大家庭中来;西藏地方政府积极协助人民解放军进入西藏,巩固国防;根据中国人民政治协商会议共同纲领的民族政策,在中央人民政府统一领导之下,西藏人民有实行民族区域自治的权利;有关西藏的各项改革事宜,中央不加

强迫,西藏地方政府应自动进行改革,人民提出改革要求时,得采取与西藏领导人员协商的方法解决之;等等。

〔3〕见毛泽东《转发青海省委关于镇压叛乱问题的报告的批语》(《建国以来毛泽东文稿》第7册,中央文献出版社1992年版,第286页)。

〔4〕这里指一九六二年十月至十一月中国边防部队为保卫祖国领土主权对印度入侵军进行的自卫还击战。

〔5〕一九八九年三月八日,国务院为了维护社会秩序,保障公民人身、财产的安全,保护公共财产不受侵犯,根据宪法有关规定在拉萨市实行戒严。一九九〇年五月一日,戒严解除。

〔6〕见毛泽东《大批培养少数民族干部》(《毛泽东文集》第6卷,人民出版社1999年版,第20页)。

〔7〕"汉族离不开少数民族,少数民族离不开汉族",简称"两个离不开"。一九八四年四月一日,中共中央印发的《西藏工作座谈会纪要》明确指出:"要在藏汉等各族干部和群众中经常进行民族政策的教育,进行汉族离不开藏族和其他少数民族,藏族和其他少数民族也离不开汉族,这'两个离不开'的教育。"一九九〇年,江泽民在新疆考察工作时将"两个离不开"发展为"三个离不开",即"汉族离不开少数民族,少数民族离不开汉族,各少数民族之间也相互离不开"。

〔8〕这段话出自中共中央政治局常务委员会一九八八年十二月二十九日通过的《当前西藏工作的几个问题》。

〔9〕见邓小平《各民主党派和工商联是为社会主义服务的政治力量》(《邓小平文选》第2卷,人民出版社1994年版,第203页)。

# 把西藏反分裂斗争进行到底<sup>*</sup>

（一九九〇年四月三十日）

解除拉萨市戒严[1]的决定，是党中央、国务院正确分析了国际国内和拉萨市形势后作出的重大决策。为了确保这一重大决策的顺利实施，确保拉萨市戒严解除后局势稳定，我代表区党委常委，讲几点意见。

## 牢固树立稳定压倒一切的思想

解除拉萨市戒严，标志着我区反分裂斗争取得了重大胜利。同时，必须清醒看到，我区不安定因素仍然存在。一是在当前国际形势影响下，境内外分裂势力仍在加紧进行分裂祖国活动。他们一方面在国际上混淆视听、大造舆论，企图使所谓"西藏问题"国际化；另一方面在继续策划新的骚乱，扬言进行"暴力斗争"。二是达赖[2]集团加紧与"台独"、"民阵"等海外反动势力相互勾结利用，国际敌对势力也积极插手西藏，支持达赖集团分裂活动，妄图把"西藏问题"作为颠覆社会主义

---

＊ 这是胡锦涛同志在通报中共中央、国务院关于解除西藏自治区拉萨市戒严决定的党员干部会上讲话的主要部分。

中国的突破口。三是境外分裂势力渗透活动仍然十分猖獗，区内分裂主义分子仍在暗中蠢蠢欲动，伺机制造新的事端。同时，必须看到，我们在基层群众工作方面虽然取得了可喜进展，但群众对解除戒严后的局势稳定还有担心，需要做大量工作，各项综合治理措施还需要进一步落实，宣传教育、加强基层政权建设、社会清查清理、寺庙清理整顿、深挖地下反革命组织等还需要深入进行。所有这些，决定了我区解除拉萨市戒严后保持局势稳定要比戒严时任务更艰巨、更繁重。我们要牢固树立稳定压倒一切的思想，坚定不移依靠广大农牧民、工人、知识分子和各族干部群众，充分发挥各界爱国人士作用，充分发挥人民解放军、武警部队、公安干警人民民主专政柱石作用，坚定不移打击少数分裂主义分子捣乱破坏活动，坚定不移维护祖国统一、维护民族团结。要一切着眼于稳定，一切服从于稳定，一切有利于稳定，保持高度警惕，确保拉萨市戒严解除后我区社会局势稳定，把反分裂斗争进行到底。

## 充分认识稳定局势的有利条件，坚定反分裂斗争的必胜信念

在进行思想教育、统一思想认识过程中，要引导广大干部群众正确分析我们的有利条件，进一步坚定反分裂斗争的必胜信念。第一，我们有党中央的正确领导。以江泽民同志为核心的党中央、国务院和中央军委十分重视西藏工作，十分关心西藏各族人民。党中央关于西藏工作的一系列重要指示，是我们开展反分裂斗争、做好稳定局势工作的有力思想武器。

第二，目前全国政治、经济、社会稳定，这个大气候将对我区社会局势稳定产生积极影响。第三，实施戒严一年多来，我们对广大干部群众进行了以维护祖国统一和民族团结为主要内容的爱国主义教育，抓了基层政权建设，进行清查清理工作，完善和加强各方面管理，依法打击和处理了少数分裂主义分子和严重刑事犯罪分子。这些工作为深入开展反分裂斗争奠定了良好基础，积累了深入开展反分裂斗争和在改革开放条件下处置骚乱闹事的经验。第四，有强大的人民解放军作为我们的坚强后盾。根据中央决定，拉萨市戒严解除后，戒严部队仍将留驻拉萨，做公安干警、武警部队的后盾，并随时准备应付可能出现的突发事件。第五，经过反分裂斗争锻炼和考验的公安干警、武警官兵，继续担负正常的社会治安执勤任务。党中央和区党委要求广大公安干警、武警官兵严格执勤、文明执勤，遵守纪律、礼貌待人，同各族群众一起筑起反分裂斗争的铜墙铁壁。第六，稳定是人心所向、众望所归，代表了人民根本利益。西藏人民饱尝了动乱、骚乱之苦，热切盼望社会局势稳定。两年多来反分裂斗争实践提高了广大干部群众维护安定团结的自觉性。这是我们开展反分裂斗争可靠的社会基础。可以肯定，少数分裂主义分子不会甘心他们的失败，仍会继续进行破坏和捣乱，仍会伺机策划和制造新的闹事或骚乱。但是，只要他们胆敢轻举妄动，我们就坚决予以打击，决不手软，等待他们的只能是灭亡的命运。正如毛主席指出的那样，捣乱、失败，再捣乱、再失败，直至灭亡，这是一切逆历史潮流而动的敌对分子的必然下场[3]。反分裂斗争胜利是属于西藏各族人民的。

# 充分发动群众，紧紧依靠群众，
# 实行群防群治

　　人民群众是我们的力量源泉和胜利之本。群众工作是我们一切工作的基础。广大农牧民群众、工人、知识分子是开展反分裂斗争和建设社会主义新西藏的主力军，是我们的基本依靠力量。近年来反分裂斗争实践证明，只有坚定不移相信和依靠人民群众、关心和支持人民群众、组织和发动人民群众，才能有效防范分裂主义分子和各种敌对势力的破坏活动。要充分发挥基层党政组织在反分裂斗争和稳定局势工作中的作用，支持帮助他们工作，树立他们的威信。只有切实加强民兵组织和基层治保组织，建立以广大群众为基础、以公安武警为第一线力量、以部队为第二线力量的军警民联防体系，搞好综合治理、实行群防群治，形成党政军警民整体作战阵势，才能确保局势稳定。

　　各族各界爱国人士在反对分裂、稳定局势中做了许多有益工作，作出了应有贡献。我们要充分信任他们，继续发挥他们的积极作用。

　　各级学校和共青团组织要加强对青年特别是青年学生的思想政治工作，教育他们认识到安定团结来之不易，必须倍加珍惜，自觉维护祖国统一和民族团结，热爱祖国、热爱人民、遵纪守法，为稳定局势和西藏发展繁荣作出青年一代的贡献。

　　要进一步做好寺庙工作，加强寺庙管理，维护正常秩序。要巩固清理整顿工作所取得的成果，支持寺庙民管会工作，大力培养和使用积极分子。我们应当看到，虽然少数寺庙不法僧尼在历次骚乱闹事中起了很坏的作用，但寺庙中大多数僧尼是拥护党的领导、拥护社会主义制度、维护祖国统一的，参与骚乱闹事、进行分裂活动的只是极少数。我们要依靠、团结大多数，打击少数为首的不法分子，稳定寺庙、稳定局势。

## 加强安全防范，正确果断　处置各种突发事件

各级领导要牢固树立稳定压倒一切的思想，从思想、人力、装备方面做好对付各种突发事件的准备，保持内紧外松，做到临事不乱、妥善处置。防范处置突发事件总的原则是：旗帜鲜明，针锋相对，坚决打击，先发制人，力争把各种分裂活动处置在萌芽状态，不让其在社会上产生不良影响。一是积极预防、防打结合。首先要加强信息情报工作，除了公安、国家安全机关必须把精力集中在掌握社会动态上外，各部门各单位也要注意掌握干部职工思想动向，听取各方面反映。发现各种苗头和危险因素要及时报告，并采取措施做好工作，特别是要做好重点部位和重点人的工作，防止矛盾激化，发生突发事件。政法部门要适时开展各项专项打击，特别是要消除隐患。二是区别情况、果断处置。各部门各单位和专门机关要正确分析情况，正确处理不同性质的矛盾，防止因处理不当而引发新的问题。对于判明是进行分裂祖国活动的骚乱事件，要果断采取各种有力措施和手段坚决平息。三是加强内部安全保卫工作，严防发生破坏事件。各部门各单位领导必须重

视和加强对机关、学校、企事业单位内部安全保卫工作,狠抓各项防范措施落实,堵塞漏洞、清除隐患,组织广大干部职工开展治安联防工作,加强各单位自卫防范能力。四是加强首脑机关、重要目标、要害部位安全保卫,特别是要加强易燃易爆和危险物品以及枪支弹药管理。武警部队要加强对固定执勤目标的警卫。有关单位要限期落实必要的安全防范措施,支持配合警卫部队搞好保卫工作,严防各种事故发生。

## 注　　释

〔1〕见本卷《继往开来,团结奋斗,振兴西藏》注〔5〕。

〔2〕达赖,这里指达赖喇嘛·丹增嘉措。一九三五年生,青海西宁祁家川(在今青海平安境内)人。一九四〇年二月五日,经国民党政府批准为第十四世达赖喇嘛。原西藏地方宗教和政治领袖之一。一九五一年西藏和平解放后,曾任全国人民代表大会常务委员会副委员长、西藏自治区筹备委员会主任委员等职。一九五九年三月十日,西藏上层反动集团发动武装叛乱;三月十七日,达赖逃往印度。此后,达赖依靠西方反华势力,组织非法流亡政府,从事分裂祖国活动。

〔3〕参见毛泽东《丢掉幻想,准备斗争》(《毛泽东选集》第4卷,人民出版社1991年版,第1486页)。

# 用党的十四大精神指导组织工作 <sup>*</sup>

（一九九二年十二月五日）

党的十四大以后中央政治局研究分工时，决定我分管组织工作。我感到担子很重。虽然在地方工作时也管过这方面工作，但那时工作角度和要求不同，接触范围也不一样。所以，现在还必须边学习，边熟悉，边工作。今天来，一方面是看看大家，另一方面是想利用这个机会把自己最近在学习党的十四大精神过程中结合组织工作思考的几个问题，同大家沟通一下，以便共同探讨和研究。

一、坚持用邓小平同志建设有中国特色社会主义理论指导新时期的组织工作。

党的十四大是在我国改革开放和现代化建设进入新阶段的关键时刻召开的。这次大会是我们党的历史上一次非常重要的会议，是承前启后、继往开来的一次盛会。江泽民同志在大会上所作的报告，是指导全党全国各族人民在新形势下加快改革开放、经济发展和推动社会全面进步的纲领性文件。这个报告充分体现了邓小平同志年初视察南方重要谈话精神

---

　　* 这是胡锦涛同志在中共中央组织部局以上干部会议上讲话的主要部分。胡锦涛同志当时任中共中央政治局常务委员会委员、中央书记处书记。

和他的一贯思想,系统阐述了邓小平同志建设有中国特色社会主义理论,确立了这一伟大理论在全党的指导地位,具有极其重大的意义。建设有中国特色社会主义理论,是马克思主义基本原理同中国实际相结合的最新成果,是当代中国的马克思主义,是指引我们实现新的历史任务的强大思想武器。坚持用邓小平同志建设有中国特色社会主义理论武装全党,是当前和今后一个时期加强党的思想建设的根本任务。党的组织部门是在党委领导下主管党的建设的。组织部门所处的地位和担负的职责,决定了我们组织部门的同志特别是领导同志首先要学习好、领会好、运用好邓小平同志建设有中国特色社会主义理论。只有把我们自己头脑武装好,才能用以指导新时期的组织工作,才能按中央要求抓好用这一理论武装全党工作。

武装头脑的根本途径是学习。一是要认认真真看、原原本本学。二是要在深入上下功夫。在一些重点问题上,尤其要真正弄懂弄通,领会和把握精神实质。对党的十四大报告概括的九个方面的理论观点和原则,要融会贯通,完整准确理解,不能浅尝辄止,满足于一般的了解。三是要理论联系实际。首先要联系思想实际,解放思想,实事求是,转变观念,改换脑筋。解放思想和实事求是是统一的,就是要求我们的思想认识符合客观实际,一切从实际出发,因时因地制宜。转变观念,改换脑筋,就是要换掉那些不符合客观实际的陈旧过时的思想观念。这里有个破除些什么、树立些什么的问题。要使深入学习的过程成为不断解放思想、坚持实事求是、在观念上除旧布新的过程。还要联系工作实际,坚持以建设有中国特色社会主义理论为指导,分析和研究组织工作的形势、任务、状况,认真回顾总结改革开放十四年来特别是近年来组织工作的基本经验,以及存在的薄弱环节,通过科学总结和理论思维,从中引出规律性认识,理清工作思路,把握工作重点,明确努力方向。总之,学习的收获和成效最终要体现在把大家的思想统一到邓小平同志建设有中国特色社会主义理论上来,进一步增强贯彻执行党的基本路线的自觉性和坚定性。切实把建设有中国特色社会主义理论和党的基本路线运用、贯穿到组织工作各个方面,从而把我们的工作提高到一个新水平。

**二、全面贯彻党的基本路线,紧紧围绕经济建设这个中心做好组织工作。**

在建设有中国特色社会主义理论指导下,我们党形成了社会主义初级阶段的基本路线,这是一条马克思主义的正确路线。全面贯彻党的基本路线,要靠组织路线来保证。党的组织工作为党的政治路线即党的基本路线服务,是党的建设的一条根本经验,是组织工作必须遵循的根本原则,当然也是党的十四大以后各级组织部门应当继续认真研究和着力解决的重大课题。坚持党的基本路线不动摇,关键是坚持以经济建设为中心不动摇。对各级组织部门来说,就是坚持紧紧围绕经济建设这个中心开展组织工作的指导思想不动摇,同时把坚持改革开放和坚持四项基本原则统一起来,以更好解放和发展社会生产力,推动社会主义现代化建设。

党的组织工作为经济建设这个中心服务体现在各个方面。关键在于按照党的基本路线要求、适应经济建设需要,大力加强各级领导班子、干部队伍、基层党组织、党员队伍建设，为社会主义现代化建设和改革开放提供坚强组织保证。实践一再证明，一个地方、一个单位经济工作的好坏，往往与组织工作的好坏是密不可分的。改革开放以来，一些地区经济发展为什么比较快？这固然有多方面因素，如政策环境、自然条件、原有基础等，但综合分析起来，一个重要因素是这里的领导班子坚强有力，有能带领群众团结奋斗、开拓进取的党员队伍和干部队伍。这说明，组织工作尽管不直接处理经济事务，但选好用好干部、配备好领导班子、搞好党的建设对经济发展起着至关重要的促进作用和保证作用。

应当看到，改革开放十四年来，在党中央和各级党委领导下，在邓小平同志建设有中国特色社会主义理论指引下，总的说各级组织部门为经济建设这个中心服务的指导思想是明确的，围绕经济建设做了大量艰苦细致的工作，积累了一些宝贵经验，成绩是显著的。十四年改革开放和经济建设所取得的伟大成就之中，就渗透着、蕴含着组织战线广大同志的心血和贡献。面对新形势新任务，我们既要认真总结过去，肯定成绩，看到进步，更要着眼于今后，找出差距，努力改进。改革开放和经济建设深入发展，为组织工作提出了许多新的课题，也为组织工作注入了生机活力。我们要通过扎实有效的工作，努力提高服务质量和水平，积极承担起为经济建设这个中心服务的政治责任，确保党的基本路线全面贯彻执行。

**三、按照党的十四大要求，大力加强各级领导班子建设。**

从现在起到本世纪末的七八年，是实现我国国民经济发展第二步战略目标并为实现第三步战略目标奠定坚实基础的关键时期,也是建设好各级领导班子的关键时期。党的十四大对加强领导班子建设提出了明确要求,我们面临着紧迫而又艰巨的任务。今明两年换届工作是加强领导班子建设的一个契机。我们一定要遵循党的基本路线的要求,按照干部队伍革命化、年轻化、知识化、专业化方针和德才兼备原则,努力做好调整、配备工作,把各级领导班子建设成为忠诚于马克思主义、坚持走有中国特色社会主义道路的坚强领导集体。

加强领导班子建设,要做的工作很多。我考虑,当前要着力解决好以下几个问题。

一是正确掌握德才兼备原则,把那些全面贯彻党的基本路线、勇于开拓进取、在改革开放和现代化建设中政绩突出的干部选拔到领导班子中来。选拔干部总的原则,还是德才兼备。对于党的干部来说,主要看两条:第一条是政治上的要求,就是要听党的话,是真正的共产党人,真心拥护和贯彻邓小平同志建设有中国特色社会主义理论,坚持党的基本路线,有坚定的社会主义、共产主义信念;第二条是业务上的要求,就是要有能力,包括有知识、有实际经验、有组织领导才能。衡量干部的德和才,主要看在执行党的基本路线中的表现。对坚决执行党的基本路线,有高度革命事业心和为人民服务的强烈责任感,在改革开放和现代化建设中政绩突出、群众信任的干部,要委以重任。

二是选拔大批优秀年轻干部充实进各级领导班子。积极大胆做好选拔年轻干部工作是当前加强领导班子建设的一项紧迫而又重要的任务,必须把这项工作放到重要议事日程上来。要解放思想、开放视野,拓宽知人渠道,不拘一格选拔人才。要多选一些优秀年轻干部放到一定领导岗位上,一边工作一边培养。一般的按惯例使用,特别优秀和成绩突出的应大胆破格提拔使用。同时,在年龄掌握上要坚持从实际出发,防止一刀切。对那些工作上确实需要、一时尚无合适接替人选的老同志,要适当留任一段,继续发挥他们作用。

　　三是加强领导班子思想作风建设,重点解决好一些领导班子不团结不协调的问题。从目前了解和掌握的情况看,大多数领导班子是团结的、坚强的,是有凝聚力和战斗力的。但是,也确有一些领导班子不团结问题比较突出,内耗严重,形不成坚强的核心,难以把心思精力集中到经济建设和改革开放上来,有的已经影响到本地区干部群众的积极性,影响到改革开放和经济建设发展。鉴于这种情况,必须下决心、下大气力解决好这个问题。第一,要抓好思想教育,强调团结的重要性,使大家认识到党的团结是党的生命;讲团结、讲统一、讲顾全大局,是对各级领导干部的基本要求,每个共产党员都必须具备这样的政治品格、遵守这样的政治纪律。第二,要强调坚持民主集中制,坚持集体领导,决定重大问题必须经过集体讨论,既不能搞一言堂,个人说了算,也不能议而不决,谁说了都不算;要健全党内民主生活,认真开展批评和自我批评,提高民主生活会质量;要坚持民主评议领导干部制度,加强党内监督和群众监督。第三,对于长期闹不团结、严重影响工作、经过教育仍不能改正的领导班子,要下决心果断调整。江泽民同志最近多次强调,今后衡量和检查领导班子工作,首先应该看一看是不是团结一致搞工作。我们要按照这个要求,采取行之有效的措施,切实抓出成效。

## 四、高度重视党的基层组织建设，并着力抓实抓好。

对各级组织部门来说，干部工作是大量的、具体的，有时任务很重，时间性要求也强。在某一段时间里，对干部工作考虑得多一些、投入精力和力量相对大一些是需要的，但在思想重视程度上、工作布局和安排上，对党的基层组织建设不能有丝毫忽视和削弱，必须摆上应有位置、列入重要议程。

重视党的建设是邓小平同志的一贯思想，是他建设有中国特色社会主义理论的重要组成部分。改革开放十四年的经验充分证明，党的基本路线要毫不动摇长期坚持下去，社会主义改革开放和现代化建设要搞得更好更快，国家要长治久安和繁荣富强，关键在我们党，"关键是我们共产党内部要搞好"[1]。党的基层组织是党的全部工作和战斗力的基础，也是保证党的基本路线一百年不动摇的坚实基础。江泽民同志在党的十四大报告中讲了两个一百周年：建党一百周年，建国一百周年。到建党一百周年的时候，我们将在各个方面形成一整套更加成熟更加定型的制度。到下世纪中叶建国一百周年的时候，达到第三步战略目标，基本实现社会主义现代化。这两个奋斗目标的实现靠什么？很显然，要靠各级党委发挥领导核心作用，靠广大基层党组织发挥战斗堡垒作用，靠五千多万党员发挥先锋模范作用，靠党同全国各族人民团结奋斗。如果不是这样，那么，我们的路线再正确，也难以贯彻落实；我们的目标再宏伟，也不可能变为现实。因此，在实现党的十四大提出的各项任务过程中，在加快改革开放、建立社会主义市场经济体制的形势下，党的建设必须加强和改进、决不能放松，党的领导必须加强和改善、决不能削弱。

　　近年来,我们在改革开放条件下抓党的基层组织建设,取得了一定成绩,但不能满足现状,停留在已有水平上。必须看到,在新的历史时期,党所处的环境和肩负的任务有了很大变化,党的思想、政治、组织、作风建设都面临许多新情况新问题,需要我们积极探索、作出回答。比如说,随着社会主义市场经济体制建立和发展,如何适应形势加强党的建设、提高党的执政水平和领导水平? 党的领导方式和工作方式如何改进? 在新的历史时期,对共产党员先锋模范作用应该有哪些新的要求? 应该从哪些方面入手去提高党员素质? 随着改革深入和开放扩大,出现了许多不同类型的新的经济组织形式,这些经济组织中党组织如何设置、党的工作如何开展? 党员教育管理怎样才能更好为经济建设服务,着眼点和结合点在哪里? 等等,都需要加强调查研究。条件已经成熟的要拿出办法、建立或完善相应制度,一时还不能形成全国统一规范的也要积极探索,工作要及时跟上。不然,对党的自身建设不利,对经济建设发展也不利。

　　**五、发扬党的组织工作优良传统,防止和克服组织人事工作上的不正之风。**

　　党的十四大把坚持反腐败斗争、端正党风列为新时期加强党的建设的重要内容,要求全党在改革开放整个过程中都要反腐败,把端正党风和加强廉政建设作为一件大事,下决心抓出成效、取信于民。坚持反腐败斗争,端正党风,要做的工作很多,但首先要解决好群众最不满意的问题。现在群众议论较多、意见比较大的问题之一就是用人上的不正之风。我们应当清醒看到,用人上的不正之风影响坏、危害大,影响着民心向背和社会风气,关系到党和国家兴衰。"安危在出令,存亡在所任"[2],"为政之要,惟在得人,用非其才,必难致治"[3]。这是古人都明白的道理。我们贯彻落实党的十四大精神,坚持从严治党,坚持反腐败斗争,保证国家长治久安,就要认真研究解决这个问题,切实抓出成效、取信于民。在这方面,我们组织人事部门负有直接的特别重大的责任。

纠正用人上的不正之风,要同发扬党的优良传统密切结合起来。在老一辈革命家关怀和培育下,在长期革命、建设实践中,党的组织部门和党的组织工作形成了很多优良传统。在新的历史条件下,要认真继承和发扬,并在继承中有所创新、有所发展。从现实情况看,尤其要发扬任人唯贤、公道正派、廉洁守纪的优良传统。任人唯贤是我们党一贯坚持的干部路线,也是一个重要原则。"贤"就是德才兼备。我们考察、任用干部,必须坚持德才兼备原则,做到知人善任、使用得当。不能以个人好恶,更不能以听不听自己的话来判断和衡量一个干部。必须搞五湖四海,放开眼界选人才,不能只在自己熟悉的单位、熟悉的人中选干部,更不能以我划线,搞亲亲疏疏,搞"团团"、"圈圈"、"摊摊",拉山头,闹宗派,培植个人势力。公道正派是组织部门职业道德的核心内容。要实事求是,公正准确评价干部,合理使用干部,在掌握用人标准上做到一视同仁,一切以党和人民事业为重。要有坚强的党性原则,敢于说真话、说公道话,敢于排除各种不正之风的干扰,宁可得罪某些人,丝毫不可损害党的事业。对某些个人主义严重、不择手段四处跑官的人,要坚决顶住,不仅不能提拔重用,还要严肃予以批评。组织人事部门尤其要抵制这种跑官风。廉洁守纪,是对组织部门干部的基本要求。党的组织工作具有很强的原则性、政策性、纪律性,要严守党的政治纪律和组织人事工作纪律,保守机密,严禁"跑风漏气"。同时,要廉洁自律,克己奉公,不在干部人事问题上拉拉扯扯,不利用工作之便谋取私利,不在物质待遇上搞攀比。总之,要继承和发扬老一辈组织工作者艰苦奋斗、廉洁奉公,勤勤恳恳、兢兢业业为党工作的好传统。

党的十四大报告指出,廉政建设要靠教育,更要靠法制。克服和防止用人上的不正之风,也必须做好这"两靠"的工作。一要加强党的优良传统和组织部门职业道德教育,特别是要抓好新进来同志的教育和培训,使所有组织部门干部了解和熟知党的优良传统,懂得党的规矩,不断增强党性锻炼,通过共同努力,树立起良好风气。二要坚持制度,严格按规定程序办事,如充分走群众路线,坚持党委集体讨论,等等。还要适应新的情况,不断健全和完善干部管理制度,加强人事立法和人事监察,形成有效约束机制,促进干部管理向科学化、法制化方向发展。

## 注　释

〔1〕见邓小平《在武昌、深圳、珠海、上海等地的谈话要点》(《邓小平文选》第3卷,人民出版社1993年版,第381页)。

〔2〕见西汉司马迁《史记》卷五十《楚元王世家》。

〔3〕这是唐代吴兢《贞观政要》卷七《崇儒学》中记载的唐太宗李世民的话。

# 发扬光大雷锋精神 *

## （一九九三年三月四日）

今天，我们隆重集会，纪念毛泽东、周恩来、刘少奇、朱德、邓小平、陈云同志等老一辈革命家为雷锋同志题词三十周年。我代表中共中央、国务院，向大会表示热烈祝贺！向在学雷锋活动中涌现出来的先进集体和先进个人，表示亲切的慰问和崇高的敬意！

三十年来，在题词精神鼓舞下，一个由亿万人民群众自觉参加的学雷锋活动在中华大地上蓬勃发展，促进了整个社会道德风尚提高。雷锋这个光辉的名字和他崇高的精神品格，在历史发展中始终焕发着光彩。人们越来越深刻认识到雷锋精神的价值，更加珍惜这笔宝贵精神财富，更加努力在实践中学习和发扬雷锋精神。

党的十一届三中全会以来，我们国家在邓小平同志建设有中国特色社会主义理论指导下，坚持党的"一个中心、两个基本点"的基本路线，坚持两个文明一起抓的方针，改革开放和现代化建设事业蓬勃发展，为群众性的学雷锋活动注入了

---

* 这是胡锦涛同志在纪念毛泽东等老一辈革命家为雷锋同志题词三十周年大会上的讲话。

新的内容和活力。党的十三届四中全会以后，江泽民同志等党和国家领导人又发出了学习雷锋同志、弘扬雷锋精神的号召，使学雷锋活动更加深入发展。各地各行业涌现出一大批锐意进取、艰苦创业、勤奋实干、竭诚奉献的先进群体和雷锋式的模范人物。今天大会表彰的先进集体和先进个人就是其中的代表。他们用自己的模范行动为建设有中国特色社会主义大厦添砖加瓦，在新的历史条件下再现了雷锋精神的风采，展示了雷锋精神在中华沃土上的旺盛生命力。

一个只有二十二年短暂生命的普通共产党员能够赢得亿万人民如此崇高和长久的敬意，一个普通战士所表现的高贵品质能够激励几代人健康成长，一个群众性的活动能够在几十年历史进程中延续不断、影响一个时代的社会风尚，这表明雷锋精神对于我们这个民族和社会过去具有、现在仍然具有重大价值和时代意义。

当前，全党全国人民都在认真贯彻落实党的十四大精神，为实现九十年代改革、建设的宏伟目标而努力奋斗，全国各地到处充满着蓬勃生机。处在这样一个伟大的变革时代，面对这样艰巨的历史重任，我们更加需要艰苦创业、积极进取、自强不息、奋力拼搏的奉献精神，更加需要顾全大局、忠于职守、克己奉公、处处以国家和集体利益为重的主人翁态度，更加需要相互尊重、助人为乐、诚实守信、和谐融洽的良好社会风尚，而这些正是雷锋精神所具有的丰富内涵。发扬光大雷锋精神，仍然为我们这个时代进步所必需，仍然为我们改革开放和现代化建设事业发展所必需。

发扬光大雷锋精神，就要像雷锋那样把有限的生命投入到无限的为人民服务中去。历史在前进,社会在发展,虽然今天我们所处的改革开放时代与雷锋成长的五六十年代相比已经发生了很大的变化,但我们对几代人为之奋斗的共同理想和目标始终矢志不移。全心全意为人民服务仍然是我们每一个共产党员所必须遵循的根本宗旨,仍然是我们这个社会所需要大力倡导的价值观念和道德风尚。发展社会主义市场经济,根本目的是要解放和发展社会主义社会生产力,增强社会主义国家综合国力,提高人民生活水平,消灭剥削,消除两极分化,最终达到共同富裕。这和为人民服务在根本上是一致的。社会主义市场经济越发育,就越要求我们牢固树立为人民服务的思想,具有高尚的职业道德。社会主义社会是一个全面发展的社会,物质文明和精神文明都搞好,才是有中国特色社会主义。广大人民群众在物质生活水平不断提高的同时,希望我们的社会风气越来越好,希望不正之风和腐败现象得到纠正,希望团结友爱、助人为乐、见义勇为在全社会蔚然成风。这就要求我们大力弘扬为人民服务的思想,进一步树立社会主义价值观念和道德风尚。

发扬光大雷锋精神,就要像雷锋那样发扬爱国主义精神,树立集体主义思想,坚定社会主义信念。我们中华民族自古以来就有爱国主义的优良传统。这种传统美德在雷锋身上得到了充分体现和全新升华。他自觉把个人的前途命运与国家、民族和社会主义的前途命运紧紧联系在一起,处处以国家、民族、集体利益为重,表现出主人翁的博大胸怀。爱国主义是历史范畴,具有时代特点。在新的历史时期,爱国主义是和建设有中国特色社会主义伟大事业紧密相连的,发扬爱国主义精神就是要像雷锋那样树立正确的理想信念、人生观、价值观，增强民族自尊、自信、自强精神，积极投身到建设有中国特色社会主义实践中去，在各自岗位上为改革开放和现代化建设作出积极贡献。提倡雷锋精神并不否定个人利益，而是要求正确处理国家、集体、个人的利益关系，把个人利益的实现建立在维护国家、集体利益的基础上。

发扬光大雷锋精神，就要像雷锋那样艰苦奋斗、勤俭创业。加快改革开放和经济发展，目的是为了满足人民日益增长的物质文化需要。随着经济发展和社会财富增加，我国人民物质文化生活水平有了明显改善和提高。但是，应该看到，我国社会主义现代化建设是在人口多、底子薄、基础差的条件下起步的，目前还处在社会主义初级阶段，需要有一个很长的艰苦奋斗过程，需要继续发扬勤俭建国、厉行节约的优良传统。我们要把生活水平提高和生活条件改善建立在发展生产的基础上，坚决反对那种大手大脚、铺张浪费、讲排场、摆阔气的不良风气，尤其要反对那种慷国家之慨、挥霍奢侈的腐败作风。即便是我们的经济发展了、国家富强了、人民富裕了，也仍然要保持和发扬艰苦奋斗的优良作风。

发扬光大雷锋精神，就要像雷锋那样发扬钉子精神，努力学习，刻苦钻研，用马克思主义理论和现代科学文化知识武装自己、提高自己、完善自己。当今国际竞争的实质是以经济和科技实力为基础的综合国力较量。科技进步、经济繁荣、社会发展从根本上说取决于劳动者素质提高。必须清醒看到，现代科学技术突飞猛进，社会主义市场经济不断发展，我们不懂得、不熟悉的东西很多，需要学习和掌握的东西很多。我们要认真学习邓小平同志建设有中国特色社会主义理论,学习经济,学习现代科学文化,大胆吸收和借鉴世界各国包括资本主义发达国家的一切反映现代社会化生产规律的先进经营方式和管理方法,刻苦钻研本职业务,不断提高自身素质,在现代化建设中发挥更大作用。

发扬光大雷锋精神,就要像雷锋那样立足本职、忠于职守,在现代化建设事业中做一颗永不生锈的螺丝钉。雷锋无论在哪里都能自觉服从社会主义建设事业需要,在平凡的岗位上作出不平凡的成绩。在新的历史时期,改革开放为人才健康成长和合理流动创造了良好环境,为个人施展才华和抱负提供了广阔天地。但是,一个人只有当他的个人选择和社会的需要、人民的需要相一致,在具体工作岗位上发挥积极作用时,他的才能和价值才能真正得到实现。因此,那种干一行、爱一行、专一行的精神,那种立足本职、忠于职守、勤勉敬业、精益求精的螺丝钉精神,仍然应当在全社会大力提倡和发扬。

雷锋精神作为中华民族传统美德和共产主义光辉思想相结合的时代精神,具有持久生命力。我们今天开展学雷锋活动,要学习雷锋精神的本质,以培养有理想、有道德、有文化、有纪律的社会主义新人为目标,既发扬以往的好传统,又不囿于过去的一些具体做法。必须适应改革开放和现代化建设需要,结合现实生活中出现的新情况新问题,对活动的内容和方式等不断改进、创新、完善。要围绕经济建设这个中心,进一步深化"岗位学雷锋、行业树新风"的活动主题,在继续开展各种社会公益服务活动的同时,把群众学雷锋的积极性引导到立足本职工作、坚持岗位奉献上来。要强化职业道德建设,努力纠正行业不正之风,特别是要抓好各种直接为群众服务、为生产经营服务行业的作风建设。要从解决现实问题入手,在坚持经常、注重实效上下功夫,使雷锋精神扎根于社会主义现代化建设每一个平凡岗位上,渗透在人们为实现共同理想奋斗的具体实践中。

弘扬雷锋精神,应当从实际出发,把先进性和群众性结合起来,针对不同对象提出不同要求,让每一个人都能在参与学雷锋活动中明确努力方向。对广大共产党员特别是党员领导干部应当有比一般群众更高的要求。他们不仅应积极组织和带领群众开展学雷锋活动,而且要率先垂范、身体力行,努力发扬党的十四大所提倡的解放思想、改革创新的精神,尊重科学、真抓实干的精神,顾全大局、团结协作的精神,谦虚谨慎、崇尚先进的精神,艰苦奋斗、无私奉献的精神,把共产党人的先进性在社会主义物质文明和精神文明建设中充分发挥出来。共青团、少先队要把学雷锋活动贯穿到经常性工作中去,引导广大青少年坚持不懈学、踏踏实实做,使他们锻炼成长为合格的社会主义事业接班人。

要培育千千万万具有时代精神的学雷锋先进典型和模范人物,就要创造一种学习先进、弘扬正气、催人向上的舆论环境和激励机制。各级党委要积极培养、善于发现、大力表彰现实生活中涌现出来的先进典型,使先进者受到敬重,上进者得到激励,后进者受到鞭策,不断壮大先进分子队伍。要使学雷锋、学先进制度化经常化,成为绝大多数人的自觉行动和整个社会的风尚。

老一辈革命家谢觉哉〔1〕说过:"雷锋同志是平凡的,任何人都可学到。雷锋同志是伟大的,任何人都要努力才能学到。"每一个有志于为中华民族振兴作出贡献的中国公民都应当不负时代重望,在学习雷锋的实践中谱写新的篇章,在建设有中国特色社会主义伟大事业中创造新的成绩、作出更大贡献!

## 注　释

〔1〕谢觉哉(一八八四——一九七一),湖南宁乡人。一九二五年加入中国共产党。新中国成立后,曾任中央人民政府内务部部长、最高人民法院院长、中国人民政治协商会议全国委员会副主席等职。这里引述的话出自谢觉哉《读雷锋同志的日记摘抄》(《谢觉哉杂文选》,人民文学出版社1980年版,第248页)。

# 井冈山精神的时代新内涵 *

（一九九三年四月十九日）

在长期革命斗争中，老一辈革命家和无数英烈用鲜血和生命培育的井冈山精神，是江西人民的宝贵精神财富和政治优势，也是全党全国人民的宝贵精神财富和政治优势。中国革命胜利离不开井冈山精神，实行改革开放、建设有中国特色社会主义同样需要发扬井冈山精神。

对革命传统既要继承又要发展。我们应该把革命优良传统和改革开放以来焕发出的新的时代风貌结合起来，熔铸成新的民族精神、时代精神，并把它灌注到广大人民群众中去，形成强大凝聚力，有力推动改革开放和现代化建设顺利进行。

井冈山精神有丰富内涵。在新的历史条件下，发扬井冈山精神尤其要弘扬以下三个方面。

第一，实事求是、敢闯新路的精神。大革命[1]失败以后，毛泽东同志把马克思主义基本原理同中国革命具体实践相结合，在井冈山创建了第一个农村革命根据地，由此开辟了农村包围城市、最后夺取全国政权的正确道路。如果不是从中国实际出发，敢闯新路，而是照搬外国经验，那就不可能取得

---

* 这是胡锦涛同志在江西省考察工作时讲话的一部分。

中国革命胜利。邓小平同志为我们开辟的建设有中国特色社会主义道路,同样是坚持实事求是、坚持理论和实践相结合的光辉结晶。建设有中国特色社会主义是前无古人的事业,没有现成经验可以借鉴。特别是建立社会主义市场经济体制将会遇到许多新情况新问题。这就要求我们解放思想、实事求是、积极探索、勇于创新。

第二,矢志不移、百折不挠的精神。井冈山根据地的革命斗争,几经挫折,几经失败。在这种情况下,有人动摇,提出"红旗到底打得多久"[2]的疑问,甚至有人叛逃而去。但是,大多数共产党人和红军战士胸怀坚定的革命理想信念,充满必胜信心,"敌军围困万千重,我自岿然不动"[3],始终坚持斗争,直到革命胜利。今天,我们在建设有中国特色社会主义事业的伟大进程中,同样会遇到困难,甚至可能遇到挫折。但是,无论发生什么事情、遇到什么情况,我们都要坚持党的基本路线一百年不动摇,始终牢牢把握经济建设这个中心,坚持四项基本原则,坚持改革开放,坚定不移把建设有中国特色社会主义事业不断推向前进。

第三,艰苦奋斗、勇于奉献的精神。井冈山斗争是在敌人"围剿"封锁的条件下进行的,当时物质生活极其艰苦,能吃上红米饭、南瓜汤就相当好了。但是,广大红军战士为了民族独立和解放,始终保持高昂的革命斗志,前仆后继,英勇杀敌,许多人牺牲后连名字都没有留下。这种崇高的精神,我们永远不能丢。搞社会主义市场经济,当然要讲效益、讲盈利,要重视个人利益,但应该也必须在维护国家和社会利益的前提下去实现个人利益。我们绝不允许那种损人利己、唯利是图、拜金主义、尔虞我诈等错误思想在社会生活中泛滥，绝不允许商品交换原则侵入党的政治生活。各级党组织首先要在广大党员中、同时在人民群众特别是青少年中加强思想政治教育，倡导和树立艰苦奋斗、勤俭节约、勇于奉献的精神，自觉抵制腐朽丑恶东西侵蚀。

## 注　　释

〔1〕大革命也称第一次国内革命战争。一九二四年，中国共产党协助孙中山改组国民党，在国共合作的基础上掀起了轰轰烈烈的反对帝国主义、封建主义的革命运动，史称大革命。一九二七年，国民党内的蒋介石集团、汪精卫集团先后背叛革命，大革命失败。

〔2〕这是毛泽东在《星星之火，可以燎原》一文中引述的当时存在于红军当中的怀疑情绪(《毛泽东选集》第 1 卷，人民出版社 1991 年版，第 100 页)。

〔3〕见毛泽东《西江月·井冈山》(《毛泽东诗词集》，中央文献出版社 1996 年版，第 14 页)。

# 培养选拔少数民族干部工作
# 要解决好的几个问题<sup>*</sup>

（一九九三年六月八日）

大力培养选拔少数民族干部，是我们党的一贯方针，是党的民族政策的重要内容，也是党的干部工作的重要组成部分。在新形势下，做好民族干部工作总的要求是：深入贯彻党的十四大精神，坚持干部队伍革命化、年轻化、知识化、专业化方针和德才兼备原则，坚持任人唯贤的干部路线，从民族地区实际出发，不断深化改革、完善制度、改进方法，努力创造一种有利于少数民族干部健康成长和脱颖而出的良好环境，把培养选拔少数民族干部工作提高到一个新水平。

一、继续壮大少数民族干部队伍，重在提高少数民族干部素质。

社会主义现代化建设宏伟事业发展必然要求干部队伍有一个相应的合理的发展，现代化事业蓬勃发展、改革开放伟大实践又为新一代干部成长开辟了更加广阔的舞台，提供了良好机遇和条件。从民族地区情况看，随着对外开放扩大、改革

---

* 这是胡锦涛同志同全国培养选拔少数民族干部工作座谈会代表座谈时讲话的一部分。

和建设步伐加快、经济文化教育等项事业发展,对各类人才的需求将会越来越迫切。同时,还要看到,解放前我们党培养的一批优秀少数民族干部,除少数同志仍在担任重要领导职务外,绝大多数已离休退休;建国初期培养和成长起来的少数民族干部陆续大批退休,现在五十多岁的干部到本世纪末也将达到退休年龄。为适应事业发展需要和干部队伍顺利实行新老交替需要,必须十分重视、大力加强少数民族干部培养选拔工作。要从本地区经济建设和社会发展实际需要出发,同本地区经济社会发展规划相衔接,搞好对各类人才需求的预测,制定出少数民族干部培养计划,并采取切实有效的措施认真实施。在发展壮大少数民族干部队伍的同时,要改善少数民族干部队伍结构。随着社会主义现代化建设事业发展特别是改革开放深入和社会主义市场经济体制建立,少数民族干部队伍结构不够合理问题日益突出,专业技术干部数量不足、门类不全,尤其缺乏高层次专业技术人才,熟悉财贸、金融、经济管理等方面的干部也远不适应各项事业发展需要。今后,要树立和明确培养党政领导干部和培养专业技术干部统筹兼顾的指导思想,加快教育改革,调整专业设置,改进培训内容,扩大干部交流,经过一个时期努力,力求使结构不尽合理状况有一个较大改观。

培养选拔少数民族干部,既要注重量,更要注重质。在质的问题上,既要注重整体素质提高,也要注重个体素质提高。从现实情况看,在提高政治、业务素质方面要抓好以下工作:一是要坚持用邓小平同志建设有中国特色社会主义理论武装各族干部。要根据不同对象、不同层次提出不同要求,重点抓好县以上领导干部学习。要健全和坚持学习制度,常抓不懈。要紧紧把握解放思想、实事求是这个精髓,系统学习,完整准确理解。学习要密切联系思想和工作实际,开阔视野,转变观念,增强改革创新意识,努力提高运用马克思主义立场、观点、方法研究新情况、解决新问题的能力。二是要加强文化、业务培训。组织少数民族干部学习掌握进行现代化建设和发展社会主义市场经济所需要的科学技术和文化知识,学习掌握履行岗位职责所必备的专业知识和管理知识。作为领导干部,不论分管什么工作,都要努力学习经济、熟悉经济,不断提高科学思维能力和领导经济工作能力。三是要教育干部牢固树立马克思主义民族观,用马克思主义立场、观点、方法去认识和处理新形势下的民族问题,熟悉和正确执行党的民族政策,提高做好民族工作本领。要在广大党员、干部中开展马克思主义宗教观和新时期党对宗教问题基本政策的再学习、再教育。一方面要正确理解和模范执行党的宗教政策,尊重和保护宗教信仰自由,在生活中尊重和适当顺随民族风俗习惯,避免脱离群众;另一方面每个党员、干部都要做坚定的无神论者,在世界观上同宗教信仰划清界限,不得信仰宗教和参加宗教活动。对利用宗教干预行政、司法、教育甚至破坏祖国统一和民族团结、企图颠覆社会主义制度的活动,要坚决理直气壮进行斗争。四是要加强党性锻炼。党员干部尤其是领导干部要坚持把党性放在第一位,时刻不忘党的培育和人民的支持,正确对待名、位、权,谦虚谨慎,严于律己,遵守纪律,顾全大局,密切同人民群众的联系,全心全意为各族人民服务。作为共产党员,不论出身哪个民族、担任何种职务、遇到何种情况,都要首先想到自己是共产党员,都要牢记共产党员的权利、义务、责任。

提高少数民族干部和民族地区干部队伍素质,要采取多种多样的途径和方法。要继续选送少数民族干部到各级党校和各类院校培训学习;要有计划组织他们到沿海开放地区参观考察,以开阔眼界;要加强实践锻炼,分期选派少数民族干部到基层、内地、上级领导机关任职或挂职锻炼。在分配学习培训、参观考察、挂职锻炼名额时,对少数民族贫困地区应采取增加名额、减免培训费等办法,给予适当照顾,为民族地区人才培养积极创造条件。多年来,中央有关部门、内地省市、有关院校以多种形式帮助民族地区培养人才,收到了好的效果。希望继续坚持,提供更多支援。

**二、加强少数民族中高级干部培养选拔工作。**

近年来,培养选拔少数民族中高级干部工作虽然一直在做,也取得了一定成绩,但少数民族中高级干部后备人选不足问题仍比较突出。在去年召开的中央民族工作会议上,江泽民同志强调指出,要特别加强少数民族中高级干部的培养〔1〕。这个问题十分重要,也十分紧迫,各级党委必须引起足够重视。

要做好少数民族中高级干部培养选拔工作,关键是要切实加强少数民族中高级后备干部队伍建设。中央组织部和各省、自治区、直辖市党委要把少数民族中高级后备干部培养选拔纳入后备干部队伍建设总体规划,有针对性地提出具体措施,重点抓好培养工作。要结合日常干部考察,广开视野,拓宽知人渠道,注意从政绩显著、有较高群众威信的县以上干部,有突出贡献的专家、学者以及其他代表人物中,物色和掌握一定数量的少数民族中高级干部后备人选,进行定向培养。后备干部队伍建设既要立足当前,又要着眼未来。要有意识挑选一批比较优秀、有发展潜力的中青年干部,有重点地进行培养。在培养措施上,要分类指导、因人而异,有计划分步骤实施。凡没有系统学习过马克思主义基本理论和邓小平同志建设有中国特色社会主义理论的,要尽早选送到党校和各类培训机构学习深造。对拟在近期担任中高级领导职务的,要及早放到下一级重要岗位上锻炼。对经过锻炼和考验、比较成熟的后备人选,要充分信任、放手使用,大胆提拔到较高层次的领导岗位上来。要打破地区、部门界限,在中央机关和地区之间实行干部交流、轮岗锻炼,让干部在不同岗位和不同环境经受磨练,丰富领导工作经验,增长才干。一个优秀领导干部成长离不开一定岗位和台阶的锻炼。宁可在每个台阶上任职时间相对短一些,也不要搞大的跨越式提拔。否则,不仅对干部本人成长不利,而且对整个培养选拔工作也会带来不良影响。

为坚持和完善中国共产党领导的多党合作和政治协商制度,巩固和发展新时期的爱国统一战线,还要加强对少数民族中党外代表人物的物色和培养。对那些拥护党的基本路线、坚持四项基本原则、坚持改革开放、有较高思想政策水平、有一定组织领导能力和社会声望的党外人士,适时推举他们在国家机关担任领导职务,努力创造条件使他们有职有责有权,支持他们工作,充分发挥他们作用,并在工作实践中帮助他们提高。

### 三、加强民族地区乡镇基层干部队伍建设。

乡镇党委是实现党的领导的基础,乡镇政府是我国政权的基础。"上面千条线,下面一根针",党的路线方针政策和各项任务,国家的法律和政令,最终要靠基层去落实。完全可以这样说,没有民族地区广大基层干部辛勤工作和艰苦努力,就没有民族地区稳定和发展。乡镇工作千头万绪,任务繁重,是培养锻炼干部的广阔天地。只有基层干部大批成长起来,较高层次的干部才有雄厚基础和较大挑选余地。无论从哪个方面看,民族地区乡镇干部队伍建设都是一个不容忽视的问题。

目前,在民族地区特别是贫困地区,乡镇基层建设面临的一个突出问题,是乡镇干部来源少、缺编多。有些干部退休了,有的自然减员了,还有的被选调走了;外地干部和一些大中专毕业生难以派进去,已经去的也由于种种原因难以留得住,以致出现某些乡镇长期缺编,工作受到不同程度影响。

要使党的方针政策和各项任务落到实处,要使民族地区开放开发和各项事业有一个较快发展,必须采取有效措施,下决心拓宽乡镇基层干部来源。近年来,各地有许多好的做法,创造和积累了许多经验,有关部门要加强调查研究,适时总结推广,并逐步制定和完善有关政策。只要各级领导重视、政策措施得力、渠道畅通,乡镇基层干部缺乏问题就一定能得到较好解决。

### 四、牢固树立"两个离不开"思想,加强少数民族干部和汉族干部团结合作。

在新的历史时期,我们党根据马克思主义关于民族平等、民族团结和各民族共同繁荣的原则,科学总结了我国民族关系发展的历史和现实，提出了"两个离不开"[2]思想，代表和反映了各族人民共同意志和愿望，是发展社会主义新型民族关系的重要指导思想。要对广大干部群众进行"两个离不开"思想的教育，防止和克服大民族主义和地方民族主义。不论是哪个民族的干部都要以大局为重，在建设有中国特色社会主义理论和党的基本路线的基础上自觉维护团结。在边疆民族地区工作的汉族干部要热爱边疆、热爱少数民族人民，尊重民族习俗，发扬艰苦创业、甘当人梯、无私奉献的精神，全心全意为少数民族人民服务，积极为民族地区改革、建设作贡献。少数民族干部也要热忱欢迎汉族干部到民族地区工作，以诚相待，关心和支持汉族干部。党的各级组织在大力培养选拔少数民族干部的同时，要注意调动和保护汉族干部积极性，关心他们的成长和进步，帮助他们解决一些实际困难。各族干部要继续发扬互相尊重、互相学习、取长补短、共同进步的良好风气，紧密团结，心心相印，和衷共济，形成合力。

在民族地区团结的问题上，各级领导班子负有重大责任。经验证明，加强各民族团结，关键是加强党内团结，而党内团结主要在于各民族干部团结，干部团结取决于领导班子团结，领导班子团结又集中体现在主要领导成员团结上。领导班子成员在工作中难免出现这样那样的意见分歧，要提倡多谈心、多沟通、多商量，在服从真理、顾全大局的前提下求同存异。对社会上出现的各种问题，要具体问题具体分析，是什么问题就按什么问题来处理，不要把什么事情都往民族问题上联系，把简单问题复杂化。要认真执行党的民主集中制原则，坚持集体领导，健全民主生活，提高解决自身问题能力。领导班子成员中的各民族干部要互相尊重、支持,加强团结,为各族干部群众作出表率。

## 注　　释

〔1〕参见江泽民《论民族工作》(《江泽民文选》第 1 卷,人民出版社 2006 年版,第 188 页)。

〔2〕参见本卷《继往开来,团结奋斗,振兴西藏》注〔7〕。

# 进一步密切党同人民群众的联系<sup>*</sup>

## （一九九三年八月九日）

保持党同人民群众的密切联系，是我们党的优良传统，是实现新的历史任务的重要保证，也是加强领导班子思想作风建设必须解决好的根本问题。邓小平同志在党的八大上就尖锐指出，执政党最容易犯的、也是最危险的错误就是脱离群众[1]。应该看到，我们党同人民群众的关系、各级干部同人民群众的关系总的来说是好的。但是，对存在的问题决不能低估，决不能麻木不仁。

当前，影响党群关系的最大问题是腐败现象严重侵蚀一些党和国家机关的肌体，有些还在蔓延和发展。以权谋私、权钱交易、贪污受贿等现象已经成为公害，大案要案呈上升趋势；用公款吃喝、送礼，用公费旅游屡禁不止；讲排场、比阔气、奢侈浪费之风愈演愈烈；乱摊派、乱收费、乱罚款问题相当严重；有的领导干部道德败坏、腐化堕落。在用人问题上，有的领导干部不坚持党的原则，任人唯亲，以我划线，凭个人好恶用干部，甚至培植个人势力；还有的干部不择手段拉关系、走

---

\* 这是胡锦涛同志在全国组织工作座谈会上的讲话《加强思想作风建设，把各级领导班子建设成为领导有中国特色社会主义事业的坚强集体》的一部分。

门子、跑官要官；等等。对这些问题，广大干部群众深恶痛绝，意见很大。邓小平同志早在一九八二年就提醒全党："我们自从实行对外开放和对内搞活经济两个方面的政策以来，不过一两年时间，就有相当多的干部被腐蚀了。""要足够估计到这样的形势。这股风来得很猛。如果我们党不严重注意，不坚决刹住这股风，那末，我们的党和国家确实要发生会不会'改变面貌'的问题。这不是危言耸听。""如果不搞这个斗争，四个现代化建设，对外开放和对内搞活经济的政策，就要失败。"[2]今天重温邓小平同志的告诫，我们更加深切感到这些话语的分量和重大指导意义。反对腐败，确实已经到了非下大决心不可的时候了。

各级领导班子和领导干部要头脑清醒、居安思危，充分认识腐败现象蔓延的严重危害性，认识开展反腐败斗争的极端重要性。全党一定要统一思想、形成共识，既不要失去信心，更不能掉以轻心；既要看到斗争的长期性，又要有现实的紧迫感。对于领导班子和领导干部来说，反对腐败，当前应着重强调两点：一要廉洁自律，以身作则。正人先正己，要求干部群众做到的，各级领导必须首先做到；不仅要管好自己，还要严格管好家属、子女和身边工作人员。领导干部要坚决反对拜金主义、享乐主义、极端个人主义，不断增强党性锻炼，自觉树立正确的世界观、人生观、价值观，当好端正党风、加强廉政建设的表率。二要敢抓敢管。反腐败斗争是加强党的建设和政权建设的重要工作，必须在党委统一领导下，党政一齐抓，各方面协调一致，形成整体合力。各级党委和政府领导班子都要把坚持两手抓、两手都要硬的方针落到实处，切实加强领导,第一把手要亲自抓。要实行党风廉政建设责任制,领导班子每个成员都负起责任,切实抓好分管部门和系统廉政建设。这方面工作做不好也是一种失职行为。要紧紧依靠广大群众,从群众反映最强烈的问题入手,采取有力措施,集中解决一批突出问题。要坚决纠正查处不力、失之于宽、失之于软的偏向,以实际行动取信于民,使党心民心为之一振。

这次会议后,各级领导班子要对党风特别是廉政建设状况进行一次认真自查,对违反中央有关规定的,要自觉纠正;对违纪违法问题,要坚决处理,不能迁就姑息;对包庇说情、设置障碍、阻扰查办案件的,也要严肃批评制止,该执行纪律的执行纪律。各级纪检监察机关要切实负起监督检查责任,理直气壮开展工作,对问题严重、群众反映强烈的单位和部门,要集中力量、重点解决。各级领导班子和领导干部要严格遵守党和国家各项法律、法规、政策、规定。同时,要认真研究新的历史条件下腐败现象滋生蔓延的规律和特点,制定和完善各种防范惩治的制度和措施。在选拔任用干部问题上,一定要严格按党的原则和规定的程序办事。"安危在出令,存亡在所任。"[3]用人上的不正之风影响坏、危害大。反对腐败必须坚决把住选人用人关,发挥正确导向作用。今后,选拔任用干部既要重视工作实绩,也要重视廉洁自律情况,要把纪律检查和干部考察使用结合起来。对确有问题但不够纪律处分的干部,要进行必要的组织调整,不能重用。

## 注　　释

〔1〕参见邓小平《关于修改党的章程的报告》(《邓小平文选》第1卷,人民出版社1994年版,第214页)。

〔2〕见邓小平《坚决打击经济犯罪活动》(《邓小平文选》第2卷,人民出版社1994年版,第402—404页)。

〔3〕见西汉司马迁《史记》卷五十《楚元王世家》。

# 中国工人阶级的伟大使命<sup>*</sup>

（一九九三年十月二十四日）

我国工人阶级是一支特别能战斗的队伍，始终是推动社会前进的最基本的动力。我国工人运动有着光荣传统，始终是革命、建设事业的重要组成部分。新民主主义革命时期，我国工人阶级在中国共产党领导下，同广大农民结成亲密联盟，以自己特有的坚决彻底的革命精神和无所畏惧的英雄气概，前仆后继，浴血奋战，为推翻三座大山<sup>[1]</sup>、建立新中国立下了不朽功勋。社会主义革命、建设时期，工人阶级发愤图强、艰苦创业，为建立和巩固社会主义制度、全面开展社会主义建设创造了辉煌业绩。党的十一届三中全会以后，我国进入了新的历史时期。党领导全国各族人民沿着邓小平同志指引的有中国特色社会主义道路胜利前进，取得了举世瞩目的伟大成就，整个国家焕发出勃勃生机。在改革开放和现代化建设的伟大历史进程中，工人阶级开拓进取、团结奋斗，为推进社会主义物质文明和精神文明建设作出了新的重大贡献。历史已经证明并将继续证明，我国工人阶级不愧是同社会化大生产相联系的觉悟最高、纪律性最强的阶级，不愧是国家的领导阶

---

＊　这是胡锦涛同志在中国工会第十二次全国代表大会上的祝词。

级,不愧是推动社会进步的中坚力量,不愧是革命、建设的主力军。

党的十四大确定了九十年代我国改革、建设的主要任务,向全国人民展示了奔向二十一世纪的光辉前景。我国社会主义现代化建设正处在关键时期,中华民族正面临着难得的历史性机遇。在新的形势和任务面前,不失时机推进改革开放、加快建立社会主义市场经济体制、促进经济持续快速健康发展,对实现我国社会主义现代化建设宏伟目标具有决定性意义。我国工人阶级新时期的伟大使命就是同全国人民一道,高举建设有中国特色社会主义旗帜,全面贯彻党的基本路线,牢牢把握经济建设这个中心,坚定不移发展社会主义市场经济,坚定不移发展社会主义民主政治,坚定不移发展社会主义精神文明,为把我国建设成为富强民主文明的社会主义现代化国家而努力奋斗。

工人阶级要肩负起伟大使命,就要努力为加快经济发展多作贡献。经济建设是一切事业和整个社会进步的基础,社会主义的根本任务是解放和发展社会生产力。要巩固社会主义制度、增强我国综合国力、提高人民生活水平、充分发挥社会主义制度优越性,在日益激烈的国际竞争中永远立于不败之地,最根本的是坚持党的基本路线,集中精力把经济建设搞上去。工人阶级作为推动社会历史发展的先进阶级,要以高度的历史使命感和主人翁责任感,以解放和发展社会生产力为己任,积极投身经济建设伟大实践。要继续发扬艰苦创业精神,英勇劳动,勤勉敬业,奋力拼搏,竭诚奉献。要立足本职,学赶先进,争创一流,广泛开展劳动竞赛、合理化建议、技术革新、技术协作、发明创造等活动,千方百计提高质量、增加效益、发展生产,为我国经济建设再上新台阶建功立业。

　　工人阶级要肩负起伟大使命,就要更加自觉地站在改革开放前列。改革是一场深刻的革命,是解放和发展社会生产力的必由之路,是包括工人阶级在内的亿万人民群众自己的事业。按照党的十四大的要求,建立和完善社会主义市场经济体制,积极推进各方面改革,直接关系到我国社会主义现代化建设进程。工人阶级要积极参加改革、热情支持改革,努力为改革贡献才智和力量。企业改革是整个经济体制改革的基础,是建立社会主义市场经济体制的中心环节。转换国有企业特别是大中型企业经营机制,是当前企业改革的重点。广大职工要积极参与企业各项改革,为企业走向市场、提高素质、增强活力作出贡献。改革过程不可避免涉及到各种利益调整,广大职工群众要以主人翁精神,继续发扬识大体、顾大局的优良传统,自觉做到眼前利益服从长远利益、局部利益服从整体利益,以实际行动推进改革深入发展。

　　工人阶级要肩负起伟大使命,就要在社会主义精神文明建设中充分发挥带头作用。我们党领导的有中国特色社会主义,是社会主义市场经济、社会主义民主政治、社会主义精神文明有机统一。在牢牢把握经济建设这个中心的同时,加强社会主义民主法制和精神文明建设、促进社会全面进步是建设有中国特色社会主义的必然要求和重要保证。工人阶级不仅是物质文明建设的主力军,而且是推进社会主义精神文明建设的伟大力量。广大职工要增强民族自尊心和自豪感,发扬爱国主义、集体主义精神,坚定社会主义信念。要大力倡导团结友爱、助人为乐、见义勇为的社会风尚,维护社会公德,遵守职业道德,自觉抵御拜金主义、享乐主义、极端个人主义思想侵蚀,用自己的先进思想和良好精神风貌影响和带动全社会。要树立法制观念,维护安定团结,积极参与社会治安综合治理,坚决同各种违法犯罪行为作斗争,同消极腐败现象作斗争,同社会丑恶现象作斗争。

工人阶级要肩负起伟大使命,就要在实践中努力提高自身素质。工人阶级所以是最先进的阶级,不仅因为它是先进生产力和生产关系的代表,而且因为它能用先进思想和现代科学文化知识武装自己、在改造客观世界的同时改造主观世界。国内外环境变化和新的形势任务,对工人阶级提出了更高要求。工人阶级只有不断提高思想政治素质和科学文化素质,才能适应时代要求、担当起自己的历史责任。要认真学习马克思列宁主义、毛泽东思想,特别是要努力学习好邓小平同志建设有中国特色社会主义理论。通过学习,掌握基本观点,领会精神实质,解放思想,实事求是,提高贯彻执行党的基本路线的自觉性和坚定性,做到在任何情况下都坚持党的基本路线不动摇。要积极参加学文化、学科学、学技术活动,努力掌握社会主义现代化建设所需要的知识,加快工人队伍知识化进程。青年工人在职工队伍中占有很大比例,我们殷切期望工人阶级新一代继承发扬优良传统,加强学习和实践,努力把自己锻炼成为合格的社会主义建设者。

全心全意依靠工人阶级,是我们党和国家一贯坚持的根本方针。我国是工人阶级领导的、以工农联盟为基础的人民民主专政的社会主义国家。我们党是工人阶级的先锋队,工人阶级是我们党的阶级基础。党和国家的性质、工人阶级的历史地位和作用决定了我们任何时候任何情况下都必须全心全意依靠工人阶级。我们党领导的有中国特色社会主义事业是前无古人的伟大事业,任务极为繁重艰巨。党和国家比以往任何时期都更加需要发挥工人阶级和广大人民群众的积极性、创造性和历史主动精神。我们建立的社会主义市场经济体制是同社会主义基本制度结合在一起的,发展社会主义市场经济并不改变国家性质和工人阶级在国家生活中的领导地位,各级党委和政府仍然必须旗帜鲜明、毫不动摇坚持全心全意依靠工人阶级的方针。要研究新情况、解决新问题,使这一方针在国家政治、经济、社会生活各个方面得到更好贯彻落实。在公有制企业内部,工人群众同科技人员、管理者利益是一致的,地位是平等的。全心全意依靠工人阶级,是依靠包括产业工人、知识分子和管理者在内的工人阶级整体。要在充分发挥党组织的政治核心作用、坚持和完善厂长负责制的同时,更好贯彻全心全意依靠工人阶级的方针。要进一步健全和完善职工代表大会制度。企业重大问题要经过职工代表大会或职工大会讨论,加强职工群众民主参与和民主监督,全面落实职工民主管理各项职权。职工应该自觉遵守劳动纪律,维护行政管理权威。在非公有制企业,职工同样是国家的主人,要依法保护职工合法权益不受侵害。

中国工会是党领导的工人阶级群众组织,是党联系职工群众的桥梁和纽带,是国家政权的重要社会支柱。改革开放十五年来,各级工会组织坚持党的"一个中心、两个基本点"的基本路线,团结和动员广大职工为维护社会稳定、推进改革开放和现代化建设做了大量工作、发挥了重要作用。广大工会干部兢兢业业、辛勤工作,作出了很大成绩。在新的历史时期,工会任务和责任更加重大、地位和作用更加重要,必须进一步加强工会工作。各级工会组织要自觉接受党的领导,坚持在政治上思想上行动上同党中央保持高度一致。要以邓小平同志建设有中国特色社会主义理论和党的基本路线为指导,紧紧围绕经济建设这个中心开展工作,充分发挥自己的特点和优势,全面履行各项社会职能,在维护全国人民总体利益的同时更好表达和维护职工群众具体利益,动员和组织职工群众努力完成经济社会发展任务,充分发挥在国家和社会事务管理中的民主参与、民主监督作用,加强思想政治教育,建设有理想、有道德、有文化、有纪律的职工队伍。要努力提高自身建设水平,不断增强活力和吸引力。密切联系职工群众是工会履行职能、做好工作的前提和基础,要经常深入基层、深入群众,倾听他们的呼声,反映他们的意见和要求,为他们办实事、做好事,把各级工会组织建设成为深受工人群众信赖的"职工之家"。

　　各级党委要进一步加强和改善对工会工作的领导,定期讨论工会工作中的重大问题,支持工会依照法律和自己的章程独立自主、创造性开展工作。要指导和帮助工会加强干部队伍建设,特别是要重视和加强各级工会领导班子建设,按照干部队伍"四化"[2]方针和德才兼备原则,选配好各级工会负责人。政府要支持工会工作,为工会工作创造必要条件。涉及职工切身利益的重大改革措施和有关政策法规的制订,要认真听取工会和广大职工意见。党委和政府都要关心职工生活，采取多种措施帮助有困难职工群众解决实际问题，把广大职工群众积极性保护好、引导好、发挥好。


## 注　　释

〔1〕三座大山，指旧中国压迫中国人民的帝国主义、封建主义、官僚资本主义。

〔2〕"四化"，指干部队伍的革命化、年轻化、知识化、专业化。

# 在新时期学习弘扬焦裕禄精神<sup>*</sup>

## （一九九四年五月十三日）

今天，河南省委在郑州主持隆重集会，纪念焦裕禄同志逝世三十周年。我受江泽民总书记委托参加大会，代表党中央对焦裕禄同志表示深切的怀念，对焦裕禄同志的亲属表示亲切的慰问，对弘扬焦裕禄精神、在改革开放和社会主义现代化建设的伟大实践中涌现出的优秀共产党员、优秀干部和其他先进分子表示崇高的敬意。

焦裕禄同志是全党同志和全国各族人民公认的中国共产党的好党员、人民的好公仆、县委书记和广大干部的好榜样。他的一生是为党的事业、为人民利益鞠躬尽瘁的一生。六十年代初，焦裕禄同志任中共兰考县委书记，为了改变兰考灾区贫困面貌，抱病带领全县人民向严重的自然灾害进行顽强斗争。他深入实际、深入基层，认真调查研究，倾听群众呼声，关心群众疾苦，切切实实为群众排忧解难，把党的温暖带给千家万户。他忠于职守、勤奋工作、清正廉洁、艰苦奋斗，始终同人民群众心连心，保持着共产党人本色。直到生命最后一刻，他想的仍然是如何让人民幸福富裕、国家兴旺发达。焦裕禄同

---

志自觉把实现共产主义最高理想同现阶段脚踏实地拼搏联系在一起，无私奉献，奋力开拓，全心全意服务于人民，紧紧依靠人民，用自己的行动塑造了一个优秀共产党员和党的干部的光辉形象，在人民心中建起了一座巍峨的丰碑。三十年来，他的感人事迹教育和激励着千千万万党员、干部和群众不断前进，他的伟大精神在历史发展进程中始终焕发着夺目的光彩。

党的十一届三中全会以来，在邓小平同志建设有中国特色社会主义理论和党的基本路线指引下，我国改革开放和现代化建设事业取得了举世瞩目的成就，整个国家面貌发生了深刻变化。同焦裕禄同志所处的年代相比，我们现在所担负的任务不同了，社会环境、工作条件、人们的思想观念也有很大变化。全党同志和全国人民以经济建设为中心，在建设社会主义物质文明和精神文明、推动社会历史实现新的飞跃的同时，自己也在不断进步，解放思想、实事求是，积极探索、勇于创新，艰苦奋斗、知难而进，学习外国、自强不息，谦虚谨慎、不骄不躁，同心同德、顾全大局，勤俭节约、清正廉洁，励精图治、无私奉献等时代精神得到了进一步发扬。同时，我们必须看到，一切向钱看的拜金主义、贪图安逸的享乐主义、把个人利益看得高于一切的极端个人主义等思想作风，也在一部分人当中滋长和蔓延起来。在这种情况下，无论是弘扬新的时代精神，还是抵制各种消极腐朽的思想影响，我们都更加需要坚持党的全心全意为人民服务的宗旨，更加需要继承和发扬密切联系群众、努力艰苦创业的优良作风，更加需要大力倡导焦裕禄精神。可以说，在今天，认真学习弘扬焦裕禄精神仍然是我们这个伟大时代的要求，是全国各族人民的呼唤，是加强党的建设、发展社会主义现代化事业的需要。

我们现阶段的目标是建设有中国特色社会主义。全党全国当前的大局是抓住机遇、深化改革、扩大开放、促进发展、保持稳定。在新时期学习弘扬焦裕禄精神，就应该像焦裕禄同志那样立足当前、放眼未来，把最终实现共产主义崇高理想同脚踏实地建设社会主义现代化结合起来。我们实行改革开放，建立社会主义市场经济体制，根本目的是要解放和发展社会生产力，增强社会主义国家综合国力，提高人民生活水平，最终实现共同富裕。作为一个真正的共产党员，就要牢固树立正确的理想信念和人生观，坚定不移执行党的"一个中心、两个基本点"的基本路线，增强建设有中国特色社会主义的责任感和使命感，在为改革开放和现代化建设事业作贡献的过程中体现自己的人生价值。

在新时期学习弘扬焦裕禄精神，就应该像焦裕禄同志那样全心全意为人民服务，密切联系群众，一切为了群众，事事相信和依靠群众。焦裕禄同志"心里装着全体人民，唯独没有他自己"[1]。他所想的和做的正是广大群众最需要的，他所批评和反对的也正是广大群众所厌恶和憎恨的。他总是"在群众最困难的时候，出现在群众的面前，在群众最需要帮助的时候，去关心群众，帮助群众"[2]。这是焦裕禄同志在人民群众心目中享有崇高威望的根本原因。

我们现在所从事的改革开放和社会主义现代化建设，是人类历史上全新的事业，也是人民群众自己的事业，在前进中必然会遇到许多新情况新问题，只有依靠群众智慧和力量才能解决。特别是在当前深化改革过程中，一些深层次矛盾会逐步突出起来,部分群众在生产生活方面会遇到一些新的困难,这就需要我们认真负责同群众一起研究解决。各级领导干部必须进一步增强群众观点,坚持群众路线,维护人民根本利益,到群众中去,了解群众疾苦,倾听群众呼声,努力解决群众关心的热点难点问题,妥善处理人民内部各种矛盾。人民群众是我们党的力量源泉和事业的胜利之本。全党同志要牢牢扎根于群众之中,实实在在服务于人民。有了人民群众信任和支持,我们的事业就有了胜利保证。

在新时期学习弘扬焦裕禄精神,就应该像焦裕禄同志那样坚持党的思想路线,实事求是,一切从实际出发,讲真话,办实事,大胆开拓,创造性工作。焦裕禄同志深入实际,调查研究,尊重群众实践,从兰考实际情况出发,同县委同志一起作出和实施了治理"三害"〔3〕的正确决策,为改变兰考面貌作出了重要贡献。他认真贯彻上级决定,在执行中注意同当地实际相结合;他爱好看书学习,但从不死抠本本;他重视研究别人的经验,借鉴时从不生搬硬套。这也是焦裕禄同志能够出色工作、受到群众爱戴的一个重要原因。今天,我们要抓住机遇、发展自己,把建设有中国特色社会主义事业推向前进,必须更加重视把握解放思想、实事求是这个马克思主义的精髓,刻苦学习,掌握科学世界观和方法论,坚持实践第一,尊重事物发展客观规律,全面理解和执行党的路线方针政策和各项改革措施,正确认识和处理面临的矛盾和问题,防止片面性、绝对化,减少主观主义和盲目性。对于面临的新问题,更要悉心研究、积极解决、大胆探索、创造性工作,不断提高自己的领导水平和工作能力。

　　在新时期学习弘扬焦裕禄精神,就应该像焦裕禄同志那样不怕困难、不畏艰险,顽强拼搏、艰苦创业。艰苦奋斗,自强不息,是我们党和中华民族的优良传统。这种优良传统在焦裕禄同志身上得到了充分体现。当严重自然灾害向兰考人民压来的时候,焦裕禄同志以共产党人大无畏的英雄气概,知难而进,敢于"在困难面前逞英雄"[4],用自己的行动鼓起了人民群众战胜困难的决心和斗志。我们的事业是充满希望而又布满艰辛的伟大事业。伟大的事业需要伟大的精神。艰苦奋斗既是一种崇高的节操,又是一种披荆斩棘、开拓进取的巨大力量。在改革、建设中尤其在遇到困难的时候,更需要发扬艰苦奋斗精神。作为共产党员,我们应当不怕困难、不怕艰险,决不能畏缩不前、无所作为;要自强不息、开拓奋进,决不能因循守旧、不求进取;要勤俭节约、珍惜人民创造的财富,决不能讲排场、比阔气、铺张浪费。

　　在新时期学习弘扬焦裕禄精神,就应该像焦裕禄同志那样廉洁奉公、勤政为民。焦裕禄同志到兰考,不是为了做官,而是去为人民谋利益。他廉洁自律的动人事迹,至今在人民群众中广泛传颂。"历览前贤国与家,成由勤俭破由奢。"[5]这个古训值得永远记取。我们党和政府各级干部特别是领导干部一定要以焦裕禄同志为榜样,自觉增强党性锻炼,处处以党的事业为重,严格要求自己。要正确运用人民赋予的权力,勤奋工作,努力为人民群众办实事、办好事,坚决同腐败现象作斗争,不辜负广大人民群众厚望。

　　焦裕禄同志是我们广大党员特别是各级领导干部学习的光辉榜样。各级党委要把学习弘扬焦裕禄精神作为加强党组织和政权机关思想作风建设、加强社会主义精神文明建设、促进我国改革开放和社会主义现代化建设的一项重要举措,继续切实抓好、抓出成效,在全党以至全社会进一步形成弘扬正气、压倒邪气、催人向上的舆论环境,推动学习焦裕禄同志的活动更广泛更深入地开展起来。要把学习弘扬焦裕禄精神,同贯彻落实党的十四大和十四届三中全会精神结合起来,同学习《邓小平文选》第三卷结合起来,同维护和促进改革发展稳定大局结合起来,在这个过程中努力培养造就千千万万焦裕禄式的好党员、好干部。在学习焦裕禄同志活动中,各级领导干部要率先垂范、身体力行,全面提高自身素质,带领广大干部群众积极投身于抓住机遇、深化改革、扩大开放、促进发展、保持稳定的社会实践,在建设有中国特色社会主义伟大事业中创造新的成绩,作出更大的贡献!

## 注　释

〔1〕见穆青、冯健、周原《县委书记的榜样——焦裕禄》(《人民日报》1966年2月7日)。

〔2〕见穆青、冯健、周原《县委书记的榜样——焦裕禄》(《人民日报》1966年2月7日)。

〔3〕"三害",指盐碱、内涝、风沙。

〔4〕见穆青、冯健、周原《县委书记的榜样——焦裕禄》(《人民日报》1966年2月7日)。

〔5〕见唐代李商隐《咏史》。

# 把农村基层组织建设
# 提高到新水平 *

## （一九九四年十月二十六日）

加强和改进党的基层组织建设，是新时期党的建设新的伟大工程的重要组成部分。党的十四届四中全会明确提出了加强党的基层组织建设的指导方针，明确提出了加强农村基层组织建设的新要求。

我国是农民占人口大多数的国家，农业是国民经济的基础，也是整个社会主义现代化建设的基础，农业、农村、农民问题始终处于举足轻重的地位，直接关系到改革发展稳定大局。加强农业和农村工作，说到底是我们党在新的历史条件下要更好把广大农民群众团结起来、组织起来，更好调动和发挥他们积极性的问题。发展农业要靠政策、靠科技、靠投入，而所有这一切都要依靠以党组织为核心的农村基层组织团结带领广大农民群众去落实，都离不开基层组织工作。只有把全国农村七十多万个基层党组织进一步建设好，充分发挥它们和乡村其他组织作用，充分发挥共产党员的先锋模范作用，把广

---

\* 这是胡锦涛同志在全国农村基层组织建设工作会议上的讲话《全面贯彻落实十四届四中全会精神，把农村基层组织建设提高到新水平》的主要部分。

大农民群众紧紧团结在党和政府周围,才能形成建设社会主义新农村的强大合力,卓有成效地把党的基本路线和各项方针政策落实到基层,又快又好推进农村改革深化、经济发展、社会全面进步,从而保证我国整个改革开放和社会主义现代化建设顺利进行。全党同志特别是省、地、县各级领导同志务必从建设有中国特色社会主义全局和实现新时期发展目标的战略高度,充分认识加强党的建设的重要性,充分认识加强农村基层组织建设的重要性,切实把这件大事纳入重要日程抓紧抓好。

## 关于农村基层组织建设的目标、
## 重点和工作指导思想

中央要求,在九十年代末我国要初步建立起社会主义市场经济体制,农业要登上新台阶,农村改革要有新进展,农村社会面貌要有新变化,全国大多数农村要达到小康标准。这个前进目标令人鼓舞,工作相当艰巨。为了适应新形势新任务要求,农村以党组织为核心的基层组织建设的目标:一是建设一个好领导班子,尤其要有一个好书记,能够团结带领群众坚决贯彻执行党的路线方针政策。二是培养锻炼一支好队伍,共产党员能够发挥先锋模范作用,干部能够发挥示范带头作用,共青团员能够发挥助手和后备军作用。三是选准一条发展经济的好路子,充分发挥当地优势,加快农民脱贫致富奔小康步伐。四是完善一个好经营体制,把集体统一经营的优越性和农户承包经营的积极性结合起来,增强经济发展活力,引导和帮助农民走共同富裕道路。五是健全一套好的管理制度,体现民主管理原则,保证工作有效运转,使村级各项工作逐步走上制度化、规范化轨道。这五个方面目标是一个有机联系的整体,是当前党对农村基层组织建设工作的基本要求。

农村基层组织建设的这些目标,是根据全国农村形势发展和面临的任务提出来的,也是对几年来各地抓农村基层组织建设经验的总结。按照全国总的目标要求,每个省、地、县都要在调查研究的基础上,通盘考虑,从各自实际出发,制订出分期分批加强农村基层组织建设实施规划。

实现上述目标,必须坚持分类指导,牢牢把握工作重点。当务之急是要力争在三年内,有领导有计划把处于软弱涣散和瘫痪状态的基层组织整顿好、建设好。这些村大都是既没钱办事,又无人真正管事,工作软弱无力,经济发展很慢,群众生活水平低、困难多、意见也大,计划生育、社会治安等工作基本处于自流状态,村风村貌很差。这样的村虽然是少数,但如不下大气力帮助,不但很难如期实现小康目标,而且严重影响农村改革发展稳定。特别是对其中那些由于领导班子软弱涣散造成经济长期落后的村、社会治安状况严重混乱的村、干群关系特别紧张的村、宗族势力和宗教势力干预和把持村务的村、邪恶势力横行乡里的村,首先要摸清情况,抓准症结问题,根据不同性质、不同情况采取相应措施,逐个加以整顿,限期解决好。这些年,各地整顿农村基层组织有不少经验,也有一些教训,要好好总结。关键是必须抓住两条:一条是加强领导力量。处于软弱涣散和瘫痪状态的村,领导班子大都比较弱,单靠自身力量难以解决问题,要坚持从上级机关选派得力干部下去帮助工作。另一条是要围绕中心任务,抓住主要矛盾,真正解决关键问题。有些后进村之所以面貌长期未能改变,工作反复较大,根本原因是没有抓住主要矛盾,关键问题解决得不够好,党支部班子没有建设好。所以干部下去,一方面要紧紧依靠当地干部群众,从帮助发展经济、帮助解决关系群众切身利益的实际问题入手,抓好当前工作;另一方面要注意选拔培养当地干部,抓好长远建设,配齐配强党支部领导班子。有些当地确实选不出合适干部的村,应从县、乡选派干部到村任职,也可以从附近的先进村中选调适当人选前往支援。

突出强调解决好软弱涣散和瘫痪状态村的问题,决不是可以忽视或放松处于中间状态的村和先进村的工作。对党支部战斗力较强、贯彻党的路线方针政策得力、经济发展快、社会风气好的先进村,要引导它们提出新的发展目标,使各方面工作更上一层楼,充分发挥它们在当地的示范、辐射、帮带作用。对中间状态的村,要区别情况、加强指导,坚持有什么问题解决什么问题,什么问题突出解决什么问题。对其中一部分抓一抓就可以把工作搞上去的村,要努力帮助它们跨入先进行列;对那些放一放就可能滑下去的村,要强化领导班子建设,加快经济发展和社会进步步伐。总之,要通过坚持不懈努力,使所有农村基层组织整体素质和工作水平在现有基础上都有较大提高。

关于加强农村基层组织建设总的指导思想,党的十四届四中全会已经明确。各地在工作中要全面理解、正确把握、认真贯彻。这里,我主要强调三个问题。

第一,必须把保证党的基本路线的贯彻执行作为加强基层组织建设的根本着眼点和落脚点。农村基层组织建设全部工作必须以邓小平同志建设有中国特色社会主义理论和党的基本路线为指导，紧紧围绕经济建设这个中心，围绕团结带领农民群众奔小康这个农村工作的大局，同深化农村改革、促进农村发展、维护农村稳定紧密结合、相互促进。这是前几年加强农村基层组织建设的宝贵经验，也是今后加强农村基层组织建设必须遵循的基本原则。中央多次重申，坚持以公有制为主体、多种经济成分共同发展；坚持一部分地区、一部分人先富起来，逐步实现共同富裕；坚持和完善以家庭联产承包为主的责任制和统分结合的双层经营体制；坚持决不放松粮食生产，积极发展多种经营，大力发展乡镇企业；坚持两手抓、两手都要硬，在发展物质文明的同时努力建设社会主义精神文明。这些基本政策都要保持长期不变。农村基层组织建设各项工作的成效，都要体现在有利于更好贯彻党的基本路线和党在农村的各项方针政策，有利于更好促进农村经济发展和社会全面进步。脱离经济建设这个中心，离开改革发展稳定实践，孤立抓基层组织建设，不会收到好的效果；而忽视基层组织建设，缺乏强有力的组织保证，经济建设也不可能搞上去，暂时上去了也不可能持久。只有坚持围绕经济建设抓基层组织建设，通过抓基层组织建设促进经济建设，农村基层组织建设工作才能坚持正确方向，也才能从根本上得到加强和改进。

　　第二，必须紧紧抓住基层党组织建设这个关键，同时抓好村委会、集体经济组织、共青团、妇联、民兵等其他村级组织配套建设。实践表明，哪里党支部领导班子坚强、工作有力，其他组织作用就发挥得好,有了问题就容易解决,各方面工作进步就快;反之,哪里党支部班子软弱、起不到领导核心作用,其他各种组织就很难活跃起来,各方面工作就比较被动。在加强农村基层组织建设过程中,一定要始终把党组织建设抓住抓好。而党组织凝聚力和战斗力的增强也离不开其他组织作用的发挥。因此要在抓好党支部建设的同时扎扎实实抓好其他村级组织建设。

第三,必须用改革精神认真研究新情况、解决新问题,脚踏实地开展工作。农村基层组织建设面临的许多新矛盾新问题,大多是在深化改革、发展社会主义市场经济新形势下发生和突出起来的,也要在深化改革过程中来解决。既要继承和发扬过去的好传统、好经验,又要注意探索新办法、总结新经验。社会实践在不断发展,我们的工作水平和思想水平也要不断提高。要坚持解放思想、实事求是,做到理论和实践统一、继承和创新统一,面向基层,面向群众,扎实工作,在研究解决新问题中把农村基层组织建设提高到新水平。

# 关于加强农村基层党组织建设<br>要着重抓好的工作

农村基层党组织是党在农村全部工作和战斗力的基础,是农村其他各种组织的核心。在新的形势和任务面前,按照党的十四届四中全会要求,加强农村基层党组织建设要着重抓好以下四个方面工作。

第一,以全面提高素质和领导能力为重点,建设好党支部领导班子,首先要选好和提高支部书记。农村党支部建设总的要求是:认真贯彻执行党的农村政策,在深化农村改革、全面发展农村经济、建设精神文明、带领农民群众奔小康、实现共同富裕和共同进步中,更好发挥领导核心作用和战斗堡垒作用。应该看到,绝大多数党支部领导班子是好的和比较好的,是得到群众拥护的。因此,总体上要着眼于稳定,并本着缺啥补啥的精神,帮助他们提高素质。党支部班子要带头遵守民主集中制各项制度和党内各项法规,严格党内生活,遵守纪律,增强团结,加强学习,不断提高领导水平。对少数确实难以胜任工作的,要及时进行调整。要按照干部队伍"四化"[1]方针和德才兼备原则,选拔认真贯彻党的路线方针政策、公正廉洁、年富力强、能带领群众致富的人当支部书记。要进一步解放思想、开阔视野,从具有一定文化科技知识、懂得经营管理的在乡知识青年、退伍军人、乡村企业骨干、外出务工经商的党员中选拔符合新时期基层干部条件的优秀分子担任村级组织领导工作。党支部要善于发现和聚集各类人才,使他们在党的领导下各展所长,为推进农村改革、建设服务。选拔任用村干部,要坚持发扬民主、全面考察、集体决定。

第二,以有利于发展生产力、有利于加强党的工作为原则,合理调整基层党组织设置。随着改革深化,农村乡镇企业异军突起、蓬勃发展,其产值已经占全国社会总产值的三分之一,在有些省(区)比重更大些。但是,乡镇企业中党的建设工作严重滞后,尚有百分之九十的企业没有建立党组织。必须大力加强这方面工作,尽快改变这种状况。随着农村产业结构调整,不少地方第二、第三产业发展很快,党员分布也随之变化,可以根据需要,打破原来单纯按行政村或居住区域建立党组织的格局,从当地具体情况出发调整党组织设置。党员多的村,按党章规定成立村党委或村总支,并在一些有条件的经济组织中建立党支部或党小组。今后所有新建立的企业或其他经济组织,包括外资企业,凡有一定数量党员的都要同时建立党的组织。这要作为一条政策确定下来。一些地方采用党支部、村委会、集体经济组织领导班子成员适当交叉兼职的办法,有利于加强党支部统一领导,有利于协调各方面工作、提高办事效率,也有利于减轻农民负担,凡是效果好的都可继续实行。

第三,以提高素质、增强党性为目标,大力加强农村党员教育和管理。党的十四届四中全会要求,从现在起用三年时间,有计划有步骤组织全体党员开展学习建设有中国特色社会主义理论和党章的活动。各地应结合农村特点,从农民党员思想实际出发,做出周密安排,力争把所有党员都组织到活动中来,扎扎实实把学习认真抓好。着重教育党员:把牢固树立共产主义远大理想同努力实现党在社会主义初级阶段的目标结合起来,提高贯彻执行党的基本路线的自觉性和坚定性;坚持全心全意为人民服务的根本宗旨,自觉保持工人阶级先锋队战士本色;增强党的观念,发挥先锋模范作用,按党章规定用好权利、履行好义务,为建设社会主义新农村建功立业。要努力探索新形势下加强和改进党员教育的新路子,坚持正面教育,注重实际效果。要把思想教育同解决实际问题结合起来,在提高党员思想觉悟的同时解决党员思想、工作、学习中存在的问题和实际困难;把思想教育同开展创先争优活动结合起来,把党员在学习教育活动中激发出的积极性和主动性引导到带动群众为实现小康而奋斗的实践中去;把教育和管理结合起来,在教育过程中建立健全党内生活各项制度,尤其要加强对外出务工经商的流动党员的管理,使他们及时参加党组织活动,接受党组织监督。要教育党员热爱祖国、热爱集体、热爱社会主义,牢固树立正确的世界观、人生观。还要教育党员不信仰宗教,不参与宗教活动、封建迷信活动、宗族活动。

第四,以保持先进性、增强活力为要求,认真做好在优秀青年农民中发展党员的工作。目前,一部分农村地区党员年龄老化、青年党员数量下降,已经直接影响到党组织作用的发挥。各级党组织要增强紧迫感,采取有效措施解决这个问题,首先要解决有的村几年甚至十几年不发展党员问题。在工作中要贯彻坚持标准、保证质量、改善结构、慎重发展的方针,既不要硬卡发展新党员指标,也要防止不顾质量、不讲条件的倾向。要把发展青年党员、培养后备干部、造就农村人才结合起来,努力做好培养青年积极分子工作。我国农村改革伟大实践培养造就了新一代农村青年,他们朝气蓬勃、开拓进取,是农村社会力量中最活跃最有生气的一部分,是建设社会主义现代化新农村的希望所在,也是农村基层党组织建设的希望所在。党组织务必要多下功夫、做好工作,把他们紧密团结在党组织周围,加强培养教育,及时把他们中的先进分子吸收到党内来,不断增加党的新鲜血液。

农村基层党组织负有领导和帮助其他基层组织加强自身建设的责任,并支持它们围绕党在农村的基本任务,按照各自章程积极主动、各有特点地开展工作,充分发挥它们的作用。

要继续认真贯彻落实《村民委员会组织法(试行)》,加强农村基层民主法制建设。各地党组织要继续加强对这项工作的领导,认真总结推广成功经验,进一步健全村民自治组织,提高村委会整体素质和村民自治活动质量。村委会必须把自己置于党支部领导之下,向党支部汇报工作。属于村委会工作范围的事情,要依法独立负责进行。村委会要积极取得乡(镇)政府的指导、支持、帮助,积极组织完成乡(镇)政府布置的任务。

要注意加强集体经济组织的骨干力量,充分发挥村级集体经济组织作用,积极壮大村级集体经济实力。实行以家庭联产承包为主的责任制和统分结合的双层经营体制是我国农村的基本经济制度,必须长期稳定并不断充实完善。我们既要努力提高家庭承包经营水平,又要努力提高集体统一经营水平,把两者有机结合起来,促进共同发展,不断增强集体经济实力。集体经济实力与农村基层党组织的凝聚力和战斗力是紧密联系在一起的。如果农村村级集体经济长期发展不起来,无力为农户提供各种服务,办什么事情都向农民伸手,就会逐步失去农民信任。只有努力发展壮大村级集体经济,不断增强服务农户、吸引农民的物质条件,农村基层党组织的领导核心作用才能建立在稳固的基础之上。农村集体经济组织要坚持从实际出发,利用当地资源进行开发性生产,兴办集体企业,增加集体收入,逐步走贸工农一体化、产加销一条龙的路子,积极搞好农户需要的各种服务,解决一家一户难以克服的困难,以推动农村经济和各项工作发展。对于贫困村发展集体经济,各级政府应在资金、物资、技术等方面给予必要扶持,使之形成自我发展能力。经济发展快的富裕村党组织也要用适合自己的方式,带动和帮助贫困村发展。

## 关于努力造就一支适应新形势要求、能够团结带领农民奔小康的基层干部队伍

抓好新时期党的建设这个新的伟大工程,基层组织建设是基础,干部是决定因素。我国农村几百万基层干部是党的整个干部队伍的重要组成部分,是贯彻党在农村的方针政策、完成各项任务、带领广大农民建设社会主义新农村的骨干力量,是党联系农民群众的重要桥梁和纽带。农村基层干部队伍主流是好的,但也有相当一部分基层干部知识水平、工作水平还存在许多不适应形势和任务要求的地方。有些基层干部工作方法简单生硬,不善于做把党的正确政策化为群众自觉行动的工作;有的作风不正,虚报浮夸;有的以权谋私,侵占群众利益,严重脱离群众。新形势新任务对基层干部的要求越来越高,群众期望也越来越大。努力造就一支适应发展社会主义市场经济和奔小康目标要求、具有优良素质、工作过得硬的农村基层干部队伍,已经成为一项十分紧迫的重要任务。

提高农村基层干部素质的根本途径是搞好培训和在实践中锻炼提高,总的要求是坚持当前和长远结合,把用人和育人统一起来。育人是用人的基础,只注意用人,不注意育人,是短视的。要从巩固党的组织基础和巩固农村政权基础的高度,大力做好两方面工作。一方面,放开视野、开阔思路,破除

论资排辈、求全责备等陈腐观念，广泛发现人才，放手使用人才，把那些在实践中政绩突出、德才兼备、群众公认的优秀分子不失时机大胆放在关键岗位上。在用人问题上，各级领导者要有这个眼光、这个魄力。另一方面，必须把培养提高基层干部作为一项事关全局的基础性工作切实抓好，加大培训力度，提高培训质量。各地应根据本地情况制定规划，对主要村干部分期分批组织系统培训。每年至少培训十天，每次解决几个最急需解决的问题。对那些具备加快经济发展条件而干部素质和能力不适应要求的村以及新上岗的干部，尤其要抓紧培训工作。要根据农村基层特点作出具体规划和安排，有计划有步骤组织农村党员干部学习建设有中国特色社会主义理论，学习社会主义市场经济知识，学习科学文化知识，帮助他们提高基本素质、加强党性锻炼。培训方法要灵活多样、注重实效。有的省选择一些经济社会发展好的先进村为培训基地，有计划有组织对县、乡干部和农村支部书记进行培训。参加培训的干部联系实际学习，总结经验教训，增长知识，理清发展思路，效果很好。要认真总结这些经验，因地制宜推广。对培训所需的经费要给予保证。除采取集中培训的办法外，经常的大量的是要结合工作实践帮助干部锻炼提高。在向基层干部布置任务时，要仔细交待有关政策和工作方法，做到任务要求明确、政策思想清楚、工作方法得当。在工作过程中，要帮助他们及时总结经验教训，做到对的就坚持，不够的抓紧弥补，错了的赶快改正。

为了提高基层干部素质，调动和发挥他们的积极性和创造性，增强他们做好工作的责任感和使命感，要着重抓好三条。

一是深入细致搞好思想教育,大力加强农村基层干部思想作风建设。要密切联系建设社会主义新农村实践,对他们进行党的路线方针政策教育和形势任务教育,进行党的宗旨和群众路线教育,进行党的优良传统和作风教育,使广大农村基层干部充分认识自己肩负的重大责任,不辜负党的期望和农民群众信任,努力为建设社会主义新农村作出新的贡献。在他们中大力提倡解放思想、改革创新的精神,尊重科学、真抓实干的精神,顾全大局、团结协作的精神,谦虚谨慎、崇尚先进的精神,艰苦奋斗、无私奉献的精神。努力宣传基层干部好典型,推广基层工作好经验,充分肯定他们的成绩,宣传他们的精神风貌,引导他们向更高目标迈进。对思想作风有问题的干部,要耐心帮助和批评教育;对确实违纪违法的,要及时严肃处理。

二是实行公道正派的干部政策。对那些公正廉洁、勤奋工作、为农村发展进步作出了突出贡献的优秀村干部,要理直气壮给以支持,大力宣传表彰,为基层干部大胆工作创造良好舆论环境。要重视从优秀村干部中发现和培养人才,把从优秀村干部中招聘录用乡镇干部作为一项重要制度长期坚持下去,在实践中不断加以完善。要实事求是评价基层干部功过是非,该表扬的表扬,该批评的批评,该保护的保护。对于有些地方出现的封建残余势力进行复辟活动和村干部由于执行党的政策和国家法律遭受打击报复的现象,上级领导要旗帜鲜明予以制止;对构成犯罪的,要严肃查处。

三是逐步建立一套适合农村基层干部的激励机制。在政治上要爱护信任他们，工作上要积极支持他们，生活上要热情关心他们。要落实村干部报酬，解除他们的后顾之忧。村干部报酬一般应不低于当地同等劳动力平均收入水平。要积极稳妥推行村干部报酬同村级经济增长和岗位责任制考评结果挂钩的制度，奖励有突出贡献的优秀干部。

## 注　　释

〔1〕见本卷《中国工人阶级的伟大使命》注〔2〕。

# 把各级领导班子
# 建设成为坚强领导集体 *

（一九九四年十一月三十日）

　　党的十四届四中全会作出的《关于加强党的建设几个重大问题的决定》，是新形势下加强和改进党的建设的一个纲领性文件。这个文件，以邓小平同志建设有中国特色社会主义理论为指导，根据党的十四大精神，总结历史经验和新鲜经验，把改革开放条件下执政党建设作为一个新的伟大工程提出来，形成了全面推进这个伟大工程的整体部署。基本要求是：密切联系贯彻执行党的基本路线实践，继续把思想建设放在首要地位，推动全党对邓小平同志建设有中国特色社会主义理论的学习不断向广度和深度发展；继续抓好党的作风建设，把反腐败斗争深入持久更有成效地进行下去；以坚持和健全民主集中制、加强党的基层组织建设和培养选拔德才兼备的领导干部为重点，切实抓好组织建设这个突出环节，并且把思想建设、作风建设、组织建设有机结合起来，使之相互配合、相互促进。党的十四届四中全会决定在部署加强党的组织建

---

　　* 这是胡锦涛同志在全国组织工作会议上的讲话《抓紧培养选拔德才兼备的领导干部，把各级领导班子建设成为贯彻党的基本路线的坚强领导集体》的主要部分。

设时明确提出，当前和今后一个时期，干部队伍建设要着重完成两项任务：一是全面提高现有领导干部素质，把各级领导班子建设成为坚决贯彻党的基本路线、全心全意为人民服务、具有领导现代化建设能力的坚强领导集体；二是抓紧培养选拔优秀年轻干部，努力造就大批能够跨世纪担当重任的领导人才。这两项任务相辅相成、密不可分，是加强党的建设这个新的伟大工程的关键性工程。我们要通过这次全国组织工作会议，深入学习领会党的十四届四中全会精神，进一步统一思想、提高认识、明确要求、制定措施，以保证领导干部培养选拔和领导班子建设工作在今后几年中迈出新的步伐、取得重大进展。

**一、深刻认识培养选拔德才兼备的领导干部、搞好领导班子建设的重要性，增强做好工作的责任感和紧迫感。**

党的十一届三中全会以后，我们党制定了分三步走、实现社会主义现代化的战略目标，确立和执行了以经济建设为中心、坚持四项基本原则、坚持改革开放的基本路线。围绕党的基本路线贯彻执行和改革发展目标实现，大力培养选拔德才兼备的领导干部、建设好各级领导班子，是我们党和邓小平同志十多年来始终十分关注并不断推动解决的全局问题、战略问题。邓小平同志在社会主义现代化建设新时期刚刚开始时就提出："政治路线确立了，要由人来具体地贯彻执行。由什么样的人来执行，是由赞成党的政治路线的人，还是由不赞成的人，或者是由持中间态度的人来执行，结果不一样。这就提出了一个要什么人来接班的问题。"[1]他强调："我们搞四个现代化，急需培养、选拔一大批合格的人才。"[2]在改革由农村推进到城市的时候,邓小平同志又一次提出"尊重知识,尊重人才"[3]问题,严肃指出:"事情成败的关键就是能不能发现人才,能不能用人才。"[4]他强调要大胆起用优秀中青年干部,指出:"这个问题不解决好,将来要出大问题,要犯大错误。"[5]当我国改革开放和现代化建设进入关键时期之际,邓小平同志在视察南方重要谈话中进一步鲜明而深刻指出:"中国的事情能不能办好,社会主义和改革开放能不能坚持,经济能不能快一点发展起来,国家能不能长治久安,从一定意义上说,关键在人。""要注意培养人,要按照'革命化、年轻化、知识化、专业化'的标准,选拔德才兼备的人进班子。我们说党的基本路线要管一百年,要长治久安,就要靠这一条。真正关系到大局的是这个事。"[6]联系改革开放历史进程,可以清楚看到,邓小平同志总是以无产阶级革命家的远见卓识和博大胸怀,站在党和人民事业全局和战略高度提出干部队伍和领导班子建设问题,反复强调要高度重视领导层新老交替,造就朝气蓬勃的领导干部队伍;反复强调要选拔我们自己培养起来的、政治上好的、能够结合新的实际掌握马克思主义理论的接班人,使老一辈革命家开创的社会主义伟业代代相传;反复强调要关心爱护干部、培养造就干部、大胆起用人才,选拔大批人民公认是坚持改革开放路线并有政绩的人,充分发挥他们的作用。我们学习邓小平同志关于干部队伍建设的论述,不仅要学习领会其中的重要观点,还要像他那样高屋建瓴、立足全局,用战略眼光看待培养选拔领导干部和建设领导班子这件大事。

当前,我们党领导的改革开放和现代化建设事业正处在继往开来的关键时期,培养选拔优秀领导干部,把各级领导班子建设好,具有特殊的重要性和紧迫性。经过全党全国各族人民十几年共同奋斗,我们已经实现了国民经济和社会发展第一步战略目标,各项事业取得了举世公认的巨大成就。抓紧今后五六年时间把各项工作做好,确保到本世纪末初步建立起社会主义市场经济体制,实现人民生活达到小康的第二步战略目标,对于中国未来发展具有深远影响。能不能走好这关键的一步,很大程度上取决于我们的干部队伍特别是县以上党政领导干部状况。还要看到,我国改革、建设是在世界发生历史性大变动的国际环境中进行的,各种机遇和挑战同时并存。当今世界局势一个突出特征是,以经济和科技实力为基础的综合国力的竞争日趋激烈,这种竞争说到底是民族素质的竞争和较量,首先是领导人才素质、能力的竞争和较量。中国能否在风云变幻的国际环境中抓住机遇、发展自己,在未来世界的新格局中处于更加主动、更加有利的位置,关键在于我们党能否带领全国人民解决前进道路上的各种问题,把中国的事情办好,这在很大程度上同样取决于县以上党政领导干部状况。

在新的历史条件下,我们的干部工作和干部队伍状况究竟怎么样呢? 实事求是看,还是要讲两句话:一句是,成绩不小,进步很大;另一句是,问题不少,任务艰巨。党的十一届三中全会以来,特别是一九八二年机构改革以来,各级党委认真执行干部队伍"四化"[7]方针,积极培养和大胆选拔优秀年轻干部,顺利推进新老干部合作与交替,全国有三十六万多名中青年干部走上了县以上领导岗位。同八十年代初相比,干部队伍特别是领导班子年龄构成和文化知识状况已经有了明显改善,干部工作也创造和积累了新鲜经验。同时,必须清醒看到,用我们党肩负的任务和形势发展的要求来衡量,培养选拔德才兼备的领导干部特别是年轻干部工作差距不小,还存在许多问题。主要是:相当一部分领导同志对这项战略任务认识不足,培养选拔领导干部工作跟不上需要,干部制度改革同新的形势不适应,特别是干部领导职务"能上不能下"问题没有真正解决。面对错综复杂的国际环境和建设有中国特色社会主义的全新事业,不少领导干部政治理论素养、知识水平、领导水平特别是驾驭社会主义市场经济能力不适应形势发展要求问题日益突出;不少领导班子专业结构不够合理,缺少懂得现代经济管理、法律、金融、对外经贸的干部;许多党政领导班子中年轻干部偏少,领导成员年龄没有形成合理梯次配备,到本世纪末省部级以下领导干部又将面临一次较大的新老交替。

总之,为了坚持党的基本路线一百年不动摇和国家长治久安,为了中华民族振兴和在跨世纪的激烈国际竞争中赢得未来,为了把有中国特色社会主义伟大事业不断坚持和发展下去,全党必须充分认识加快干部队伍"四化"建设的极端重要性和紧迫性。各级党委必须把培养选拔大批德才兼备的年轻干部,形成坚定走有中国特色社会主义道路、善于研究新情况解决新问题、干练而充满活力的领导层这个战略任务摆上重要工作日程,切实抓紧抓好,务必抓出成效。

二、坚持理论学习和实践锻炼相结合、组织培养和个人努力相结合,全面提高县以上党政领导干部素质。

按照党的十四届四中全会精神,要把全面提高县以上党政领导干部素质作为今后干部工作的一个重点。

党的十四届四中全会决定突出强调，高级干部特别是省部级以上党政主要领导干部"不仅要努力成为有知识、懂业务、胜任本职工作的内行，而且首先要努力成为忠诚于马克思主义、坚持走有中国特色社会主义道路、会治党治国的政治家"。这是关系党和国家前途命运的重大问题。在当代世界风云变幻的条件下，在当代中国改革开放和现代化建设的伟大变革中，我们党要始终站在时代前列，经受住各种困难和风险考验，全面贯彻党的基本路线，牢牢把握经济建设这个中心，坚定不移发展社会主义市场经济、发展社会主义民主政治、发展社会主义精神文明，需要有众多高素质领导人才，需要有一批自觉坚持党的基本理论和基本路线、善于治党治国的政治家。这样的领导人才和政治家越多，我们党的力量就越强，党领导的事业就越有希望、越有成功的保证。每个省部级以上领导干部都应当按照中央关于政治家素质的五条要求[8]，逐条对照，扬长弃短，努力提高自己；地县级党政领导干部也应当以此作为自己的努力方向；尤其要注意提高政治敏锐性和洞察力，善于从政治上观察和处理问题，在事关大局、事关政治方向、事关根本原则的问题上，在错综复杂的矛盾和各种干扰、风浪面前，始终保持清醒和坚定，坚持党的基本理论和基本路线不动摇。如果整天陷于日常事务，不关心政治，不注意社会思想政治动态，不可能是清醒的合格的领导干部，发展下去就会有在工作中丧失原则和迷失方向的危险。

全面提高县以上党政领导干部素质，当前要着重解决好以下问题。

（一）提高理论素养，坚定走有中国特色社会主义道路的信念。党的领导正确，不仅有赖于党的理论和政治路线正确，而且有赖于各级领导干部用正确理论武装头脑，提高执行正确路线的自觉性和坚定性。从担负主要领导责任的意义上说，我们党要有一大批同志系统地而不是零碎地、实际地而不是空洞地掌握了马克思列宁主义、毛泽东思想特别是邓小平同志建设有中国特色社会主义理论，并且能够熟练运用理论去研究和解决重大问题，卓有成效贯彻党的基本路线，我们党的领导水平、执政水平才会大大提高。党的十四大提出用邓小平同志建设有中国特色社会主义理论武装全党，去年中央又作出学习《邓小平文选》第三卷的决定，并组织省部级主要领导干部分期分批集中学习，全党的理论学习出现了新的气象。但是，对成绩不可估计过高。有相当数量的领导干部仍然存在着放松或忽视理论学习的倾向。有些同志在学习中仍然存在浅尝辄止、不刻苦掌握理论的科学体系和精神实质的现象。必须继续强调领导干部带头、中高级干部以身作则，推动全党理论学习不断向广度和深度发展。

现在，《邓小平文选》第一、第二卷新版已经出版发行。各级党委要按照中央要求精心安排、认真组织县以上党政领导干部，把学习《邓小平文选》第三卷与第一、第二卷联系起来系统研读，围绕什么是社会主义、怎样建设社会主义这个基本问题，联系实际，在全面系统掌握建设有中国特色社会主义理论科学体系上下功夫，在坚持解放思想、实事求是的科学态度和创造精神上下功夫，在运用理论研究和解决实际问题上下功夫。要把学习理论同改造世界观、增强党性结合起来，同学习社会主义市场经济基本知识、现代科学技术知识、法律知识、中外历史知识结合起来，同整顿领导班子思想作风、增强战斗力结合起来，同加强调查研究、认真总结经验、提高领导水平结合起来。通过学习，牢固树立正确的世界观、人生观，更加自觉地全面坚持党的基本路线，增强工作中的原则性、系统性、预见性、创造性。对理论学习要加强督促检查，一级抓一级，突出抓好领导干部研讨班和各级党委中心组的学习。这是加强党的建设的根本性工作，也是培养和提高领导干部政治素质的根本性工作，必须脚踏实地、持之以恒抓下去，决不能有丝毫松懈。

（二）注重实践锻炼，不断提高领导能力。实践的观点，是马克思主义认识论的第一和基本的观点。改革开放和现代化建设伟大实践，是党政领导干部熟悉当代中国社会、了解现阶段国情、磨炼意志品质、陶冶道德情操、提高领导水平的最好课堂，也是施展才干的最广阔舞台。十多年来，凡是在各种领导岗位上有所作为、成绩突出的干部，都是注重实践锻炼特别是基层实践锻炼、在丰富生动的实践中成长起来的。这已经成为一种规律性现象。今后，要有计划组织中央部委和省级党政机关中没有做过基层工作的处级以上干部到基层去锻炼，努力改变目前一部分高中级干部经历比较单一、缺乏全面领导经验的状况。对于年轻干部，还要有意识选派他们到环境比较复杂、条件比较艰苦的地方去工作，或安排到急难险苦的岗位上经受锻炼和考验；尤其要舍得把那些年纪比较轻、发展潜力大但缺乏基层工作经验的干部放下去。同时，要有计划挑选一批年轻优秀地县级领导干部到省级机关和中央机关锻炼,使那些长期在基层和地方工作的同志熟悉上级机关工作,提高从全局观察形势、处理问题能力。这件事,中央要做,省级党委也要做。要认真总结经验,不断改进领导干部下派挂职锻炼的方法,提高实际效果。

(三)加强党性锻炼,树立公仆意识,牢记全心全意为人民服务的宗旨。党的各级领导干部是人民的公仆,是为人民服务的。为了实现人民根本利益,团结带领群众奋斗不息,永远是我们共产党人的崇高职责,也是我们党同一切剥削阶级政党的根本区别之一。值得注意的是,我们有些同志头脑中的群众观点明显淡薄了,同群众的感情明显疏远了,同群众的联系明显减弱了。不重视群众意见、不关心群众疾苦的官僚主义、命令主义、形式主义等现象,损害和侵犯群众利益的行为,在一些地方和部门时有发生,有的甚至到了非常严重的程度。这种状况妨碍了党的路线方针政策贯彻执行,损害了党的形象和声誉,必须上下一心,坚决予以纠正。学习建设有中国特色社会主义理论,建立社会主义市场经济体制,推进党政机关机构改革,都为我们克服脱离群众的不良作风创造了有利条件。各级领导干部要抓住时机,带头切实转变作风,深入实际,深入基层,多到条件差、问题多、群众意见大的地方去,倾听群众呼声,帮助群众解决实际问题。在领导工作中要坚持党的群众路线,做深入细致的工作,把党的路线方针政策变为广大群众的自觉行动,依靠人民群众智慧和力量去解决面临的问题,推动我们的事业不断向前发展。

实行改革开放、发展社会主义市场经济,给党的建设注入了新的活力。但是,不可忽视的是,一些错误思想倾向和消极腐败现象,也程度不同冲击着我们党的队伍。这就要求我们的领导干部既善于在改革开放不断深入、国际国内两个市场联系越来越广泛紧密的环境中,不断学习新知识、掌握新技能、增长新本领、开创新局面,又自觉提高鉴别能力,有效抵制错误思想和腐朽生活方式侵蚀。能不能做到这一点,对每个领导干部都是十分严峻的考验。十多年来,在这个考验面前败下阵来的领导干部已经不少了!他们有的把个人利益放在党和人民之上,以权谋私,搞权钱交易,徇私枉法,执法犯法;有的意志消沉,精神萎靡,或者贪图安逸,追求享受,忘记了党的艰苦奋斗的优良传统和作风;有的为了个人和局部利益弄虚作假、欺上瞒下;有的一味追逐名誉、地位、个人权力,不择手段跑官要官,搞团团伙伙。这些情况,目前在一些干部中仍然不同程度存在,我们决不能任其蔓延和发展。解决的办法,总的说还是要靠教育,靠监督,靠法制,靠严肃纪律,靠加强党性锻炼,关键在于认真抓,认真做。党员领导干部无论在什么时候、什么情况下都要用党章约束自己,用党性规范自己,时刻不忘自己是共产党员、是党的干部。在当前法制还不完备、制度还不健全的情况下,更要自觉坚持党性锻炼,不为私利所惑,始终廉洁奉公、勤政为民,保持共产党人本色。实践证明,对干部严格要求、严格管理,有利于干部健康成长,是对干部最好的关心和爱护;相反,在干部管理中搞好人主义,对不良现象姑息迁就,讲情面不讲原则,最终会毁掉干部,这是对党、对干部本人都不负责任的表现。各级党委不仅要管好干部选拔任用,而且要管好干部思想作风,抓好干部教育和管理。要经常对干部进行世界观、人生观、价值观教育,进行党的优良传统和作风教育,做到警钟长鸣、防微杜渐。发现干部有了缺点和毛病就及时指出、进行帮助,把可能出现的问题消除在萌芽状态,使干部少犯或不犯错误。发现干部有违纪违法行为,不管是谁,都要敢于坚持原则,坚决制止,严肃查处。

**三、抓紧做好培养选拔优秀年轻干部工作,努力造就一大批能够跨世纪担当重任的领导人才。**

坚持党的基本路线一百年不动摇,实现建设有中国特色社会主义宏伟目标,需要党的一代又一代干部带领群众努力奋斗,需要经常不断把德才兼备的年轻干部选拔到适当的领导岗位上来。抓紧培养选拔能够跨世纪担当领导重任的优秀年轻干部不仅很重要,而且很紧迫。从现在到党的十五大只有三年时间,到本世纪末也只有五六年时间,时不我待。如果我们不立即抓紧选拔一大批年轻干部,及早放到领导岗位上培养锻炼,到时就会出现青黄不接,造成领导班子成员大上大下的被动局面,严重影响我们的事业。

当前要着重在以下几方面做出努力。

(一)要有明确的工作目标。邓小平同志指出:"最重要的问题是,提出选拔中青年干部的任务以后,要着手去做。做,要有个目标。"〔9〕按照党的十四届四中全会决定提出的任务,从现在起经过三五年的努力,要使中央、国家机关部委和省、地、县三级党政领导班子中年轻干部所占比例有较大提高,保证有一批三十多岁、四十多岁的优秀年轻干部能及时选拔进县以上党政领导班子。

实现这个目标是可能的。现在,选拔年轻干部的客观条件,比一九八二年机构改革时好得多。目前,全国三万多名县级党政领导班子成员中,四十五岁以下的已占百分之五十九;全国三千七百万各类干部中,三十五岁以下的占百分之四十六。省、地、县党政领导班子成员,百分之七十五具有大专以上文化程度,大多数具有下一级主要领导岗位的工作经验。他们在各自岗位上的表现,群众是清楚的。这些年轻干部中已经有了一批经实践证明在执行党的基本路线中实绩突出、德才兼备、得到群众公认的同志。可以肯定地说,人才是有的,只要我们努力工作,善于总结和运用多年来选人用人成功经验,并且在实践中不断探索和创造新的经验,就能够把选拔优秀年轻干部这件大事办好。各级党委要结合本地区本部门实际,制定规划,确定目标,提出措施,明确责任,抓紧工作。今后,在换届和届中调整领导班子成员时,一定要注意保持合理年龄结构,年轻干部所占比例没有达到要求的,必须补充;一时没有合适人选的,可暂时空出名额;本地区本部门难以产生合适人选的,要通过交流选配。有些职数已满、又缺乏年轻干部的领导班子,可以采取"先进后出"的办法,充实年轻干部。

强调各级领导班子中都要有一些比较年轻的干部,目的是使不同层次的领导班子保持合理的梯次年龄结构,以利于新老干部在合作中交替、在交替中合作。这决不是规定只在某个年龄段内取人,也不是在任职年龄上搞一刀切。五十多岁的干部中,优秀的符合任职年龄要求的,该提拔的还应提拔,有些可以进党政领导班子,有些也可以提拔到人大、政协或社会团体工作。

(二)要进一步解放思想,更新观念。党的干部队伍"四化"方针的制定和执行,都是解放思想、实事求是的成果。邓小平同志讲,选贤任能也是革命[10]。这句话讲得非常深刻,我们要认真领会。有些地方和部门优秀年轻干部难以选上来,很重要的一条就是一些领导同志缺乏战略眼光,没有把这项工作提高到坚持党的基本路线不动摇、保持国家长治久安的高度来认识。有的在选人用人时,只考虑是否能同自己配合默契,不重视改革发展对领导班子建设的要求。有些年纪较轻的同志,认为自己还能干些年,对培养选拔比自己年轻的干部不热心。有的领导同志凭自己的印象、好恶和个人恩怨得失取人。还有不少地方和部门,选拔干部时考虑较多的是干部任职时间的长短,原来排列顺序的先后;在识别干部时习惯于拿年轻干部同老同志比经验、比成熟程度,比来比去,对年轻干部不放心、不敢用,耽误了人才,也耽误了事业。以上这些选人用人的思想障碍,过去有、现在也还有,必须长期努力、反复做工作才能完全克服。选贤任能的过程也是解放思想、克服陈旧落后思想障碍的过程。各级党委尤其是主要负责同志要学习老一辈革命家的远见卓识和广阔胸怀,以对党和国家前途命运高度负责的精神,解放思想,更新观念,树立不拘一格选人才的思想,努力把培养选拔可以跨世纪担负重任的合格领导人才这个历史重任完成好。对那些品德好、能力强、有发展潜力的年轻干部,要大胆提拔,给他们压担子。要树立用人看主流、看本质、看发展的思想。对年轻干部的长处、短处,优点、缺点,要全面客观分析,用其所长。对本质好、主流好、有发展潜力的干部,虽有某些缺点,也要敢于合理使用,同时帮助他们克服缺点。还要树立起选人用人失误是过错,埋没、耽误人才也是过错的观念。各级党委和领导同志要在选人用人严格把关的前提下,为尊重和爱惜人才、广泛发掘和使用人才勇于负责、大胆工作。

（三）要有切实可行的过硬措施和科学的方法。选拔起用大批优秀人才,不仅要有正确的思想观念,还要有正确的方法,尤其要研究、探索、推广适应新情况的新方法。干部制度改革实践告诉我们,从实际出发,贯彻公开、平等、竞争、择优的原则,采用多种方式充分走群众路线,拓宽知人渠道,开阔选人视野,是广开进贤之路、选好用好人才的成功经验。几年来,一些地方根据党政机关和党政干部任免管理的特点,在有关法规允许的范围内,对一定领导职务的人选,采取组织推荐与群众推荐、个人自荐相结合,考试与考察相结合的方式,面向社会公开选拔;有的地方根据需要,公开一定领导职务的要求和选用干部的条件,动员社会各方面推荐适合的人选;有些地方换届调整班子时,在一定范围内民主推荐领导干部;等等。这些做法都收到了较好效果,得到广大干部群众支持和拥护。要认真总结这方面的经验,逐步加以推广。

从重要台阶和关键岗位上发现、培养、选拔优秀年轻干部是一个好办法。选拔干部坚持一个台阶一个台阶上,这有利于干部扎扎实实积累经验、增长才干,也有利于党组织对干部德才水平的考察了解。应注意完善这种办法,并创造一些适合新情况、有利于干部更快更好成长的新台阶。要抓紧研究,把那些发展潜力明显的年轻干部,包括其中优秀的女干部、少数民族干部,放到重要台阶和关键岗位上去挑担子,比如,任地方党委或政府的常务副职、大中城市党政主要领导职务、部委综合部门和大型直属企事业单位主要领导职务等。一般说，在这些台阶上经过锻炼、取得明显实绩和进步的干部，素质比较全面，基础比较扎实，驾驭全局能力也比较强。与此同时，要重视党外干部培养选拔工作。加强培养选拔年轻干部工作，要同坚持和完善后备干部制度、加快后备干部培养结合起来。后备干部名单的产生，要充分发扬民主，走群众路线。后备干部队伍应形成合理的年龄结构、专业和知识结构，能适应领导班子合理分工需要，特别是要有懂宏观经济、科技管理、意识形态工作的干部。考察后备干部，要结合考察班子一道进行，根据情况变化，选优汰劣，有进有出，实行动态管理。

各级党政领导班子主要负责人的素质，尤其是凝聚一班人的能力和驾驭全局的水平如何，对于加强领导班子自身建设、提高整体领导水平关系极大。要把党政领导班子主要负责人培养选拔作为重点，及早做好工作。

选拔年轻干部，要全面贯彻干部队伍"四化"方针和德才兼备原则，坚持以革命化为前提，注意选用党性强、作风好、有实际工作经验、同群众联系密切的干部。这几年，有些干部出问题，主要还是革命化方面不合格。党内外干部群众担心较多的也是这个问题。在选拔年轻干部工作中，必须辩证理解干部队伍"四化"要求的内在联系，全面把握德才兼备条件，使选上来的同志像邓小平同志讲的那样，不仅年轻，有专业知识，还要坚持正确的政治方向，有好的思想作风，真正是德才兼备的优秀分子。对那些政治立场不坚定、党性观念差、思想意识不健康、经不起风浪考验的年轻干部，在没有改正好以前，不能提拔重用；已经进班子的，要坚决调整下来。

**四、坚持和健全民主集中制，保证决策正确和执行有效，发挥好领导班子整体功能。**

坚持和健全民主集中制是党的十四届四中全会决定的重要内容，也是加强组织建设的一项十分重要的任务。全会决定在总结历史经验的基础上，对在新的形势和任务面前特别是在发展社会主义市场经济条件下，为什么必须继续坚持和健全民主集中制，从理论和实际的结合上作了深刻阐述，对当前贯彻民主集中制的几个突出问题作了明确规定，提出了新要求。各级党组织要细心领会、坚决执行。这里，我想强调一下加强领导班子内部民主集中制建设问题。这不仅是领导班子提高决策水平、搞好内部团结、增强凝聚力和战斗力、充分发挥整体功能的需要，而且是带动和促进全党和国家机构中民主集中制建设的需要。

（一）要在领导干部中加强民主集中制教育。大多数县以上党政领导干部，对坚持和健全民主集中制的必要性和重要性的认识是明确的，执行也是比较好的，但不能不指出，确有一些领导干部对新的历史条件下要不要坚持这一制度存在着模糊认识。还有一些新进领导班子的年轻干部，缺乏严格的党内生活锻炼，不了解或不熟悉民主集中制的有关规章制度。也有些担任领导工作时间较长的同志，由于在工作中取得一些成绩，过高估计个人作用，自觉不自觉滋长了某些家长制作风，对民主集中制原则淡忘了。鉴于这种状况，党的十四届四中全会决定明确提出，要在全党特别是领导干部中切实加强民主集中制教育。对于领导干部来说，不仅要掌握民主集中制的基本规章制度，做到身体力行，还应该懂得为什么必须这样做。要坚持和健全民主集中制的道理可以讲出许多条。最根本的道理,从理论上说,是因为这种制度运用并体现了实践、认识、再实践、再认识这一马克思主义认识论的规律,运用并体现了党的从群众中来、到群众中去,集中起来、坚持下去的群众路线,运用并体现了马克思主义基本原理;从实践上说,是因为这种制度正确规范了个人和组织、下级和上级、全党和中央、领导和群众、纪律和自由、权力和监督等关系,是科学、合理、有效率的制度,具有决策迅速、执行有力、监督有效的特点,有利于党的路线方针政策正确制定和执行,发生失误也能得到有效纠正。所以,坚持和健全民主集中制必须解决好思想认识问题,解决好用理论武装干部头脑问题,把进行民主集中制教育,同进行马克思主义认识论和党的群众路线的学习和教育结合起来。一个干部,只有真正懂得了马克思主义认识论,懂得了党的群众路线,懂得了马克思主义基本原理,并且懂得了我们党创造性运用民主集中制原则的实践和优良传统,才能真正懂得民主集中制,也才能自觉贯彻执行民主集中制各项具体制度和党内政治生活各项准则。领导班子成员都这样做,领导集体整体功能就会提高,内部团结就会增强,有了问题也能够依靠自己的力量及时解决。

(二)要建立健全领导班子内部贯彻执行民主集中制的具体制度。关于民主集中制,党的十四届四中全会决定突出强调了邓小平同志的一个重要思想,就是必须注重制度建设,健全和完善一系列制度,使之不因领导人的改变而改变、不因领导人的看法和注意力的改变而改变,并且据此提出了一系列明确要求。如要求完善党代表大会制度,健全党员领导干部民主生活会制度，制定党员权利保障条例、中央和地方党委工作条例、党内监督条例等。这其中有的属于中央统一制定的，中央有关部门已在抓紧工作。对于需要各级党委自己制定或修改完善的，都要抓紧制定或完善，并且同其他已有的各项制度结合起来认真加以执行，使每一项制度都能实实在在解决一些相关问题。就健全各级领导班子内部贯彻执行民主集中制的具体制度而言，关键是完善集体领导和个人分工负责相结合的制度，解决好科学民主决策和决策有效执行问题。

这里，要特别注意确立和严格执行以下几个最基本的规则。一是在领导班子内部必须坚持一切重大问题由集体讨论决定。集体领导是党的领导的最高原则之一。作出重要决策前，要广泛发扬民主，走群众路线，进行充分酝酿和协商，听取方方面面意见。有不同意见要摆到桌面上，不要背后议论。凡属重大问题，一定要在充分讨论的基础上严格按照少数服从多数的原则进行表决。一经集体作出决定，每个成员都必须无条件服从，并在行动上积极执行。二是要严格实行集体领导下的个人分工负责制，明确领导班子中每个成员所承担的具体责任，做到事事有人管、人人有专责。凡属已有明确规定的职权范围的事情，分管的同志要独立负责处理，以充分发挥每个成员积极性和创造性。领导班子每个成员既要根据集体决定和分工各司其职、各负其责，又要摆正个人在集体中的位置，牢固树立全局观念，做到分工不分家。书记在集体领导中负有主要责任，应当成为执行民主集中制的模范。三是国家机关、人民团体中的党组和党员负责同志应自觉接受同级党委领导。重大问题要事先提请党委讨论决定，然后在国家机关和人民团体中同多方商量,按照法定程序或章程办理。这是党的十四届四中全会决定作出的一个重要规定。在执行中,各级党委要加强对国家机关、人民团体的领导,定期听取党组汇报,研究这些机关和团体工作,肯定成绩,总结经验,提出加强和改进工作意见。国家机关和人民团体中的党员负责同志和党组要增强党的观念,用党性来保证坚持党的基本路线,贯彻党委意图,实现党的主张。四是要通过加强监督和严肃纪律来保证领导班子内部民主集中制贯彻执行。实践表明,一些领导班子中贯彻民主集中制存在的问题,有的确实是无章可循造成的,但也有相当一些问题是有章不循、缺少监督或执纪不严造成的。因此,已有的行之有效的制度要坚持执行,不完善的要加以完善,并且要根据新情况制定新的制度,同时建立健全保证这些制度得以贯彻执行的监督约束机制和严格的纪律,防止制度和规定流于形式。

(三)要处理好中央和地方关系,保证中央政令畅通。中央决议决定是在民主基础上实行正确集中产生的,各级党组织、全体党员必须坚决执行。如果不执行中央在民主集中制基础上作出的重大决策,这就既违反民主,也违反集中。维护中央权威,保证中央政令畅通,实质是维护改革、建设全局,维护党和全体人民最高利益。各级领导班子和领导干部,无论考虑问题、制定政策还是作出决定,都要从全局利益出发,正确处理中央和地方、整体利益和局部利益的关系,当二者发生矛盾时要主动服从全局利益。如果不顾全大局,大局受损害,小局也保不住。当然,贯彻中央精神必须同当地实际相结合,创造性开展工作,充分发挥主观能动性。中央在从全局出发作出决策时也要充分考虑地方利益。总之，正确处理中央和地方、全局和局部的关系，维护中央权威，是加强各级领导班子内部民主集中制建设的一个重大问题，要以高度的自觉认真解决好。

**五、加快干部制度改革步伐，逐步形成有利于优秀人才脱颖而出、富有生机活力的用人机制。**

改革是我国社会主义现代化建设发展的动力，新时期加强领导班子建设和整个干部队伍建设也要靠改革来推动和改进。党的十一届三中全会以来，在实行改革开放、开创社会主义现代化建设新局面的过程中，根据中央部署，各地区各部门认真贯彻执行干部队伍"四化"方针，在探索中积极推进干部制度改革，逐步形成了一些好制度，起到了积极作用。这方面成绩要充分肯定。但是，应当看到，干部制度改革进展同新形势新任务对领导班子和干部队伍建设要求相比还存在着一定差距，改革力度不够大，有些制度不完善、不配套，富有生机活力的用人机制尚未形成。这是一些优秀人才难以脱颖而出、相形见绌的干部难以更换、用人上的不正之风难以有效克服的重要原因。当前，以经济体制改革为重点的各项改革正在深化，特别是建立社会主义市场经济体制步伐正在加快，这对干部人事制度改革既提出了加快步伐的要求，又提供了良好机遇。要按照中央总体部署，抓住机遇，坚定不移，脚踏实地，把干部制度改革推向前进。我们必须下定决心，加强工作，力争今后几年内使这方面改革取得较大进展，实现新的突破。

党的十四届四中全会决定不仅以改革精神对培养选拔德才兼备的领导干部提出了指导思想、工作方针、工作重点，而且对推进干部制度改革特别是加快党政领导干部选拔制度改革提出了明确任务和要求。这些都要认真贯彻执行。我们这次会议印发的中央组织部起草的《党政领导干部选拔任用工作暂行条例》(讨论稿),是在广泛调查研究的基础上、认真总结历史经验和新鲜经验、经过集思广益形成的,目的是大力推进领导干部选拔任用制度改革,使党政领导干部选拔任用工作规范化、制度化,以保证把各级党政领导班子进一步建设好。要真正把德才兼备的优秀干部特别是优秀年轻干部选拔出来、合理使用,并且使领导班子形成合理结构、发挥整体功能;要把不胜任现职的领导干部及时调整到适当岗位上去,真正形成能上能下的环境和条件;要有力防止和克服选拔任用领导干部不按原则办事、凭个人好恶用人、靠走后门拉关系伸手要官等不正之风,从根本上说,都要靠深化改革,建立和实行一套严格而科学的制度来解决。选拔任用领导干部工作改进和加强的重点在这里,要克服的难点也在这里。各级党委要下最大决心、用足够精力来做好这件事情。

顺利推进党政领导干部选拔任用制度改革,需要做多方面工作。有三个重要环节尤其要把握好。

一要充分发扬民主,坚持走群众路线。扩大干部工作中的民主同坚持走群众路线是密切联系在一起的。广开知人渠道,起用群众公认的优秀干部,坚持集体讨论决定干部任用,加强对选拔使用干部的监督,都要通过扩大民主、贯彻群众路线来保证工作顺利进行。在这方面,前些年进行了一些探索,积累了一些经验,现在需要认真总结,使之提炼上升为制度。要进一步增加干部人事工作透明度,扩大群众对干部人事工作的参与程度,并且把发扬民主、走群众路线加以制度化。今后,无论是选任干部还是委任、聘任干部都要按规定的程序办事,坚持民主推荐、民意测验、民主评议,倾听群众意见。选拔的干部必须是得到群众信任的优秀分子,得不到群众信任的不能提拔重用。

二要坚持按规定的制度和工作程序、工作规则办事。选拔任用干部各个环节都要严格按制度办事。当前,最急需的是根据不同领导职务的不同特点,制定科学的考核体系、考核标准、考核方法。这是选贤任能的一项基础工作。考察干部要全面衡量干部德和才,主要应看贯彻执行党的基本路线、履行岗位职责的实绩。如何搞好领导干部实绩考核,包括如何科学确立和把握实绩标准,是一个复杂的课题,需要在实践中不断探索、总结经验。中央组织部已经拟定了一个方案,准备先在县(市)一级党委和政府领导班子中试行,取得经验后再逐步推开。考核领导班子和领导干部实绩,一定要体现以经济建设为中心和两手抓、两手都要硬的方针,处理好客观条件和主观努力、现实效益和发展后劲、局部利益和全局利益、集体作用和个人贡献等关系,防止片面性。各级党委要按管理权限,尽职尽责对干部实施考核,坚持未经考核的不予任命。对领导干部履行岗位职责的工作实绩和德才表现作出的结论,必须正确反映到对干部使用上来,作为决定他们升降去留的依据。经考核确属德才都好、实绩突出、群众公认的,要委以重任;确属德才平庸、力不胜任、相形见绌的,要坚决调整,真正体现能上能下。这一条落实了,考核才有意义,党的干部政策和干部制度的积极导向作用也才能显示出来。

　　三要加强对执行选拔任用领导干部制度的监督。这也必须建立和完善制度,认真执行制度。监督的主要对象是领导干部和组织人事部门。既监督任用干部是否按规定的制度和工作程序办事,又监督是否按党的任人唯贤政策办事。各级党委、纪检监察机构和组织人事部门都要按照各自职权,定期对选拔任命干部的情况进行检查,一级查一级,发现问题就坚决纠正。同时,要把党内监督和行政监督、自上而下的监督和自下而上的监督、组织监督和群众监督结合起来。

　　干部交流是培养锻炼干部、提高干部素质、改善领导班子结构、增强领导班子战斗力的一项重要措施。目前,党政领导班子成员交流任职的,县一级约占三分之一,地(市)一级约占四分之一,省(自治区、直辖市)一级约占五分之一,其中党政主要领导干部交流任职比例更大一些。实践证明,这种交流任职效果是好的。要在保持领导班子相对稳定的前提下,加大干部交流力度。把干部交流同干部任期任届制度结合起来,同干部任职回避制度结合起来。今后,地(市)党政领导干部,要适当在全国范围内交流;县(市)党政领导干部,要适当在全省范围内交流。要加强沿海和内地、经济发达地区和欠发达地区、中央和地方干部交流。要把执行干部交流制度作为领导干部必须遵守的一条纪律,坚决防止和克服干部调不出、派不进的不良倾向。

　　推进干部制度改革必然触及人们的一些陈旧观念和习惯,只有加强改革中的思想教育,使广大干部投身改革、支持改革、推进改革,才能取得成功。要教育干部充分认识通过改革建立富有生机活力的干部制度的极端重要性和加快改革步

伐的紧迫性,了解改革目标和要求。每个干部都应当成为推
进干部制度改革的动力,提高参与改革的积极性,增强对改革
的承受能力。各级领导干部更要以身作则,要求别人做到的,
自己首先做到,尤其要正确看待个人职务的上下进退,在涉及
自己的时候要经得起改革考验。

## 注　　释

〔1〕见邓小平《思想路线政治路线的实现要靠组织路线来保证》(《邓小平
文选》第 2 卷,人民出版社 1994 年版,第 191 页)。

〔2〕见邓小平《高级干部要带头发扬党的优良传统》(《邓小平文选》第 2
卷,人民出版社 1994 年版,第 221 页)。

〔3〕见邓小平《在中央顾问委员会第三次全体会议上的讲话》(《邓小平文
选》第 3 卷,人民出版社 1993 年版,第 91—92 页)。

〔4〕见邓小平《在中央顾问委员会第三次全体会议上的讲话》(《邓小平文
选》第 3 卷,人民出版社 1993 年版,第 92 页)。

〔5〕见邓小平《在中央顾问委员会第三次全体会议上的讲话》(《邓小平文
选》第 3 卷,人民出版社 1993 年版,第 92 页)。

〔6〕见邓小平《在武昌、深圳、珠海、上海等地的谈话要点》(《邓小平文选》
第 3 卷,人民出版社 1993 年版,第 380 页)。

〔7〕见本卷《中国工人阶级的伟大使命》注〔2〕。

〔8〕对高级干部政治家素质的五条要求,是中共十四届四中全会一九九四
年九月二十八日通过的《中共中央关于加强党的建设几个重大问题的决定》提
出的。该决定第十六条指出,高级干部特别是省部以上党政主要领导干部,不
仅要努力成为有知识、懂业务、胜任本职工作的内行,而且首先要努力成为忠诚
于马克思主义、坚持走有中国特色社会主义道路、会治党治国的政治家,并对他
们提出了五条要求:(一)应该具有坚定的政治信念,始终保持清醒的头脑,自觉
坚持党的基本理论和基本路线,经得起各种风浪的考验;(二)应该具有开阔的

眼界,熟悉国情,了解世界,解放思想,实事求是,务实创新,开拓前进;(三)应该具有宽阔的胸襟,讲党性,顾大局,模范执行民主集中制,公道正派,任人唯贤,善于团结同志一道工作;(四)应该具有较强的领导能力,讲究领导艺术,审时度势,驾驭全局,善于协调各方面的力量;(五)应该具有优良的作风,廉洁勤政,艰苦奋斗,深入实际,调查研究,谦虚谨慎,联系群众,真心诚意为人民谋利益。

〔9〕见邓小平《老干部第一位的任务是选拔中青年干部》(《邓小平文选》第 2 卷,人民出版社 1994 年版,第 387 页)。

〔10〕参见邓小平《精简机构是一场革命》(《邓小平文选》第 2 卷,人民出版社 1994 年版,第 401 页)。

# 致中国青年志愿者协会
# 成立大会的贺信

（一九九四年十二月五日）

同志们：

中国青年志愿者协会今天成立了。我谨向你们表示热烈的祝贺，并通过你们向为社会辛勤服务的千千万万个青年志愿者致以崇高的敬意！

青年志愿者行动是适应时代呼唤和社会需要应运而生的。它作为共青团"跨世纪青年文明工程"和"跨世纪青年人才工程"的重要组成部分，是动员和带领广大青年投身两个文明建设的可贵尝试和新的创造。这项活动开展以来，得到广大青年积极响应和社会各界普遍欢迎，显示出强大生命力，对于加强改革开放和社会主义市场经济条件下的精神文明建设，弘扬中华民族传统美德，树立时代新风，促进青年健康成长，都产生着积极作用，取得了可喜成绩。

当前，我国正处在改革开放和社会主义现代化建设的关键时期。新形势新任务对各项工作提出了更高要求。希望你们适应这种新的要求，在已取得成绩的基础上，不断提高，不断发展，把青年志愿者行动更广泛、更深入、更有成效地开展下去。

中国青年志愿者协会成立后，希望发挥组织、协调、服务功能，坚持自愿参加、量力而行、讲求实效、持之以恒的原则，精心组织，把更多青年吸引到志愿者行列里来，使奉献、友爱、互助、进步的青年志愿者精神在青年一代中发扬光大。要把服务和育人有机结合起来，引导青年用科学的理论武装自己，用高尚的精神塑造自己，用现代科学知识提高自己，在伟大的实践中锻炼自己，努力成为有理想、有道德、有文化、有纪律的跨世纪一代新人，勇敢肩负起历史重任，为把我国建设成为富强民主文明的社会主义现代化国家而努力奋斗。

胡　锦　涛

一九九四年十二月五日

# 深入学习研究宣传邓小平同志
# 建设有中国特色社会主义理论<sup>*</sup>

（一九九四年十二月十四日）

从总体上看，学习、研究、宣传邓小平同志建设有中国特色社会主义理论已经有了一个好的发展态势，这是我们继续前进的基础。现在，要进一步加强领导，乘势而进，采取切实有效的措施和办法，把对这一理论的学习、研究、宣传广泛深入开展起来、坚持下去，更好为全面推进党的建设新的伟大工程服务，为凝聚全国人民坚持党的基本路线一百年不动摇、又快又好发展社会主义现代化事业服务，为发展全党全国工作大局、完成当前各项任务服务。

建设有中国特色社会主义理论的学习、研究、宣传，是相互联系、相辅相成的。搞好学习是搞好研究和宣传的基础。深入研究和正确宣传，又是使学习向广度和深度发展的重要条件。因此，要坚持理论学习和理论研究、理论宣传有机统一，使之不断深化，相互促进。

---

* 这是胡锦涛同志在学习《邓小平文选》和建设有中国特色社会主义理论研讨会上的讲话《进一步加强建设有中国特色社会主义理论的学习、研究和宣传》的一部分。

**一、理论学习要分类指导，抓住重点，在深入上下功夫。**

用邓小平同志建设有中国特色社会主义理论武装全党，重点要继续抓好县以上领导干部培训和各级党委中心组学习。各级领导干部在改革开放和现代化建设中负有重要领导责任，必须带头系统深入学好这一理论。党的十四届四中全会要求高级干部不仅要努力成为有知识、懂业务、胜任本职工作的内行，而且首先要努力成为忠诚于马克思主义、坚持走有中国特色社会主义道路、会治党治国的政治家，并提出了政治家素质的五条要求[1]。江泽民同志在全国组织工作会议上的讲话中指出，不仅高级干部要具备政治家素质，而且县以上各级党政领导干部都应该以此作为努力方向来提高自己、锻炼自己。具备政治家素质，首先就要学习和掌握建设有中国特色社会主义理论。各级领导干部前一段的学习只能说是有了一个好的开端，丝毫不能满足现状。学然后知不足。学习愈有成绩的人往往愈会感到进一步学习的必要，愈会感到常学常新、常用常新。各级党委要制定领导干部学习规划，并建立保障理论学习机制，认真组织实施。

在重点抓紧领导干部学习的同时，必须用相当精力抓好广大党员学习。中央组织部、中央宣传部按照党的十四届四中全会的要求，正在就组织全体党员学习建设有中国特色社会主义理论和党章制定规划，将作出具体部署。各级党组织要结合本地区本单位实际作出妥善安排，扎实工作，务求实效，防止形式主义。要抓好知识分子特别是社会科学界知识分子的理论学习，充分发挥他们在学习、研究、宣传建设有中国特色社会主义理论中的作用。知识分子作为工人阶级中掌握科学文化知识较多的一部分,作为先进生产力的开拓者和教育文化工作的基本力量,在建设有中国特色社会主义事业中有着特殊重要的作用。知识分子只有联系实际加强理论学习,才能确立科学世界观和方法论,才能从根本上掌握社会主义现代化建设规律,把个人的前途与人民的事业、国家的利益、民族的命运融为一体,始终保持坚定正确的政治方向,更好发挥自己的智慧和才能,为民族振兴和国家富强作出更大贡献。希望各条战线的知识分子都在理论学习中起带头作用。社会科学界的知识分子更要学好这一理论,用理论指导自己的专业研究活动,积极参与和开展对建设有中国特色社会主义理论的研究和宣传。再就是要抓好青年的学习。青年是我们事业的未来和希望。用科学的理论武装青年,关系到我国社会主义现代化建设的前途和二十一世纪中国的面貌,意义特别重大。使建设有中国特色社会主义理论深入浅出进入课堂、进入教材、进入广大青年头脑,要作为一项紧迫的任务提上我们的重要工作日程,努力付诸实施。各级党政部门、共青团和大中学校要采取适合青年特点的形式,组织好这一理论的学习和宣传。

　　根据前一段组织领导干部学习的经验,学习建设有中国特色社会主义理论要深入下去,关键是努力在全面系统把握理论体系和运用理论武器解决实际问题上下功夫。要理解和掌握好邓小平同志著作中的理论观点、科学体系,必须认认真真研读原著。这对领导干部和理论工作者尤其重要,应当舍得花时间和精力反复研读,切不可浅尝辄止。要紧紧围绕什么是社会主义、怎样建设社会主义这个基本问题,围绕党的基本路线这条主线,抓住解放思想、实事求是这个精髓,准确理解邓小平同志一系列理论观点的科学内涵和内在联系,把握精神实质和科学体系。要通过学习,加深对党的基本路线的科学性和正确性的理解,增强全面贯彻执行党的基本路线的自觉性和坚定性,提高运用理论研究解决实际问题能力。

**二、理论研究和理论宣传要加大力度,坚持面向实际,在增强实效上下功夫。**

理论来源于实践,理论的作用在于指导实践,理论的力量也必须在实践中才能充分显示出来。我们的理论研究和理论宣传必须从实际出发,实事求是回答实践提出的问题,回答得越清楚、越透彻、越有说服力,它的作用就越大,也越易于使人们认识到理论的正确和学习的必要。当今世界正处在一个大变动的历史时期,当今中国正处在一个伟大变革的历史时期,我们面临的新矛盾新问题层出不穷。理论研究和理论宣传要努力适应新的形势,继续紧紧围绕建设有中国特色社会主义这个主题,全面系统研究和宣传这一理论,鲜明而生动阐释其中的基本观点和精神实质,帮助广大干部群众更好理解和掌握这一理论武器。做理论工作的同志要进一步深入群众、贴近生活,密切联系改革开放和现代化建设实际,特别是发展社会主义市场经济实际,为党和政府决策提供更多科学依据、政策建议和有力理论支持,对干部群众关心的问题努力做好释疑解惑工作。

坚持重在建设、以立为本的方针,对于做好党的理论宣传和理论研究十分重要。在理论战线要进一步造成民主、团结、和谐、融洽的环境,激发广大理论工作者勇于探索的积极性。

要处理好理论宣传和理论探讨的关系，在坚持党的基本理论、基本路线的前提下，积极探讨改革开放和现代化建设中的理论和实际问题。理论研究要解放思想、实事求是，坚持真理、修正错误。在学术问题上，要坚持百花齐放、百家争鸣，平等研讨，充分说理，以理服人。理论工作者内部要团结，理论工作者和实际工作者也要团结。要把握好内部研究和公开宣传的界限。从事理论宣传和研究的共产党员，尤其要遵守宣传纪律。

**三、加强对学习研究宣传建设有中国特色社会主义理论工作的领导。**

要把建设有中国特色社会主义理论的学习、研究、宣传广泛深入开展下去，必须党委重视、领导带头、精心组织、周密安排。各级党委要一如既往抓好这项工作，加强领导，认真部署，经常检查和督促，及时解决理论学习、研究、宣传工作中的问题和困难。各级党委宣传部门、各级党校和干校以及其他理论研究和宣传机构，要在党委统一领导下，分工负责，紧密配合，做好各自工作。要加强理论学习、理论研究、理论宣传的阵地建设。要引导理论工作者坚持正确方向，坚持理论和实践相结合。注意讲求理论宣传、理论教育的方法和艺术，根据不同对象的不同情况，采取他们喜闻乐见、易于接受的方法，使之收到好的效果。对重大理论问题和实际问题，特别是人们普遍关心、亟须加以正确解决的现实问题，要组织协调理论队伍联合进行攻关。理论研究是艰苦的劳动，各级党委要理解和爱护理论工作者，关心他们政治上业务上的进步，帮助他们解决学习工作生活中的困难。要加强理论队伍建设，稳定基本队伍,提高整体素质。特别是要注意发现、培养、使用中青年优秀理论人才,努力建设一支积极研究和宣传建设有中国特色社会主义理论的跨世纪理论队伍。

## 注　　释

〔1〕见本卷《把各级领导班子建设成为坚强领导集体》注〔8〕。

# "送温暖"活动需要总结提高<sup>*</sup>

## （一九九五年一月二十七日）

今年元旦、春节期间的"送温暖"活动受到各级党政领导的重视和支持，搞得有声有色，社会效果很好。需总结提高。一是如何经常化、制度化，特别是建立起扶贫帮困基金和机制，使得困难职工都能得到及时帮助。二是治标与治本结合，要着力帮助亏损企业深化改革、克服困难、扭亏为盈，帮助下岗职工再就业。三是如何与社会保障体系相衔接，多办一些社会保障覆盖不了的、拾遗补缺的事情。

---

\* 这是胡锦涛同志在一份材料上的批示。

# 培养造就一大批高素质领导人才<sup>*</sup>

（一九九五年二月十日）

党的十四届四中全会通过的《关于加强党的建设几个重大问题的决定》指出，坚持党的基本路线不动摇，确保党和国家长治久安，不断把改革开放和现代化建设事业推向前进，关键在于我们党，首先在于县以上党政领导干部。决定还对全面提高现有领导干部素质、加强各级领导班子建设、培养选拔德才兼备的干部特别是能够跨世纪担当重任的优秀年轻干部提出了明确任务和更高要求。我们必须把这项关系国家大局和民族未来的战略任务完成好。

十几年来，我国社会主义现代化事业取得了举世瞩目的伟大成就，经济建设、综合国力、人民生活都迈上了一个大台阶。这个深刻变化和巨大进步是我们党以邓小平同志建设有中国特色社会主义理论和党的基本路线为指导，带领全国各族人民积极探索、大胆实践、务实创新、共同奋斗的结果。在这个进程中，党的整体领导水平提高了，县（市）以上党委对经济建设以至社会主义现代化建设的领导也有了明显进步，积

---

* 这是胡锦涛同志在县（市）委领导经济建设经验交流会上的讲话《加强学习，努力实践，不断提高领导水平》的主要部分。

累的经验是很可贵的。邓小平同志历来十分重视新时期党和人民群众的实践和创造,十分重视对新鲜经验的总结和运用。他指出:"我们改革开放的成功,不是靠本本,而是靠实践,靠实事求是。""农村改革中的好多东西,都是基层创造出来,我们把它拿来加工提高作为全国的指导。"[1]"现在建设中国式的社会主义,经验一天比一天丰富","每年领导层都要总结经验,对的就坚持,不对的赶快改,新问题出来抓紧解决"[2]。我们党的县(市)委,在县(市)的各种组织中处于领导地位,是体现和保证党的领导一级很重要的组织,起着承上启下的重要作用,要负责在县(市)的范围内全面贯彻执行党的路线方针政策,把上级部署的各项工作任务一一落实到基层和群众中去。认真研究、总结、推广这一级党委在新的创业实践中积累的领导经验,对地方各级党委和领导干部进一步提高工作水平、更好领导本地区改革和建设具有重要意义,对于进一步建设好我们的党、保证我国社会主义现代化建设又快又好发展也具有重要作用。

中国繁荣富强和中华民族振兴,从根本上说,要靠发展,特别是经济发展。现在,我国改革开放和现代化建设正处在新的发展时期。我们已经有了科学理论作指导,有了正确路线和政策,能不能又快又好发展起来,从一定意义上说,关键在于人才。我国社会主义现代化建设是在错综复杂的国际环境中进行的。当今世界正处于历史性大变动时期,呈现出多极竞争共处的局面,各国以经济和科技实力为基础的综合国力竞争日趋激烈。这种竞争在很大程度上表现为人才数量和质量的竞争,尤其是领导人才素质能力的较量。在新形势下,我们要抓住难得机遇，经受住严峻考验，把中国的事情办得更好，保证实现本世纪末的奋斗目标，并以更主动的地位进入新世纪，需要做许多艰苦工作，而具有关键意义的工作，就是必须按照党的十四届四中全会提出的总目标进一步把我们党建设好，培养造就一大批高素质领导人才。

什么样的人才是我们党领导社会主义现代化事业所需要的高素质领导人才呢？党的十四届四中全会在提出培养选拔德才兼备领导干部的任务时突出强调，高级干部不仅要努力成为有知识、懂业务、胜任本职工作的内行，而且要首先努力成为忠诚于马克思主义、坚持走有中国特色社会主义道路、会治党治国的政治家，并且提出了明确要求。这些要求不是轻易能够达到的，但必须朝这个方向作出不懈努力。不仅高级干部应当这样，县以上各级领导干部也都应当这样来要求自己、锤炼自己、提高自己。

重视学习，善于学习，才能善于领导。这是领导干部成长的一条普遍规律，也是许多地方工作所以做得比较好的一条共同经验。建设有中国特色社会主义，包括建立社会主义市场经济体制，是一项史无前例的创造性事业，我们不懂得、不熟悉的东西很多。要做好领导工作，完成肩负的历史任务，必须加倍努力学习，坚持不懈学习。不如此，就不能进步，不能提高，不能适应新形势发展的要求，就难当大任！学习的基本途径，一是坚持用马克思列宁主义、毛泽东思想特别是邓小平同志建设有中国特色社会主义理论武装头脑，不断提高理论素养，同时努力学习社会主义市场经济理论和基本知识、现代科学技术知识和法律知识；二是坚持在工作实践中经受锻炼，及时总结经验教训，不断增长领导改革、建设所必需的知识和才能。这两个方面彼此联系，相辅相成，密不可分。

领导干部提高理论素养，最重要的是系统地而不是零碎地、实际地而不是空洞地学习和掌握邓小平同志建设有中国特色社会主义理论。当前，学习这个理论的活动正在全党广泛深入开展，县（市）以上各级领导干部应当以身作则，持久、深入、更有成效地把学习搞好。要始终围绕什么是社会主义、怎样建设社会主义这个基本问题来学习，紧紧抓住建设有中国特色社会主义这个主题和"一个中心、两个基本点"的基本路线这条主线，深入领会解放思想、实事求是这个精髓，正确理解一系列基本观点的精神实质，全面把握理论的科学体系，努力掌握辩证唯物主义和历史唯物主义世界观、方法论。通过学习，真正掌握了当代中国的马克思主义，我们就能全面贯彻党的路线方针政策和中央各项决策，增强工作的原则性、系统性、预见性、创造性，避免和减少主观性、片面性、盲目性，始终把握好前进方向，正确处理改革发展稳定的关系，推动现代化建设各项事业健康发展。

实践的观点，是马克思主义的一个基本观点。马克思主义实践观点和群众观点是统一的。讲实践，首先是千百万群众的社会实践。实践出理论，实践出真知，都是指的人民群众的实践。离开群众的实践，学不好科学理论，也难以获得真知。建设有中国特色社会主义，是全党全国各族人民的创造性实践。学习邓小平同志建设有中国特色社会主义理论，学习其他各种知识，都必须密切联系这一伟大实践，做到带着现实问题学理论、用理论指导解决现实问题,真正把读书和实践结合起来,把学习同总结亿万人民群众创造的经验结合起来,把学习同增强党性、改造世界观结合起来。这种结合做得越好,自己提高就越快,也就越有助于在领导工作中从实际出发,创造性贯彻执行党的路线方针政策。十多年来,我们党领导改革、建设的一系列基本方针政策是在邓小平同志建设有中国特色社会主义理论指导下,在积极探索的实践基础上逐步形成、逐步完善的;我们对什么是社会主义、怎样建设社会主义的认识,是在这个过程中逐步深化的;我们领导改革开放和现代化建设的经验,也是在这个过程中逐步积累和总结提高的。在全面深化改革、加快建立社会主义市场经济体制的新形势下,我们一定要以邓小平同志建设有中国特色社会主义理论为指导,经常注意实践经验积累、研究和理论升华,努力使自己的领导能力、领导水平有更大提高和进步。

建设有中国特色社会主义,需要并已经造就了一大批群众公认是坚决执行党的路线方针政策并有实绩的优秀领导人才,今后还将继续锻炼并不断造就这样的人才。我们面临着社会主义现代化事业发展的机遇,同时也面临着优秀领导人才大批成长的机遇。各级领导同志特别是处在县以上领导岗位的同志,要响应时代的召唤、党的召唤、人民的召唤,立足当前,面对未来,充分认识自己肩头上的担子重责任大,更加自觉地积极投身改革开放和现代化建设实践,特别是要到企业和农村去,到艰苦地方去,到问题多的地方去,坚持在实践中学习,在实践中锻炼提高。

这里，我想就各级领导班子和领导干部应该有什么样的思想作风和精神状态，再强调三点。一是要坚持解放思想、实事求是，一切从实际出发。中央大政方针明确了，各地还要具体化，要根据本地情况一个一个解决实际问题。这就要鼓实劲、讲实话、办实事、求实效，坚决防止和克服官僚主义、形式主义以及虚报浮夸、华而不实等不良习气。二是要坚持全心全意为人民服务的宗旨，发扬密切联系群众的优良传统。深化改革、促进发展、保持稳定都是为了群众，也都离不开群众参与和支持。各级领导同志在工作中要坚持党的群众路线，经常深入到群众中去，了解群众情绪，倾听群众呼声，关心群众疾苦，消除群众思想上的疑虑，努力帮助群众解决实际问题。春节前后，许多领导同志带头到贫困地区和困难企业去，到工人、农民家里去，促膝谈心，既贺新年，又送温暖，各方面反映很好。节日要这样做，平时更要这样做，如此持之以恒才能使我们党始终保持同人民群众的血肉联系，把党的全部工作和活动深深扎根在广大人民群众之中。有了这一条，我们在前进中无论遇到什么困难都可以经过努力使其转化成顺利，各项工作就能做得更好。三是要大力弘扬艰苦奋斗、勤俭节约的精神。革命战争年代我们党发扬这种精神取得了胜利。在改革开放和现代化建设整个过程中，我们仍然要提倡这种精神。现在，我们国家并不富裕，全国还有几千万人没有解决温饱问题，更需要我们发扬这种精神。各级领导干部要带头艰苦奋斗、廉洁奉公，坚持勤俭办一切事业，努力做到"先天下之忧而忧，后天下之乐而乐"[3]，用自己的实际行动带出好的党风、好的民风。

## 注　　释

〔1〕见邓小平《在武昌、深圳、珠海、上海等地的谈话要点》(《邓小平文选》第 3 卷,人民出版社 1993 年版,第 382 页)。

〔2〕见邓小平《在武昌、深圳、珠海、上海等地的谈话要点》(《邓小平文选》第 3 卷,人民出版社 1993 年版,第 372 页)。

〔3〕见北宋范仲淹《岳阳楼记》。

# 做好新时期军队
# 转业干部安置工作<sup>*</sup>

（一九九五年四月七日）

这次全国军队转业干部安置工作会议，集中研究和部署了今年的转业干部安置工作。我感到会议开得是好的。下面，我讲四点意见，同大家交换一些看法。

**一、建国以来军队转业干部安置工作取得了很大成绩，广大军队转业干部在各条战线上发挥了重要作用。**

新中国成立以后，根据国家经济建设和国防建设需要，基本上每年都有一批军队干部转业到地方工作。党和国家历来非常重视军队转业干部安置工作。早在建国初期，毛泽东、周恩来同志等老一辈革命家就对此作过许多重要指示，确定了军队干部转业必须"服从国家经济建设与国防军建设的需要，并使二者联系起来"〔1〕的总原则，制定了安置工作的基本方针，强调"复员军人是人民功臣"，"地方人民政府人民团体对复员军人，应给以应有的尊重和政治待遇"，"人民解放军和地方各级人民政府对复员军人必须妥为安置，使之各得其所"〔2〕。邓小平同志主持中央和中央军委工作以后，十分关

---

心和重视军队转业干部安置工作,亲自批准成立了国务院军队转业干部安置工作小组,强调对军队转业干部,"地方要承担起来,把他们安置好"[3]。按照这一要求,国家进一步制定了"热情欢迎、妥善安置、认真培训、合理使用"的方针,有力推动了军队转业干部安置工作顺利进行。以江泽民同志为核心的党中央同样十分重视军队转业干部安置工作。江泽民同志多次强调做好军队转业干部安置工作的重要性,要求地方各级组织要热情欢迎、妥善安排。去年,江泽民、李鹏[4]同志联名向全国军队转业干部安置工作会议发出贺信,再次要求"各级党委和政府要把军队转业干部安置工作作为一项重要政治任务认真抓好"。

在党中央、国务院和中央军委统一领导下,地方各级党委和政府以极大的热忱和高度负责的精神,努力完成军队转业干部安置任务。许多地区党政领导同志亲自抓,协调解决工作中的困难和问题,经常检查督促落实情况。各有关部门齐心协力、密切配合,为做好军队转业干部安置工作积极创造条件。从事军转安置工作的部门和同志认真负责、兢兢业业,通过大量细致扎实的工作,使一批批军队转业干部得到了妥善安置。

从建国到现在,先后已有三百多万名军队干部转业到地方工作。他们继承和发扬人民军队优良传统,哪里需要就到哪里去,哪里艰苦就到哪里安家,发愤图强,艰苦创业,奋战在工业、农业、林业、商业、外贸、交通、文化、科技、教育、政法、外交等各条战线上,成为推动国家经济建设和各项事业发展的重要力量。特别是在改革开放和现代化建设的伟大实践中,军队转业干部发挥了明显作用。他们有的在国家重点工程建设中,顽强拼搏,无私奉献,成为敢打硬仗的中坚;有的在急难险重任务面前,冲锋在前,勇挑重担,被誉为征帆不落的排头兵;有的在经济特区开发和建设中,挑大梁,唱主角,创造了非凡业绩;有的在国家重点科技攻关项目中,潜心研究,百折不挠,成为国家有突出贡献的专家和学者。在社会主义现代化建设各个岗位上,军队转业干部不忘党的教导、不忘军队的培养、不忘人民的哺育,坚决执行和积极宣传党的路线方针政策,保持和发扬人民军队好传统、好作风,把部队思想政治工作经验创造性运用到地方实际工作之中,以自身的模范行动教育和影响群众。广大转业复员官兵和农垦职工、石油工人共同创造的北大荒精神[5]、大庆精神[6],至今仍然是鼓舞和教育全国人民的宝贵精神财富。在军队转业干部中涌现出一大批先进模范人物。从一九八五年到一九九五年的十年间,有近二十万名军队转业干部被评为各级劳动模范和先进工作者。事实充分说明,军队转业干部是党和国家的宝贵财富,是重要人才资源,是社会主义物质文明建设和精神文明建设的一支重要力量。

多年来,军队转业干部安置工作之所以能够取得很大成绩,广大军队转业干部之所以能够在社会主义建设中作出重要贡献,最根本的原因是党和国家关怀和重视,是我国社会主义制度提供的优越条件,是改革开放带来的良好机遇,当然也是同广大军队转业干部奋发努力分不开的。

**二、深刻认识军队转业干部安置工作的重要性,进一步增强做好这项工作的光荣感和责任感。**

军队干部有计划转业到地方工作,是我们国家和军队的一项重要制度。做好军队转业干部安置工作,对于加强军队建设、巩固和发展国防事业、推动改革开放和现代化建设事业发展都有着重要意义。

做好军队转业干部安置工作,是深化改革、促进发展、保持稳定的需要。中央在部署今年工作时再次强调"抓住机遇、深化改革、扩大开放、促进发展、保持稳定",不仅是当前而且是今后一个时期全党全国工作大局和必须遵循的指导方针。全党上下、各个方面工作都必须服从服务于这个大局。社会的稳定、安定团结的政治局面是顺利进行改革开放和经济建设的前提。没有稳定的环境,什么事情都干不成。军队在维护国家安全和社会稳定中肩负着特别重要的责任,起着特殊作用。安置好军队转业干部不仅关系着军队建设和稳定,而且关系着整个社会稳定。对此,各级党政领导干部一定要从改革发展稳定大局出发,以高度的政治责任感把军队转业干部安置工作进一步做好。

安置好军队转业干部,是推进党的建设这一新的伟大工程的实际需要。加强各级领导班子建设和整个干部队伍"四化"[7]建设,是党的建设这一新的伟大工程的关键性工程。军队转业干部是党的干部队伍的重要组成部分,是地方干部的重要来源。军队转业干部经过部队生活严格锻炼,有较好的政治素质和较强的组织领导能力,有较高的文化水平和一定的专业技术知识,有优良作风和拼搏奉献精神。这些同志转业到地方后,对充实地方干部队伍、改善干部队伍结构、加强干部队伍建设有着重要的作用。正如江泽民同志所指出的,地方上没有一点懂军事的干部是不行的,"部队有很多专业人才,行政管理人才。地方各个岗位上这方面的人才还是缺乏的。因此,我们应该尽可能地把转业干部安置好,使他们成为各个行业的骨干"[8]。在新的形势下,做好军队转业干部安置工作,不能仅仅看成是安排几个人,而应该着眼于干部队伍建设大局,着眼于加强党的建设全局,充分认识这项工作的政治意义和战略意义。

安置好军队转业干部,也是加强军队建设、走有中国特色精兵之路的需要。军队是执行革命政治任务的武装集团,它的成员必须不断适时实行新老交替,这是保持和提高军队战斗力的客观要求。在新的历史条件下,我们的军队要坚持以邓小平同志新时期军队建设思想为指导,按照江泽民同志提出的"政治合格、军事过硬、作风优良、纪律严明、保障有力"[9]的要求,大力推进军队革命化、现代化、正规化建设,更好肩负起保卫国家安全和维护社会稳定的历史重任,除了做好其他方面工作外,遵循军队建设规律,搞好新老交替是重要工作之一。可以这样说,有计划有组织做好军队转业干部安置工作,是走有中国特色精兵之路的重要制度,是我们地方同志热爱人民军队、关心和支持军队建设的重要内容和具体体现。

总之,做好军队转业干部安置工作,是关系全局的一件大事。各级党委和政府一定要立足大局、服从大局、克服困难、合理安排,把这项工作作为重要政治任务切实抓好,使每一个军队转业干部都能各得其所、人尽其才。

**三、认真按照党的干部政策和国家有关规定,切实把军队转业干部安排好、使用好。**

军队干部转业到地方工作是他们一生中的重要转折。能不能妥善解决军队干部转业后的工作、职务、待遇、住房以及家属子女安置等一系列问题,既关系到军队转业干部本人切身利益,也关系到党和国家安置政策是否真正得到落实。今年军队转业干部数量较多,又面临着许多新的情况,工作难度增大。各级党委和政府要高度重视,采取行之有效的措施,认真研究解决实际工作中存在的问题,把今年转业的军队干部安置好、使用好。

一是妥善安置军队转业干部。在党政机关机构改革、精简人员、企事业单位深化劳动人事制度改革的情况下,接收好、安置好军队转业干部,既要正视困难,更要看到有利条件,进一步统一思想,增强做好工作的信心。要正确处理精简富余人员和接收安排转业干部的关系,合理确定转业干部分配去向,拓宽安置渠道,研究制定新的安置办法,引导转业干部到党和人民最需要的地方去,到经济建设的第一线去。要了解转业干部疾苦,倾听他们意见和建议,对他们的特殊情况和实际困难,依据有关政策规定认真研究,给予妥善解决,尽力为他们创造好的工作环境和生活环境,使他们心情舒畅走上新的工作岗位。同时,对服役时间较长、职务较高、为部队建设作出突出贡献的干部,特别是对功臣模范人物、长期在艰苦地区工作或长期从事特殊专业的干部,在安排上一定要给予优待和照顾,把干部转业安排和在部队的表现紧密结合起来。据介绍,每年都有一批军队转业干部得到从优安置,在军内外都产生了很好影响。我们要继续坚持这样做,并力求做得更好一些。同时,也希望广大军队转业干部继续发扬人民军队艰苦奋斗的优良传统,体谅国家的困难,愉快服从组织分配,在新的工作岗位上建功立业、作出新的贡献。

二是加强军队转业干部培养教育工作。在新形势下安排好、使用好军队转业干部，必须不断加强培训工作。这是全面提高转业干部素质的一项基础性工作，是军队和地方的共同任务。对军队转业干部进行培训，是邓小平同志亲自倡导的。这些年来，各地区各部门认真落实邓小平同志指示精神，军队转业干部培训工作取得了明显成效。绝大多数军队转业干部本着"缺什么、补什么"，"干什么、学什么"的原则，参加了各种形式的培训教育，为顺利走上新的岗位和胜任新的工作打下了基础。这种培训对刚从军队转业下来的干部是必要的，今后还要这样做。但是，从现实情况看，还不能只满足于上岗前的短期培训，应当把眼光放长远一些，进一步丰富培训内容、拓宽培训渠道、改进培训方法、提高培训质量，以适应客观形势和新的工作要求。

三是重视发挥军队转业干部作用。如何充分发挥军队转业干部的特长、优势、作用，这是各级党组织、干部人事部门、社会各方面必须重视并认真研究解决的一个重要问题。一方面，要从思想上正确认识和看待军队转业干部。军队干部退出现役转业到地方，工作性质、对象、任务都发生了很大变化，需要有一个学习、熟悉、适应的过程。我们地方上的同志应当关心、理解、爱护、尊重他们。既要看到自己的优势和长处，也要看到他们的优势和长处；既要重视自己的经验，也要尊重他们的经验，做到互相学习、取长补短。另一方面，要在工作中充分信任和支持他们。对他们要与地方干部一视同仁，坚持德才兼备和量才而用原则，根据转业干部特点和专长合理安排工作,激励他们在新的工作岗位上奋发进取。对优秀年富力强的军队转业干部,要有意识选拔到重要岗位上加以锻炼和考验,为他们施展才干提供广阔舞台。

**四、坚持从国情和军情出发,注意研究和探索军队干部转业安置新办法、新路子。**

我们现在实行的军队干部转业安置制度和办法,是革命战争时期开始产生、在新中国建立以后逐步形成和发展起来的。这些制度和办法在历史上起到了极其重要的作用。随着改革开放深入和现代化建设不断发展,特别是建立社会主义市场经济体制步伐加快,军队转业干部安置工作出现了一些新情况、遇到了一些新问题。近年来,军地双方在探索改革转业安置办法方面做了很多工作,积累了一些经验。这次会议上,同志们对如何深化这项工作改革提出了许多很好的意见和建议,希望大家按照这次会议确定的精神,积极而又稳妥推进这方面改革。在研究和探索的过程中,需要把握好以下三个方面。

一是从国情和军情出发,充分考虑我们国家和军队实际情况。我们想问题、办事情,必须从基本国情出发,从我们一贯坚持的社会主义基本制度出发,从党和国家整体利益和大局出发。在军队转业干部安置问题上,江泽民同志曾经指出:"不管怎么改,对转业干部还是要'包'下来,具体怎么'包',可以研究。"[10]这就明确了一个基本的原则,军队干部转业下来,仍要由国家负责妥善安排,但安排渠道可以多一些,安排形式可以活一些。我们要认真总结这些年来军转安置工作的成功经验,继承优良传统,把继承和创新有机结合起来。

　　二是同国家政治经济体制改革相适应,特别是同干部人事制度改革相配套、相协调。按照党的十四届四中全会精神,我们要加快干部制度改革步伐,逐步形成有利于优秀人才脱颖而出、富有生机活力的用人机制。军队干部转业安置办法改革必须与此相适应,逐步建立起同干部人事制度总体改革相配套的安置机制。当前,要根据干部人事制度改革要求和转业安置工作实际需要,抓住工作中的一些难点和重点问题,认真研究,下功夫解决,力争取得较大进展。

　　三是积极而又稳妥推进这项工作改革。要按照有利于军队建设和干部队伍稳定,有利于国家经济发展和社会安定团结,有利于军队转业干部各得其所、人尽其才的要求,来研究和部署这项工作。在出台改革措施时,必须考虑到社会稳定,考虑到军队转业干部承受能力,考虑到转业安置政策的连续性,做到既积极、又稳妥,既调动广大军队转业干部的积极性和创造性、又兼顾到方方面面利益。总之,军转安置工作改革是一件复杂的事情,涉及到军队和地方许多部门,需要各方面共同努力。希望大家密切协作,深入调查研究,积极探索新办法,不断创造新经验,尽快形成一个适应新形势要求的军队转业干部安置制度。

## 注　　释

　　〔1〕引自中央人民政府人民革命军事委员会、政务院一九五〇年六月三十日颁布的《关于人民解放军一九五〇年的复员工作的决定》。

　　〔2〕引自中央人民政府人民革命军事委员会、政务院一九五〇年六月三十

日颁布的《关于人民解放军一九五〇年的复员工作的决定》。

〔3〕见邓小平《军队整顿的任务》(《邓小平文选》第 2 卷,人民出版社 1994 年版,第 22 页)。

〔4〕李鹏,一九二八年生,四川成都人。当时任中共中央政治局常务委员会委员、国务院总理。

〔5〕从二十世纪五十年代开始,按照中共中央"屯垦戍边"的方针,数十万人民解放军转业复员官兵和大专院校毕业生、内地支边青年、城市知识青年陆续来到黑龙江省垦荒,创建国营农场。经过几代人的艰苦创业、开发建设,垦区人民在号称北大荒的三江平原和松嫩平原建成我国耕地面积最大、机械化程度最高的现代化国有农场群,成为国家的重点商品粮基地和粮食战略后备基地,把北大荒变成举世闻名的"中华大粮仓"。在艰苦的创业过程中形成了宝贵的北大荒精神,后经多次总结概括,表述为"艰苦奋斗、勇于开拓、顾全大局、无私奉献"的精神。

〔6〕二十世纪六十年代,为满足国家经济建设的急需,中国石油行业干部职工和人民解放军转业复员官兵数万人,响应国家号召,来到荒凉的松嫩平原,在黑龙江西南部地区开展石油会战,开发建设了大庆油田。以王进喜为代表的大庆建设者以"宁肯少活二十年,拼命也要拿下大油田"的豪迈气概,在极其困难的条件下艰苦创业,为油田的早日投产作出了巨大贡献。在大庆石油会战中形成的大庆精神,集中彰显了中华民族和中国工人阶级的优良传统与优秀品质。一九六四年初,毛泽东发出"工业学大庆"的号召。一九八一年,中共中央转发的国家经委党组《关于工业学大庆问题的报告》对大庆精神的内涵进行了初步阐述。一九九〇年,江泽民在大庆考察工作时高度评价了大庆精神,把大庆精神进一步概括为:为国争光、为民族争气的爱国主义精神;独立自主、自力更生的艰苦创业精神;讲究科学、"三老(当老实人、说老实话、办老实事)四严(严格的要求、严密的组织、严肃的态度、严明的纪律)"的求实精神;胸怀全局、为国分忧的奉献精神。后概括为"爱国、创业、求实、奉献"的精神。

〔7〕见本卷《中国工人阶级的伟大使命》注〔2〕。

〔8〕这段话出自江泽民一九九〇年四月十日会见参加全国军队转业干部安置工作会议和全军干部转业工作会议全体同志时的讲话。

〔9〕见江泽民《部队要做到政治合格、军事过硬、作风优良、纪律严明、保障有力》(《江泽民文选》第1卷,人民出版社2006年版,第140页)。

〔10〕这句话出自江泽民一九九三年十月二十一日听取中国人民解放军总政治部负责人《关于进一步实现军以上干部年轻化的三年规划》汇报时所作的指示。

# 社会主义的前途是光明的[*]

## （一九九五年六月十三日）

感谢亚秋里团长对中国改革开放和现代化建设的评价。随着改革不断深化和开放不断扩大，中国经济确实有了比较快的发展，城乡面貌也发生了很大变化。十多年来的实践使我们更加坚信我们党的路线方针政策是正确的。我们在实践中体会到，像中国这样一个有十二亿人口、经济还比较落后的大国，只有把发展社会生产力作为根本任务，把经济搞上去，才能巩固社会主义、发展社会主义。邓小平同志有一句名言："贫穷不是社会主义，社会主义要消灭贫穷。"[1] 只有把经济搞上去，综合国力增强了，人民生活改善了，社会主义优越性才能更好体现出来。

印共（马）的朋友也知道，中国党、政府和人民正在为实现祖国统一大业而奋斗。一九九七年和一九九九年中国政府将分别对香港、澳门恢复行使主权。香港、澳门一直实行资本主义制度，特别是香港由于特定地理位置和其他一些方面原因，经济发展比较快。香港和内地在经济社会发展方面曾一度存

---

     * 这是胡锦涛同志会见印度共产党（马克思主义）中央政治局委员、国际部部长亚秋里率领的印度共产党（马克思主义）代表团时谈话的主要部分。

在很大差距。当时，我们的干部群众就想，为什么我们社会主义的内地经济发展不如实行资本主义制度的香港快？由于我们党实行了改革开放的方针政策，经过十六年来的努力，现在香港对面的深圳，澳门对面的珠海，经济都有了比较快的发展，不仅大大缩小了与香港、澳门在经济发展、人民生活水平方面的差距，而且从发展速度上来讲还大大超过了香港、澳门。实践使我们的干部群众认识到社会主义优越性是实实在在的。过去发展慢，是因为我们没有找到一条符合中国国情的发展道路，实行的是高度集中统一的计划经济，从一定意义上来讲束缚了生产力发展。实践也使我们的干部群众认识到，只有坚持发挥我国社会主义制度优越性，同时吸取市场经济中一些有益的东西，使我们的资源得到更有效的配置和利用，才能促进社会生产力发展。改革开放使中国经济快速发展的事实，使我们的干部群众更加坚定了社会主义信念。

刚才，亚秋里团长谈到对世界社会主义前途的看法。随着苏联解体、东欧剧变[2]，世界社会主义确实遭受一定的挫折。但是，这并不能改变社会主义终将代替资本主义这一历史发展总的趋势。在看到苏联、东欧变化以后，西方一些预言家曾预言社会主义将彻底失败，社会主义事业将崩溃。但是，事实证明他们的预言是错误的。一些坚持社会主义制度的国家在不断改革创新中都取得了新的发展，真正的共产党人也没有在困难和挫折面前消沉和退缩，反而从中受到了教育，进一步总结了历史的经验教训，从本国实际出发探索建设社会主义道路。因此，从当前形势看，虽然社会主义事业还有这样或那样的困难，但我们认为社会主义的前途是光明的。在世界社会主义事业面临困难的情况下，我们中国共产党认识到自己所肩负的历史责任。我们首先要把中国的事情办好，使社会主义制度在有十二亿人口的中国取得胜利，这本身就是对世界各国共产党人和从事社会主义事业的人们的很大鼓舞和支持。我们愿意在党际关系四项原则[3]的基础上扩大同各国共产党的友好交流，互相借鉴在探索社会主义道路中的经验教训，这样做对双方都是有益的。

　　关于我们党的意识形态和党员标准问题。我们党的理论旗帜上鲜明写着坚持马克思列宁主义、毛泽东思想和邓小平同志建设有中国特色社会主义理论。我们党的基本路线明确提出坚持四项基本原则，其中一条就是必须坚持马克思列宁主义、毛泽东思想。我们始终认为马克思主义基本原理没有过时，在改革开放和社会主义现代化建设的过程中仍然要坚持马克思主义基本原理，并把它同当代中国实际和时代特征紧密结合起来。毛泽东思想是马克思主义基本原理同中国革命具体实践相结合的产物，是我们党和我国人民的宝贵精神财富，它引导我们取得了中国革命胜利，并且引导我们探索社会主义的道路。邓小平同志建设有中国特色社会主义理论是马克思列宁主义、毛泽东思想的继承和发展，这一理论回答了什么是社会主义、怎样建设社会主义这一根本问题，是引导我们进行改革开放和社会主义现代化建设的思想指南。我们党在思想政治建设中，始终把用马克思列宁主义、毛泽东思想和邓小平同志建设有中国特色社会主义理论武装全党作为我们的根本任务。朋友们上午参观的中央党校也是把马克思列宁主义、毛泽东思想和邓小平同志建设有中国特色社会主义理论作为我们党干部学习的主课。我们党是工人阶级的先锋队，一贯坚持全心全意为人民服务的宗旨。在改革开放和发展社会主义市场经济的条件下，我们党的性质没有变，党全心全意为人民服务的宗旨没有变，对党员的基本要求也没有变。共产党员必须有坚定的社会主义和共产主义信念，必须有为社会主义和共产主义事业而奋斗并贡献一切的决心，必须服从党的决议、遵守党的纪律、勤奋为党工作。那么，怎样判断一个党员是否符合党员标准呢？当然，现在新的历史时期同过去相比有一些变化。比如，在我们党领导武装斗争夺取政权进行中国革命的过程中，要求党员在战场上冲锋在前、不怕牺牲、前仆后继；在今天进行改革开放和现代化建设的过程中，要求党员在现代化建设中起模范带头作用，带领广大群众共同致富。

建设有中国特色社会主义，是发展社会主义市场经济、建设社会主义民主政治、建设社会主义精神文明的统一。我们讲的社会主义市场经济既要发挥社会主义基本制度的优越性，又要吸收市场对资源配置的一些有益做法。它不同于资本主义市场经济。第一，它是以公有制为主体、其他经济成分为补充，多种所有制形式并存、共同发展。第二，它强调以按劳分配为主、其他分配方式为补充，多种分配方式并存。第三，在发挥市场调节的同时仍然要加强和完善国家宏观调控。我国社会主义市场经济本身还处在探索之中，还要在今后的实践中不断完善。我们认为，建设有中国特色社会主义，不仅要建设高度的社会主义物质文明，而且要建设高度的社会主义精神文明。我们始终强调在广大人民群众中进行爱国主义、集体主义、社会主义教育,把培养有理想、有道德、有文化、有纪律的"四有"新人作为我们的目标。在大力提高全民思想政治素质的同时,大力提高人民科技文化素质,提倡发扬中华民族传统美德,倡导良好社会风气。对在改革开放和发展社会主义市场经济中出现的消极腐败现象,采取行政、思想教育、法律等手段进行综合治理。我们还要大力建设社会主义民主政治,健全和完善适合中国国情的人民代表大会制度,巩固和完善中国共产党领导的多党合作和政治协商制度,不断发扬社会主义民主,健全社会主义法制。

## 注　释

〔1〕见邓小平《政治上发展民主,经济上实行改革》(《邓小平文选》第3卷,人民出版社1993年版,第116页)。

〔2〕苏联解体、东欧剧变通常统称为苏东剧变,指二十世纪八十年代末至九十年代初苏联和东欧的南斯拉夫、罗马尼亚、波兰、匈牙利、保加利亚、民主德国、捷克斯洛伐克、阿尔巴尼亚等社会主义国家的政治和经济制度发生根本性变化的事件。由于社会长期积累的政治、经济、民族矛盾日益尖锐和西方国家施加的影响与压力,苏东各国执政的共产党和工人党在短时间内丧失政权。苏联、南斯拉夫、捷克斯洛伐克三国解体。民主德国并入联邦德国。剧变后的苏东各国均宣布彻底抛弃以高度集中的政治经济体制为特征的苏联社会主义模式,将实行几十年的社会主义制度转变为资本主义制度。从时间顺序上看,东欧各国政权变化在先,苏联解体在后,但肇始者和实际源头在苏联,故称作苏东剧变。这一剧变对苏东各国的政治、经济和社会造成了重大冲击,也标志着第二次世界大战结束后形成的世界格局发生了重大变化和冷战结束。

〔3〕党际关系四项原则,指中国共产党在同各国政党发展党际交流和合作关系中遵循的独立自主、完全平等、互相尊重、互不干涉内部事务的原则。

# 领导干部要带头增强党性<sup>*</sup>

## （一九九五年七月二十一日）

今天的党课，我想就领导干部带头增强党性，更好担当起新的历史使命，谈一些看法。

**一、领导干部要充分认识自己肩负的历史责任，提高党性锻炼的自觉性。**

要增强党性锻炼，首先必须搞清楚什么是党性。简而言之，党性就是阶级性最高最集中的体现。按照马克思主义观点，在阶级存在的社会里，任何一个政党都是代表一定阶级或阶层利益的政治组织，不同性质的政党代表着不同阶级利益，因此一定阶级所具有的基本特性决定着它的政党的党性。那么，什么是中国共产党的党性呢？中国共产党是中国工人阶级的先锋队，我们这个党的党性以工人阶级的阶级特性为基础，是工人阶级阶级性和阶级利益的集中体现。但是，作为本阶级的先锋队，中国共产党的党性又不仅仅反映工人阶级的一般特性，而是以马克思主义为指导、把工人阶级的先进性升华到了一个更高水平上，使党成为能够代表我国各族人民利

---

　　\* 这是胡锦涛同志为中央机关部（委）、局（司）级领导干部上党课时的讲话。

益、把握人类社会发展规律、推动历史不断进步的领导核心力量。我们党的党性特质体现在哪些地方呢？它既体现在党章规定的党的指导思想、根本宗旨、奋斗纲领、路线政策、组织原则、党的纪律和工作方法、工作作风上，又具体体现在广大共产党员、党的干部的理想信念、思想观点、道德品格以及学习工作生活等言论和行动之中。具有鲜明的党性，这是做合格共产党员的一个基本问题，更是做合格领导干部的一个基本问题。承认并愿意遵守党章、切实按党性原则要求自己的人才能入党。入了党的同志要严格执行党章，以党性原则来指导自己立身行事，并经常约束自己。是不是这样做了，是衡量一个共产党员有无党性和党性强弱的基本标志，也是检验一个党员领导干部是否优秀的起码条件。

我们党一贯重视加强党员特别是领导干部党性锻炼，在不同历史时期，总是联系面临的形势和任务，针对党员和领导干部实际情况，提出党性锻炼的重点和要求，帮助大家提高自己的素质。在新民主主义革命时期，毛泽东同志曾经强调提出，党的好干部应当懂得马克思列宁主义，有政治远见，有工作能力，富于牺牲精神，能独立解决问题，在困难中不动摇，忠心耿耿为民族、为阶级、为党而工作[1]。这都是党性要求。多年来，按照这些要求加强党员特别是领导干部党性锻炼，使我们党成长出一批又一批优秀领导人才，为革命、建设事业取得胜利提供了有力组织保证。党的十一届三中全会以来，我们党在领导全国各族人民推进改革开放和现代化建设的历史进程中，多次强调党性锻炼问题。一九七八年年底，在党的十一届三中全会前夕召开的中央工作会议上，邓小平同志作了题为《解放思想，实事求是，团结一致向前看》的重要讲话，其中就针对当时情况指出：不讲党性，不讲原则，说话做事看来头、看风向，满以为这样不会犯错误。其实，随风倒本身就是一个违反共产党员党性的大错误。一九八〇年二月，党的十一届五中全会通过的《关于党内政治生活的若干准则》，突出要求全党同志坚持党性，根绝派性。一九八三年十月，邓小平同志在党的十二届二中全会上讲话进一步指出："所有共产党员都要增强党性，遵守党的章程和纪律"，"对大多数党员来说，是通过思想教育，增强党性。要使全党在思想上政治上和精神状态上有显著的进步，党员为人民服务而不谋私利的觉悟有显著的提高，党和群众的关系有显著的改善"。十多年来，邓小平同志和党中央强调增强党性锻炼一直没有间断过。党的十三届四中全会以后，江泽民同志和中央其他领导同志也一再强调这个问题。江泽民同志一九八九年十一月在《关于党的新闻工作的几个问题》的讲话中，同年十二月在中央办的党建理论研究班上所作的《为把党建设成更加坚强的工人阶级先锋队而斗争》的讲话中都指出，加强党的思想建设一定要贯穿党性教育，用马克思主义世界观和方法论武装广大党员。一九九〇年三月党的十三届六中全会通过的《关于加强党同人民群众联系的决定》，要求全党同志把保持党同人民群众的血肉联系提到党性的高度来认识，指出共产党员如何对待群众是一个根本的立场问题、世界观问题、党性问题。一九九〇年发出的《中共中央关于加强党校工作的通知》，强调党校要把马克思主义理论教育同增强干部党性锻炼紧密结合起来，把党性教育作为必修课贯穿于学员在党校学习全过程。

党的十四大和十四届四中全会也都强调了党性问题,要求党员提高素质、增强党性,成为坚决贯彻执行党的基本路线、献身改革开放和现代化事业、诚心诚意为人民谋利益、带领群众为经济发展和社会进步做出实绩的先进分子。

我之所以简要回顾历史,并引用毛泽东同志、邓小平同志、江泽民同志和中央文件中强调党性锻炼的许多话,目的就是要引起大家对这个问题的进一步重视,尤其要理解在新的历史条件下中央反复强调共产党员特别是领导干部增强党性锻炼,是保证我们党在新的国内外环境中更好肩负起伟大历史使命的需要,是推进加强党的建设这个新的伟大工程的要求。我想从几个方面论述一下为什么要强调领导干部加强党性锻炼。

首先,党所肩负的历史使命要求我们加强党性锻炼。为建设有中国特色社会主义而奋斗,把我国建设成为富强民主文明的社会主义现代化国家,是我们党在现阶段的伟大历史使命,也是一场新的伟大革命。现在,我国改革开放和社会主义现代化建设正处在关键时期,以建立社会主义市场经济体制为重点的改革正在深入展开,其他方面相应改革也在加快进行。我们在经济、政治、文化等各方面都面临大量新情况新问题,许多深层次矛盾日益暴露出来。我们坚信,我们的事业是合乎民心、顺应历史潮流的进步事业,一定能够达到目的。但是,在前进中不会没有困难,不可能总是一帆风顺。改革开放的历史洪流犹如大浪淘沙,已经并将继续造就大批适应社会主义现代化大业要求的先进分子和优秀领导人才,同时也暴露和淘汰着一些意志薄弱者。能不能坚定站在时代前列、领导好这场历史性变革,是对各级领导同志的严峻考验。领导干部自觉加强党性锻炼,有了一支党性强、素质高、坚持党的基本理论和基本路线不动摇的领导干部队伍,我们党就能更好团结全国人民为实现"三步走"战略目标努力奋斗,完成社会主义现代化建设大业就更有希望。

其次,我们党领导的事业是在复杂多变的国际环境中进行的,这也要求大家增强党性锻炼。当今世界处于深刻的历史性大变动之中,两极格局已经结束,正在加速向多极化方向发展。国际上各种矛盾错综复杂,各种政治力量重新分化组合,经济全球化和区域化、集团化的进程明显加快,以经济、科技为基础的综合国力竞争也日益激烈。新的国际形势和格局使我国社会主义现代化建设既面临严峻挑战,又有了不可多得的发展机遇。我们要抓住机遇,在深化改革的同时扩大对外开放,坚持独立自主的和平外交政策,为我国现代化建设争取更加有利的国际环境。但是,必须清醒看到,西方有些人并不希望社会主义中国强大,他们企图利用人权、复关[2]以及台湾、西藏等问题来遏制我们,他们还打算采用腐蚀、拉拢、渗透等办法在我们内部寻找和培植其代理人,妄图促我们内部分化,以达到其使中国西化的目的。中国共产党是久经考验的党。我们敢于对外开放,而且将继续扩大对外开放,就表明对自己党的力量充满信心。为了使他们和平演变的图谋不能得逞,关键是县以上领导层特别是高级干部要保持高度警惕,不断增强党性锻炼,提高政治素质,保持政治上的敏锐,始终站稳党和人民立场,把各方面工作做好。邓小平同志指出:"帝国主义搞和平演变,把希望寄托在我们以后的几代人身上。"[3]要求我们把军队、专政机构教育好,把共产党员教育好,把人民和青年教育好,尤其要按照坚持基本路线不动摇的要求把培养选拔优秀年轻干部的工作做好。邓小平同志的这些话,深入浅出,语重心长,具有很强的针对性和重大指导意义。邓小平同志这里所说的"几代人",就包括我们这些人在内。我们一定要很好领会。

第三,从领导干部队伍现状看,也迫切需要加强党性锻炼。总的说来,我们的领导干部队伍是好的。近十多年来,如果没有他们在各自岗位上努力工作,团结依靠党内外干部群众积极执行党的路线和各项决策,我国社会主义现代化建设不可能取得如此巨大的成就。同时,也要看到,现在在职的这些领导干部大都是党的十一届三中全会以后上来的,文化水平较高,思想较活跃,具有专业知识,还有其他一些长处,但在新情况新问题面前也确有相当一部分同志在政治素质、业务素质、领导能力特别在党性锻炼方面反映出这样那样的弱点和不足。应当认识到,坚强的党性是成为高素质领导干部的决定性条件。一个干部党性强,即使其他素质有所欠缺,也比较好弥补;其他素质虽好,如果党性不强,就难当大任;如果丧失党性,甚至走向反面,那么其能力越强,负作用就越大。加强党性锻炼,不仅涉及到党员个人发挥先锋模范作用,而且关系到全党凝聚力和战斗力的提高。坚持党性原则的党员越多,党就越能充分发挥领导核心作用。领导干部中增强党性锻炼的同志多了,就能更好带动全党,全面推进新时期加强党的建设新的伟大工程。这样,我们党才能更好担当起历史赋予的新的伟大使命。

**二、按照政治家素质的要求锤炼自己，解决好党性锻炼的突出问题。**

党的十四届四中全会通过的《关于加强党的建设几个重大问题的决定》，在深刻分析党所面临的形势和任务的基础上提出："在当代世界风云变幻的条件下，在当代中国改革开放和现代化建设的伟大变革中，把党建设成为用建设有中国特色社会主义理论武装起来、全心全意为人民服务、思想上政治上组织上完全巩固、能够经受住各种风险、始终走在时代前列的马克思主义政党，这是以邓小平同志为核心的第二代中央领导集体开创的、以江泽民同志为核心的第三代中央领导集体正在领导全党继续进行的新的伟大的工程。"努力推进这个新的伟大工程，增强党的凝聚力和战斗力，提高党的领导水平和执政水平，我们党才能成功领导当前这一新的伟大革命，实现把我国建设成为富强民主文明的社会主义现代化国家的宏伟目标。为此，必须按照全会要求，全面提高现有领导干部素质，进一步培养和锻炼数以万计的党的中高级领导干部，特别是培养选拔大批德才兼备的年轻干部，形成坚定走建设有中国特色社会主义道路，善于研究新情况、解决新问题，干练而充满活力的领导层。

高级干部特别是省部级以上党政主要领导干部党性强弱、素质高低、领导水平尤其是政治水平如何，直接关系到加强党的建设这一新的伟大工程的实施，关系到国家、民族的前途命运。因此，对这个层次的干部，要求应当更高。党的十四届四中全会提出，高级干部不仅要努力成为有知识、懂业务、胜任本职工作的内行，而且首先要努力成为忠诚于马克思主义、坚持走有中国特色社会主义道路、会治党治国的政治家。
他们应该具有坚定政治信念,始终保持清醒头脑,自觉坚持党
的基本理论、基本路线,经得起各种风浪考验;具有开阔的眼
界,熟悉国情、了解世界,解放思想、实事求是,务实创新、开拓
前进;具有宽阔的胸襟,讲党性、顾大局、模范执行民主集中
制,公道正派、任人唯贤、善于团结同志一道工作;具有较强的
领导能力,讲究领导艺术,审时度势、驾驭全局、善于协调各方
面力量;具有优良作风,廉洁勤政、艰苦奋斗,深入实际、调查
研究,谦虚谨慎、联系群众,真心诚意为人民谋利益。这些要
求是一个有机整体,每一条都反映出时代的要求,体现着党和
人民的希望,也都贯穿着鲜明的党性原则。在贯彻党的十四
届四中全会精神的过程中,我们高级干部都必须带头根据以
上要求严格要求自己,经常联系自己的政治思想、组织观念、
工作作风、道德品质等方面实际,逐条重温中央关于政治家素
质的要求,切实加强党性锻炼,不断扬长避短。当前,要从认
识和实践上着重解决好以下几个突出问题。

(一)坚持正确政治方向,毫不动摇走建设有中国特色社
会主义道路。

政治方向问题,首先是一个政治理想和政治信念问题。
确立坚定的社会主义、共产主义理想信念,是每一名共产党员
特别是领导干部坚强党性最集中最重要的表现。人类社会总
是要发展、要进步的。为推动社会历史不断进步而积极探索、
努力奋斗,是一切站在时代前列的先进政治力量和先进分子
的共同特点。我们党一成立,就把最终实现共产主义作为自
己的最高奋斗目标。为了实现这个崇高理想,几代共产党人

在民主革命时期和转入社会主义时期以后,前仆后继,英勇奋斗,不怕困难,不怕曲折,同全国人民一起推动中国社会实现了质的飞跃,现在正在集中力量建设有中国特色社会主义。我们的事业蓬勃发展、充满希望。我们所以要坚持共产主义理想,坚定走有中国特色社会主义道路,就因为这符合人类社会发展客观规律,符合历史进步必然趋势。八十年代末九十年代初,当社会主义事业在一些国家出现严重曲折时,邓小平同志以马克思主义政治家的非凡眼光和气魄,高屋建瓴、旗帜鲜明指出:"我坚信,世界上赞成马克思主义的人会多起来的,因为马克思主义是科学。它运用历史唯物主义揭示了人类社会发展的规律。封建社会代替奴隶社会,资本主义代替封建主义,社会主义经历一个长过程发展后必然代替资本主义。这是社会历史发展不可逆转的总趋势,但道路是曲折的。资本主义代替封建主义的几百年间,发生过多少次王朝复辟?所以,从一定意义上说,某种暂时复辟也是难以完全避免的规律性现象。一些国家出现严重曲折,社会主义好像被削弱了,但人民经受锻炼,从中吸收教训,将促使社会主义向着更加健康的方向发展。因此,不要惊慌失措,不要认为马克思主义就消失了,没用了,失败了。哪有这回事!"〔4〕事实是最有说服力的。从一九八九年到现今已经过去六年,建设有中国特色社会主义事业取得了巨大成就,我国国民经济持续快速发展,综合国力不断增强,人民生活进一步改善,社会政治保持了稳定。社会主义中国发展进步,使世界上许许多多信仰社会主义、追求人类进步事业的人得到鼓舞。现在,连西方一些人也不得不承认,中国所走的道路表明,"十多亿正从贫穷变成富裕的人民的民族凝聚力,将形成强大的经济和政治力量",中国将崛起成为一个"全面发展的大国",中国的成功"正在改变亚洲和世界的面貌"。毫无疑问,马克思主义并没有也不可能消失,社会主义仍然是世界上许多人心目中的一面旗帜。

我们党所以坚持共产主义和社会主义,是因为它值得坚持、能够坚持。党的十一届三中全会以来,我们党坚持社会主义本质所要求的原则,并从中国还处于社会主义初级阶段的实际出发,明确了中国继续发展的正确道路。这里的一个突出之点,就是实行改革开放,进一步解放和发展社会生产力。我们的社会主义是改革开放的社会主义,我们的改革开放是巩固和发展社会主义的改革开放。社会主义需要改革开放,只有通过改革开放才能使社会主义制度不断完善起来,使它的优越性充分发挥出来。这些年来,邓小平同志对坚持改革开放讲得最早、最多、最深刻,对坚持四项基本原则,反对西化、分化,反对走资本主义道路,也讲得最早、最多、最深刻。他指出:"我们搞改革开放,把工作重心放在经济建设上,没有丢马克思,没有丢列宁,也没有丢毛泽东。老祖宗不能丢啊!问题是要把什么叫社会主义搞清楚,把怎么样建设和发展社会主义搞清楚。"[5] 我们讲党性,坚持共产主义理想,矢志不渝走有中国特色社会主义道路,就要很好学习和全面理解邓小平同志的一系列论述,在事关党的基本路线和社会主义现代化建设大局、事关政治方向的根本原则问题上,始终保持清醒头脑和坚定立场,见微知著,善于识别从"左"的或右的方面干扰党的基本路线、危害有中国特色社会主义事业的思想和行为,并进行坚决有效的斗争。我们讲政治家素质,最重要最根本的就要体现在这些地方。在建立以社会主义市场经济体制为主要目标的经济体制改革中，一定要积极运用市场经济的一般规律和有益经验，一定要坚持社会主义基本制度，并且把二者有机结合起来，使两方面长处都得到发挥，从而创建出一种比在资本主义条件下运行得更好的新经济体制。这是推进经济体制改革对领导干部提出的新的更高要求。这个要求不是抽象的，应当具体体现在我们全面理解、正确执行党的基本路线和一系列方针政策上。比如，坚持以公有制为主体，鼓励其他经济成分共同发展；坚持以按劳分配为主，其他分配方式为补充；坚持一部分人先富起来、逐步实现共同富裕，避免两极分化；坚持对外开放，大胆吸收、借鉴、利用世界各国一切对我们有用的东西，同时坚决维护国家主权，抵制资本主义腐朽思想侵蚀和敌对势力对我国西化、分化战略；等等。我们的党员、干部这样做得越自觉越好，就越证明党性坚强。

　　当前，要特别注意的是，我们必须从提高国民经济素质和效益出发，通过深化改革建立现代企业制度，帮助一部分国有企业走出困境，搞好国有经济，充分发挥其骨干作用和主导作用。这是一个关系全局的重大问题。现在，有相当一部分国有大中型企业办得好、有活力，也有一部分企业面临着许多困难，但这并不是公有制本身带来的，而是由于体制机制方面弊端和长期积累下来的问题的影响。一些企业通过深化改革重振雄风的事例说明，目前存在的困难是可以克服的，我们必须有足够信心。不能因为一部分国有企业遇到暂时的困难就怀疑公有制的优越性，动摇基本的政治信念，甚至想通过搞私有化来解决问题。过去搞"一大二公"、纯而又纯不行，现在如果放弃公有制经济主体地位更不行。对于共产党人来说，理想信念动摇是最危险的动摇，也是党性不纯的最严重表现。作为党的领导干部，无论什么时候都必须把坚持共产主义理想同完成党的现阶段的任务和执行现行政策统一起来，把方向上的坚定性同方法上的灵活性统一起来，把政治上的远见卓识同当前工作中的脚踏实地统一起来。古人说："疾风知劲草，板荡识诚臣。"[6] 我们已经走上正确道路，而且路子越走越宽广。今后无论遇到什么困难，都要知难而进，不能遇难而退，不能被眼前的困难模糊视线，动摇自己对建设有中国特色社会主义的信心。

（二）牢记党的根本宗旨，全心全意为人民群众谋利益。

全心全意为人民服务，是我们党的根本宗旨。对党的干部来说，承认并实践这个宗旨并不是新要求，但在改革开放特别是发展社会主义市场经济新时期，党员、干部能否始终如一、言行相符做到全心全意为人民服务，却不是很容易的事情。尤其是领导干部，应当要求高些。在社会主义现代化建设全过程中能否坚持这样做，是对我们的党性如何又一个非常重要而集中的考验。

现在一个突出的问题，是如何正确对待实际利益。贫穷不是社会主义，社会主义要消灭贫穷。为此，我们要发展经济，走改革这条必由之路。改革的过程也是发展的过程，实质上也是一个利益调整过程。它不是要否定人们的物质利益，包括党员、干部个人利益，而是要在发展整体利益的前提下合理调整国家、集体、个人以及不同群体的利益格局和利益关系。在这种情况下，党员领导干部应该比一般党员、比其他社会成员更自觉地做到一切以党和人民事业为重。在利益面前,是先替自己打算,还是先人后己、先公后私、大公无私,随时都在检验着我们的党性。我们只能按后一种原则行事,努力达到像毛泽东同志所要求的那样,做一个高尚的人,一个纯粹的人,一个有道德的人,一个脱离了低级趣味的人,一个有益于人民的人[7]。应该说,在发展社会主义市场经济中,虽然重视物质利益原则突出起来,一切向钱看的拜金主义和利己主义等错误思想乘机抬头,但我们大多数党员、干部仍然坚持党性原则,按照党的要求认真实践全心全意为人民服务的宗旨。但是,也有些同志私欲膨胀起来,为了自己或局部利益,把党性原则和人民利益丢在脑后。有的一味争名争利争级别争待遇,公开伸手要官要权;有的对党的决策和上级的指示各取所需,有令不行、有禁不止、口是心非、阳奉阴违;还有的受私利驱动,自己带头或迫使下级弄虚作假、虚报浮夸。发生在少数领导干部身上的诸如此类违反党性原则的情况,既影响他们自己的威信,也影响工作和党的事业,应当坚决纠正,决不能听之任之。

　　领导干部要特别高度警惕、认真对待的一个问题就是坚持执政为民、用权为民。我们的权力是党和人民赋予的,权力的大小与为人民服务的责任是密切相连的。共产党人无论在什么岗位上掌权用权,都要想人民群众所想、急人民群众所急、办人民群众所需,真正做到全心全意为人民谋利益,坚定不移维护人民群众合法权益,无私无畏同一切损害群众权益现象作斗争,保持人民公仆本色。应当懂得,我们党对党员的要求总是要高于适应全体人民觉悟和要求的现行政策,特别是涉及某些具体利益的政策。如果对党员的要求同社会一般成员一样甚至还低，那我们党就失去了先进性。对干部特别是领导干部的要求更应当高于普通党员，否则他们就难以服人，也难以担当重任。如果一个干部居于领导地位，不是用权为民，而是以权谋私，损害党和人民事业，这样的人迟早会失去领导资格，被人民所抛弃。

（三）增强组织观念，严格按党的规矩行事。

改革开放之初，陈云同志就曾告诫全党，共产党员要时刻想到自己是一名共产党员。这句话言简意赅，我们都应置之左右。想到自己是一名共产党员就要想到党的性质、宗旨、奋斗目标，想到党的规章制度和组织纪律，想到党员权利和义务，就要身体力行、自觉遵守，特别是要严格执行党章、遵守党内生活准则，接受党组织教育和监督，若有违反就要尽快改正。在我们党内，绝不允许存在不遵守党章、不按党的规矩行事的特殊人物。

我们党的民主集中制是民主基础上的集中和集中指导下的民主相结合。这是最根本的组织制度、领导制度，也是最根本的活动规则。总的看，这些年来各级党委（党组）领导班子贯彻执行民主集中制情况是好的或比较好的，认识在逐步提高，制度在进一步健全。但是，对于民主集中制这项根本组织制度和领导制度，在一些同志中还有一些模糊认识，实践中民主不够和集中不够的问题都程度不同存在，有些还比较突出。有人认为，实行党政职能分开，发展社会主义市场经济，建立现代企业制度，可以不要民主集中制了，这显然是误解。有人认为，贯彻民主集中制是党委中正职的事，与委员关系不大，或者认为民主集中制原则只适用于党委机关,在实行行政首长负责制的单位不适用,这也是误解。党的十四届四中全会在总结历史经验和改革开放以来新鲜经验的基础上,对坚持和健全民主集中制提出了一系列新的要求、强调了一些重要规定。在学习贯彻党的十四届四中全会决定的过程中,要进一步加强制度建设,同时要有针对性加强思想教育,帮助党员、干部提高认识、清除误解、增强党性,以保证民主集中制有效实施。

按照党的十四届四中全会的要求,当前贯彻执行民主集中制,增强党性,要强调以下五点。第一,党章规定的党员个人服从党的组织、少数服从多数、下级组织服从上级组织、全党各个组织和全体党员服从党的全国代表大会和中央委员会,既是民主的要求,又是集中的要求,是民主和集中结合的根本组织制度和组织纪律,是党内生活中自由和纪律的统一。这四个服从都是党性的要求,一个也不能少,都要认真执行。第二,坚决维护中央权威,保证中央政令畅通。我们党的中央领导集体和集体中的核心是实践中形成的,是在民主集中制基础上产生的。我国幅员辽阔、人口众多,面临着艰巨复杂的改革、建设任务,只有维护中央权威,才能增强党的战斗力,保证国家统一、民族团结、社会稳定。这是全党全国人民最高利益所在,也是共产党员党性原则的内在要求。维护好中央权威,地方和部门也才好办事。维护中央权威,要与发挥地方积极性相统一。第三,要坚持党委集体领导和个人分工负责相结合。凡属方针政策性问题,凡属重要干部推荐、任免、奖惩,都要按照权限由中央或地方党委集体决定。重大问题的决定,要经过充分酝酿、协商、讨论,并按照少数服从多数的原则表决,一人一票。对集体的决定,任何个人无权改变;个人或少数人有不同意见允许保留,但必须无条件服从,并在行动上积极执行。这一条一定要作为基本制度坚持下去,坚决防止和克服少数人决定重大问题的现象。特别是在用人问题上,一定要坚持任人唯贤,搞五湖四海,严格按规定程序办事,决不能凭自己一时好恶用人,决不能任人唯亲、以人划线、搞小圈子。今年年初,中央下发了《党政领导干部选拔任用工作暂行条例》,其目的就是为了建立科学规范的干部选拔任用制度,形成富有生机活力的用人机制,纠正和防止用人上的不正之风,确保党的干部路线方针政策贯彻执行。希望大家都认真按条例的规定办。第四,中央和地方国家机关、人民团体中的党组或党员负责同志,要自觉接受中央和地方党委领导。重大问题要提请党委讨论决定,并在国家机关和人民团体中同多方商量,按照法定程序或章程办理。第五,要加强和健全党内监督。领导机关和领导干部更要自觉接受党组织和群众监督,养成接受监督的良好习惯。党章赋予党员的民主权利必须得到保障。各级党组织都要进一步坚持和健全组织生活会制度、党员领导干部民主生活会制度,并使之同群众监督、舆论监督、民主党派和无党派人士监督结合起来,保证党的肌体健康和各项任务完成。总之,遵守民主集中制,是权利和义务的统一,是党性的要求,也是党的组织纪律,决不能等闲视之。

(四)弘扬艰苦奋斗的创业精神,坚决同形形色色的消极腐败现象作斗争。

艰苦奋斗是我们党的政治本色。邓小平同志指出:"艰苦奋斗是我们的传统,艰苦朴素的教育今后要抓紧,一直要抓六十至七十年。我们的国家越发展,越要抓艰苦创业。提倡艰苦创业精神,也有助于克服腐败现象。建国以来我们一直在讲艰苦创业,后来日子稍微好一点,就提倡高消费,于是,各方面的浪费现象蔓延,加上思想政治工作薄弱、法制不健全,什么违法乱纪和腐败现象等等,都出来了。"[8]我们党在长期革命战争年代培育和形成的艰苦奋斗传统,始终是我们从事革命、建设、改革的巨大精神力量,是我们党保持同人民群众密切联系的一个法宝,也是每个领导干部加强党性锻炼、提高拒腐防变能力必备的素质。

在新的历史时期,大多数党员和党的干部经受住新的考验,能够保持和发扬艰苦奋斗的优良传统,做到拒腐蚀、永不沾。各行各业各条战线都有许多这样的先进典型。这是主流,是基本的方面。但是,由于环境和条件变化,改革过程中某些制度尚不够完善,加上一个时期放松了思想政治工作和艰苦奋斗教育等原因,消极腐败现象在党和国家机关中也滋生蔓延起来。特别突出的是一些干部贪图享受,把权力商品化,搞权钱交易,以权谋私。不送财物不办事、得了财物乱办事问题不是个别的。有的人为了追求小家庭的豪华生活,不惜纵容亲属和自己身边的人胡作非为,甚至自己敲诈勒索、贪赃枉法,肆意侵吞国家、集体财产,生活糜烂透顶,成为犯罪分子。其中,有些就出现在省部级干部身上。原北京市委常委、副市长王宝森就是这样的反面典型。他自甘堕落,受到制裁是罪有应得,畏罪自杀,死有余辜。但是,其中的教训值得我们认真记取。

关于坚持反对腐败、加强党风廉政建设，中央已经反复讲清了道理，工作部署也很明确，总的是要加大工作力度，在领导干部严格自律、查处大案要案、纠正行业不正之风三个方面不断取得新的进展。在这方面，全党上下都要坚定决心，加大工作力度，务必取得实效，以取信于民。我今天要强调的是，增强党性锻炼，弘扬艰苦奋斗精神，提高拒腐防变能力，这将大大有助于促进三项工作深入、持久、有效进行下去。

在新形势下，对于大多数领导干部来说，筑起牢固思想防线，自觉继承和发扬艰苦奋斗的优良作风，坚决抵制铺张浪费之风、奢侈享乐之风，十分重要。古人有两句著名诗句："历览前贤国与家，成由勤俭破由奢。"[9]这确实是治国治家修身的经验之谈。就领导干部个人而言，现在特别是要坚决顶住外界的各种诱惑，诸如声色犬马、灯红酒绿和各种豪华超前消费的诱惑，顶住攀比之心、虚荣之心的侵蚀，顶住亲属好友借重地位权力提出的非分和非法要求。这些看起来好像是小事，但都涉及很现实的党性问题。"千里之堤，溃于蚁穴"[10]。如果平时不加强修养锻炼，防微杜渐，而热衷于追求吃喝玩乐，必然会意志消沉，不思进取，那就很容易在各种诱惑和私情面前不知不觉被打开缺口。思想和生活上的缺口一旦被打开，就可能一发而不可收拾，最终败下阵来。这已被现实生活中的不少事例所证明，每个领导干部都要引以为戒。从大处说，一个国家、一个民族，只有提倡艰苦奋斗，大兴勤劳节俭之风，人人奋发努力，个个勇于负责，才能生生不息、蓬勃发展。否则，必然走向衰败。我们是世界上人口最多的发展中国家，生产力水平还很低，还有七千多万人没有解决温饱问题，没有任何条件搞高消费、高享受。即使将来国家富强起来了,也要提倡勤俭节约,保持艰苦奋斗的优良传统。

**三、牢固树立马克思主义世界观,在为党和人民伟大事业努力奋斗中实现共产党人的人生价值。**

共产党人增强党性,核心是要牢固树立马克思主义世界观、人生观、价值观。这个问题是管总的,决定着我们的人生追求和人生道路,支配着我们的思想境界、道德情操、行为准则。

人为什么活着? 人生的目的、意义、价值在哪里? 千百年来,人们都在自己的生活实践中回答着这个问题,即使在剥削阶级占统治地位的社会,也存在着不完全相同的人生追求。"人为财死、鸟为食亡","人不为己、天诛地灭","升官发财","吃喝玩乐"等等,这是一种人生观,是个人主义、利己主义的人生观,是庸俗、没落的人生观,历来为人们所不齿。"先天下之忧而忧,后天下之乐而乐"[11],"人生自古谁无死,留取丹心照汗青"[12],这些所表现的是另一种人生观,是洋溢着爱国主义和进步精神的人生观。我们共产党人的世界观、人生观,以实现共产主义的伟大理想为精神支柱,以为党和人民事业无私奉献、全心全意为人民谋利益、推动人类社会历史不断进步作为自己人生最崇高的追求和最大的价值。因此,与一切剥削阶级信奉的世界观、人生观不同,我们要树立和坚持的是马克思主义世界观、人生观、价值观,这是有史以来最科学的世界观和最高境界的人生观、价值观。共产党员和党的干部真正具有这样的世界观、人生观、价值观,就会变得精神高尚、眼界开阔、胸怀坦荡、生活充实,就能够坚持正确政治方向,科学观察事物、判断形势、分析问题,在胜利和顺境时不骄不躁,在困难和挫折面前不消沉不动摇,经受住各种风浪考验;就会彻底冲破追逐一己私利的精神牢笼,在亿万人民创造历史的广阔天地里找准自己的位置,为国家、为社会、为民族、为集体奋不顾身工作,毫无保留贡献自己的聪明才智和毕生精力。无数革命先烈的人生轨迹,雷锋、焦裕禄[13]、孔繁森[14]等众多先进模范人物的人生轨迹,都证明了这一点。相反,一个共产党员和党的干部如果没有真正树立马克思主义世界观、人生观、价值观,在革命战争环境中就难以经得起生与死、血与火的考验,就会贪生怕死,在战场上当逃兵,或者在敌人的利诱威逼下屈节叛变,或者在历史转变时期动摇落伍,甚至同党分道扬镳;在今天这样的环境里,就难以正确理解党的基本理论、基本路线和改革开放政策,就可能在政治风浪中辨不清方向、站不稳立场,被各种错误思潮和腐朽生活方式所打倒。现实生活已经提供前车之鉴。因此,我们加强党性锻炼,要在牢固树立正确世界观、人生观、价值观这个根本问题上多下功夫。

　　解决好世界观、人生观问题,很重要的是要树立正确的是非观、善恶观、美丑观、功过观、得失观、苦乐观、荣辱观、爱憎观。随着改革开放不断深入,在外国资金、技术、管理经验大量引进的同时,资产阶级腐朽思想文化、价值观念、生活方式也趁机而入,同我国历史上遗留下来的剥削阶级腐朽思想文化影响相结合,对人们的理想、信念、价值观、道德观产生了很大冲击。一个时期以来,社会上出现了不少是非混淆、黑白颠倒、美丑不分、善恶不辨的思想观点。什么要为"一切向钱看"

正名，为"唯利是图"定位；什么"个人主义是社会发展的动因"，"人生能有几回乐，何不潇洒过人生"；什么"理想不如实惠"，"有权不用，过期作废"；等等。一些党员和党的干部经不住错误思潮和不良风气的侵袭，对党和人民群众的思想感情和人生的价值观念也逐步发生变化，甚至以丑为美、以耻为荣，善恶颠倒、是非混淆。在有些人的头脑里，共产主义远大理想、全心全意为人民服务宗旨实际上已被利己主义和及时行乐所取代，人民公仆也变成了人民老爷，有的甚至堕落为腐败分子、违法乱纪分子。严酷的事实再次告诫我们，世界观、人生观、价值观扭曲必然导致生活目标混乱和思想行为上倒退。在改革开放过程中，社会思想文化必然发生广泛而深刻的变化，在一些新的正确的思想观念出现的同时，社会上出现某些思想混乱，这是不足为奇的。但是，我们共产党人特别是领导干部必须始终坚持以马克思主义世界观、人生观、价值观为指导，廓清迷雾，明辨泾渭，立稳人生坐标，决不能在各种错误的腐朽的思想和不良风气面前随波逐流、人云亦云。共产党人是全心全意为人民谋利益的，最广大人民根本利益就是我们最根本的价值取向，必须把人民拥护不拥护、人民赞成不赞成、人民高兴不高兴、人民答应不答应作为辨别和衡量是非、善恶、美丑、功过、得失、苦乐、荣辱、爱憎的根本出发点和依据。只有树立了这样的价值观并付诸实践，我们才无愧于共产党员和党的干部的称号，才足以凝聚人民、团结人民，把建设有中国特色社会主义伟大事业推向前进。

　　改造客观世界是无止境的，改造主观世界也是无止境的。马克思主义世界观的确立和坚持，决不是一朝一夕的事情；也不会随着党龄增加、职位上升而自然获得,必须经历一个长期不懈的艰苦努力的过程,一个不断坚持真理、修正错误的过程。这个过程,就是学习理论、投身社会实践、自觉加强党内生活锻炼这三条基本途径相互作用、有机统一的过程。我们要通过这些正确途径,抓紧自己的世界观改造。

第一,加强理论学习,努力掌握辩证唯物主义和历史唯物主义,真正把握人类社会发展客观规律,把个人生活的目的、价值、意义同党和人民事业紧密联系起来。

这是确立马克思主义世界观的思想基础。不努力学习和掌握马克思主义理论,就不能正确认识人类社会发展的客观规律,对共产主义、社会主义的信仰就不可能建立在科学理解的基础上,因而也不可能是牢固的,就会在各种错误思潮和腐朽生活方式冲击下丧失抵御能力。列宁曾经指出:"只有了解人类创造的一切财富以丰富自己的头脑,才能成为共产主义者。"[15]江泽民同志也说:"一个人如果善于学习,不仅有马克思主义理论知识,有政治经济学知识,有社会主义市场经济知识,有资本主义市场经济知识,而且有科学技术知识,有文艺方面的知识,这有利于确立正确的世界观、人生观,有利于把自己的认识建立在科学基础之上,这样工作起来就会得心应手,就会感觉到生活充实,感觉到精神饱满,感觉到人生真正的价值。"[16]这些话都是千真万确的。各级领导干部特别是高中级干部要肩负起自己的历史使命和岗位责任,就要不断提高学习的自觉性和紧迫感,科学安排工作和学习,下决心减少不必要的应酬,挤出时间多读些书,培养自己进行理论思维和从政治上观察问题的能力。

　　加强学习，最根本的是学习马克思列宁主义、毛泽东思想，中心内容是学习邓小平同志建设有中国特色社会主义理论。通过学习努力掌握精神实质，掌握贯穿其中的辩证唯物主义和历史唯物主义。辩证唯物主义和历史唯物主义的创立是人类认识发展史上的一次历史性飞跃，为我们正确认识世界和改造世界提供了最科学最根本的思想武器。我国改革开放和社会主义现代化建设正处在一个新的发展阶段和关键时期，我们只有掌握了辩证唯物主义和历史唯物主义，才能更好坚持党的"一个中心、两个基本点"的基本路线，更好坚持解放思想、实事求是的思想路线，更好坚持新时期党的组织路线，更好坚持一切为了群众、一切依靠群众、从群众中来、到群众中去的群众路线，更好坚持党的政治路线、思想路线、组织路线、群众路线的统一，进一步调动和凝聚亿万人民和方方面面力量，始终沿着正确的前进道路，为实现我们的宏伟目标而奋斗。

　　第二，积极投身社会实践，在参加、领导改革开放和社会主义现代化建设伟大事业中，增进同人民群众的深厚思想感情。

　　马克思主义认为，认识和实践、改造主观世界和改造客观世界是统一的。改造主观世界是改造客观世界的必要条件，而改造主观世界又必须在改造客观世界的过程中才能实现。因此，马克思主义世界观的确立，既需要从书本中吸取理论和知识的营养，更需要到实践中去锻炼。我们党领导亿万人民正在进行的建设有中国特色社会主义的实践是没有先例的伟大的创造性实践，为我们改造客观世界和改造主观世界提供了广阔的舞台和十分有利的条件。我们的领导干部要以满腔热情积极投身于这一伟大实践,在各自工作岗位上开拓进取、建功立业,在改造客观世界的过程中努力磨练意志品质、陶冶道德情操、升华思想境界,不断增进同人民群众的思想感情。人民是历史的创造者,群众是真正的英雄。我们一定要摆正领导和群众的关系,坚持相信群众、依靠群众,尊重群众实践和创造,虚心向群众学习,不断从人民群众中汲取丰富政治营养。这样,我们的思想水平和工作水平才能不断提高。

认真总结实践中的经验非常重要。应当既总结改造客观世界的经验、又总结改造主观世界的经验,既总结自己的经验、又研究他人的经验,以正反两方面经验为鉴,以利于确立正确的世界观、人生观。古人说:"以铜为镜,可以正衣冠;以古为镜,可以知兴替;以人为镜,可以明得失。"[17]这是很有道理的。我们所生活的这个伟大时代,是需要而且正在造就众多英雄模范、涌现大批先进人物的时代。要以他们为镜子,对照自己的思想言行,找出差距,有意识地在实践中加以磨练,自觉向先进学习、向榜样看齐,不断使自己的思想品德达到新的境界。同时,认真从别人犯错误和走向堕落的根源中吸取教训,举一反三,防微杜渐,警醒自己,使自己少犯或不犯错误。这样长期坚持下去,就能够使自己更加成熟起来。

第三,自觉加强党内生活锻炼,正确开展批评和自我批评,发扬成绩,纠正错误,不断求得进步。

共产党人确立马克思主义世界观,离不开健全的党内生活,离不开党组织和党员监督和帮助。每个领导干部都要把自己置于党组织教育管理和监督之下,积极参加双重组织生活,严肃而不是敷衍地进行批评和自我批评。这既有利于增强党的观念、提高思想政治水平,又可以在党组织和同志们的帮助下更好认识和纠正自己的缺点和错误,求得不断进步,无疑是加强世界观改造的一个重要途径。现在的问题是,在一些党组织和领导干部中,正确的批评和自我批评开展不起来,好人主义盛行,民主生活会不触及确实存在的矛盾和问题,"自我批评谈情况,相互批评谈希望"。这种现象是不正常的。不讲原则,掩盖矛盾,软弱涣散,放弃积极的思想斗争,是绝对不行的。作为领导干部,既要善于进行真诚的自我批评,又要敢于批评错误的思想行为,还要能够虚心接受别人批评,欢迎来自各方面的监督。希望我们的领导干部重读毛泽东同志的《反对自由主义》,带头拿起批评和自我批评的武器,坚持团结——批评——团结的方针,真正做到为人民利益坚持好的、为人民利益改正错的,在党内生活中进一步造成是非功过分明、积极向上的空气。

## 注　　释

〔1〕参见毛泽东《为争取千百万群众进入抗日民族统一战线而斗争》(《毛泽东选集》第1卷,人民出版社1991年版,第277页)。

〔2〕复关,指中国恢复关税和贸易总协定缔约方地位。关税和贸易总协定,是有关关税和贸易政策的多边国际协定,也是执行这一协定的国际组织。一九四七年十月,该协定由参加联合国经济及社会理事会国际贸易组织筹备委员会第二次会议的二十三个国家在瑞士日内瓦签订。以后多次修订,成员也不断增加。一九九四年四月,关贸总协定的第八轮全球多边贸易谈判(因一九八

六年在乌拉圭启动,被称为乌拉圭回合)结束。该轮谈判达成建立世界贸易组织的协议。一九九五年,世界贸易组织成立,一年后取代关贸总协定。中国是关贸总协定的创始缔约方之一。窃据中国席位的台湾当局于一九五○年五月退出关贸总协定,是非法、无效的行为。中华人民共和国恢复在联合国合法席位后,逐步与关贸总协定恢复了联系。一九八六年七月,中国政府正式向关贸总协定提出恢复缔约方地位的申请。世界贸易组织取代关贸总协定后,"复关"变为"入世"。历经十五年艰苦谈判,中国于二○○一年正式加入世界贸易组织。

〔3〕见邓小平《在武昌、深圳、珠海、上海等地的谈话要点》(《邓小平文选》第3卷,人民出版社1993年版,第380页)。

〔4〕见邓小平《在武昌、深圳、珠海、上海等地的谈话要点》(《邓小平文选》第3卷,人民出版社1993年版,第382—383页)。

〔5〕见邓小平《总结经验,使用人才》(《邓小平文选》第3卷,人民出版社1993年版,第369页)。

〔6〕见唐太宗李世民《赐萧瑀》。

〔7〕参见毛泽东《纪念白求恩》(《毛泽东选集》第2卷,人民出版社1991年版,第660页)。

〔8〕见邓小平《在接见首都戒严部队军以上干部时的讲话》(《邓小平文选》第3卷,人民出版社1993年版,第306页)。

〔9〕见唐代李商隐《咏史》。

〔10〕参见《韩非子·喻老》。原文是:"千丈之堤,以蝼蚁之穴溃;百尺之室,以突隙之烟焚。"

〔11〕见北宋范仲淹《岳阳楼记》。

〔12〕见南宋文天祥《过零丁洋》。

〔13〕参见本卷《在新时期学习弘扬焦裕禄精神》。

〔14〕孔繁森(一九四四——一九九四),山东聊城人。一九六六年加入中国共产党。一九七九年和一九八八年两次赴西藏工作,历时十年。曾任中共西藏阿里地委书记等职。一九九四年十一月在赴新疆考察途中因车祸殉职,是新时期领导干部的楷模。

〔15〕见列宁《青年团的任务》(《列宁选集》第 4 卷，人民出版社 2012 年版，第 285 页)。

〔16〕这段话出自江泽民一九九三年八月十二日在全国组织工作座谈会上的讲话。

〔17〕这是唐代吴兢《贞观政要》卷二《任贤》中记载的唐太宗李世民的话。

# 中国共产党同外国政党交往的原则 *

（一九九五年十一月六日）

世界要和平、国家要发展、社会要进步，已成为当今世界各国人民的普遍和强烈要求。中国人民为了把自己的国家建设好，需要一个持久和平的国际环境。中国一贯奉行独立自主的和平外交政策。这一政策的基本内容是：第一，坚持独立自主，按照事情的是非曲直对国际事务独立作出判断，并采取相应立场，中国不同任何大国和国家集团结盟、不搞集团政治。第二，中国反对任何形式的霸权主义、强权政治和侵略扩张行为，中国永远不称霸、不对外扩张；中国发展进步不会对任何国家构成威胁，只会有利于世界和平和地区稳定。中国主张，重大国际事务应由各国在相互尊重的基础上平等协商解决，国际争端要用和平方式解决，使世界各国都能在和平国际环境中求得发展。第三，在相互尊重主权和领土完整、互不侵犯、互不干涉内政、平等互利、和平共处五项原则的基础上，同世界各国建立和发展友好合作关系，特别是积极发展同周

---

＊　这是胡锦涛同志访问罗马尼亚期间在罗马尼亚国际关系和国际法协会举办的报告会上的演讲《维护和平，促进发展，推动进步》的一部分。

边国家的睦邻友好关系,同时加强同广大发展中国家的团结合作。第四,坚定不移实行全方位对外开放政策,不断加强和发展同世界各国在经济、贸易、科技、文化等领域的交流合作。第五,主张并致力于在和平共处五项原则和其他公认的国际关系准则的基础上建立公正合理的国际政治经济新秩序。

中国共产党的对外交往是中国整个对外关系的重要组成部分。同中国的对外政策主张和在国际关系中遵循的原则相适应,中国共产党始终坚持按照以下四项原则同世界各国政党发展友好交流合作。

第一,独立自主。我们认为,任何国家的事情都只能由那个国家的政党和人民去判断,各国政党有权根据本国情况和自身条件独立自主决定自己的一切事务。我们充分尊重别国政党的独立自主地位和权利,当然也希望别国的政党尊重我们党的独立自主地位和权利。

第二,完全平等。我们主张,世界各国政党应平等相待,不能把自己的观点、做法等强加于其他党。意识形态不同的党是这样,意识形态相同的党也应当这样;对执政的党是这样,对处于非执政地位的党也应该这样。我们一贯反对党与党交往中的霸权行为,我们自己也决不搞霸权主义、不谋求特殊地位。

第三,互相尊重。在党际关系中,最核心的就是要尊重对方的独立自主权利,尊重对方根据自己国情制定的内外政策。意识形态、价值观念的不同,不应当成为政党交往的障碍。各国政党应本着平等交流、增进了解、求同存异的原则发展友好交往。

第四,互不干涉内部事务。各国政党应当互不干涉内部事务,也不应介入和干涉别国内部各个政党的事务,更不应利用党际交往干涉别国内政,输出自己的意识形态、价值观念、社会制度、发展模式。我们对别国政党一切好的东西都要研究、学习、借鉴,但绝不允许别人把同我国国情和社会制度不相符的意识形态、价值观念强加于我们。

那么,我们同外国政党交往的目的究竟是什么呢?唯一的目的就是按照上述原则,通过接触交往,增进了解,相互借鉴,发展友谊,促进合作,积极推动国家关系健康发展和增进人民友谊,促进世界和平、稳定、繁荣、发展。现在,中国共产党同世界上一百二十多个国家的三百来个各种不同性质和类型的执政党、参政党和其他重要政党建立了不同形式的联系,中国共产党的朋友遍布五洲四海。我们党的对外交往不仅增进了我们党同各国政党的相互了解和友谊,而且对促进中国和世界各国的友好关系和互利合作、对发展中国人民和世界人民的友谊产生了积极而深远的影响。实践证明,各国政党友好合作,不仅符合彼此根本利益,也有助于共同创建一个美好的世界。

"江河日流注,难挽东逝波。"[1]二十世纪即将过去,新世纪的钟声就要敲响。世界人民都渴望把一个和平、稳定、繁荣、发展的世界带入到二十一世纪。新世纪常青的和平之树,需要各国人民、各国各类政党和各国政府共同栽培。中国人民热爱和平、渴望发展,在开创自己国家美好未来的同时,将继续发展同世界各国的友好关系,努力为争取世界持久和平、促进人类进步和发展作出新的更大的贡献。

## 注　释

〔1〕见清代朱经《惜日》。

# 致全国希望工程工作会议的信

### （一九九六年四月二十七日）

全国希望工程工作会议全体代表：

值此全国希望工程工作会议召开之际，谨向你们，并通过你们向所有为希望工程作出贡献的同志们、朋友们致以亲切的问候和崇高的敬意！

共青团组织实施的希望工程，通过动员社会力量捐资助学，不仅资助了一部分失学儿童、推动了我国贫困地区基础教育事业发展，而且弘扬了中华民族扶贫济困、尊师重教的传统美德，在促进社会主义精神文明建设方面发挥了积极作用，赢得了社会各界广泛赞誉。

当前，全党全国人民正在为实现"九五"计划和二○一○年远景目标努力奋斗。跨世纪宏伟目标的实现，离不开国民素质提高和人才培养。百年大计，教育为本。我们要从实施科教兴国战略的高度，从培养造就千百万社会主义事业建设者和接班人的高度，充分认识推进希望工程的重要意义。希望全社会都来关心和支持这项工作。各级共青团组织要进一步增强责任感和使命感，认真总结经验；不断扩大社会参与，努力拓展资助规模；突出资助重点，确保资金用到贫困地区、用到最需要帮助的地方；加强管理，严格监督，提高工作水平，把这项利国利民的崇高事业办得更好。

胡　锦　涛
一九九六年四月二十七日

# 青年知识分子要坚定不移走同
# 工农相结合、同实践相结合的道路<sup>*</sup>

（一九九六年五月四日）

中央组织部组织青年科技专家赴安徽、江苏两省进行国情考察活动，很有意义。刚才，几位同志作了很好的发言，大家都感到收获很大、不虚此行。在短短十几天时间里，同志们深入农村、工厂、学校，广泛接触群众，进行实地考察，了解我国基本国情，了解改革开放和现代化建设取得的巨大成就，了解我国二十一世纪的美好前景。大家既亲眼目睹了发达地区的可喜变化，又亲身体验了贫困地区群众的生活状况，感受到广大干部群众为开创美好未来艰苦奋斗、开拓进取的精神风貌，受到了深刻教育。总之，通过考察，同志们加深了对邓小平建设有中国特色社会主义理论的理解，进一步坚定了报效祖国、振兴中华的信念和决心，增强了科技工作者的历史使命感和责任感。可以说，这次活动是一次成功的尝试。

从现在起到二〇一〇年的十五年，是我国社会主义现代化建设事业发展的非常重要的历史时期。党的十四届五中全

---

＊　这是胡锦涛同志同青年科技专家国情考察团成员座谈时的讲话。

会提出的《关于制定国民经济和社会发展"九五"计划和二〇一〇年远景目标的建议》和八届全国人大四次会议通过的《国民经济和社会发展"九五"计划和二〇一〇年远景目标纲要》描绘了中华民族跨世纪发展的宏伟蓝图,是指引我们沿着建设有中国特色社会主义道路继续前进的行动纲领。要把这一宏伟蓝图变成现实,需要全国各族人民在党的领导下同心同德、齐心协力、共同奋斗。我国知识分子是工人阶级的一部分,是新的生产力的重要开拓者和科技知识的重要传播者,是社会主义现代化建设的骨干力量。在实现"九五"计划和二〇一〇年远景目标的伟大实践中,知识分子特别是科技专家肩负着崇高使命。推进经济体制和经济增长方式这两个根本性转变,实施科教兴国和可持续发展这两个重大战略,坚持两手抓、两手都要硬的方针,促进经济社会协调发展、两个文明共同进步,都离不开知识分子作用的充分发挥。青年知识分子是跨世纪的一代,是承前启后、继往开来的一代。今后十五年,正是你们精力充沛、多出成果的黄金时期,也是你们为国效力的宝贵时期。党和人民希望青年知识分子认清自己的历史责任,积极投身改革开放和现代化建设伟大实践,为促进社会主义物质文明和精神文明建设、为中华民族振兴贡献自己的聪明才智。

坚定不移走同工农群众相结合、同实践相结合的道路,是青年知识分子健康成长必须始终坚持的正确方向。首先,青年知识分子只有深入实际、深入工农、研究社会、了解国情,才能认清历史发展趋势和时代潮流,自觉把自己的前途命运同祖国的前途命运紧紧联系在一起,确立远大抱负和坚定信念。

我们党的老一辈革命家在旧中国人民灾难深重的时候,以民族兴亡为己任,为了拯救中华而上下求索、历经曲折,终于找到了马克思主义,并把马克思主义基本原理同中国具体实际相结合,开拓了中国革命正确道路。新时期的一代青年,在振兴中华伟大实践中,也有一个怎么把国家民族的前途命运同自己的前途命运紧紧联系在一起的问题。只有深入社会实际、深入工农群众,真正了解了中国国情,自觉投身到现代化建设中去,才能把爱国之情、报国之志和自己所从事的事业统一起来,并为之努力奋斗。第二,青年知识分子只有在实践中经受锻炼、增长见识、增长才干,才能更好更快成熟起来。作为科技工作者,无疑必须努力学习科学技术,但任何时候都有一个坚持理论联系实际的问题。不仅要重视科学实验,而且要重视社会实践。大家都学过毛泽东同志的《实践论》,毛泽东同志就是用马克思主义哲学观点深刻回答了认识和实践的辩证关系。第三,青年知识分子只有深深植根于人民群众之中,汲取营养和力量,才能不断激发为民造福、为国奉献的热情,始终保持奋发向上的精神状态,真正干出一番事业来。同志们谈到,在考察中为当地干部群众所创造的“金寨精神”、“黄山松精神”、“张家港精神”所感染和激励。这说明,只要我们坚定同人民群众相结合,特别是深入到广大工农群众当中去,与他们同呼吸、共命运,就会感受到一种催人奋进的精神力量,就会增强我们克服困难、献身人民的信心和决心。以上这三条,是几十年来一代又一代先进知识分子在我国革命、建设事业中用自己的实践证明了的真理。刚才,几位发言的同志都以自己的亲身感受和体会谈到了这个问题,讲得很生动,也很实在。我相信通过这次考察活动,同志们对青年知识分子健康成长问题会有更加深刻的认识。

知识分子要肩负起自己的历史使命,不仅要有真挚的爱国之情、坚定的报国之志,还要有良好的素质和过硬的本领。特别是在日新月异的科技进步和社会发展面前,无论是谁,都不能满足于已经取得的成就,而必须在思想上业务上不断完善、提高自己。要努力学习马克思列宁主义、毛泽东思想特别是邓小平建设有中国特色社会主义理论,用以武装头脑、指导实践,提高自身思想政治素质。科技专家学习政治理论,要坚持少而精,重要的是要树立正确的世界观和科学方法论。这不但可以指导我们坚持正确人生方向,而且也有助于引导我们在科学的道路上不断前进。在重视政治理论学习的同时,要发扬刻苦钻研的精神,努力掌握现代科技知识,攀登科技高峰。要面向实际,选准课题,努力攻克科技难关,促进科技成果向现实生产力转化,为经济建设和社会发展服务,以优异成绩报效祖国、报效人民。

党和国家十分关心知识分子工作,为科技人才健康成长和充分发挥作用,制定了一系列正确的方针政策。各级党委和政府及有关部门要认真贯彻落实。同时,要进一步研究在发展社会主义市场经济条件下贯彻尊重知识、尊重人才这一方针遇到的新情况新问题,继续努力为知识分子创造良好工作生活条件。要进一步落实好留学回国科技人员政策,重视发挥他们的积极作用。我们相信,现在还在国外的广大留学人员,绝大多数都是有爱国之心和报国之志的,我们应创造各种条件,欢迎他们以各种方式为国效力。也希望在座的同志珍惜和利用现有条件,在各自科研领域中更加努力地工作,为实现国民经济和社会发展"九五"计划和二〇一〇年远景目标、为我国社会主义现代化建设事业作出新的贡献。

# 坚持和发扬党的三大作风<sup>*</sup>

（一九九六年六月二十八日）

今年，是中国共产党诞生七十五周年。在七十五年的光辉历程中，我们党坚持把马克思主义基本原理同中国具体实际相结合，形成了毛泽东思想，产生了邓小平建设有中国特色社会主义理论。在科学理论指导下，我们党带领全国各族人民为推动社会生产力解放和发展、社会全面进步顽强拼搏、英勇奋斗，实现了国家独立和民族解放，完成了新民主主义革命，建立了社会主义制度，开创了建设有中国特色社会主义道路。在领导中国革命、建设、改革的伟大实践中，我们党不断发展壮大，锻炼得更加成熟。历史充分证明，我们这个党不愧是久经考验的、有战斗力的马克思主义政党，不愧是中国工人阶级的先锋队，不愧是真正为人民利益而不懈奋斗的党。

几天前，江泽民同志在纪念中国共产党成立七十五周年座谈会上，以《努力建设高素质的干部队伍》为题，发表了重要讲话。他指出："七十五年来，我们有一条基本的经验，这就是：党领导的事业要取得胜利，不但必须有正确的理论和路

---

\* 这是胡锦涛同志在全国先进基层党组织和优秀党务工作者表彰会上的讲话。

线,还必须有一支能坚决贯彻执行党的理论和路线的高素质干部队伍。"在建设有中国特色社会主义、实现中华民族全面振兴的重要时期,建设起一支德才兼备的高素质干部队伍尤为重要和紧迫。江泽民同志的讲话,把造就一支高素质干部队伍必须遵循的指导思想、基本要求和必须抓好的主要工作都已经讲得很清楚了。这对于在新形势下继续推进党的建设这个新的伟大工程,进一步搞好领导班子和干部队伍建设具有十分重要的指导意义。各级党委要认真学习、坚决贯彻执行,把这项工作作为加强和改善党的领导、推进党的建设的关键环节和关系社会主义现代化建设全局的战略任务认真抓紧抓好。

建设一支高素质干部队伍,以保证我们党始终走在时代前列,经受住各种风险考验,领导全国人民把社会主义现代化事业不断推向前进,这个任务是光荣的,也是艰巨的。在工作中,要以思想政治建设为重点,帮助干部围绕坚定、全面、正确贯彻执行党的基本理论、基本路线、基本方针,牢固树立马克思主义政治立场、政治观点,坚持正确政治方向,严守政治纪律,不断提高政治敏锐性和政治鉴别力。要解决好这方面问题,就必须在广大干部特别是领导干部中切实加强思想政治教育,大力倡导坚持和发扬理论联系实际、密切联系群众、批评和自我批评三大作风。这三大作风是我们党在长期斗争中形成和发展起来的好传统,是我们党区别于其他政党的显著标志和政治优势,是我们党领导革命、建设事业从胜利走向胜利的一个根本原因。在建设有中国特色社会主义的历史新时期,党的三大作风不仅没有过时,而且必须发扬光大。党的十一届三中全会以来,邓小平同志多次强调,领导干部要带头继承、发扬党的优良传统和作风。我们党之所以能够顺利实现工作重心转移,确立社会主义初级阶段的基本路线和一系列方针政策,正确处理改革发展稳定中的新矛盾新问题,克服前进道路上的各种困难,把社会主义现代化事业推向前进,都是与广大干部在新形势下继承和发扬党的三大作风分不开的。这些年涌现出来的先进党组织、优秀党员和优秀干部之所以进步较快,就得益于三大作风的培育,他们之所以取得优异成绩,也是由于继承和发扬了党的优良作风。但是,必须看到,我们党内确有一些同志放松了思想政治上的要求,忘记了党的好传统、好作风,官僚主义、形式主义有所发展。有的人甚至以权谋私、违法乱纪,同党的传统作风背道而驰,严重影响着党的路线方针政策贯彻执行。因此,在推进建设有中国特色社会主义伟大事业的过程中,我们必须始终把坚持和发扬党的三大作风作为加强党的建设、提高干部队伍素质的一个重大课题紧紧抓住、认真抓好。

**一、坚持和发扬理论联系实际的作风。**

一个始终站在时代前列、推动历史进步的工人阶级政党,必须有科学理论指导;一个名副其实的工人阶级先锋队战士,必须有科学理论武装。正如江泽民同志在"七一"座谈会上的讲话中所说,"无论对党还是对党的干部来说,理论上成熟都是政治上成熟的基础","必须把加强理论建设作为党的建设、首先是干部队伍建设的根本大计"。我们党所坚持的科学理论,就是马克思列宁主义、毛泽东思想和邓小平建设有中国特色社会主义理论。这是保证我们党在思想上政治上组织上完全巩固、在为实现跨世纪宏伟目标而奋斗的行动中保持高度统一的强大武器。党的十四大以来,一个以建设有中国特色社会主义理论为主要内容的学习活动在全党开展起来,有力推动着社会主义现代化事业发展,收效是明显的。但是,对前一段的成绩不能估计过高。在一些党组织和干部中,轻视理论学习,学习不结合实际,以实用主义对待理论、断章取义等现象仍然存在。为了改变这种现象必须进一步提高党员特别是党员干部学习理论的自觉性,处理好学习和工作的关系,坚持和发扬党的理论联系实际的好学风。学习自觉性提高了,学风端正了,理论学习才能真正深入,收到更大效果。

建设有中国特色社会主义理论源于实践又指导实践,并在实践中丰富和发展。我们只有联系改革、建设实践认真读书、刻苦钻研,才能了解理论的科学体系和精神实质,懂得贯穿其中的世界观和方法论。经验告诉我们,凡是联系实际学习理论,坚持解放思想和实事求是的统一,认真研究新情况、解决新问题,及时总结工作中的经验教训,注意分清事关路线方针政策的重大是非,学习效果就比较好,工作的原则性、系统性、预见性、创造性就比较多,主观性、片面性、绝对化、随风倒等现象就比较少,对于继承和创新、改革和发展、计划和市场、借鉴和抵制、物质文明建设和精神文明建设等重大关系问题,认识就比较清醒,处理就比较正确。如果不这样做,学习就势必流于形式,收不到应有效果。

发扬好的学风,首先必须有正确的学习目的。毛泽东同志说过,对于马克思主义的理论要能够精通它、应用它,精通的目的全在于应用[1]。我们学习邓小平建设有中国特色社会主义理论,是因为中国改革、建设需要这个理论。我们正是为着指导和推进改革、建设实践,为着解决前进中遇到的矛盾和问题才去学习理论,从中找立场、找观点、找方法,既用以改造客观世界,又用以改造主观世界。如果不是这样,而是把学理论当成给自己装潢门面,只是摘引一些词句给别人听,那是绝对学不好的。我们一定要按照江泽民同志提出的要求,通过学习,坚定马克思主义、社会主义的政治方向和政治立场,牢固树立正确的世界观、人生观、价值观,掌握观察事物的科学方法,增强分清理论和政治是非的能力,提高运用党的基本理论解决实际问题水平,保证我国改革开放和现代化建设健康发展。

为了达到我们学习的目的,必须解决好理论和实践结合的问题,坚持学和用、知和行、说和做的统一。对于领导干部来说,实现这种结合和统一,关键的一环在于经常深入社会主义现代化建设实际,以科学理论为指导,对改革发展稳定中的现实问题进行调查研究,在调查研究过程中进一步学习理论,检验自己的认识和工作。如此循环往复,对于我国社会主义现代化建设客观规律的把握就会越来越准确,对于新问题新矛盾的认识和处理能力就会不断提高,就能够避免主观和客观相脱节、理论和实际相脱离,使工作生气勃勃、富有创造性。这些年来,我们的领导干部中注意把学习理论与调查研究、解决实际问题结合起来的同志多起来了,这是一种好风气。进一步在各级领导干部中倡导这样的好风气,大家的思想水平、政策水平、工作水平就会有一个大的提高,我们的事业也会发展得更好。

**二、坚持和发扬密切联系群众的作风。**

我们党是来自人民、植根于人民、服务于人民的党。党在各个历史时期所制定的正确路线方针政策，说到底，都是为了人民幸福富裕。几十年来，我们党始终站在时代前列，历经艰难险阻，没有被任何敌人和困难所征服、所吓倒，而是从小到大、由弱变强，根本原因就在于党同人民群众建立了血肉联系。党在长期奋斗中形成的密切联系群众的优良传统，从群众中来到群众中去的根本工作路线，是我们的无价之宝。凝聚在这个传世之宝中的财富，就是始终坚持全心全意为人民服务，一刻也不脱离群众；坚持一切从人民利益出发，而不是从个人或小集团利益出发；坚持向人民负责和向党的领导机关负责的一致性；坚持相信群众，紧紧依靠群众，坚决保护群众积极性，尊重群众创造精神；坚持虚心向群众学习，团结教育和引导群众为实现自己的利益而奋斗。认真继承这些财富，实践这些思想，坚持这些原则，反对各种脱离群众、损害群众利益的行为，是我们加强党的自身建设特别是干部队伍建设必须紧紧抓住的一个重大问题。在承前启后、继往开来的重要时期，强调这一点尤其重要。

改革开放十几年来，我们党制定了符合中国国情、反映人民意愿的正确路线方针政策，带领全国各族人民共同奋斗，社会主义现代化建设取得了举世瞩目的伟大成就，人民生活水平得到了普遍提高。正因为如此，人民拥护党的领导，称颂党的路线方针政策。这表明，我们党同人民群众的关系总的是好的，党的大多数干部是注意联系群众、努力为人民服务的。这些年，涌现出了许多好党员、好干部，他们积极实践党的全心全意为人民服务的宗旨,坚持走群众路线,努力保持同群众的密切联系,真心诚意为群众办实事、办好事,时刻关心群众疾苦,坚决维护群众利益,老老实实向群众学习,得到了群众爱戴。像孔繁森[2]等同志,像今天出席表彰会的许多同志,就是这些干部的突出代表。同时,我们必须如实看到,在一部分干部包括一些领导干部中,脱离群众甚至损害群众利益现象也严重存在。群众对此是有意见的。中国人民是非常好的人民。人民群众始终对党怀有深厚感情。群众在尖锐批评一些干部脱离群众的错误时,仍然饱含着期望我们解决这些问题的强烈愿望。各级党组织特别是领导干部务必从自身做起,积极发扬密切联系群众的好作风,痛下决心把一些干部脱离群众问题解决好。

对于共产党人来说,对待人民群众的态度问题,同人民群众的关系问题,是一个根本的政治问题。我们正在进行的社会主义现代化建设是为人民谋利益的事业,也是人民群众自己的事业,如果没有人民群众积极性和创造性的发挥,是不可能取得成功的。每个共产党员都应当成为团结群众为共同利益而奋斗的先进分子。谁要是脱离了人民群众,谁也就脱离了建设有中国特色社会主义的政治,自然也就失去了共产党人的先进性。这次受表彰的党组织和党员、党员干部的先进事迹生动告诉我们,任何一个党组织,任何一个党员,只有虚心向群众学习,才能获得丰富的知识和经验,提高为人民服务本领;只有尊重并维护人民主人翁地位,真心实意为群众谋利益,才能得到群众拥护和爱戴;只有把自己置身于群众之中,真正与群众同甘共苦,才能赢得群众信任和支持,获得战胜困

难的力量。向先进人物学习，一定要努力学习他们对待群众
的正确立场和深厚的思想感情。我们的年轻干部尤其要把这
个问题解决好。这并不是轻易可以做到的，必须经过长期的
严格的甚至是痛苦的磨炼。但是，要想做一名真正的共产党
员，就必须解决这个问题。在谁是主人、谁是英雄、为谁服务、
向谁负责等问题上，要坚持历史唯物主义观点。在工作中，要
真正把自己的心掏给人民，更加贴紧人民，主动到困难多、问
题多、党和群众最需要的地方去。要经常警惕和克服官僚主
义、形式主义、个人主义、享乐主义，尤其要坚决反对以权谋
私、权钱交易等腐败现象。

　　密切联系和服务人民群众，首先要联系和服务广大工人、
农民、知识分子。他们以自己的智慧和力量推进改革、建设，
用辛勤劳动为社会创造财富，为国家增强实力，我们党和政府
理所当然首先要让他们得到社会主义现代化建设带来的实际
利益。现在，我国农村还有六千五百万人口没有解决温饱问
题，城市里还有一部分企业职工生活比较困难。在普遍提高
人民生活水平的同时，一定要采取切实措施，千方百计解决好
这部分群众的实际问题。这是关系到加强党的阶级基础和群
众基础、维护改革发展稳定大局、坚持共同富裕的社会主义原
则、实现跨世纪宏伟目标的大事，决不能疏忽大意。还要看
到，随着改革深化和利益关系调整，人民内部矛盾更加复杂，
一些热点难点问题也突出起来。各级领导干部要讲究工作方
法，紧紧依靠群众，妥善处理人民内部各种矛盾，及时化解可
能导致不安定的因素。一些地方组织实施的"凝聚力工程"、
"鱼水工程"等活动，把我们党服务人民、团结群众、凝聚人心

的工作落实到基层,具体化到每个党组织和党员的日常工作中去,这是一个好办法,应当大力提倡。

**三、坚持和发扬批评和自我批评的作风。**

我们共产党人永远都需要有批评和自我批评。这是坚持党的奋斗纲领和政治路线、正确解决党内矛盾、增强党的团结、保持党员队伍先进性和纯洁性、提高党的战斗力的有效办法。应当肯定,我们的党员、干部队伍总体上是好的,聚集着中国工人阶级和中华民族的大批优秀分子。但是,党不是生活在真空当中,各种政治灰尘和政治微生物总要经常侵蚀我们党的肌体。"流水不腐,户枢不蠹"〔3〕。为了保护党的健康肌体,我们必须运用批评和自我批评的武器经常进行清扫。对于领导一场新的伟大革命的党来说,要更好肩负起自己的历史使命,更应当拿起批评和自我批评这个武器。

我们党发展壮大的历史已经为我们提供了全党范围开展批评和自我批评的成功范例。延安整风〔4〕为夺取抗日战争最后胜利和顺利进行解放战争奠定了思想基础。党的十一届三中全会前后的拨乱反正,为彻底纠正"文化大革命"的错误、为实现全党工作重心战略转移和开创社会主义现代化建设新局面奠定了思想基础。这两次批评和自我批评都促进了全党在马克思主义基础上的新的团结,赢得了新的伟大胜利。这些年来,邓小平同志一再提醒我们,进入新的历史时期以后,批评和自我批评的武器不能丢,党内不论什么人、不论职务高低,都要接受批评和进行自我批评。为了健全和活跃党内生活、发展党内民主、使党员和干部在新形势下不断有所进步,中央采取了一系列措施推动批评和自我批评的开展。但是,不愿批评和自我批评、不敢批评和自我批评、拒绝批评和自我批评现象，在一些党组织和一些同志中仍然存在。有的地方和单位好人主义盛行，明明看见违反政治纪律、组织纪律、以权谋私等危害党和人民事业的事情也熟视无睹，不讲原则，不辨是非，不批评，不制止，甚至袒护、纵容。这是十分错误的，必须认真纠正。

各级领导班子、领导干部应当以身作则，带头拿起批评和自我批评的武器。只有把批评和自我批评认真开展起来，江泽民同志所要求的干部"自重、自省、自警、自励"，党组织对干部"严格要求、严格管理、严格监督"，才能落到实处。必须明确，严肃认真、实事求是开展批评和自我批评，是加强党员、干部教育和监督，做到"坚持真理、修正错误"的要求。这同"文化大革命"中那种颠倒功过是非，搞残酷斗争、无情打击的做法，有着本质区别，不能把根本不同的两回事混为一谈，更不允许以此为借口抵制批评和自我批评。必须明确，运用团结——批评——团结的公式帮助同志，求得在原则基础上的团结，这是对同志的爱、而不是害。如果对错误的东西姑息迁就，发现干部有问题还哄着、捧着、护着，这才是既害了同志，又损害党和人民事业。必须明确，对自己工作中的缺点或本单位存在的问题敢于正视、勇于揭露，认真进行批评和自我批评，及时加以改正，这是得而不是失。讲得，最重要的是可以得到人民群众拥护和事业发展。如果说会失去什么，那么失去的只能是妨碍自己进步、有损党和人民事业的东西，这有什么不好呢？这里有一个根本立足点问题，就是必须真正站在一切以党和人民事业为重的立场上，讲党性，讲原则。做到这一点，丢掉了不健康的思想，批评和自我批评就不难开展起来。

　　总之，我们党需要批评和自我批评，如同人需要空气和水一样重要。坚持和发扬这个优良传统和作风，是我们在新形势下坚持党的基本理论、基本路线、基本方针的需要，是健全民主集中制、活跃党内生活的需要，是落实从严治党方针、加强党员教育管理的需要，是扶持和弘扬正气、克服各种消极因素的需要，是提高我们的领导能力和工作水平、减少失误的需要，是使党在思想上政治上组织上完全巩固、能够经得起困难和风险考验的需要。为了党和人民事业，希望各级党组织和全体党员、干部拿起批评和自我批评的武器，积极、坚决维护党和人民事业。


### 注　　释

〔1〕参见毛泽东《整顿党的作风》(《毛泽东选集》第3卷，人民出版社1991年版，第815页)。

〔2〕见本卷《领导干部要带头增强党性》注〔14〕。

〔3〕见《吕氏春秋·尽数》。

〔4〕延安整风，指中国共产党自一九四二年春至一九四五年春在全党范围内开展的一次马克思主义的思想教育运动。主要内容是：反对主观主义以整顿学风，反对宗派主义以整顿党风，反对党八股以整顿文风。经过这个运动，全党进一步掌握了马克思主义基本原理同中国革命具体实践的统一这样一个基本方向。因为当时中共中央所在地为延安，故称延安整风。

# 保持安定团结的政治局面和
# 稳定有序的社会环境<sup>*</sup>

（一九九六年九月二十七日）

中央党校省部级干部政法工作专题研究班今天就要结业了。大家感到，虽然这个班时间不长，但收获不小。这期研究班办得是成功的。下面，我想就以下三个问题讲点意见。

**一、充分认识在实现跨世纪宏伟目标中加强政法工作的极端重要性。**

党的十一届三中全会以来，邓小平同志反复强调，要努力保持安定团结的政治局面，保持社会稳定。他指出，没有安定团结的政治局面，不可能搞建设，更不可能实行改革开放政策[1]。只有在安定团结的局面下搞建设才有出路[2]。中国的问题，压倒一切的是稳定。没有稳定的环境，什么都搞不成，已经取得的成果也会失掉[3]。治理国家，这是一个大道理，要管许多小道理[4]。邓小平同志这些话，涵义很深，分量很重，我们必须深刻领会、牢牢记住。当前，全党全国各族人民正在为实现国民经济和社会发展"九五"计划和二〇一〇年

---

  ＊ 这是胡锦涛同志在中共中央党校省部级干部政法工作专题研究班结业式上的讲话。

远景目标而努力奋斗。始终保持安定团结的政治局面和稳定有序的社会环境,是顺利实现这一宏伟目标的重要前提和保证。没有稳定的环境,就难以集中精力搞好经济建设,就难以增强综合国力,就有失去机遇、在新世纪激烈的国际竞争中处于被动的危险。所有关心国家和民族命运的同志都应该站在全局和战略的高度,以维护稳定为己任,珍惜来之不易的安定团结的大好局面。

维护稳定是全国各族人民根本利益所在,必须动员全党全社会力量,依靠广大人民群众,从各方面加强工作。政法部门是人民民主专政的重要工具,担负着保护人民,打击敌人,惩治犯罪,维护社会稳定,保卫社会主义国家政权,保障改革开放和现代化建设顺利进行的重任。政法工作搞得如何,直接关系到改革开放和现代化建设事业能否顺利发展,直接关系到"九五"计划和二〇一〇年远景目标能否胜利实现,直接关系到能否保持社会稳定、政权稳固、国家长治久安。因此,在新形势下,政法工作只能加强,不能有丝毫放松。希望政法战线的同志们进一步牢固树立全局意识和大局观念,进一步增强做好政法工作的光荣感、责任感、紧迫感,进一步认清形势、坚定信心、抓住机遇、扎实工作,更好肩负起党和人民赋予的神圣使命。

**二、围绕全党全国工作大局,着力解决影响社会稳定的突出问题。**

当前,国际环境总的看对我国发展是有利的,我们国内经济发展、政治稳定、民族团结、社会进步,总的形势也是好的。但是,必须看到,在维护社会稳定方面还存在着一些不利因素,有的问题还相当突出。对此,务必保持清醒头脑,万万不可掉以轻心。要始终坚持以邓小平建设有中国特色社会主义理论和党的基本路线为指导,紧紧围绕经济建设这个中心,正确认识和处理改革发展稳定的关系,把维护社会稳定任务进一步落到实处。尤其要做好以下几方面工作。

一是要对国内外敌对势力破坏活动保持高度警惕,进行有效防范和斗争。现在,世界总的趋势是趋向缓和,但天下并不太平,霸权主义和强权政治依然是和平与发展的主要障碍。西方敌对势力不愿意看到中国统一和强大,对我国实施西化、分化战略没有也不会改变。他们将继续利用台湾、西藏、人权、知识产权、贸易以及民族宗教等问题对我国制造麻烦,以阻挠和牵制我国发展。我们必须保持高度警惕,进行有理有利有节的斗争。对于敌对势力颠覆破坏活动,要采取果断措施加以处置。要加强信息工作,做到敌动我知。要严密管理,强化社会面控制,特别是重点地区、敏感地段和部位等的监控,发现问题就坚决消灭在萌芽状态,决不能任其坐大、形成气候。

二是要实现社会治安根本好转。几个月来,"严打"集中统一行动取得了明显成效。特别是近期一些影响全国的大案要案的侦破,狠狠打击了犯罪分子嚣张气焰,党内外干部群众都高兴。但是,必须清醒认识到这场斗争的长期性、复杂性、艰巨性,克服松劲情绪,保持"严打"态势,强化重点整治,切实解决影响社会治安的突出问题。应当看到,在一定时间内开展"严打"集中统一行动是必要的,今后在需要时还会作必要安排。但是,要实现社会治安根本好转,光有这一手还不行,还是要靠打防结合、标本兼治、综合治理。要抓住有利时机，进一步落实社会治安综合治理领导责任制、目标管理责任制，发动各部门齐抓共管，重点抓好基层基础工作和防范体系建设，充分发动和依靠群众群防群治，把各种违法犯罪活动置于全社会监控之下，从根本上预防和减少犯罪。

三是要全面贯彻党的民族政策，依法加强对宗教事务的管理。我国是一个多民族、多宗教的国家，正确认识和处理民族宗教问题，关系到国家统一、民族团结、社会稳定。要全面贯彻党的民族政策，进一步完善民族区域自治制度，大力加强民族地区经济、文化、教育事业发展，巩固和发展平等、团结、互助的社会主义民族关系，在改革、建设中实现各族群众共同利益。同时，要旗帜鲜明反对民族分裂，同一切危害国家统一、损害民族团结的行为作斗争。在宗教问题上，必须正确实行宗教信仰自由政策，这既包括尊重公民信仰宗教的自由，也包括保护公民不信教、宣传无神论的自由。要依法保护正当的宗教活动，同时也要依法加强对宗教事务的管理，引导宗教与社会主义社会相适应，绝不允许利用宗教干涉行政、司法、教育，绝不允许进行非法宗教活动，危害社会治安。

四是要正确处理新形势下的人民内部矛盾。人民群众是深化改革、促进发展的根本动力，也是维护社会稳定的基础。无论是深化改革、促进发展，还是保持稳定，都是为了人民利益，也都必须相信群众、依靠群众。在新旧体制转换过程中，在对利益关系和利益格局进行必要调整的情况下，一些人民内部矛盾突出起来，比如亏损企业职工生活困难、经济纠纷增多等等。这些矛盾从本质上说是非对抗的、暂时的、局部的，但如果处置不当也可能使矛盾扩大、激化,以致影响社会稳定,影响广大人民根本利益。这就需要我们及时妥善加以处理。正确处理人民内部矛盾,主要靠各级党委和政府,靠各有关部门共同努力,政法部门也有着义不容辞的责任。处理人民内部矛盾,要靠在发展经济的基础上统筹兼顾调节好利益关系,要靠进行深入细致的思想政治工作来疏导教育,要靠依法办事,而不能简单粗暴采取强硬措施,更不能用对敌斗争的方法来处理。要把法制观念同群众观点结合起来,多做深入调查研究,多做调解和说服工作,多做理顺情绪工作,把群众积极性发挥好、引导好、保护好。

三、进一步加强和改善党对政法工作的领导。

加强党对政法工作的统一领导,是我们党的执政地位所决定的,也是政法部门严格执法的政治保证和组织保证。坚持党的领导同坚持依法办事是统一的,决不能把两者割裂开来,更不能对立起来。各级党委和政府要把政法工作放在改革发展稳定大局中去考虑、去把握、去安排。要研究新情况、总结新经验,及时指导政法工作。要支持政法部门严格执行宪法法律,依法行政,严肃执法,公正司法。要切实解决政法部门的实际困难,努力改善工作条件,进一步落实政法干警待遇。各级党委政法委员会要充分发挥职能作用,领导和协调好政法各部门日常工作。各级领导干部要带头树立法制观念和法律意识,模范遵守国家法律法规。

办好中国的事情,关键在党,关键在人。这是邓小平同志提出的一个十分重要的科学论断,是被实践证明了的客观真理。加强政法战线工作也同样是这样。要紧密结合政法战线实际,进一步贯彻落实江泽民同志关于《领导干部一定要讲政治》和《努力建设高素质的干部队伍》的讲话精神,切实加强政法部门领导班子建设,重点抓好思想政治建设,全面提高各级领导干部素质特别是思想政治素质。要在政治方向、政治立场、政治观点、政治纪律、政治敏锐性、政治辨别力等方面严格要求干部、锻炼干部,努力把干部"自重、自省、自警、自励"和党组织对干部"严格要求、严格管理、严格监督"落到实处。要进一步加强政法队伍建设,深入开展全心全意为人民服务的宗旨教育,弘扬廉洁奉公、秉公执法、自觉奉献的精神,增强抵御腐朽思想侵蚀能力,切实改进工作作风、提高执法水平,努力把政法队伍建设成为忠诚可靠、训练有素、精通业务、纪律严明、作风过硬、秉公执法的队伍。

## 注　释

〔1〕参见邓小平《排除干扰,继续前进》(《邓小平文选》第3卷,人民出版社1993年版,第199页)。

〔2〕参见邓小平《有领导有秩序地进行社会主义建设》(《邓小平文选》第3卷,人民出版社1993年版,第212页)。

〔3〕参见邓小平《压倒一切的是稳定》(《邓小平文选》第3卷,人民出版社1993年版,第284页)。

〔4〕参见邓小平《搞资产阶级自由化就是走资本主义道路》(《邓小平文选》第3卷,人民出版社1993年版,第124页)。

# 继承和发扬长征精神<sup>*</sup>

（一九九六年十月十八日）

中国工农红军长征，是历史上前所未有的伟大壮举，创造了无与伦比的英雄业绩。从一九三四年到一九三六年两年多时间内，中国共产党领导的工农红军，在极其危急的情况下和异常险恶的环境中，纵横十余省，转战数万里，打破了国民党上百万军队的围追堵截，征服了前进道路上的千难万险，胜利实现了战略大转移，谱写了惊天地、泣鬼神的伟大革命篇章。红军长征的胜利，宣告了中国共产党及其领导的红军是一支不可战胜的革命力量，极大鼓舞了全国人民革命热情；造就和保存了一大批革命骨干，为中国革命胜利奠定了组织基础；培育和形成了一种不怕艰险、英勇战斗、不屈不挠、一往无前的伟大精神和优秀品德，成为夺取中国革命胜利的强大精神力量。长征的胜利，使中国革命转危为安，红军转移到抗日前进阵地，为党和红军大发展创造了条件，推动中国革命进入了一个新的阶段。

中国共产党领导的工农红军，不愧是一支英雄的人民军

---

＊ 这是胡锦涛同志在纪念红军长征胜利六十周年老同志座谈会上讲话的主要部分。

队。在足迹遍及大半个中国的万里征途上洒满了革命战士的鲜血，在万水千山中埋下了英雄烈士的忠骨。革命先烈的精神和功绩将永远彪炳史册，永存于人民心中。

经过万里长征锻炼的共产党员和红军将士，后来大都成长为治党治国治军的杰出领导骨干。正如毛泽东同志所说，"这是无数先烈的热血浇灌出来的革命的鲜花，不但是中国共产党和中国人民的光荣，而且是世界共产党和世界人民的光荣"[1]。也如周恩来同志所说，红军经过一场暴风雨的洗礼，"保存下了树身和树根"[2]。红军将士在当时极端艰难困苦的条件下，怀着"只要跟党走，一定能胜利"的坚定信念，以"排除万难，去争取胜利"的决心，冲破了国民党重兵追堵，战胜了雪山草地的自然险阻，经受了饥寒伤病的折磨，克服了党内分裂的危机，为伟大长征的胜利，为后来夺取民族民主革命全面胜利和创建中华人民共和国作出了不可磨灭的贡献。新中国建立后，参加过长征的老红军、老同志又在各条战线上，为新生人民政权的巩固、社会主义改造和社会主义建设事业发展，为新中国繁荣富强，历经艰辛，奋斗不息，无私奉献。党的十一届三中全会以来，在改革开放和现代化建设新时期，老红军、老同志又为建设有中国特色社会主义作出了新的重大的贡献。我们的老红军、老同志是党、军队和人民宝贵财富，始终受到全党全军全国人民尊敬和爱戴。

我国正处在建设有中国特色社会主义事业承前启后、继往开来的重要时期。当前，全党全国各族人民正在马克思列宁主义、毛泽东思想和邓小平建设有中国特色社会主义理论指导下，坚持党的基本路线，为实现国民经济和社会发展"九五"

计划和二〇一〇年远景目标而努力奋斗。刚刚闭幕的党的十四届六中全会,审议并通过了《关于加强社会主义精神文明建设若干重要问题的决议》,强调在把物质文明建设搞得更好的同时,把社会主义精神文明建设提到更加突出的地位,明确提出了精神文明建设的指导思想、目标任务、基本方针、重要措施,对社会主义精神文明建设特别是思想道德和文化建设作出了总体部署。这对于在新形势下进一步开创精神文明建设新局面,促进经济发展和社会全面进步,确保跨世纪宏伟目标全面实现,进一步发展社会主义事业,具有重大而深远的意义。过去创造的辉煌是迈向美好未来的基础。今天,我们纪念红军长征胜利六十周年,要牢记革命、建设成果和社会主义江山来之不易,增强实现民族振兴和国家富强的责任感、使命感、紧迫感,在新的历史条件下更好继承和发扬红军长征的革命精神、崇高品德、优良作风,高举建设有中国特色社会主义伟大旗帜,把我们的伟大事业不断推向前进。

继承和发扬长征精神,就要向红军前辈学习,牢固树立和坚持革命的理想信念。红军所以能屡经磨难而取得长征胜利,正是因为在党领导和教育下,广大红军指战员树立了远大的共产主义理想和坚定的革命信念,认清了自己肩负的光荣使命。这种理想信念和使命感使红军始终保持旺盛斗志,焕发出革命和拼命的精神,严守纪律和勇于牺牲的精神,大公无私和先人后己的精神,压倒一切敌人和战胜一切困难的精神,革命乐观主义和排除万难去争取胜利的精神。邓小平同志说:"过去我们党无论怎样弱小,无论遇到什么困难,一直有强大的战斗力,因为我们有马克思主义和共产主义的信念。有了共同的理想,也就有了铁的纪律。无论过去、现在和将来,这都是我们的真正优势。"[3]现在建设有中国特色社会主义,更加需要充分发挥这个优势。各级领导同志要以身作则,并教育广大党员牢固确立共产主义远大目标,坚持建设有中国特色社会主义共同理想;在前进中无论遇到什么困难和干扰,都坚持正确政治立场和政治方向,坚持党的基本路线不动摇。

继承和发扬长征精神,就要向红军前辈学习,坚决服从和维护党的正确领导。党中央在长征途中召开的遵义会议,开始形成以毛泽东同志为核心的第一代中央领导集体。从此,红军在党的领导下执行正确路线,克服了一个又一个困难,从胜利走向胜利。红军长征胜利的历史证明,即使我们的力量居于劣势,我们的事业处在低潮,只要坚持党的正确领导,坚决贯彻执行党的正确路线,我们的队伍就能以寡敌众、以弱胜强、不断发展壮大,党领导的事业就能越来越兴旺发达。建设有中国特色社会主义是一个创造性事业,需要解决的矛盾和克服的困难不少。为了完成新的历史任务,我们更要坚持党的领导,加强党的建设,坚决维护中央权威。每个党员特别是领导干部都要增强党性锻炼,努力提高自身思想政治素质,坚决执行党的路线方针政策,严守党的纪律,自觉在思想上政治上行动上同以江泽民同志为核心的党中央保持一致,确保中央政令畅通。各级党组织要搞好自身建设,充分发挥领导核心作用和战斗堡垒作用,团结带领广大群众为实现党的任务而努力奋斗。

继承和发扬长征精神,就要向红军前辈学习,永葆艰苦奋斗政治本色。红军在长征中表现出的不畏艰险、一往无前的英雄气概,是中华民族不屈不挠、自强不息伟大精神的集中体现,是我们战胜一切敌人和困难的巨大精神力量。现在,我们的物质条件虽然有了很大改善,但艰苦奋斗精神不能丢。在发展社会主义市场经济和实行对外开放的环境中,广大党员和各级领导干部要以红军前辈为榜样,带头勤俭节约、艰苦创业、廉洁奉公、自觉奉献,始终保持共产党人政治本色和浩然正气。广大年轻干部更要严格要求自己,警惕和抵御拜金主义、享乐主义、极端个人主义等腐朽思想侵蚀,经受住权力、金钱、美色考验,始终如一为党和人民事业勤奋工作。

继承和发扬长征精神,就要向红军前辈学习,自觉增强和维护革命队伍的团结。红军长征时无论环境怎样恶劣、条件怎样艰苦,面对生死考验,这支队伍始终坚如磐石,一个重要原因就是在以毛泽东同志为核心的党中央领导下,加强和维护了红军内部的坚强团结、军民之间的坚强团结、全党的坚强团结。为了实现共同目标,官兵、同志平等友爱,互助互敬,同甘共苦,生死相依,形成了任何其他军队和政党都无法相比的凝聚力,由此产生了无坚不摧、无往不胜的战斗力。在新的形势下,在正确政治路线基础上的团结,仍然是我们事业胜利的重要保证。每一名党员、干部都要珍惜和维护党的团结、民族团结、军政团结、军民团结。各级领导班子和领导同志要带头发扬识大体、顾大局、讲团结、谋大事的良好风气,认真执行民主集中制,坚持党的原则,运用团结——批评——团结的公式解决内部矛盾。全党都要紧密团结在以江泽民同志为核心的党中央周围,万众一心、齐心协力朝着宏伟目标继续胜利进军。

　　继承和发扬长征精神，就要向红军前辈学习，密切联系群众，紧紧依靠群众。中国共产党领导的红军，是人民的军队。一切为了人民，全心全意服务于人民，是人民军队的根本宗旨。红军历经艰难险阻，没有被敌人和困难所征服，就在于我们党和党领导的红军来自人民群众，又善于宣传群众、组织群众，每到一地都竭力为群众谋利益，同人民群众建立了血肉联系。在党执政的条件下，在实行改革开放和现代化建设新时期，我们要更好继承和发扬密切联系群众的优良作风。每个党员、干部都应该牢记党的宗旨，深深扎根于群众之中，坚决同一切损害群众利益的消极腐败现象作斗争；坚持一切从人民利益出发，而不是从个人或小集团利益出发；坚持向人民负责和向党的领导机关负责的一致性；坚持相信群众，紧紧依靠群众，虚心向群众学习，尊重群众首创精神，带领群众为实现自己的根本利益而奋斗。

## 注　　释

〔1〕见毛泽东《战争和战略问题》(《毛泽东选集》第2卷，人民出版社1991年版，第548页)。

〔2〕这句话出自当事人的回忆，收入了《周恩来传(一八九八——一九七六)》(《周恩来传(一八九八——一九七六)》上卷，中央文献出版社2008年版，第329页)。

〔3〕见邓小平《在中国共产党全国代表会议上的讲话》(《邓小平文选》第3卷，人民出版社1993年版，第144页)。

# 走出一条有中国特色社会主义
## 精神文明建设新路子<sup>*</sup>

（一九九六年十一月二十日）

## 扎扎实实抓好党的
## 十四届六中全会精神的贯彻落实

党的十四届六中全会通过的《关于加强社会主义精神文明建设若干重要问题的决议》和江泽民同志在全会上的重要讲话，是指导当前和今后精神文明建设的纲领性文件，党内外干部群众反映都很好，现在的关键是抓好落实。从实践、认识、再实践、再认识这样一个认识世界和改造世界的过程来看，从我们多年的工作经验来看，研究和制定一个好的文件固然是重要的，很不容易；但要把文件精神贯彻落实好，使之起到指导和推动实践发展的作用，则更为重要，也更不容易。再好的文件，如果得不到贯彻落实，不能指导和推动实践发展，也会变成一纸空文。党的各级组织和干部特别是领导干部要以对党对人民极端负责的精神，在把物质文明建设搞得更好

---

　＊　这是胡锦涛同志在省部级干部社会主义精神文明建设专题研究班结业式上讲话的主要部分。

的同时，下大气力扎扎实实加强精神文明建设，抓好全会精神贯彻落实。

（一）各级领导同志要带头学好全会文件，把思想认识统一到中央精神上来。

贯彻落实好党的十四届六中全会精神，首先必须学习好全会文件，真正把思想认识统一到全会精神上来。要把学习邓小平同志关于社会主义精神文明建设的一系列重要论述同学习全会决议和江泽民同志重要讲话结合起来，坚持理论联系实际，通过学习，全面、正确、积极领会和把握邓小平建设有中国特色社会主义理论和党的基本路线、基本方针，弄清思想是非，增强抓好社会主义精神文明建设的责任感和紧迫感；通过学习，全面、正确、积极领会和把握以江泽民同志为核心的党中央对社会主义现代化建设的战略部署和工作布局，始终扭住经济建设这个中心不动摇，围绕改革发展稳定这个大局加强精神文明建设不放松；通过学习，认真总结和汲取前些年一些地方和部门出现的"一手硬、一手软"的深刻教训，增强坚持两手抓、两手都要硬方针的自觉性，从思想到实际工作都要既注意防止和纠正只抓物质文明建设、忽视思想教育、忽视精神文明建设的倾向，又注意防止偏离经济建设中心、孤立抓精神文明建设的倾向。总之，贯彻党的十四届六中全会精神，要首先解决各级党政主要领导同志思想到位问题。

人民群众是社会主义精神文明建设的主体，要搞好精神文明建设必须把党内外群众进一步动员起来。为此，在抓好领导班子和领导干部学习的基础上，要组织各方面力量充分利用报刊、广播、电视等各种宣传工具，采取办学习班、上党课、宣讲等多种形式,把党的十四届六中全会精神传达、贯彻到基层和群众中去。

(二)把握好中央总体部署,把党的十四届六中全会提出的任务和要求具体化,推动精神文明建设取得实实在在的进展。

在贯彻党的十四届六中全会精神过程中,既要抓思想到位,又要抓工作到位。工作到位的一个重要环节就是必须坚持以党的基本理论、基本路线为指导,从全面推进社会主义现代化建设这个大局出发,把全会精神同本地区本部门实际结合好,把长远目标和阶段性工作结合好,把全会决议中提出的各项任务具体化为各地区各部门广大干部群众的实践,落实到城市、农村及机关、企业、学校、街道等各方面工作中去。这里,有三点特别需要注意。

一是坚持把精神文明建设放到整个改革开放和现代化建设总体部署中来安排、来把握。我们进行的精神文明建设,是以经济建设为中心、坚持四项基本原则和坚持改革开放的精神文明建设。要正确认识和处理物质文明和精神文明、四项基本原则和改革开放以及改革发展稳定的关系,注意把握它们的内在联系,防止顾此失彼,防止片面性。精神文明建设工作要始终围绕经济建设这个中心,服从服务于全党全国工作大局,有力保证和促进经济发展和社会全面进步。

二是在精神文明建设中紧紧抓住提高全民族素质这个根本,突出思想道德建设这个重点。社会主义精神文明建设,尤其是思想道德建设,说到底是做人的工作,是按照“四有”[1]目标做武装人、教育人、提高人、培养人的工作,是要全面提高整个中华民族素质。这是最根本的百年大计。同志们在研讨中谈到,"人的工作最难做,但做好了最有威力"。这是很有道理的。有些地方和部门抓精神文明建设用力不少、见效不大,一个重要原因就在于见物不见人。一手软,往往软在对人的思想政治教育上。现在抓党的十四届六中全会精神贯彻落实,就要紧紧抓住提高人的素质这个根本,突出抓好思想道德建设这个重点。首要的一条,就是要继续用马克思列宁主义、毛泽东思想特别是邓小平建设有中国特色社会主义理论教育党员、干部和人民。要总结党的十四大以来这方面工作的经验,分析存在的问题,研究进一步深入的措施。要注意先进性要求和广泛性要求相结合、提高和普及相结合,在继续重点抓好领导干部学习的同时,抓好基层干部和党员群众学习。要通过各种生动活泼的形式,加强爱国主义教育,同时加强社会公德、职业道德、家庭美德教育,用建设有中国特色社会主义这个共同理想去进一步凝聚人民、鼓舞人民,用正确的世界观、人生观、价值观去引导人民。

三是抓好社会主义精神文明建设任务落实的具体化。要区别领导机关和基层的不同情况,有针对性进行工作。抓基层也要注意不同的特点,切忌一般化。比如,在农村,必须围绕提高农民素质、勤劳致富奔小康和建设社会主义新农村这个目标,加强对农民群众思想政治教育和科学文化教育。以邓小平建设有中国特色社会主义理论和党的路线方针政策,引导农民坚持勤劳致富,走共同富裕道路,自觉履行公民义务,正确处理国家、集体、个人的利益关系;用爱国主义、集体主义、社会主义思想去牢固占领农村思想文化阵地,提高农民分辨美和丑、善和恶、进步和落后、文明和愚昧的能力,自觉抵制封建迷信活动和非法宗教活动,倡导健康文明的生活方式。在国有企业,要围绕搞好企业改革、转换经营机制、调整经济结构、提高经济效益,加强和改进思想政治工作,增强职工的工人阶级主人翁责任感,发扬爱岗敬业精神,提高职工队伍素质。对一部分生产经营困难的企业,要引导干部职工发扬艰苦奋斗、开拓进取的精神,同心同德办好企业,同时注意帮助他们解决实际问题。各行各业都要按照党的十四届六中全会要求,以服务人民、奉献社会为宗旨,努力在创建文明行为活动中作出新的成绩。特别是那些天天同群众打交道、与群众生活关系密切的窗口行业,应该抓得更扎实、更有成效,让人民群众切身感受到加强社会主义精神文明建设所带来的新变化。

(三)把抓落实的主要注意力,放在解决当前干部群众普遍关心的重要问题上。

社会主义精神文明同社会主义物质文明一样,说到底,都是为人民群众谋利益的事业。因此,必须从干部群众普遍关心的事情抓起,从各方面反映最强烈的事情抓起,从大家最容易接受的事情抓起。精神文明建设从实际出发,就要从大多数人民群众愿望和要求出发;精神文明建设要见到实效,首先就要在解决人民群众最关心的紧迫问题上见到实效。各级领导机关和领导干部,要一个部门一个部门、一个行业一个行业、一个问题一个问题研究,决不能只靠一般号召,不能大而化之,不能做表面文章、搭花架子。总之,不能搞形式主义。只要认真过细地一件事情一件事情去做,持之以恒去抓,精神文明建设工作就一定能够不断提高水平、迈上新台阶。

党的十一届三中全会以来,我们党在邓小平建设有中国特色社会主义理论和党的基本路线指引下,依靠全党全国人民团结奋斗,已经探索和走出了一条有中国特色社会主义的经济建设新路子,我们也完全能够探索和走出一条有中国特色社会主义精神文明建设新路子。贯彻党的十四届六中全会精神,如果能在这方面有一个大进步,将是一件有利全局的大好事。

## 切实加强党对精神文明建设的领导

党的十四届六中全会决议指出:"建设物质文明关键在党,建设精神文明关键也在党。"这一论断体现了邓小平同志关于办好中国的事情关键在党、关键在人的科学思想,深刻揭示了两个文明建设同党的领导、党的建设的关系。要把党的十四届六中全会精神真正落到实处,开创新形势下精神文明建设新局面,促进两个文明协调发展,说到底,关键在于加强和改善党的领导。

各级党委特别是县以上领导班子要把精神文明建设列入重要议事日程,加大工作力度,坚持常抓不懈,把两个文明作为统一的奋斗目标,一起部署,一起落实,一起检查;要经常分析精神文明建设的形势,及时把握思想文化领域动态,深入研究精神文明建设中的重大理论问题和实践问题。在精神文明建设中,党委要抓的工作很多,既要管目标方向、管方针政策,又要管规划部署、管督促检查,都要抓好。为了确保精神文建设各项任务落实和奋斗目标实现,必须建立健全党委统一领导、党政主要领导亲自抓、各方面分工负责的齐抓共管的领导体制和工作机制。由于各地情况不尽相同,这种领导体制和工作机制的具体形式可以不强求一律。但是,无论采取什么形式,都必须坚持党委统一领导,都要建立严格的领导责任制、部门责任制、目标考核责任制,都要有利于精神文明建设各项任务有效落实。在精神文明建设中,还要处理好物质投入和工作投入的关系、"硬件"建设和"软件"建设的关系、加大资金投入和提高使用效益的关系,力求取得最佳效果。

加强党对精神文明建设的领导,要特别注意抓好各级领导班子建设和党的基层组织建设。要把各级领导班子建设成为能够全面、正确、积极贯彻党的基本路线,卓有成效领导两个文明建设的坚强核心;把基层党组织建设成为能够团结带领群众促进两个文明共同发展的战斗堡垒。选人用人,配备领导班子,必须坚持德才兼备原则,全面体现社会主义现代化建设要求。考察党政领导班子和主要领导干部,不仅要看领导物质文明建设的实绩和本领,而且要看领导精神文明建设的实绩和本领,并把这作为对干部使用和奖惩的基本依据。必须明确,要真正做到两手抓、两手硬,首先是第一把手要带头抓好两手,领导班子其他成员也都要懂得并做到两手抓。一个领导班子和领导干部特别是主要负责同志,把握不住经济建设这个中心,抓不好物质文明,是不称职;不重视精神文明建设,抓不好精神文明,也是不称职。要按照建设高素质干部队伍要求,把提高干部思想政治素质和道德素质提到重要位置上来,体现到领导班子和干部队伍建设各个环节中去。

加强党对精神文明建设的领导，必须下大气力造就一支高素质宣传思想文化教育队伍。我们现在已经有了一支专门从事精神文明建设的队伍，他们在精神文明建设中起着骨干作用，作出了重要贡献。应该说，这支队伍总体是好的，是可以信赖的。但是，从这支队伍所肩负的重要使命和新形势下加强精神文明建设的要求看，一些同志在思想政治素质、业务水平、工作作风等方面都还存在着不适应的问题，整个队伍年龄结构、知识结构、分布状况等方面也迫切需要加以改善。要按照政治强、业务精、作风正的要求，继续全面加强这支队伍建设，进一步提高队伍整体素质，努力培养一大批热爱祖国、热爱人民、有真才实学的专门人才。特别是要从实现跨世纪发展目标的战略高度出发，加强后备队伍建设，抓紧培养选拔精神文明建设领域的优秀年轻干部和专门人才。各地在制定精神文明建设规划时要把这方面工作作为一项重要内容。

搞好精神文明建设，促进社会风气进步，必须认真坚持从严治党的方针，切实搞好党风。我们党是执政党。我们党的干部既是精神文明建设的组织者、领导者，又必须是精神文明建设的实践者、带头人。把党风搞好了，党的领导干部在全党真正发挥表率作用，共产党员在全社会真正发挥表率作用，才能带出好的民风和社会风气，才能带动整个精神文明建设。因此，要把端正党风政风，坚持勤政廉政作为推进整个精神文明建设的关键环节，切实抓紧抓好。要按照中央部署，坚持不懈加强党风廉政建设，深入持久开展反腐败斗争，不断取得阶段性成果。要继续抓好全党正在开展的学理论、学党章活动，抓好对县以上领导干部进行的以讲学习、讲政治、讲正气为主要内容的党性党风教育,着重解决好理想信念和思想作风方面存在的突出问题,尤其要分清重大原则问题上的思想理论是非。要切实加强对党员领导干部的严格要求、严格管理、严格监督,特别是要健全和完善党内监督。领导干部要以身作则、言行一致,做老实人、说老实话、办老实事,自觉坚持和发扬理论联系实际、密切联系群众、批评和自我批评的优良作风。在党内生活中,要弘扬正气、打击歪风,对那些坚持真理、勇于负责、作风正派的同志要多鼓励、多支持;对那些不注意政治方向、不负责任、作风不正的,要批评教育,问题严重的要从领导岗位上撤下来。


## 注　　释

〔1〕“四有”,指有理想、有道德、有文化、有纪律。

# 大力加强国有企业党的建设 <sup>*</sup>

## （一九九六年十二月十一日）

这次全国国有企业党的建设工作会议的主要任务是：深入贯彻党的十四届四中、五中、六中全会和最近召开的中央经济工作会议精神，进一步统一思想，明确任务，交流经验，研究措施，推动国有企业党的建设的加强和党建工作水平的提高，以促进企业面向市场，转换机制，加快技术进步，强化内部管理，提高经济效益，促进整个国民经济持续快速健康发展和社会全面进步。下面，我着重就以下问题讲一些意见。

一、认清形势，坚定信心，增强搞好国有企业和企业党建工作的责任感和紧迫感。

正确认识和判断形势，胸怀全党全国工作大局，这是统一思想、做好工作的重要前提。研究国有企业党的建设工作也应当这样。当前，我国社会主义现代化建设已经进入一个重要发展时期。世界经济和政治格局新变化对于我们推进改革开放和现代化建设、实现跨世纪宏伟目标提供了不可多得的机遇，同时也使我们面临激烈国际竞争的严峻考验。现在，中央大政方针已定，我们的前进目标和发展思路也是明确的。

---

<sup>*</sup> 这是胡锦涛同志在全国国有企业党的建设工作会议上讲话的主要部分。

各级党组织特别是领导干部必须把握大局、继续奋进,集中力量把经济搞上去,促进社会主义物质文明和精神文明协调发展,保证我国能以更新的姿态跨入二十一世纪。国有企业是我国国民经济的主要支柱,是社会主义市场经济的主导力量,是国家财政收入的主要来源,是国家政权的最重要物质基础,也是社会主义精神文明建设的重要阵地。搞好国有企业既是重大经济问题,又是重大政治问题,一定要把这件关系社会主义现代化事业成败和国家、民族兴衰的大事办好。

几十年来,我国国有企业不断发展壮大,为建立独立的比较完整的工业体系和国民经济体系、推动经济发展和社会进步,为巩固国家政权和社会主义制度、巩固党的执政和领导地位,作出了历史性贡献。党的十一届三中全会以来,国有企业又为深化改革、扩大开放、促进发展、保持稳定、开创社会主义现代化建设新局面发挥了举足轻重的作用,作出了新的重大贡献。可以说,如果没有国有企业发展和贡献,就不可能形成以公有制为主体、多种经济成分共同发展的格局,不可能进行以建立社会主义市场经济体制为目标的改革,不可能取得社会主义现代化建设的伟大成就。当前,全国总的经济形势是好的,既保持了经济快速增长,又有效抑制了通货膨胀;社会总供给和总需求趋于平衡,宏观经济环境进一步改善;改革开放进一步深化,经济社会协调发展。今年以来,以建立现代企业制度为目标的企业改革力度加大,试点全面展开,"抓大放小"的改革普遍加快,出现了一批有活力有实力的大型企业和企业集团。从整体上看,国有企业正在发生积极深刻的变化。但是,也要看到,一部分国有企业存在着生产经营困难、经济效益不好、亏损面和亏损额增加、下岗人员增多等问题。为什么在改革不断深化的情况下会出现部分国有企业效益下滑现象呢？全面客观进行分析，我们就可以看到，国有企业目前的困难，确有宏观管理体制改革力度加大、市场环境变化较快、经济结构不合理等原因，但也反映了企业经营观念转变滞后、经营机制不活、管理薄弱、不适应市场竞争要求的问题。在改革进一步深化、市场约束增强、企业效益出现某些转移的情况下，那些历史包袱沉重、设备老化、技术落后的老企业，那些改革进展缓慢的企业，矛盾和困难就更突出。这说明，部分国有企业困难的根本原因是企业改革和相关配套改革不适应社会主义市场经济迅速发展的要求。同时，也要看到，这几年，各地区各部门都有一些国有大中型企业，虽然与别的企业面临的环境、困难、条件差不多，但由于企业领导和群众同心同德，面向市场，转换机制，按照"三改一加强"[1]的路子扎实工作，不但克服了困难，而且在竞争中迅速发展壮大了自己。这表明，只要坚定不移推进改革、加强管理，把两个根本性转变落到实处，国有企业是能够搞好的，是可以在激烈的市场竞争中焕发出新的活力、走上健康发展轨道的。

办好中国的事情，关键在党。这是邓小平同志的一个十分重要的思想。要贯彻落实好中央关于企业改革发展的方针决策，办好企业，关键也在党。这些年，一些企业之所以能不断发展壮大、活力和实力不断增强，都是同加强和改进了企业党的建设分不开的。有些同志说，要治厂，先治党。这确实是一条重要经验。当前，企业在面临较多困难的情况下，要凝聚职工、深化改革、加强管理、加快发展，更要高度重视加强企业党的建设,发挥企业党组织作用。

　　企业党的建设形势怎么样呢? 我看,要讲两句话。第一句是,企业党的建设总体上在逐步加强。主要表现在:各级党委重视对企业党建工作的领导,在建立现代企业制度试点过程中,各地注意使企业党的建设工作与企业改革同步进行,并探索了一些经验;企业党组织坚持围绕生产经营开展工作,重视在关键环节、关键时刻发挥党组织战斗堡垒作用和党员先锋模范作用,涌现出一批企业改革发展和党建工作都搞得比较好的先进典型;贯彻充分发挥党组织政治核心作用、坚持和完善厂长负责制、全心全意依靠工人阶级方针,逐步摸索到一些有效途径和办法;企业领导班子、经营管理者队伍、党员队伍在新的实践中得到了锻炼提高。这是主流,必须充分肯定。第二句话是,企业党的建设工作发展不平衡,存在不少薄弱环节,也面临一些新的问题。主要是:对加强和改进企业党建工作,发挥党组织作用的必要性、重要性、紧迫性认识不足;有些地方、部门和企业贯彻中央关于加强企业党的建设的方针不够得力;一些企业党的建设和党建工作程度不同受到削弱,党组织参与重大问题决策、坚持党管干部原则和实施保证监督职责没有完全落实;有些企业领导人员和部分党务工作人员素质不高,精神不振作,思想和工作方式不适应发展变化的形势。这些问题虽然不是主流,但必须高度重视,认真加以解决。

　　总之,我们国家面临的经济和政治形势是好的,国有企业改革发展和企业党的建设的形势也是好的,对我们克服困难、做好工作是有利的。亟待解决的问题虽然不少,但随着形势发展、认识深化、经验积累、工作加强，一定能够逐步解决。各级党政领导同志和企业领导同志必须进一步解放思想，坚持实事求是，全面、辩证、发展看待形势，时刻全局在胸，自觉肩负重任，更加坚定信心，勇于知难而进，以饱满的热情和科学的态度去工作、去奋斗。只要我们进一步把党内外广大干部和群众凝聚起来，上上下下、方方面面都行动起来，就一定能够把国有企业和企业党的建设搞得更好。

　　二、统一思想，明确加强国有企业党建工作的前进目标和方针原则。

　　党的十四大通过的党章，明确规定了国有企业党组织发挥政治核心作用的职责。党的十四届四中全会《关于加强党的建设几个重大问题的决定》，确定了包括企业党组织在内的基层党组织建设的指导方针。几年来，江泽民同志和中央其他领导同志对加强企业党的建设又多次作了重要指示。应该说，国有企业党建工作的方针原则都是明确的，各方面思想认识也基本形成了共识。我们这次会议将要讨论的《关于进一步加强和改进国有企业党的建设工作的通知》（讨论稿），体现了中央有关精神，反映了今年五月专题研究班[2]的主要成果，集中了前几年进行探索的基本经验。希望同志们认真研究、集思广益，把文件稿进一步修改好。今天，我在这里就不全面讲了，主要围绕国有企业党建工作的目标任务谈一些意见。

　　在新的历史时期，要把我们党建设成一个什么样的党？根据邓小平同志关于新时期党的建设理论，党的十四届四中全会决定已经提出了明确的总目标总要求。为了全面推进党的建设这一新的伟大工程,各方面都需要根据实际情况把总目标总要求具体化。那么,加强国有企业党的建设目标要求是什么呢? 国有企业党建工作专题研究班进行过讨论,我也讲了意见。看来,大家比较认同的是这样几条:一是有一个坚决贯彻执行党的路线方针政策,懂经营、会管理、团结协调、廉洁公正、开拓进取、得到职工群众拥护的领导班子,尤其要有政治强、业务精、作风好的带头人;二是有一支能够在企业改革发展中经得起困难和风险考验、在两个文明建设中发挥先锋模范作用的党员队伍;三是有一个适应企业改革发展要求、与生产经营紧密结合、保证企业党组织发挥作用的工作机制;四是有一套加强党员教育管理、能及时解决自身存在的矛盾和问题、不断增强凝聚力和战斗力的工作制度。这"四个有",是统一的有机整体,关键是第一个"有"。这是落实党对企业的政治领导、巩固和加强企业党组织政治核心地位和发挥应有作用的需要;是办好国有企业、保证改革取得成功和国有经济进一步壮大、企业两个文明协调发展的需要。各地区各部门和企业都要根据实际情况,认真对照,找准差距,作出自己全面实现企业党建目标的工作规划,认真加以落实。

为了实现加强国有企业党的建设目标,在工作中要始终坚持以下重大方针和原则。

(一)必须坚持党对企业的政治领导。江泽民同志去年八月对企业党建工作的批示指出:"现在总的方针是明确的,关键在于如何具体贯彻,也并不要求千篇一律,但党对企业在政治上的领导权决不能丧失。对于这一点,各级领导要在思想上明确、行动上认真加以贯彻。"[3] 这个批示非常重要,很有针对性，必须很好领会，用以指导我们的工作。我国经济体制改革的目标是建立社会主义市场经济体制。这是建立在以公有制为主体、国有经济为主导的基础上的市场经济体制。我们的国有企业是社会主义性质的企业，在推进以建立现代企业制度为目标的改革中应当使企业做到"产权清晰、权责明确、政企分开、管理科学"，成为自主经营、自负盈亏、自我发展、自我约束的法人实体和市场竞争主体。同时，又要在企业改革中体现社会主义基本制度的要求，发挥我们的优势。比如：坚持公有制主体地位，发挥国有经济主导作用；坚持党对企业的政治领导，发挥党组织政治核心作用；坚持全心全意依靠工人阶级，发挥广大职工积极性。把现代企业制度的一般特征同我国社会主义制度优势结合起来，进行新的创造，我们就能走出一条具有中国特色的发展国有经济新路子，就能够像邓小平同志所希望的那样，逐步赢得与资本主义相比较的优势。这是一个史无前例的创举，任务复杂而艰巨。只有在党的坚强政治领导下，坚持正确改革方向，全面执行改革的基本方针，才能最终完成任务。

强调坚持党对企业的政治领导，不是要搞以党代政、以党代企。党对企业的政治领导主要体现在：第一，坚持党的路线方针政策的领导，保证体现党和人民意志的国家法律法规在企业贯彻执行。第二，坚持党管干部原则，按照管理权限，依法选派、推荐国有产权代表或国有企业经营管理负责人，并对他们实施教育、培养、考核、监督。第三，坚持发挥企业党组织政治核心作用和党员先锋模范作用。党对企业实行政治领导的全部活动都要落实到搞好企业上，加快以建立现代企业制度为目标的改革步伐,促进科学管理和技术进步,增强企业内在活力和竞争实力,实现国有经济整体素质和效益的提高,保证国有经济不断发展壮大,总之要符合"三个有利于"[4]的根本要求。

(二)必须充分发挥党组织政治核心作用。这是党的政治领导在企业内部的体现,是搞好国有企业的需要。党的十四大以来,中央进一步强调,国有企业要充分发挥党组织政治核心作用,坚持和完善厂长负责制,全心全意依靠工人阶级。"三句话"互为依存,缺一不可。这是巩固和发展我国社会主义制度的必然要求,是对多年来探索有中国特色国有企业领导体制实践经验的科学总结,也是我国国有企业同西方国家国有企业的一个根本区别。在建立现代企业制度中,在部分企业由工厂制改为公司制后,"三句话"指导方针的基本精神应当结合新的情况继续全面贯彻执行,使三方面作用都得到改善和加强,三方面积极性都得到充分发挥,并且形成合力,这样才能把企业办好。

在新的情况下,企业党组织应当在哪些方面充分发挥政治核心作用呢? 主要就是党章第三十二条规定赋予的职责和要求。这次会议讨论的文件[5],根据党章规定,具体列了六条。企业党组织在这几个方面发挥政治核心作用,是企业改革发展的内在要求,是企业中其他组织所不能取代的。国有企业改革要坚定不移,但不论怎么改,党组织在企业中的政治核心作用只能加强、不能削弱。在这个问题上,不能有任何含糊和动摇。

为了保证企业党组织充分发挥政治核心作用,现在要特别强调三条：一是必须坚持党组织参与企业重大问题决策。这是保证企业党组织发挥政治核心作用的一条基本途径。其目的在于保证和监督党的路线方针政策在企业贯彻执行，支持和帮助董事会和厂长（经理）实现科学决策、民主决策，避免在重大问题上决策失误；也有利于在形成正确决策后依靠党组织力量保证贯彻落实。这显然不是妨碍更不是取代董事会和厂长（经理）依法行使职权，恰恰是有助于他们更好履行职责、行使权力。二是坚持党管干部原则。这是实现党对企业政治领导的组织保证。三是企业党组织要切实担负起领导企业思想政治工作和精神文明建设的责任。

充分发挥企业党组织政治核心作用，必须从组织建设和工作制度上加以保证。首先要优化企业党委构成，提高整体素质，关键是要配好党委书记，党委中还可适量增加党员行政领导人。根据需要和干部条件，党委领导成员和行政领导成员可以适当交叉任职，以便相互沟通、协调行动、提高工作效率。要根据企业不同规模、不同类型设置精干的党务工作机构，专职党务工作人员数量不足或配备较弱的要加以充实和调整。企业党组织参与企业重大问题决策的范围和形式，应当有必要的规定。目前，建立现代企业制度还处在试点阶段，对企业党组织建设中的新问题，要根据中央已经确定的原则从不同企业实际情况出发进行探索和解决，不要"刮风"，不要搞一刀切，不要囿于某一种模式。一切探索和试验都必须有利于企业党组织政治核心作用的充分发挥和企业活力的增强。《中华人民共和国公司法》规定："公司中中国共产党基层组织的活动，依照中国共产党章程办理。"实施的效果是好的。

在继续探索中,要注意把按党章办事和依法办事统一起来。

(三)必须坚持企业党建工作的正确指导思想。国有企业党建工作,同整个党建工作一样,都要坚持以马克思列宁主义、毛泽东思想和邓小平建设有中国特色社会主义理论为指导,全面、正确、积极贯彻执行党的基本路线。这是最根本的一条。根据企业党组织特点和自身建设需要,还必须注意以下三点。

第一,始终围绕生产经营进行工作。企业是经济组织,企业党组织更应紧紧抓住生产经营这个中心、服务这个中心,把保证、监督和促进企业改革、转换经营机制、加强科学管理、实现科技进步、提高经济效益、实现资产保值增值作为工作出发点和落脚点,并且贯穿到企业生产经营全过程。企业改革的难点,生产经营的重点,职工头脑中的疑点,普遍关注的热点,都是企业党组织应当充分发挥政治核心作用的地方。企业党组织在这些方面特别是在企业改革发展方面发挥作用越充分,威信就会越高,政治核心地位就会越巩固、越有力。任何离开企业生产经营孤立进行党的工作,在关键问题上不注意发挥党组织和党员作用的思想和做法,都是不对的。

第二,坚持党要管党的原则和从严治党的方针。要以思想政治建设为重点,全面加强企业党的建设,加强党员干部教育和管理,活跃党内民主生活,严肃党的纪律,保持党的队伍先进性和纯洁性。要下决心改变有些企业党组织长期不开展活动、一些党员领导干部不过组织生活、有的党组织不遵照党章规定进行换届选举的情况。有的企业负责人自视特殊,拒绝党组织监督。有的党组织负责人,明知有的党员出了问题还掩盖矛盾，甚至庇护违法犯罪的人和事，上级也不检查、监督、帮助，这是一些企业党组织涣散无力的一个重要原因。有这类问题的企业，要勇于正视、尽快改正。

第三，要经常研究新情况、认真解决新问题。国有企业党组织的政治核心作用和自身建设工作必须加强，但都必须在改进中加强。几十年来，企业党组织建设工作确实积累了许多好经验，形成了一些好传统。在改革开放和发展社会主义市场经济条件下，这些好传统特别是实事求是、群众路线的传统必须继承，并结合新的情况加以发扬。要在解决新问题的过程中大胆进行活动内容和工作方式方法创新。

**三、认真学习贯彻党的十四届六中全会精神，切实加强企业社会主义精神文明建设和思想政治工作。**

现在，全党全国正在学习和贯彻党的十四届六中全会精神。这是一件关系社会主义现代化建设全局、具有战略意义的大事，必须认识它的重大意义，齐心协力做好。我国工人阶级是社会主义物质文明建设的主力军，也是社会主义精神文明建设的主力军。我们的国有企业聚集着工人阶级的主体部分，在社会主义物质文明建设中起着主导作用，也是社会主义精神文明建设的重要阵地。企业党组织特别是党委和行政主要负责同志一定要把《中共中央关于加强社会主义精神文明建设若干重要问题的决议》学深、学透、学好，保证思想到位，同时一定要按照党章要求履行自己的职责，保证工作到位。要认真总结汲取过去的教训，坚持两手抓、两手硬的方针，在继续大力推进企业物质文明建设的同时，把精神文明建设摆在更加突出的位置，把企业党政工团各方面力量协调起来，把党的十四届六中全会精神变为干部群众共同开创企业精神文明建设新局面的实际行动。

国有企业精神文明建设特别是思想道德建设,说到底是做提高人的素质工作,是做培养造就"四有"〔6〕职工队伍工作。做人的工作不容易,但做好了威力很大。如果见物不见人,精神文明建设和企业其他工作都难以做好。我们是在新的环境中办社会主义企业,职工队伍情况也有新的变化。一定要充分看到改革开放、发展市场经济对职工的积极影响,同时也必须清醒看到对外开放后的复杂情况,看到市场自身的弱点和消极方面对职工的负面影响。企业进行社会主义精神文明建设,提高职工队伍素质,必须坚持以马克思列宁主义、毛泽东思想特别是邓小平建设有中国特色社会主义理论为指导,用科学理论教育人、武装人的头脑。这是社会主义精神文明建设的重要任务,也是工人阶级完善自己、推动社会历史全面进步的需要。改革开放十八年来的伟大成就,同广大人民群众首先是工人群众以邓小平建设有中国特色社会主义理论为指导,坚持解放思想、实事求是,重新认识什么是社会主义、怎样建设社会主义,增强了工人阶级的主人翁责任感,为推进改革和现代化建设不断开拓创新,是密不可分的。事实证明,那种认为工人"把活儿干好就行了,不需要学习理论、也掌握不了理论"的看法是错误的。企业党组织要领导好精神文明建设就必须把学习和宣传邓小平建设有中国特色社会主义理论紧紧抓在手里,密切联系实际,用生动形象的方式方法,扎实持久做好用科学理论武装党员、干部和教育职工群众工作。

企业开展精神文明建设和思想政治工作必须联系实际,

加强针对性。当前,要围绕搞好企业改革、转换经营机制、调整经济结构、提高经济效益、处理好各种利益关系来进行。要积极提倡共产主义、社会主义思想道德,深入开展爱国主义、集体主义教育,引导职工特别是青年职工树立正确的世界观、人生观、价值观,增强广大职工的工人阶级主人翁意识,发扬爱岗敬业精神,自觉为人民服务,坚决反对拜金主义、享乐主义、极端个人主义,提高追求真善美、抵制假恶丑能力。要把这些工作同发展企业文化、活跃职工文娱生活等结合起来。在生产经营困难的企业,还要引导干部职工发扬不怕困难、艰苦奋斗、互助互爱、自强自立的精神,同时帮助困难职工解决实际问题。在那些面向社会、同群众打交道的窗口行业,更要在服务人民、奉献社会方面做得扎实有效。要通过卓有成效的工作,使工人阶级所具有的革命性、先进性、最有远见、最大公无私等阶级特性在国有企业广大职工身上更好体现出来,既为国有企业改革发展、克服困难提供动力,又带动企业和全社会精神文明建设。

社会主义精神文明建设同社会主义物质文明建设一样,归根到底都是为人民群众谋利益的事业。因此,必须从干部群众普遍关心的事情抓起。推进精神文明建设从实际出发,就要从大多数群众愿望和要求出发;精神文明建设要见实效,首先就要在解决群众最关心的紧迫问题上做出实效。企业党组织和各级干部要一件事一件事做,一个问题一个问题解决,持之以恒抓下去,切忌时冷时热,更不能摆花架子、搞形式主义。凡是要求职工群众做到的,领导干部要带头去做,而且做得更好,用表里相符、言行一致的良好风尚,带动职工群众促进企业精神文明建设。

**四、下大决心、用大气力加强企业领导班子和经营管理者队伍建设。**

解决国有企业存在的问题,根本出路在于扎扎实实推进改革、加强管理、积极转变经济增长方式,关键要有一个好的领导班子。现在,已经有越来越多的同志认识到,有了好的领导班子,才能带出一支过得硬的好队伍,才能使企业改革不断深入,建立起适应市场变化的好的经营机制,实行科学有效的管理,生产出具有竞争力的好产品,真正办出活力不断增强、实力不断壮大的好企业。这应当说是改革深入发展中人们认识上的一个进步。为了办好国有企业,各级党政领导必须在大力抓好企业改革发展的同时,突出抓好企业领导班子建设,使我们的国有企业不但源源创造出国家和人民所需要的物质财富,而且一批又一批培养锻炼出高素质企业领导人才。

国有企业领导班子成员特别是主要负责人应当具备什么样的素质才能适应新形势新任务的要求呢?根据建设高素质干部队伍的要求,结合企业情况和一些优秀厂长(经理)、董事长、党委书记成长的经验,我曾经提出过以下几方面素质要求:一是要有坚定正确的理想信念,能够坚决贯彻执行党的路线方针政策和国家法律法规。二是要有比较丰富的社会主义市场经济知识、必要的科技知识和岗位职责所要求的管理能力。三是要坚定依靠党组织和广大职工办企业,善于走群众路线,自觉接受各方面监督。四是要勤奋敬业,勇于奉献,清正廉洁,艰苦奋斗,开拓进取,扎实工作。五是要谦虚谨慎,努力学习,善于同领导班子成员合作共事。要达到这些要求确实不容易,但要把国有企业办好,企业负责人没有这样的素质是绝对不行的。

实事求是讲,我们国有企业领导班子多数是好的和比较好的,企业领导干部队伍素质总体上也在不断提高。如果没有他们努力工作,国有企业不可能有十多年来的发展,现在遇到的困难和问题也会更多。对于尽职尽责的企业负责人来说,无论是做党务工作还是搞行政工作都很辛苦,尤其是在当前经济转轨时期,确实任务很重、压力很大。各级党组织和有关方面应该更多理解他们、关心他们,为他们创造良好工作环境,支持他们为办好企业所作的努力。当然,也不能不看到,现在确有一些企业领导班子和负责人,存在这样那样不适应形势任务要求的问题,有些是缺少市场经济意识,不懂经营管理,思想观念落后于改革深入发展的进程;有些是工作责任心不强,精神不振,缺少知难而进的勇气;有些是习惯于自己说了算,计较个人得失,在班子内部不讲原则,团结做得不好;还有极少数人以权谋私,损公肥私,个别人甚至严重违法乱纪,肆意挥霍、侵吞国家财产。如果不正视这些企业领导班子中的问题,无论有多好的政策和宏观经济环境,也不可能把企业搞好。各地各部门党委(党组),要像江泽民同志最近讲话所要求的那样,下大决心、用大气力在明年对国有企业领导班子进行一次普遍的认真的考核,同时加强企业职工代表大会对领导班子的民主评议和监督,并积极完善适应社会主义市场经济体制要求的企业领导班子建设制度。对于本来办得好但近两年出现严重不正常亏损、内部矛盾突出的国有大中型企业,尤其要抓紧弄清情况。如确属领导班子问题,就及早加以解决,该充实的要抓紧充实,该调整的要尽快调整,决不能因领导班子问题贻误战机,影响企业改革发展。

在国有企业和国家控股企业,党管干部原则必须坚持,管理方法也必须改进。这两个必须都是搞好企业领导班子和经营管理者队伍建设的保证。我们讲的党管干部,是各级党委(党组)按规定权限分级管理干部,不是指哪一个人、几个人管干部。我们讲的管干部,是必须按照党的路线方针政策和有关法律法规、工作程序来管,不是谁想怎么管就怎么管;必须把发现、培养、选拔、任用、监督等工作搞好,不能只管选拔任命、不顾其他。因此,凡是负有管理企业干部责任的党委和部门都要严肃认真掌好人事权,坚持权力和责任的统一。首先要保证、监督党的干部路线和方针政策在企业人事工作中贯彻落实,严格执行有关企业领导人员选拔任用的法规,坚持任人唯贤,反对任人唯亲。同时,要用足够精力做好企业经营管理人员发现、培养、教育、考核、监督,任何一个方面工作都不能失职。国有企业中的行政领导人员、党务工作者都是党的干部,都要给予爱护和支持。在他们坚持原则、努力工作、受到不公正对待的时候,要旗帜鲜明给予支持和保护;成绩突出的,要给予应有的奖励和表彰。发现他们有了缺点和问题,要及时指出、及时解决,决不能哄着、捧着、护着。近一个时期,陆续揭露出几个国有大企业负责人的严重问题,令人触目惊心。虽然这种情况在大企业领导人中只是极少数,但也暴露出企业干部管理存在漏洞和失误,有的还隐藏着严重不正之风。要认真总结汲取这方面教训,特别是要在加强教育培训和严格监督管理这两方面改进工作。江泽民同志提出领导干部要"讲学习、讲政治、讲正气",要"自重、自省、自警、自励",党组织对领导干部要"严格要求、严格管理、严格监督"。这些要求同样适用于企业。从组织上讲,落实这些要求,重点还是要立足于教育提高。要组织和引导企业负责人认真学习马克思列宁主义、毛泽东思想特别是邓小平建设有中国特色社会主义理论,联系实际,着重解决确立正确立场和世界观、坚定共产主义理想和社会主义信念、全面坚持党的基本路线、增强办好社会主义企业的信心、认真实践全心全意为人民服务的宗旨、自觉弘扬党的三大作风、提高拒腐防变能力等问题。要按照分级负责的原则,用三年左右时间,对国有大中型企业负责人进行一次政治和业务的普遍轮训。同时,要严格监督,主要是逐级明确监督责任,健全监督制度,加大监督力度。着重监督企业负责人特别是党政主要负责人切实履行岗位职责,确保党和政府重大决策在企业的贯彻落实,确保国有资产的安全和增值;正确行使权力,严格遵纪守法,保护职工合法权益;认真执行党的干部政策,做到任人唯贤,反对任人唯亲。

加强企业领导班子和经营管理者队伍建设,要在坚持党管干部原则的前提下,按照管人和管事既互相结合又合理制约的精神,积极推进人事制度改革。加快建立社会主义市场经济体制和现代企业制度试点步伐,既要求抓紧企业人事制度改革,也为推进改革创造着有利条件。各级党政主管部门和企业都要不失时机、脚踏实地搞好企业人事制度改革,努力形成公平竞争、健康成长、选优汰劣、奖勤罚惰的机制,既营造出有利于全面提高干部素质、使优秀人才脱颖而出的环境和条件,又有效防止和纠正用人方面的不正之风。有些地方对一些企业经营管理者的选拔和任用实行面向社会公开选聘、竞争上岗，效果不错，要总结推广这方面经验。建立现代企业制度试点的企业如何把坚持党管干部原则和保证股东会、董事会、经理依法行使用人权结合好，需要形成哪些基本的工作程序，各地正在探索，要积累经验、逐步规范。总的讲，企业领导班子和中层管理人员任免必须有基本程序，凡是行之有效的就应当确定下来认真执行，并在实践中逐步完善。由于企业的类型、规模、资产结构、治理结构不同，应当允许并支持进行不同试验，总的原则必须坚持，具体操作程序不必强求一律。

**五、必须认真执行全心全意依靠工人阶级的方针，进一步密切企业党组织同职工群众的联系。**

我们国家是工人阶级领导的、以工农联盟为基础的人民民主专政的社会主义国家。我们党是用马克思主义武装起来的工人阶级先锋队。工人阶级是先进生产力和生产关系的代表，是改革发展的主力军和保持社会稳定的中坚力量，是党和国家政权最重要的阶级基础。因此，我们党一贯坚持全心全意依靠工人阶级这条根本指导方针。各级党政机关、企事业单位、所有共产党员都必须坚决贯彻执行。企业是工人群众最集中的地方。在国有企业里，职工既是国家的主人，也是企业的主人，更应当坚决执行这一方针。企业党政负责同志都要牢固树立马克思主义群众观点，注意清除历史唯心主义影响，自觉加强同包括工人、知识分子、管理人员在内的职工群众的经常联系，真正做到全心全意依靠职工群众办企业。

要把全心全意依靠工人阶级的方针落实到企业，必须有制度保证,特别是要坚持和完善企业职工代表大会制度,保证职代会行使应有权利。实行公司制的企业,董事会、监事会成员中要有一定数量的职工代表,并保证他们有职有权。要认真执行好劳动法,通过工会代表职工与企业协商签订集体合同,建立稳定和谐的劳动关系,维护职工和企业合法权益。有些企业实行职代会或者职工代表定期评议企业负责人的制度,通过评议活动,起到了监督干部、爱护干部、保护国有资产、保护职工合法权益的作用,要总结经验,在实践中进一步完善和发展。

贯彻全心全意依靠工人阶级的方针,增强企业职工群众凝聚力,企业党组织负有特殊重要的责任。党组织主要的经常的工作就是要围绕生产经营做好宣传群众、组织群众、凝聚人心、形成合力工作。党组织自身建设的加强和改进,特别是党员、干部教育活动的开展,也必须同贯彻依靠工人阶级的方针、做好群众工作、密切党群干群关系紧紧联系在一起。各级党组织必须始终保持同群众的血肉联系,时刻警惕、坚决纠正脱离群众的思想和行为。在那些经营困难的企业,在那些困难职工较多的地方,党组织更要把身心贴近群众,千方百计帮助他们克服困难、解决实际问题,决不能采取官僚主义态度。

工会、共青团等群众组织是党联系广大职工的桥梁和纽带。党政领导都要支持群团组织工作,鼓励他们围绕企业中心任务、根据各自章程和特点积极主动、独立负责开展活动,为凝聚群众、培养"四有"职工队伍、促进企业改革发展稳定发挥应有作用。

# 注　释

〔1〕"三改一加强",指深化国有企业改革,要同企业改组、技术改造和加强企业管理结合起来。

〔2〕指一九九六年五月中共中央组织部、中共中央政策研究室、中共中央党校和国家经济贸易委员会共同举办的省部级领导干部国有企业党建工作专题研究班。

〔3〕《人民日报》一九九七年四月二十二日刊载的《搞活国有企业的关键一着——国有企业党的建设和领导班子建设评述》一文引述了这段批示。

〔4〕"三个有利于",指判断各方面工作是非得失的标准,应该主要看是否有利于发展社会主义社会的生产力、有利于增强社会主义国家的综合国力、有利于提高人民的生活水平。这是邓小平首先提出的。参见邓小平《在武昌、深圳、珠海、上海等地的谈话要点》(《邓小平文选》第3卷,人民出版社1993年版,第372页)。

〔5〕指中共中央一九九七年一月二十四日下发的《关于进一步加强和改进国有企业党的建设工作的通知》。通知明确了企业党组织六个方面的政治核心作用。指出:为了加强党对国有企业的政治领导,充分发挥企业党组织的政治核心作用,企业党组织必须认真贯彻党的路线方针政策,保证监督党和国家的方针政策在本企业的贯彻执行;参与企业重大问题的决策,支持厂长(经理)、股东会、董事会、监事会依法行使职权;领导企业的思想政治工作和精神文明建设,努力建设一支有理想、有道德、有文化、有纪律的职工队伍;全心全意依靠职工群众,支持职工代表大会开展工作;领导和支持工会、共青团等群众组织依照法律和各自的章程,独立自主地开展工作;加强党组织的自身建设,充分发挥党支部的战斗堡垒作用和党员的先锋模范作用。

〔6〕见本卷《走出一条有中国特色社会主义精神文明建设新路子》注〔1〕。

# 老干部是党和国家的宝贵财富<sup>*</sup>

（一九九七年一月八日）

老干部是我们党和国家的宝贵财富。在革命、建设各个历史时期，老干部为党的事业作出了巨大贡献，发挥了中坚和骨干作用。今天，他们仍然是推进改革开放和现代化建设健康发展、维护社会稳定的重要力量，在两个文明建设中仍然发挥着积极影响和重要作用。

老干部工作是我们党的干部工作的一个重要方面。各级党委和政府都应该继续高度重视老干部工作，加强领导，扎扎实实把这方面工作做好。关于当前的老干部工作，中央组织部在这次会上要作全面部署。这里，我想强调以下四点。

一是要从政治上关心老干部。要从实际出发，引导组织广大老干部学习马克思列宁主义、毛泽东思想和邓小平建设有中国特色社会主义理论，学习党的路线方针政策，使他们能够认清形势，把握大局，坚定信念，严于律己，发扬优良传统，永葆革命本色。

二是要把关于老干部各项政策进一步落到实处。党中央、国务院对老干部一直十分重视、非常关心。近几年来，又

* 这是胡锦涛同志会见全国老干部工作座谈会代表时讲话的主要部分。

根据新的情况,在改善老干部物质生活条件等方面制定了一系列政策措施。应该说,大多数地方和部门贯彻执行得是好的,但也确有一些地方和部门认识不足、措施不力,落实得不够好。对此,必须引起重视,认真加以改进。抓老干部工作,同抓其他工作一样,需要在提高认识的基础上,在落实上狠下功夫。

三是要特别关心部分离退休老干部遇到的实际困难。现在,由于种种原因,一些困难企业、贫困地区的离退休干部生活待遇不够落实,一些较早离退休的干部待遇相对偏低,一些老干部因病残和其他原因生活很困难。对这些老干部的实际困难和问题,要时刻挂在心上,各地老干部部门要深入下去,调查研究,摸清情况,同有关部门一起采取切实有效措施,帮助他们妥善加以解决。

四是要适应新形势,及时研究老干部工作面临的新情况,解决新问题,总结新经验,努力把老干部工作提高到一个新水平。

# 做讲学习、讲政治、讲正气的表率<sup>*</sup>

（一九九七年四月二十七日）

讲学习、讲政治、讲正气是一个完整的统一的要求，彼此紧密相连，不可分割。学习是基础，政治是大局，正气是保证。由于领导机关和领导干部的重要地位和职责，在讲学习、讲政治、讲正气三个方面，都应当严格要求，都要做得更好。

做讲学习的表率，就要在掌握邓小平建设有中国特色社会主义理论的科学体系和精神实质上、在运用理论解决实际问题上下功夫。推进伟大事业必须有科学理论指导，领导伟大事业的党必须有科学理论武装。邓小平同志创立的建设有中国特色社会主义理论，是马克思列宁主义、毛泽东思想的继承和发展，是当代中国的马克思主义，是中国共产党的指导思想和中华民族的精神支柱。全党完整准确掌握了这个理论，建设有中国特色社会主义事业就能始终沿着正确方向蓬蓬勃勃向前发展。这几年，领导干部带头，全党学习理论，用邓小平建设有中国特色社会主义理论武装全党工作收到了良好效果，有力推动了我们事业发展。但是，应当如实看到，仍有相当一部分领导干部缺少系统深入的马克思主义理论学习和培

---

\* 这是胡锦涛同志在全国机关党建工作座谈会上讲话的一部分。

训,还不善于运用科学理论去分析形势、驾驭全局,研究解决深化改革、扩大开放、发展社会主义市场经济中的突出问题。在相当一部分机关中,学习和钻研理论空气还不够浓,理论脱离实际倾向仍然存在。这些都程度不同影响了党的路线和中央决策有效贯彻。为了把各方面工作做得更好,现在强调学习理论仍然十分重要和迫切。必须把学习邓小平建设有中国特色社会主义理论作为重中之重,坚持不懈抓下去,绝对不能忽视,不能松懈,更不能搞形式主义。高级干部要率先垂范,起好带头作用。在深入学习钻研邓小平同志著作的同时,要有计划选读马列著作和毛泽东同志的著作。当前,还要学习悼念邓小平同志的三篇重要文献[1]和中央宣传部编的《讲学习、讲政治、讲正气》一书。为了履行好领导工作职责,还要努力学习社会主义市场经济知识、现代科学技术知识、法律知识、历史知识和其他知识。社会在发展,时代在前进,特别是高新技术日新月异,新事物新问题层出不穷。我们的干部首先是在各级领导机关担负领导责任的干部,如果不努力掌握马克思主义理论,没有各方面知识丰厚积累,不从改革开放和现代化建设实践中汲取智慧和营养,就不可能深刻认识当今的世界,不可能真正懂得建设有中国特色社会主义的深刻内涵和伟大意义,也就不可能正确执行党的路线方针政策和国家的法律法规、正确解决前进过程中遇到的各种问题,这样也就难以适应新的形势任务对领导工作的要求,甚至可能成为时代的落伍者。我们各级领导干部一定要学习、学习、再学习,努力、努力、再努力。

　　要把学习特别是理论学习广泛、深入、扎实、持久开展下去，当前必须解决好一个基本问题，这就是要进一步明确学习的目的全在于应用，切实端正学风，坚持理论联系实际。江泽民同志指出，坚持理论联系实际是个重大的政治问题[2]。为了党和人民事业，为了自己更好履行职责和求得进步，我们的同志务必勤奋刻苦、如饥似渴学习，努力掌握科学理论和做好工作所必需的各种知识。坚持为用而学、学以致用，既用于改造客观世界，解决促进改革发展和保持稳定中的现实问题，又用于改造主观世界，坚定共产党人理想信念，提高鉴别重大原则是非、解决重大现实问题能力。这样持之以恒，我们就可以把建设有中国特色社会主义事业和马克思主义理论推向前进，使党的建设水平和干部队伍素质不断得到提高。

做讲政治的表率，就要在全面、正确、积极贯彻执行党的基本路线和各项方针政策、切实提高工作质量和效率上下功夫。我们讲的政治，是马克思主义的政治，是建设有中国特色社会主义的政治。以经济建设为中心，坚持改革开放和坚持四项基本原则这两个基本点，是党的基本路线的核心内容，也是邓小平建设有中国特色社会主义理论的核心内容。"一个中心、两个基本点"，是我们党坚持马克思主义基本原理同社会主义现代化建设实践相结合，深刻分析中国基本国情和发展规律得出的科学结论。坚持"一个中心、两个基本点"的基本路线，全面而集中反映了我国人民在社会主义初级阶段的根本利益，充分体现了党的性质和根本宗旨。讲政治，最根本的就是要全面、正确、积极贯彻执行党的基本路线，无论遇到什么困难、出现什么干扰，都不能有丝毫动摇。贯彻党的基本路线不能动摇，贯彻党的基本方针和基本政策也不能动摇。

离开了党的基本路线和方针政策,离开了社会主义现代化建设这个大局,就谈不上讲政治。建设社会主义现代化必须充分调动各方面积极性,必须在坚持全局利益的前提下兼顾各方面利益,否则将影响事业发展。但是,地方和部门的同志特别是领导同志一定要站在全局立场上对待和执行党的路线方针政策和国家法律法规,正确处理全局利益和局部利益关系。如果地方和部门忽视全局而过分强调局部利益,甚至对中央决策和号令置若罔闻、我行我素,搞地方和部门保护主义,对严重违法犯罪的人和事也加以庇护,那就会严重损害全局,最终也会伤害局部利益,甚至会犯错误。善谋一域者,必先谋全局。各地区各部门的同志必须从政治的高度审时度势,了解全局、维护全局,自觉防止和克服地方和部门保护主义。这一条做好了,才能有力维护社会主义市场经济秩序和国家法制政令统一,保证改革开放和现代化建设顺利进行。

民主集中制是我们党的根本组织原则和组织制度,也是根本组织纪律和重要政治纪律,任何机关和部门的干部都应毫无例外遵守。这是我们党保持政治上组织上完全巩固、行动上高度统一、战斗力不断提高的必要条件。党的十四届四中全会以来,以健全党的民主集中制为主要内容的制度建设有了明显进步。中央和有关部门在总结党的建设经验和集中各方面智慧的基础上,相继制定并颁发了包括加强党的思想、组织、作风建设的一系列制度和规定。这些规定既反映了充分发扬民主的要求,也反映了集中的要求,各方面反映都是好的,为解决党内存在的一些突出问题提供了制度保证,创造了条件和依据。现在的问题是,必须加强民主集中制和党的纪律教育,加强贯彻执行各项党内法规的监督检查,以更好调动广大党员、干部积极性和创造性,使全党更加紧密地团结在以江泽民同志为核心的党中央周围。各级领导机关和领导干部要以身作则,并通过扎扎实实的工作,使党内各项法规落到实处、付诸实施,坚决纠正有章不循、违纪不纠现象。需要指出的是,在党政机关,不论是实行党委制,还是实行部门首长负责制,或者实行党组起领导核心作用体制的单位,都要根据各自特点,认真贯彻民主集中制原则,建立起科学的工作和监督规范。凡属事关改革发展稳定大局的重大决策和重要干部任免等都必须坚持集体讨论决定,不能搞少数人或个人说了算,不能独断专行。凡是集体作出的决定都必须执行,任何个人都无权改变。各级领导机关和领导干部都要做贯彻民主集中制的模范,在党的基本理论、基本路线基础上,在以江泽民同志为核心的党中央领导下,自觉维护党的团结统一和政治上的高度一致,把党的思想政治优势和组织优势充分发挥出来。

　　政治问题,从根本上说,是同人民群众的关系问题,是对人民群众的态度问题。我们国家是人民当家作主的国家,我们的政权是人民政权,我们党的唯一宗旨是全心全意为人民服务。人民拥护我们的党和政府,从根本上说,是他们真正感到党的路线反映了他们的利益和愿望、党领导的政权为他们办了好事。党和国家各级领导机关都必须牢固树立为人民服务、为基层服务的思想,面向基层、面向群众,高质量高效率做好工作。机关建设好坏,贯彻执行党的路线方针政策成效大小,都要用这一条来衡量。我们党是执政党,各级干部特别是领导干部坚持为人民服务的宗旨,一个核心问题就是要为人民掌好权、用好权。是用权为民,还是以权谋私,这始终是对干部的严峻考验。干部职位越高、权力越大,越要坚持党的根本宗旨,时刻把人民利益摆在高于一切的位置上,坚持一切工作走群众路线,经常想群众之所想、急群众之所急、忧群众之所忧,全心全意为人民谋利益。我们的大多数机关和干部在这方面是做得好的或比较好的。但是,在新形势下,机关为群众和基层服务也面临不少新情况新问题。对一些领导机关和领导干部中存在的脱离群众、脱离实际、官僚主义、形式主义等问题,各方面意见也不少。在机关落实讲政治的要求,就要抓住用权为民、服务基层、保持党同人民群众的血肉联系这个根本问题,努力端正指导思想,并把它贯彻到领导机关和领导干部全部工作和行动中去,坚持经常抓、反复抓。坚决克服不倾听群众意见,不关心群众疾苦,不维护群众利益,作风飘浮,高高在上,"人难见、脸难看、事难办"等不良现象。

做讲正气的表率,就要在讲党性、讲原则、公正无私、刚直不阿、言行一致、扶正祛邪方面下功夫。古人说:"政者,正也。"〔3〕这是讲从政的人要公道办事,不徇私情,身正行直,藉以服众。我们共产党人是为人民谋利益而执政的,更要有马克思主义政党党性所要求的浩然正气。作为领导干部,不仅要做到政治上坚定正确,而且要做到作风上清正廉洁、用人上公道正派、执纪上扶正祛邪。在长期革命、建设历史上,在改革开放和发展社会主义市场经济的现实生活中,许多好党员、好干部克己奉公、正气凛然,成为可敬可佩、可歌可泣的英雄模范,留下了闪光动人的事迹。他们身上反映了我们党的党性特质,值得我们很好学习。江泽民同志说:"我们党的宗旨是全心全意为人民服务，这就是全党同志首先是各级领导干部必须坚持树立和发扬的最大的正气。大大发扬这种正气，以权谋私和拜金主义、享乐主义、极端个人主义的邪气就滋长不起来。"[4]一些地方和部门风气好、出问题少，一个重要原因就是领导同志在以身作则、扶正祛邪上做得比较好。

但是，必须清醒看到，在有些地方和部门歪风邪气仍严重存在，还没有得到有效制止。比如，有的为了追逐私利，竟然利用职权徇私枉法、搞权钱交换甚至敲诈勒索、索贿受贿；有的为了保官位、谋升迁，或实现其他个人目的，拉拉扯扯，吹吹拍拍，搞小圈子，排斥异己，对上跑官要官，对下封官许愿；有的为了明哲保身，在重大问题面前放弃原则、混淆是非，甚至向错误和邪恶妥协低头；有的为了自己或小团体利益，对党的决议口是心非，阳奉阴违，文过饰非；有的为了骗取名誉地位，不惜弄虚作假、瞒上欺下，甚至不择手段损害群众利益。如此等等，还可以举出一些。这些现象影响很坏、危害很大，如果任其发展是非常危险的。为了党和人民事业，为了搞好党和国家机关建设和提高干部队伍素质，必须在各级领导机关和领导干部中旗帜鲜明弘扬正气、反对邪气。当前，尤其要大力提倡忠心耿耿、不折不扣贯彻执行党的路线方针政策和中央决定，反对政出多门、各行其是；大力提倡模范实践党的全心全意为人民服务的宗旨，尽职尽责，秉公行事，反对以权谋私、假公济私、损公肥私、化公为私；大力提倡实事求是、光明磊落，做老实人，说老实话，办老实事，反对弄虚作假、瞒上欺下、言行不一、华而不实；大力提倡艰苦奋斗、勤奋敬业，与群众同甘共苦，反对铺张浪费、挥霍奢侈；大力提倡识大体、顾大局，维护团结,搞五湖四海,反对弄权渎职、投机钻营、拉帮结伙、搞小圈子。我们的广大干部和党员是拥护弘扬正气、反对邪气的。只要领导带头、逐级负责,真正坚持这样去做,机关党的建设和干部队伍建设就会大大加强,机关风气就会显著进步。

共产党员和党的干部讲学习、讲政治、讲正气,说到底是个牢固树立马克思主义世界观、人生观问题。树立正确的世界观、人生观,对于每一个干部和党员来说,无论什么时候都是首要问题。这个问题不解决,或者解决得不牢靠,不论在什么岗位、做什么工作,都不可能真正把事情办好。一些党员组织上入了党,但不注意思想入党,放松了世界观改造,即使一时做出成绩、得到重用,但经不起名权利和灯红酒绿的考验,很快就出问题,甚至弄得身败名裂。他们的教训,所有的干部都应认真记取。在开展"三讲"教育中,一定要把牢固树立马克思主义世界观、人生观这个管总的问题抓住,努力解决好。这样,也才能从根本上提高干部学习的自觉性,才能自觉坚持正确政治方向,才能始终保持共产党人革命本色和浩然正气。

## 注　　释

〔1〕三篇重要文献,指中共中央、全国人大常委会、国务院、全国政协和中央军委发布的《告全党全军全国各族人民书》,江泽民《在邓小平同志追悼大会上的悼词》,新华社发布的《邓小平伟大光辉的一生》。

〔2〕参见江泽民《努力建设高素质的干部队伍》(江泽民《论党的建设》,中

央文献出版社 2001 年版,第 223 页)。

　〔3〕见《论语·颜渊》。

　〔4〕见江泽民《讲学习,讲政治,讲正气》(《江泽民文选》第 1 卷,人民出版社 2006 年版,第 485 页)。

# 共产党员要以
# 实际行动保持先进性<sup>*</sup>

（一九九七年六月二十日）

　　始终保持工人阶级先锋队性质，这是我们党在国家政治生活中处于领导核心地位的一个基本条件。我们党的先进性体现在党的纲领宗旨、理论路线、方针政策中，体现在各级党组织的全部活动中，也体现在共产党员发挥先锋模范作用的行动中。每个共产党员从入党那一天起就应当时刻牢记自己是工人阶级先锋队战士，自觉按照党章要求去学习、去工作、去生活。共产党员不同于普通群众的地方主要就在这里。

　　新时期共产党员的先锋模范作用，应当具有鲜明时代特征。作为共产党人，既要把握人类社会历史发展总趋势，胸怀共产主义远大理想，又要立足中国处于社会主义初级阶段实际，尽心竭力为建设有中国特色社会主义伟大事业而奋斗。忘记或动摇了共产主义理想，不可能成为合格的共产党员；不积极贯彻执行党在现阶段的方针政策，自觉献身于社会主义改革开放和现代化建设，也不可能成为合格的共产党员。我

---

　　* 这是胡锦涛同志在纪念中国共产党成立七十六周年座谈会上讲话的一部分。

们党的党章对共产党员义务和权利的规定，是党员标准的具体化，体现了新时期共产党员的先进性，集中反映了我们党对广大党员站在伟大时代前列、发挥先锋模范作用的要求。全体党员都应当无条件付诸实践。

**一、必须高举邓小平建设有中国特色社会主义理论伟大旗帜，坚定不移走有中国特色社会主义道路。**

对于我们这样一个执政的又处在承前启后、继往开来时期的党来说，举什么旗帜特别重要。江泽民同志指出，旗帜就是方向，旗帜就是形象。我们说坚持党的十一届三中全会以来的路线不动摇，就是高举邓小平建设有中国特色社会主义理论旗帜不动摇。这是一个意义十分重大而深远的科学论断。邓小平建设有中国特色社会主义理论作为马克思主义基本原理同当代中国实践和时代特征相结合的产物，是毛泽东思想在新的历史条件下的继承和发展，是当代中国的马克思主义，是马克思主义在中国发展的新阶段，是中国共产党的指导思想和中华民族的精神支柱。这个理论坚持解放思想、实事求是，在新的实践基础上继承前人又突破陈规，开拓了马克思主义新境界，把对科学社会主义的认识提高到了新水平。从对历史经验的认真总结中，从近二十年来我国改革开放成功实践的深切体验中，从对世界社会主义的观察和一些社会主义国家及其执政党盛衰兴亡的对比分析中，我们可以得出一个明确结论，这就是：邓小平建设有中国特色社会主义理论是指导中国人民在改革开放中胜利实现社会主义现代化的唯一正确的理论；只有走建设有中国特色社会主义道路，才能实现国家富强、民族振兴、人民幸福。马克思列宁主义、毛泽东思想、邓小平建设有中国特色社会主义理论是一个统一的科学体系。在当代中国,坚持邓小平建设有中国特色社会主义理论,就是真正坚持马克思列宁主义、毛泽东思想。只有坚持邓小平建设有中国特色社会主义理论,才能真正坚持"一个中心、两个基本点"的基本路线,才能解决好改革开放和现代化建设进程中的各种矛盾和问题,才能保证我国社会主义事业沿着正确道路前进。全党高举邓小平建设有中国特色社会主义理论伟大旗帜,是历史发展的必然要求,是国家民族的根本利益,是我们党更加坚强有力、党领导的事业更加兴旺发达的根本保证。

一个合格的共产党员,应当是坚定站在时代前列,在错综复杂的斗争中保持政治上的清醒,在推动生产力解放和社会全面进步的实践中发挥先锋模范作用的先进分子。在新时期要做到这些,首要的根本的条件就是必须用邓小平建设有中国特色社会主义理论武装自己。党的十四大以来,这方面工作取得了明显效果,广大党员学理论、学党章的活动有了新的进展。但是,必须看到,把科学理论变成全党的共同认识和指导实践的思想武器是一项艰巨的任务,需要付出长期不懈努力。要在我们党内努力创造一种认真学习的风气、民主讨论的风气、积极探索的风气、求真务实的风气。广大党员特别是领导干部要增强学习理论的责任感和自觉性,发扬刻苦钻研的精神。马克思主义是科学真理,只有站在正确立场上来学习它、掌握它,才能够真正学懂、学好。要认真学习邓小平建设有中国特色社会主义理论的基本观点和精神实质,学习邓小平同志观察、分析、解决问题的立场、观点、方法,坚持理论联系实际,着眼于理论的运用,着眼于对实际问题特别是我们正在做的事情的理论思考,着眼于新的实践和新的发展。这样持之以恒,我们就能通过学习,提高解决改革、建设中各种实际问题能力,提高政治敏锐性和政治鉴别力,牢固树立正确的世界观、人生观、价值观,在前进道路上保持头脑清醒,排除各种干扰,坚持党的基本理论、基本路线不动摇,真正成为思想上政治上行动上的先进分子。

二、必须站在社会主义改革开放和现代化建设前列,努力创造无愧于共产党员称号的业绩。

建设有中国特色社会主义的事业,是一项伟大的创造性事业,是需要众多的先进分子带动亿万群众顽强拼搏才能完成的事业。新时期共产党员先锋模范作用应当集中体现在带头参加改革开放和现代化建设,带动群众为经济发展和社会进步艰苦奋斗。经济建设是我们党的中心工作,抓住机遇、发展经济,是解决中国一切问题的关键所在;改革开放是促进发展、克服困难的必由之路;保持稳定是搞好改革发展的前提,这一切都需要全体共产党员在群众中发挥先锋模范作用,才能把事情办好。我们每一个党员都在一定岗位上承担一定任务,这些看来平凡的工作和任务都是同党在现阶段的奋斗目标和整个党的事业紧密联系在一起的。一个党员先锋模范作用发挥得怎么样,经常的是反映在本职工作上。我们说共产党员要站在改革开放和现代化建设前列,很重要的一条就是要爱岗敬业、勤奋学习、开拓进取、埋头苦干,为周围的群众作出表率,努力创造出一流的工作业绩。在深化改革、建立社会主义市场经济体制中,要胸怀全国大局,坚决贯彻党的路线方针政策,勇于实践,大胆探索,正确处理国家、集体、个人三者的利益关系,团结和引导群众推动改革深入发展。在遇到困难时,不悲观失望,不怨天尤人,而是同群众一起,迎难而上,群策群力,分析困难,积极克服困难。在面对错误思潮干扰时,要明辨是非,立场坚定,旗帜鲜明。在危急时刻,要不怕艰险,挺身而出,冲锋在前,自觉维护国家、人民、集体利益。总之,共产党员发挥先锋模范作用不是空洞的口号,而是实实在在的行动要求。各行各业各条战线的共产党员都在各自岗位上出色完成任务、作出显著成绩,就会成为一种巨大的带动和鼓舞力量,影响和激励广大群众,共同推动改革开放和现代化建设事业向前发展。

**三、必须认真实践全心全意为人民服务的宗旨,密切联系群众。**

坚持党的宗旨和群众路线,始终是我们党保持工人阶级先锋队性质、党的组织增强凝聚力和战斗力、共产党员保持先进性的一个根本问题。无论我们党所处的环境发生什么样的变化,党的全心全意为人民服务的宗旨决不能变,群众观点、群众路线决不能丢,相信和依靠群众、虚心向群众学习、尊重群众的创造、倾听群众的呼声、与群众同甘共苦等优良传统决不能忘。党的十一届三中全会以来,我们党提出建设有中国特色社会主义奋斗目标,制定正确的路线方针政策,把有利于发展社会主义社会的生产力、有利于增强社会主义国家的综合国力、有利于提高人民的生活水平作为全部工作的出发点和归宿,体现了人民根本利益。改革开放和现代化建设开辟了中国人民新生活,广大人民群众实实在在得到了共同奋斗的成果，所以人民拥护我们党，党同人民群众的关系总的是好的。但是，少数党员特别是有些领导干部，程度不同滋长了官僚主义、形式主义等脱离群众的不良作风。他们高高在上，脱离实际；工作消极，追名逐利；贪图安逸，害怕艰苦；弄虚作假，欺上瞒下；不执行党的方针政策，不为基层服务，不为群众办事；有的甚至滥用职权，欺压群众，无视党纪国法。对这类现象的严重性和造成的危害，决不可低估，一定要高度重视，坚决加以克服。这样，我们党才能保持同群众的血肉联系，才能在新时期获得新的强大力量源泉，党领导的社会主义现代化事业才能无往而不胜，我们国家才能经受住各种困难和风险考验、实现长治久安。

　　共产党员如何对待群众，是一个根本立场问题、世界观问题、党性问题。人民群众为实现自身利益而奋斗，需要有先进分子引导。然而，先进分子只有始终扎根于群众之中，不断吸取营养和智慧，真正代表和坚决维护群众利益，具有奉献精神，才能取得群众信任，发挥引导群众前进的作用；否则，就会失去自己活动的根基，就不是合格的先锋队战士。正在向新世纪全面推进的建设有中国特色社会主义事业，是我们党在新时期服务人民的伟大事业，是人民自己的事业。如果离开了人民，我们将一事无成。全党同志务必牢固树立马克思主义群众观点，掌握党的群众路线，始终保持同群众的密切联系，摆正自己在人民群众中的位置，老老实实向人民学习，全心全意为人民服务，时刻警惕不要犯脱离人民群众的错误，坚决纠正一切高踞于群众之上、做官当老爷、不关心群众疾苦、不维护群众利益的不良作风，坚决反对一切欺压群众、损害群众合法权益的违法乱纪行为,坚决制止一切不顾大局、在路线方针政策问题上自行其是、损害人民根本利益的错误做法。

**四、必须自觉抵御剥削阶级腐朽思想侵蚀,带头弘扬社会主义道德风尚。**

我国是封建社会历史很长的国家,封建主义和其他剥削阶级腐朽思想影响将长期存在。由计划经济体制向社会主义市场经济体制转变,必然引起经济社会生活许多重大变化,而体制、法律、政策、管理制度的完善又需要一个较长过程,在这个过程中消极腐败现象会乘机滋长。对外开放为我们吸收和借鉴外部世界好的东西创造了有利条件,同时资本主义腐朽东西也会乘隙而入。在这样的国内外环境中搞社会主义现代化建设,我们党面临着反对腐败的严重政治斗争。

在这场复杂、艰巨、长期的斗争中,一切坚定的共产党员都应当成为拒腐防变的先锋、反腐倡廉的模范,身体力行社会主义、共产主义思想道德,大力发扬爱国主义精神和艰苦奋斗精神,大兴艰苦朴素、勤俭节约之风,坚决抵制损人利己、唯利是图、一切向钱看等腐朽思想侵蚀,坚决反对铺张浪费、奢侈挥霍等消极颓废之风,理直气壮弘扬正气,坚决同各种腐败现象作斗争。我们党是执政党,许多党员手里都有一定权力,能否坚持用权为民、反对以权谋私、杜绝权钱交易,是对担负一定领导责任的共产党员在新形势下能否保持思想上政治上作风上的先进性的严峻考验。大量事实表明,干部的职位和权力很容易成为那些靠搞权钱交易牟取暴利的人进攻的目标,拜金主义、享乐主义、极端个人主义以及阿谀奉承、吹吹拍拍等腐朽庸俗的思想习气,也会包围有一定地位和权力的干部;

如果放松警惕，自己解除思想武装，那就迟早要出问题，甚至出大问题。各级党员领导干部务必保持高度警惕，牢记全心全意为人民服务的宗旨，正确对待名利、地位、权力，严于律己，防微杜渐，时时自重、自省、自警、自励，以共产党人一心为公、无私无畏、光明磊落、驱邪除恶的浩然正气，坚决有力抵制一切腐朽思想侵蚀和金钱物欲诱惑。

# 坚持全心全意
# 依靠工人阶级的方针<sup>*</sup>

## （一九九七年八月）

　　我们的国家正处于建设有中国特色社会主义的重要历史时期。全党全国各族人民在以江泽民同志为核心的党中央领导下，正在为实现我国国民经济和社会发展跨世纪宏伟目标努力奋斗。我们党要更好担当起领导改革开放和现代化建设、推进有中国特色社会主义事业、实现中华民族全面振兴的历史重任，必须更好更坚定地贯彻全心全意依靠工人阶级的方针。这是关系党和国家前途命运的重大政治问题。

　　中国共产党是马克思主义武装起来的工人阶级先锋队。中国共产党的诞生，是马克思主义同中国工人运动相结合的结果。几十年来，我们党始终同工人阶级血肉相连、命运与共，使自己的力量不断发展壮大。工人阶级作为我们党最坚实最可靠的阶级基础，在长期革命、建设事业中发挥了巨大作用，作出了历史性的伟大贡献。在建国前夕召开的党的七届二中全会上，毛泽东同志就针对有的同志在依靠谁的问题上出现的糊涂观念，明确指出"我们必须全心全意地依靠工人阶

---

　　* 这是胡锦涛同志为《全心全意依靠工人阶级》一书所作的序。

级"[1]。党的十一届三中全会以后,邓小平同志又总结新的经验,一再强调要依靠工人阶级,着重指出"工人阶级靠得住"[2]。党的十三届四中全会以来,江泽民同志也多次要求,"抓住机遇、深化改革、扩大开放、促进发展、保持稳定"都要全心全意依靠工人阶级。历史和现实都告诉我们,党离不开工人阶级,工人阶级离不开党。在领导社会主义现代化建设新形势下,党必须坚持全心全意依靠工人阶级的方针,不断巩固和加强自己的阶级基础,始终保持同整个工人阶级的联系,才能把全体人民紧紧团结和凝聚在党的周围,为国家兴旺发达和民族全面振兴而不懈奋斗。党也只有把自己置身于广大工人和人民群众共同建设社会主义现代化国家的奋斗实践中,经受锻炼和考验,才能不断完善和提高自己,增强凝聚力和战斗力。在建设有中国特色社会主义整个过程都必须把全心全意依靠工人阶级作为全党的一个重要指导思想和根本方针,贯彻到我们全部工作中去。各级党政领导机关、党的各级组织、党领导的群众团体和社会各个方面要贯彻执行这个方针,在工人群众高度集中的企业更要贯彻执行这个方针。

我国工人阶级始终是推动社会前进的最基本的动力,是革命、建设的主力军。在新的历史时期,工人阶级站在解放和发展社会生产力最前列,为推进改革开放和社会主义现代化建设、为维护社会安定团结作出了新的重大贡献。实践证明,只有充分相信和紧紧依靠工人阶级,加强同广大人民群众的联系,把各方面积极性充分调动起来,建设有中国特色社会主义事业才有最可靠的基础和保证。党的十四届五中全会和八届全国人大四次会议确定的今后五年和十五年我国国民经济和社会发展的蓝图是令人鼓舞的,任务是十分艰巨的。做好当前和今后几年工作至关重要。我们必须全面正确贯彻党的基本理论、基本路线、基本方针,保证经济持续发展、社会全面进步、国家安定团结;必须正确认识和处理社会主义现代化建设中的若干重大关系,使各项工作沿着正确轨道推进;必须坚定而有效实行经济体制和经济增长方式这两个根本性转变,实施科教兴国和可持续发展这两大战略,促进国民经济整体素质提高;必须坚决实行两手抓、两手都要硬的战略方针,保证两个文明协调发展。所有这一切都离不开党的坚强领导,也都离不开工人、农民、知识分子的积极性、创造性和历史主动精神的充分发挥。

随着改革深入、开放扩大、社会主义市场经济发展,我国经济生活、社会生活、政治生活都在发生深刻变化,工人阶级队伍自身状况也在发生变化。我们必须看到这些新的变化,认真研究解决新问题,努力适应新形势要求。同时,应当明确,我们国家是共产党领导的社会主义国家。我们正在建立的社会主义市场经济体制,是与社会主义基本制度联系在一起的,是要探索并确立一种比资本主义条件下运行得更好的新经济体制。在这一进程中,无论所有制结构如何调整,属于国家和集体的生产资料采取什么样的实现形式,公有制经济的性质和主体地位、工人阶级的主人翁地位是不能也绝不允许改变的。现在,国有企业改革步伐正在加快,在建立现代企业制度中企业资产将会重组,企业领导体制和内部组织形式、劳动管理制度势必调整,但企业社会主义性质是不能也绝不允许改变的。我们应当根据企业改革深入发展的实际,研究在新的情况下贯彻全心全意依靠工人阶级方针的有效形式、具体途径和方法,确保工人阶级的领导地位和职工群众的主人翁地位;保证职工群众参与企业民主管理和对企业领导人的民主监督;保障职工群众各项合法权益。这就要加强理论研究和实践经验总结,积极澄清对全心全意依靠工人阶级存在的糊涂观念和错误认识。尤其要注意通过政治、经济、法律、行政等手段以及必要的组织措施,使全心全意依靠工人阶级的方针在国家政治、经济、社会生活各方面得到切实体现。

工会是党领导的职工自愿结合的工人阶级的群众组织。贯彻全心全意依靠工人阶级的方针,就必须充分发挥工会组织作用。工会要通过改善和加强工作,认真履行好维护、建设、参与、教育等各项职能,发挥好党联系职工群众的桥梁和纽带作用,按照培养"四有"[3]新人的要求努力提高职工队伍整体素质,为促进企业改革发展稳定、为国家社会主义现代化建设作出新的更大的贡献。在社会主义市场经济条件下,特别是在劳动关系发生深刻变化的条件下,工会必须强化维护职工合法权益职能;要正确处理维护全国人民整体利益和维护职工群众具体利益的关系,认真做好维护职工民主权利、物质利益、其他权益工作,防止和克服工会工作行政化倾向和官僚主义作风。在工会工作的同志,特别是生产经营困难较大的企业的工会组织,要更加重视密切联系广大职工群众,全心全意为职工群众服务,时刻把职工群众冷暖挂在心上,想职工群众之所想,急职工群众之所急,办职工群众之所需,努力为职工群众排忧解难。

贯彻全心全意依靠工人阶级的方针是全党的大事。各级党委特别是领导干部对此负有义不容辞的重要责任。对于党的干部来说,是否坚定自觉贯彻执行全心全意依靠工人阶级的方针,从根本上说是个政治立场问题、世界观问题,是个党性问题。解决这个问题的办法,最重要最有效的是刻苦学习马克思列宁主义、毛泽东思想特别是邓小平建设有中国特色社会主义理论,努力掌握辩证唯物主义和历史唯物主义,正确看待政党和阶级、领导和群众、领导阶级和其他群众的关系,把马克思主义群众观点和阶级观点统一起来,把执行党的政治路线和执行党的群众路线同贯彻依靠工人阶级的方针统一起来。这样持之以恒,我们的干部在理论上就会走向成熟,政治上就会日益坚定,依靠工人阶级和广大人民群众贯彻执行党的基本路线的自觉性就会不断提高,各项工作就会越做越好。

## 注　　释

〔**1**〕 见毛泽东《在中国共产党第七届中央委员会第二次全体会议上的报告》(《毛泽东选集》第 4 卷,人民出版社 1991 年版,第 1427—1428 页)。

〔**2**〕 见邓小平《第三代领导集体的当务之急》(《邓小平文选》第 3 卷,人民出版社 1993 年版,第 310 页)。

〔**3**〕 见本卷《走出一条有中国特色社会主义精神文明建设新路子》注〔1〕。

# 高举伟大旗帜，推进伟大事业[*]

（一九九七年九月二十三日）

党的十五大在我们党的奋斗史上，在我们事业发展史上，在中华民族振兴史上，树立起又一座光辉的里程碑，必将对社会主义中国跨越世纪的发展产生重大而深远的影响。

当前，摆在我们面前的一项重要任务，就是认真学习贯彻党的十五大精神，把广大干部群众思想统一到党的十五大精神上来，把全国各族人民力量凝聚到实现党的十五大确定的各项任务上来。学习贯彻党的十五大精神，就是要高举邓小平理论伟大旗帜，坚持党在社会主义初级阶段的基本路线、基本纲领，抓住机遇，开拓进取，夺取改革开放和社会主义现代化建设新胜利，把建设有中国特色社会主义事业全面推向二十一世纪。用一句话来概括，就是要高举伟大旗帜，推进伟大事业。

学习贯彻党的十五大精神，首先必须认认真真学。要下功夫认真研读江泽民同志的报告，全面准确领会精神实质，牢牢把握这次大会的主题，明确这次大会提出的奋斗纲领、目标

---

[*] 这是胡锦涛同志在中共中央组织部召开的学习贯彻党的十五大精神暨中央组织部党建研究所成立十周年座谈会上讲话的主要部分。

任务、方针政策,努力增强高举邓小平理论伟大旗帜、坚持党的基本路线不动摇的自觉性和坚定性。学习贯彻党的十五大精神,还必须实实在在干。要紧密联系本地区本部门实际,多做艰苦踏实的工作,认真解决当前经济社会生活中的突出矛盾和问题,切实推进改革开放和社会主义现代化建设事业。

要实现党的十五大确定的各项任务,坚定不移高举伟大旗帜,卓有成效推进伟大事业,需要我们从各个方面做好工作,关键在于坚持、加强、改善党的领导,进一步把我们党建设好。中国共产党是中国工人阶级的先锋队,是全国各族人民的领导核心。邓小平同志曾指出:"在中国这样的大国,要把几亿人口的思想和力量统一起来建设社会主义,没有一个由具有高度觉悟性、纪律性和自我牺牲精神的党员组成的能够真正代表和团结人民群众的党,没有这样一个党的统一领导,是不可能设想的,那就只会四分五裂,一事无成。这是全国各族人民在长期的奋斗实践中深刻认识到的真理。"[1]改革开放近二十年来,我国社会主义现代化建设取得的举世瞩目的辉煌成就,是我们党在邓小平理论指引下、贯彻党的基本路线、进行正确领导的结果,是各级党组织、广大干部和党员团结带领各族群众开拓进取、艰苦奋斗的结果。实践充分证明,我们党有能力领导人民推翻三座大山[2],把半殖民地半封建的旧中国变成社会主义的新中国,也同样有能力领导人民沿着建设有中国特色社会主义道路,把中国逐步建设成为富强民主文明的社会主义现代化国家。面对改革开放和现代化建设新形势,我们党要肩负起历史赋予的领导重任,必须始终高度重视自身建设,必须紧紧围绕新时期党的建设总目标,从思想上组织上作风上全面加强党的建设，继续推进党的建设这一新的伟大工程。当前，要按照党的十五大部署，抓住党的建设中的关键环节和重点问题，加大工作力度，迈出新的步伐。

首先最根本最重要的一条，就是要高举邓小平理论伟大旗帜，坚持不懈用这一理论武装全党。实践充分证明，邓小平理论是指导中国人民在改革开放中胜利实现社会主义现代化的唯一正确的理论，建设有中国特色社会主义道路是实现民族振兴、国家富强、人民幸福的唯一正确的道路。党的十五大把邓小平理论确立为党的指导思想，在党章中明确规定：中国共产党以马克思列宁主义、毛泽东思想、邓小平理论作为自己的行动指南。这是我们党在总结近二十年来实践经验的基础上作出的历史性决策，对于保证我们党领导人民坚定走有中国特色社会主义道路，把我国建设成为富强民主文明的社会主义现代化国家，具有重大而深远的意义。全党同志都要自觉高举邓小平理论伟大旗帜，在思想上和工作中牢固确立邓小平理论的指导地位。在这个问题上一定要清醒和坚定。

高举邓小平理论伟大旗帜，必须坚持用邓小平理论武装全党首先是武装领导干部。在新的形势下，要把这一长期战略任务切实抓紧抓好，抓出更明显的成效。各级领导干部首先是高级干部要带头学好邓小平理论。要完整准确把握理论的科学体系，从总体上领会理论的基本观点和基本精神，同时又要联系各自工作领域实际，对理论有关内容进行系统钻研和理解，不断把理论学习引向深入。加强理论武装，不仅要深入学习、掌握理论，更重要的是切实用理论武装头脑、统一思想、指导工作，自觉运用理论研究解决改革开放和现代化建设中的新情况新问题,特别是一些关系全局的重大问题,提高解决实际问题能力。

高举邓小平理论伟大旗帜,学习和实践这一科学理论,必须牢牢把握理论的精髓。实事求是是马克思列宁主义的精髓,是毛泽东思想的精髓,也是邓小平理论的精髓。始终坚持解放思想、实事求是,既是党制定正确政治路线和方针政策的基础和前提,也是我们正确贯彻执行党的路线方针政策的基础和保证。我们正在从事的建设有中国特色社会主义事业是崭新的创造性事业。马克思没有讲过,我们的前人没有做过,其他社会主义国家也没有干过,没有现成经验可学,我们只能在干中学、在实践中摸索。只有坚持从我国现在处于并将长期处于社会主义初级阶段这个最基本的国情出发,坚持以"三个有利于"[3]作为根本判断标准,才能制定和完善符合我国现阶段实际的路线方针政策,才能不断开拓我们事业新局面。贯彻执行党在社会主义初级阶段的基本路线和方针政策,同样要坚持解放思想、实事求是,大胆实践、勇于探索。要坚持从本地实际出发,把中央方针政策同本地区本部门实际结合起来,创造性开展工作,坚持做到尊重客观规律、尊重群众意愿。特别是对一些正在探索和试验中的事物,既要积极支持,又要不断总结经验、正确进行引导,循序渐进,防止不顾实际、急于求成、一哄而起。

高举邓小平理论伟大旗帜,必须坚持用这一理论武装全党,指导我们整个事业和各项工作。我们说提高党的执政水平和领导水平,说到底就是要提高各级领导干部特别是高级干部运用邓小平理论分析形势、把握大局、处理矛盾、克服困难、推进伟大事业的水平。只有这样，才能真正坚持邓小平理论，才能充分发挥理论的指导作用和强大威力，才能在推进伟大事业的实践中继续丰富和创造性发展这个理论。

大力加强各级领导班子建设和高素质干部队伍建设，是党的建设又一项重大任务。正确的思想路线政治路线要靠正确的组织路线来保证，要由人来具体贯彻执行。党的十五大明确了我国改革开放和社会主义现代化建设跨世纪发展的奋斗纲领、战略部署、目标任务。大政方针已定，干部就是决定的因素。落实党的十五大精神，对进一步加强领导班子和干部队伍建设提出了刻不容缓的迫切要求。我们一定要从全局和战略的高度，从确保把建设有中国特色社会主义事业全面推向二十一世纪的历史高度，充分认识领导班子和干部队伍建设的极端重要性和现实紧迫性，认真总结成功经验，紧密联系事业发展需要，针对存在的突出问题，切实加大这方面工作力度。要以思想政治建设为重点，把各级领导班子建设成为坚决贯彻党的基本理论和基本路线、全心全意为人民服务、具有领导现代化建设能力、团结坚强的领导集体。要按照革命化、年轻化、知识化、专业化方针和德才兼备原则，努力建设一支适应社会主义现代化建设需要的高素质干部队伍。各级领导干部都应当成为用邓小平理论武装起来、政治上清醒和坚定、忠心耿耿为党和人民工作，具有大局意识和开拓进取精神，具有较强领导能力和优良工作作风，严于律己、清正廉洁、公道正派的领导者和带头人。尤其是高级干部，更要努力成为忠诚于马克思主义、坚持走有中国特色社会主义道路、会治党治国的政治家。要牢固树立马克思主义群众观点，始终保持同人民群众首先是工农基本群众的血肉联系,把人民群众安危冷暖挂在心上,真心实意维护最广大人民根本利益。在工作中要坚持一切为了群众,坚定相信群众,处处依靠群众。要经常深入实际、深入基层,调查研究,虚心向群众学习,遇事同群众商量,决不能搞官僚主义、形式主义、命令主义。在努力提高现有领导干部素质的同时,要继续加大培养选拔优秀年轻干部工作力度,结合今明两年地方领导班子换届,使这方面工作取得更大成效,为贯彻党的十五大精神、高举伟大旗帜、推进伟大事业提供坚强组织保证。

要继续深入开展党风廉政建设和反腐败斗争。江泽民同志在党的十五大报告中指出,反腐败是关系党和国家生死存亡的严重政治斗争。这一论断深刻揭示了我们党正在坚持开展的反腐败斗争的性质和重大意义,再次向全党敲响了警钟,进一步表明了我们党同腐败现象作斗争的坚定决心。在反腐败这场严重政治斗争中,各级领导干部特别是高级干部要坚持以身作则,在反腐倡廉上作榜样。要始终牢记全心全意为人民服务的宗旨,加强世界观改造,加强党性锻炼,牢固树立崇高理想、坚定信念、高尚情操,坚持自重、自省、自警、自励,坚决抵制资产阶级腐朽思想和生活方式侵蚀;特别是要正确对待手中的权力,将人民赋予的权力用来为人民谋利益,决不能以权谋私。各级领导干部都要模范遵纪守法,自觉接受监督,做艰苦奋斗、廉洁奉公的表率,并带领群众同腐败现象作斗争。各级党组织对领导干部要严格要求、严格管理、严格监督,在切实加强党内监督的同时,加强法律监督、群众监督、舆论监督。在整个改革开放过程中,我们必须始终不渝坚持从严治党，坚定不移反对腐败。对腐败分子，一经发现，就要依据党纪国法坚决进行查处，决不手软，决不姑息。在我们党内决不允许腐败分子有藏身之地。只要我们按照党的十五大确定的方针，坚持标本兼治，坚持领导干部带头廉洁自律，一个一个打好反腐败的阶段性战役，就一定能够取得反腐败斗争胜利。

总之，贯彻落实党的十五大精神，对党的建设工作提出了更高要求。党建理论工作者要带头学习、宣传、贯彻党的十五大精神，自觉高举邓小平理论伟大旗帜，坚持运用邓小平新时期执政党建设理论，深入研究新形势下党的建设中的重大理论问题和实际问题，为继续推进党的建设这一新的伟大工程，为把建设有中国特色社会主义事业全面推向二十一世纪，发挥积极作用，作出更大贡献！

## 注　　释

〔1〕见邓小平《党和国家领导制度的改革》(《邓小平文选》第2卷，人民出版社1994年版，第341—342页)。

〔2〕见本卷《中国工人阶级的伟大使命》注〔1〕。

〔3〕见本卷《大力加强国有企业党的建设》注〔4〕。

# 做人民满意的公务员[*]

（一九九七年十月二十一日）

在全党全国人民学习贯彻党的十五大精神的时候，人事部[1]授予十名同志"人民满意的公务员"荣誉称号。今天，中央宣传部、人事部又举行事迹报告会。这是很有意义的。我看了十位同志的事迹材料，刚才又听了两位同志的发言，感到大家虽然来自不同地区，工作岗位也不尽相同，但有一个共同的特点，就是大家都坚持诚心诚意为人民谋利益，出色履行了自己的职责。你们认真贯彻党的基本理论、基本路线，爱岗敬业，努力学习，艰苦奋斗，开拓进取，廉洁奉公，自觉奉献，用自己的实际行动赢得了人民群众信赖和赞誉，展示了我国公务员的崭新精神风貌，确实值得大家学习。

党的十五大是我们党和国家发展进程中的一次具有划时代意义的历史性盛会。江泽民同志在大会所作的报告，是全党全国人民迈向新世纪的政治宣言和行动纲领。我们现在和今后要做的就是，高举邓小平理论伟大旗帜，坚决执行党的基本路线不动摇，积极落实党的十五大确定的各项任务，把建设有中国特色社会主义伟大事业全面推向二十一世纪。为了完

---

　＊　这是胡锦涛同志会见"人民满意的公务员"报告团成员时的讲话。

成这个史无前例的伟大创业,我们必须建设一支高素质国家行政管理干部队伍,一支自觉实践为人民服务宗旨的公务员队伍。

我们国家是人民当家作主的社会主义国家,我们的政府是人民的政府。国家机关公务员,无论从事何种工作,无论职位高低,都是人民的勤务员,都要坚持和实践全心全意为人民服务的宗旨,把人民群众满意不满意作为自己全部工作的出发点和归宿,把人民利益放在大于一切、重于一切、高于一切的位置上。为此,必须做到以下三点。

第一,要坚定不移贯彻执行党的基本理论、基本路线和方针政策,在本职岗位上创造一流业绩。邓小平理论和党在社会主义初级阶段的基本路线、方针政策,是广大人民群众新时期根本利益和共同意志的集中体现。公务员在各自岗位上实践全心全意为人民服务的宗旨,就必须认真学习邓小平理论,坚决执行党的路线方针政策,以实际行动把建设有中国特色社会主义事业不断推向前进。当前,我们既面临深化改革中的一些矛盾和困难,但更有难得的发展机遇和做好工作的有利条件。必须进一步解放思想,坚持实事求是,抓住机遇而不可丧失机遇,开拓进取而不可因循守旧,按照"围绕经济建设这个中心,经济体制改革要有新的突破,政治体制改革要继续深入,精神文明建设要切实加强"[2]的要求,坚持"三个有利于"[3]的标准,大胆探索,锐意创新,埋头苦干,知难而进,努力开创工作新局面,为促进本地区经济发展和社会全面进步多作贡献。

第二,要正确行使手中的权力,始终做勤政为民、廉洁自律的好公仆。我们国家各级政权机关的权力都属于人民。国家公务人员是为人民服务的公仆。人民赋予公务员的权力是履行职责所必需的。任何一个公务员都要坚持用权为民，决不能以权谋私。手中权力愈大，责任就愈重，就愈应当具有高度的责任感，努力做到为党分忧、为国奉献、为民造福。要把实践全心全意为人民服务的宗旨贯彻到履行岗位职责全部活动之中，坚持依法用权，严格照章办事，尊重和保障人民群众合法权益，自觉接受人民群众监督，并坚决同滥用权力、假公济私、损公肥私、欺压群众的行为作斗争。

第三，要坚定相信和依靠群众，经常同群众保持密切联系。国家公务人员一定要牢固树立马克思主义群众观点，切实摆正自己同人民群众关系，自觉置身于群众之中，而不能高踞于群众之上。在工作中要坚持从群众中来、到群众中去的根本工作路线，注重调查研究，尊重群众实践和创造，虚心向群众学习，善于同群众商量办事。要时刻倾听群众呼声，关心群众疾苦，想群众之所想，急群众之所急，办群众之所需。坚决防止和克服官僚主义、形式主义、命令主义等脱离群众的不良作风。

这次受到表彰的同志，是广大公务员的杰出代表。要实事求是宣传这些先进典型的优秀品德和先进事迹，广泛深入开展做人民满意的公务员的活动，在广大公务员队伍中集中进行一次坚持和实践为人民服务宗旨教育，使我们党密切联系群众的好传统在新时期更加发扬光大，促进高素质国家行政管理干部队伍建设。

# 注　　释

〔1〕人事部，即中华人民共和国人事部。二〇〇八年三月，根据《国务院机构改革方案》，与劳动和社会保障部整合组建为人力资源和社会保障部。

〔2〕见江泽民《高举邓小平理论伟大旗帜，把建设有中国特色社会主义事业全面推向二十一世纪》(《江泽民文选》第2卷，人民出版社2006年版，第1—2页)。

〔3〕见本卷《大力加强国有企业党的建设》注〔4〕。

# 为妇女群众服务
# 是妇联工作的出发点和落脚点 *

（一九九七年十二月一日）

党的十五大明确提出，建设有中国特色社会主义全部工作的出发点和落脚点就是全心全意为人民谋利益。妇联是我们党领导下的妇女群众组织，必须把一切为了妇女群众作为全部工作的目的，把一切依靠妇女群众作为根本工作路线和工作方法，把广大妇女拥护不拥护、赞成不赞成、满意不满意作为衡量工作成效的基本尺度。只有这样，才能广泛调动妇女群众为实现党的十五大提出的各项任务而奋斗的积极性和创造性，更好担负起党和人民交给妇联组织的光荣职责。

妇联组织为妇女群众服务，就必须注意从她们迫切需要解决的问题入手，多办实事，多办好事。

一是要从提高素质入手。国民素质是国家综合国力的重要体现，是国际竞争力的重要方面，是国家经济社会发展的基础。妇女占人口的一半，妇女素质直接关系到国家强盛和民族振兴，也关系到妇女自身解放。在发展社会主义市场经济

---

\* 这是胡锦涛同志在全国妇联七届五次执委会上的讲话《认真学习贯彻党的十五大精神，努力把妇联工作提高到一个新的水平》的一部分。

的条件下，竞争机制将发挥日益重要的作用，素质高低已成为影响人们竞争实力的关键因素。国家在政策上对妇女作些特殊保护是必要的，但妇女要在竞争中站住脚，从根本上说必须强化自身素质。因此，妇联组织始终要把帮助妇女提高素质，培养造就"四有"[1]、"四自"[2]新女性作为一项战略任务来抓。既要帮助妇女学科学、学文化，又要帮助她们全面提高思想道德素质；既要为妇女提高素质创造外部条件，又要调动她们内在积极性；既要重视优秀妇女人才培养选拔，又要着眼于各族各界妇女整体素质提高。

二是要从解决实际困难入手。随着改革不断深化，妇女群众在工作生活中必然会产生许多新的需求，也会遇到一些新的困难。为她们排忧解难是妇联开展服务的重要切入点。各级妇联组织要经常深入基层、深入群众，倾听广大妇女群众呼声，了解她们疾苦。对妇联有能力解决的问题，要一件事情一件事情去落实，力求服务到位；对一些妇联自己解决不了的问题，要充分利用民主参与和民主监督渠道，向党和政府以及有关部门反映，向社会各界呼吁；对一些暂时难以解决的问题，也要耐心做好思想工作，从而使广大妇女真正感受到我国社会主义制度的优越性和妇联组织的温暖。

三是要从解决最突出的问题入手。我们党和政府一贯关心和重视妇女儿童合法权益保护，但现实生活中侵犯妇女儿童合法权益现象仍时有发生，在有些地方、有些领域还表现得相当严重。当前，最突出的问题是黄赌毒等社会丑恶现象蔓延滋长，恶性案件频频发生，对社会造成的影响十分恶劣，对妇女儿童造成的危害十分严重。妇女儿童身心健康是关系民族兴衰的大事。保护妇女儿童合法权益是全社会的共同责任,也是妇联组织的重要职责。各级妇联组织要挺身而出,拿起法律武器,采取切实措施,理直气壮开展维权工作,坚决同一切侵犯妇女儿童合法权益的行为作斗争。


## 注　　释

〔1〕见本卷《走出一条有中国特色社会主义精神文明建设新路子》注〔1〕。

〔2〕"四自",指自尊、自信、自立、自强。

# 做好面向新世纪的组织工作<sup>*</sup>

（一九九七年十二月二十一日）

高举邓小平理论伟大旗帜、把建设有中国特色社会主义事业全面推向二十一世纪，是党的十五大的主题，是当前和今后一个时期全党全国工作的主题，也是面向新世纪加强党的建设和做好组织工作必须牢牢把握好的主题。党的十五大报告提出，面向二十一世纪的中国共产党，要把自己建设成为用邓小平理论武装起来、全心全意为人民服务、思想上政治上组织上完全巩固、能够经受住各种风险、始终走在时代前列、领导全国人民建设有中国特色社会主义的马克思主义政党。要求全党按照推进党的建设新的伟大工程总目标，认真解决好不断提高领导水平和执政水平、不断增强拒腐防变能力这两大课题，努力从思想上组织上作风上全面加强党的建设，充分发挥党的思想政治优势、组织优势、密切联系群众优势，把从严治党的方针贯彻到党的建设各项工作中去，以保持党的先进性和纯洁性，增强党的凝聚力和战斗力。所有这些，都体现了高举伟大旗帜、推进伟大事业这个主题，构成了面向新世纪

---

* 这是胡锦涛同志在全国组织工作会议上的讲话《高举邓小平理论伟大旗帜，努力做好面向新世纪的组织工作》的一部分。

全面推进党的建设新的伟大工程的基本框架和总体部署。我们要深刻理解党的十五大的主题，围绕这个主题积极做好组织工作，大力加强党的建设，保证我们党以新的面貌和更强大的战斗力，团结带领全国各族人民继往开来，在二十一世纪写下新的光辉篇章。

下面，我着重就做好面向新世纪的组织工作讲一些意见。

**一、以领导干部为重点，推动全党扎扎实实、蓬蓬勃勃兴起理论学习新高潮。**

高举邓小平理论伟大旗帜，最重要的是用这一理论武装全党，首先武装好各级领导干部。各级党委和有关部门务必按照党的十五大的要求，把对邓小平理论的认识提高到一个新的高度，以更大的决心、足够的精力、得力的措施推动全党兴起学习马克思列宁主义、毛泽东思想特别是邓小平理论新高潮，力求在学习广度和深度上有新的发展，在学习质量上有新的提高，在弘扬马克思主义学风上有新的进步。

兴起理论学习新高潮，首先必须在端正学习态度、增强学习自觉性上下功夫。应当看到，把建设有中国特色社会主义事业全面推向新世纪的任务，对全党学习掌握邓小平理论、加强理论修养提出了更高要求。在这样的形势下，越来越多的同志学理论的热情和自觉性不断提高，这是十分可喜的。然而，在领导干部中也还有不少同志学习理论兴趣不浓、自觉性不高，忙于各种应酬，就是不挤时间学习。有的把学习和工作割裂开来、对立起来，以干代学，不愿在钻研理论上下功夫。有的虽然在学，但不认真、不刻苦，浅尝辄止，不善于运用理论武器分析形势、指导工作、解决现实问题。各级党委要引导广大党员干部首先是领导干部进一步提高对理论武装的重要性和迫切性的认识，认真纠正一些同志对待理论学习的不正确态度，为兴起理论学习新高潮打下牢固思想基础。

兴起理论学习新高潮，必须把学习邓小平理论同学习党的十五大精神结合起来。江泽民同志在党的十五大上的报告，通篇高举邓小平理论伟大旗帜，在改革开放和现代化建设的一系列重大问题上作出了新的重大决策，在理论上有新突破新发展，是用邓小平理论研究新情况、解决新问题的典范。只有深入学习邓小平理论，才能全面准确理解党的十五大报告的精神实质；只有认真学习党的十五大报告，才能更深刻理解邓小平理论的指导意义和对解决现实问题的巨大作用。要把党的十五大报告作为学习邓小平理论的一个基本文件，通过学习党的十五大报告，引导大家着重解决好四个问题：一是深刻理解邓小平理论的历史地位和指导意义，自觉坚持用这一理论指导思想和行动。要把马克思列宁主义、毛泽东思想、邓小平理论作为统一的科学体系来学习和掌握，不能把它们割裂开来；要把邓小平理论作为引导我们认识世界改造世界的强大思想武器来学习和掌握，真正领会精神实质。二是深刻理解和全面把握我国社会主义初级阶段的基本特征和现实国情，从而真正弄清楚我们党为什么只能实行现在这样的路线和政策而不能实行别样的路线和政策，增强执行党的基本路线、基本纲领的自觉性和坚定性，提高鉴别原则是非和排除各种干扰能力。三是深刻理解党的十五大为我国跨世纪发展作出的一系列新的重大决策。当前，尤其是在调整和完善所有制结构、探索公有制实现形式多样化、推进国有企业改革中,要全面正确理解和贯彻党的十五大精神,尊重客观规律、尊重群众意愿,切忌片面性、绝对化和一刀切。四是深刻理解面向新世纪的中国共产党肩负的重大历史责任,牢固树立办好中国的事情关键在党的思想,认真按照加强党的建设的总目标总要求,努力推进新的伟大工程。

兴起理论学习新高潮,必须大力弘扬理论联系实际的马克思主义学风。要以马克思主义为指导,以我国改革开放和现代化建设的实际问题、以我们正在做的事情为中心,着眼于马克思主义理论的运用,着眼于对实际问题的理论思考,着眼于新的实践和新的发展,解放思想、实事求是,研究新情况、解决新问题、总结新经验,既珍惜已有成果和经验,又随着实践发展不断有所创新。要大力发扬认真学习的风气、民主讨论的风气、积极探索的风气、求真务实的风气,坚持学用结合,把学和用、知和行结合起来,既用理论指导我们改造客观世界,提高研究解决改革开放和现代化建设实际问题本领,又用理论指导我们改造主观世界,增强党性锻炼,牢固树立正确的世界观、人生观、价值观。

兴起理论学习新高潮,各级领导干部首先是高中级领导干部要起好表率作用。中央决定举办两期新进中央委员会的中央委员和中央候补委员学习邓小平理论和党的十五大精神研讨班,第一期研讨班已经开学。地方各级党委也应从各自的实际出发,抓紧安排新进领导班子的同志集中学习。主要领导同志要亲自抓,精心组织,精心指导,努力取得好效果。要在认真总结经验的基础上,结合新的情况,继续把领导干部理论培训工作搞好。在这里,要明确提出,自一九九三年十月中央举办省部级主要领导干部理论研讨班以来,凡没有参加过集中理论培训的省部级领导干部,在今后两年内都要安排参加一次集中学习培训。各级党委中心组是领导干部学习的一种重要形式,要坚持下去,健全制度,保证时间,提高质量。各级领导干部都要处理好学习和工作的关系,养成自学的习惯。各级党委要加强对领导干部学习的指导,对不同层次领导干部要有针对性规定学习内容,列出必读书目,提出明确要求,加强督促检查。要切实建立和严格执行对干部学习理论的考核制度。对那些学习好、工作成绩显著的干部,要给以表彰和重用;对那些自己不懂又不学,工作应付、不求进取的,要给以批评教育,必要时应进行调整。要继续抓好在领导干部中开展的以"讲学习、讲政治、讲正气"为主要内容的党性党风教育。还要按照规划,组织各级领导干部学习社会主义市场经济知识、现代科学技术知识、法律知识、管理知识、历史知识以及做好工作所必需的其他知识,全面提高干部素质。

**二、以思想政治建设为重点,全面加强领导班子建设。**

高举邓小平理论伟大旗帜,推进建设有中国特色社会主义伟大事业,要求我们把各级领导班子建设成为坚决贯彻党的基本理论和基本路线、全心全意为人民服务、具有领导现代化建设能力、团结坚强的领导集体。按照这一总的要求,尤其要在不断提高领导水平和执政水平、不断增强拒腐防变能力上下功夫。这一个提高、一个增强,是全党面对新形势新任务必须解决好的历史性课题。就县级以上各级领导班子特别是高级干部而言,提高领导水平和执政水平,主要的要求,一是提高以邓小平理论为指导、从实际出发贯彻执行党的路线方针政策、总揽改革开放和现代化建设全局的水平;二是提高以经济建设为中心、驾驭和运用社会主义市场经济规律的水平;三是提高依法治国、发展社会主义民主、健全社会主义法制,正确处理改革发展稳定三者关系的水平;四是提高坚持两手抓、两手都要硬的方针,推动两个文明建设协调发展和社会全面进步的水平。关于增强拒腐防变能力,主要就是在错综复杂的国际环境中,既坚持对外开放,善于吸收和借鉴一切对我们有用的东西,又能警惕和抵制敌对势力对我国实施西化、分化政治图谋;在深化改革、发展社会主义市场经济的新形势下,既勇于改革、大胆创新,又能继承和发扬党的优良传统,经受住各种风险、困难考验和腐朽思想、生活方式侵袭。

加强领导班子建设,一定要抓住实践党的宗旨、密切联系群众这个根本问题。我们党来自人民、植根于人民、服务于人民。人民群众是我们党的力量源泉和胜利之本。党在长期斗争中形成的密切联系群众的优势来之不易。在新的历史条件下,更要十分珍惜并结合新的实践充分发挥这个优势。各级领导干部必须牢固树立马克思主义群众观点,始终不渝实践全心全意为人民服务的宗旨,任何时候都把人民利益放在高于一切的位置。要全面正确积极执行党的路线方针政策,既要善于发现群众创造,总结基层经验,又要善于把党的路线方针政策变为群众的自觉行动,把对上级负责和对群众负责统一起来。要正确行使手中的权力,真正为人民掌好权、用好权。坚决反对弄权渎职、虚报浮夸、强迫命令、以权谋私等损害群众利益的行为。要坚定相信群众,紧紧依靠群众,遇事同群众商量。比如,在推进国有企业改革中,要把企业改革方案交给群众讨论,把企业面临的问题和我们为克服困难采取的办法向群众讲清楚,听取群众意见,这样才能得到群众理解和支持,我们克服困难的力量也就会大得多。各级领导干部必须把群众冷暖疾苦时刻挂在心上,想群众之所想,急群众之所急。当前,尤其要十分关心灾区和贫困地区群众,十分关心困难企业和下岗的职工群众,发动各方面力量,千方百计帮助他们解决实际困难。

加强领导班子建设,必须认真贯彻民主集中制,在增强团结、形成合力上有明显进步。在实行改革开放、发展社会主义市场经济的条件下,民主集中制不仅不能削弱,而且必须进一步坚持和完善。根据当前情况,要在四个方面认真作出努力:一是按照民主集中制原则处理好地方、部门同中央的关系,坚决维护中央权威,自觉在政治上同中央保持一致。在深化改革、调整利益关系中,尤其要强化全局观念,保证中央决策顺利贯彻执行,坚决纠正有令不行、有禁不止的歪风。二是健全党委制,增强领导班子内部团结。要认真执行《中国共产党地方委员会工作条例(试行)》,严格按照条例规定的党委会及其常委会的职责范围、议事规则、决策程序行事。既不能用书记办公会代替常委会,也不能用常委会代替党委会。既要健全集体领导,实行科学决策、民主决策,又要坚持分工负责;每个领导成员都要摆正自己在领导集体中的位置,"班长"更要以身作则,带头发扬民主,调动"一班人"积极性,在涉及全局工作和人事任免问题上尤其不能搞一言堂。领导成员要树立起互相信任、互相谅解、互相支持、互相帮助的风气,做到既讲团结,又讲原则,勇于和善于开展批评和自我批评。实行行政首长负责制的领导班子,也要根据各自特点贯彻民主集中制原则,不能把首长负责制变成家长制。三是地方党委要更好发挥领导核心作用,支持人大、政府、政协等组织按照各自职责和章程主动开展工作,把方方面面积极性充分调动起来,形成合力。各级人大、政府、政协和群团组织都要自觉接受党委领导,保证党中央和党委重大决策得到有效实施。四是切实保障党章赋予党员各项权利,疏通和拓宽发扬党内民主渠道,进一步活跃党内生活,发挥好广大党员积极性和创造性。

在世纪之交,做好地方各级领导班子换届工作,事关大局,事关长远。各地党委要坚决贯彻中央有关部署,以提高素质、完善结构、增强活力为重点,搞好人事安排。在换届工作中,必须加强党的领导,正确执行政策,充分发扬民主,严格依法办事。在换届选举前,要切实做好思想工作,把干部引导到聚精会神贯彻党的十五大精神、一心一意完成当前各项工作任务上来,教育大家正确对待个人职位的进退留转,经受住名权位考验。绝不允许跑官要官,更不允许搞违法违纪活动。在换届选举中,要加强领导,精心组织,严格依照法律和有关规定办事,保证选举任务圆满完成。新领导班子产生后,要树立团结奋进、廉洁勤政的好形象,齐心协力,扎实工作,在继承的基础上创新;不要随意否定前任的工作,不要急于提什么新的口号。

**三、以培养选拔优秀年轻干部为重点,大力建设高素质干部队伍。**

建设一支坚决贯彻党的理论和路线、适应社会主义现代化建设需要的高素质干部队伍,是我们的事业不断取得成功的关键。各级党委务必按照党的十五大精神和中央有关要求，把这件大事切实办好。

要进一步全面贯彻干部队伍"四化"[1]方针和德才兼备原则，选好用好干部。要及时发现和果断选用那些群众公认是坚决执行党的路线、实绩突出、清正廉洁的干部。决不能用那些背离党的路线的人，那些争名夺利、弄虚作假、跑官要官的人，以及那些不顾大局、不守纪律、不求进取、不干实事的人。各级党委首先是主要负责同志应当坚持任人唯贤、反对任人唯亲，在用什么人、不用什么人上体现出党的干部标准的原则性和干部政策的鲜明性。要深刻理解邓小平同志关于"选贤任能也是革命"[2]的论断，牢固树立"事业兴衰在用人"的观念，实事求是、公道正派看待每一个干部的德和才，不拘一格选拔人才，特别是大胆起用优秀年轻干部。要坚决冲破论资排辈、求全责备、迁就照顾，以及凭个人好恶、得失、恩怨来选人用人的错误观念和做法。

要坚定不移推进干部制度改革，乘势而进，加快步伐，力求取得新的突破。要进一步扩大民主，注重社会公论，广泛听取各方面意见，采取民主评议、民主推荐等多种形式，让群众更多参与对干部的考察和选拔。本着群众公认的原则，得不到多数人拥护的不能提拔。同时，要把群众推荐和组织考察、坚持党管干部原则和充分走群众路线更好结合起来。要建立健全干部考核制度，客观全面评价干部德能勤绩，为正确执行干部政策、做好选拔任用工作提供科学依据。要系统总结这几年对领导班子实行届中考察、换届考察、实绩考核的经验，制订干部考核条例，推动这项工作规范化、制度化、科学化。

在这个基础上，用好干部考核成果，实行升降奖惩，努力在推动干部能上能下方面取得明显进展。要努力创造公开、平等、竞争、择优的用人环境，为优秀人才脱颖而出提供制度保证。一些地方和部门采取公开推荐和考试考核相结合的办法选拔部分领导干部，效果很好，可以在更大范围内推广。要按照党的十五大的要求，完善公务员制度，推进这一制度实施，做好在党群机关、人大机关、政协机关参照管理工作。要通过深化干部制度改革，防止和纠正用人上的不正之风。坚决反对搞亲亲疏疏、拉关系、走门子、跑官要官等歪风，充分认识这些现象对干部队伍的腐蚀和对我们事业的严重危害，采取坚决有力的措施认真加以治理。对在干部人事工作中以权谋私、权钱交易、卖官买官的，不管涉及谁，都要依照党纪国法严肃查处、严加惩治，决不能手软。

要进一步加大干部培养力度。对干部特别是年轻干部，要着重抓好学习马克思列宁主义、毛泽东思想特别是邓小平理论的培训，帮助他们提高理论素养，增强执行党的基本路线的自觉性和坚定性，树立正确的世界观、人生观、价值观，切实解决举什么旗、走什么路、做什么人、接什么班的问题。要鼓励和推动年轻干部到改革、建设第一线去，到基层去，到艰苦和困难多的地方去，到党和群众最需要的地方去，从群众实践中汲取营养，经受考验和磨练。不接受组织安排到这些地方去工作的干部不能提拔使用，不应作为后备干部培养。要从锻炼提高干部着眼，大力推进干部交流。交流范围要逐步扩大，地（市）一级党政领导干部可以根据需要跨省安排交流，县（市）党政领导干部要提倡和鼓励在省内交流。要把加强干部交流同执行干部任期任届、任职回避、岗位轮换等制度结合起来。要继续注意做好培养女干部、党外干部、少数民族干部的工作。

在大力培养年轻干部、推进干部队伍新老交替的情况下，要高度重视做好老干部工作。要按照有关政策规定，进一步落实好老干部待遇，更好从政治上关心、生活上照顾老干部，使他们老有所养、老有所学、老有所为，尤其要发挥他们在培养教育青少年、加强精神文明建设、弘扬党的优良传统等方面的积极作用。

**四、以农村和企业为重点，加强和改进党的基层组织建设。**

党的基层组织是党的全部工作和战斗力的基础。党的十五大报告强调，加强和改进党的基层组织建设，要围绕党的基本路线，为党的中心任务服务；用改革精神研究新情况新问题，改进工作方法、工作作风、活动方式；认真做好对党员教育、管理、监督，增强解决自身矛盾能力。这些重要指导方针和基本要求是新形势下党的基层组织建设的经验总结，必须认真贯彻执行。

加强农村基层党组织建设，仍然是基层组织建设的重点。加强农业基础，发展农村经济，深化农村改革，保持农村稳定，对于实现我国跨世纪发展目标至关紧要，而所有这些工作都离不开农村基层党组织自身建设的加强和作用的发挥。因此，要始终把农村基层组织建设作为关系广大农村以至整个改革发展稳定大局的一项基础工作，继续向前推进，决不能稍有松懈。要紧紧围绕经济建设这个中心，按照"五个好"[3]的目标要求,全面、深入、扎实、持久做好工作,继续加大对后进村党支部整顿的力度,加快中间状态村党支部转化,促进先进村党支部再上新台阶,提高农村基层组织建设整体水平。实行村务公开、民主管理,有利于扩大基层民主、加强廉政建设、密切干群关系,要总结经验,大力推广,不断完善,逐步规范。要把抓村级组织建设和抓乡镇党委建设有机结合起来,使其相互促进。要适应农村改革深化和经济发展,及时调整党组织设置,改进工作方法和活动方式,使党组织在农村两个文明建设中更好发挥领导核心作用。

要高度重视并大力做好企业党建工作。国有企业是我国国民经济的支柱。按照党的十五大的部署深化国有企业改革,任务艰巨而紧迫。这对企业党组织党建工作也提出了新的更高的要求。各级党委和有关部门要继续认真贯彻《中共中央关于进一步加强和改进国有企业党的建设工作的通知》精神,切实加强国有企业党建工作,发挥好企业党组织政治核心作用。当务之急,是要动员企业党组织和广大党员、干部认真学习领会党的十五大精神,正确理解中央关于调整和完善所有制结构、深化国有企业改革等重大决策,认清形势,明确任务,胸怀大局,迎难而上,坚定在改革第一线,为搞好国有企业改革发展提供思想、政治、组织保证。与此同时,要积极探索解决企业党建遇到的新问题。要按照政企分开和干部分类管理的要求,改进对国有企业和国有控股企业领导人员的管理。坚持党管干部原则,改进党管干部方法,逐步做到管资产和管人相结合,建立起与现代企业制度相适应的企业人事管理体制。要继续做好国有企业领导班子考核工作,结合深化企业改革,配齐配强企业领导班子。在劳动者的劳动联合和劳动者的资本联合为主的集体经济组织中,党建工作要主动开展,党组织设置应同步进行。外商投资企业中的党组织应在中方员工中发挥政治核心作用,要继续总结推广好的经验,进一步推动这些企业中的党建工作。个体、私营企业收购、兼并、租赁、承包了国有、集体企业的,原国有、集体企业中的党组织不能取消。在非国家、集体控股的股份制企业、股份合作制企业,个体私营企业,凡具备条件的都要抓紧建立党的组织。当然,这些企业的党组织,由于所处的具体环境、工作条件、担负的责任与国有企业党组织有所不同,因而党组织设置形式、发挥作用途径、活动方式等也应当有所不同,但都要积极开展党的工作。面对所有制结构调整和公有制实现形式多样化的新情况,各级党委要努力探索从各类企业实际出发加强党的建设、发挥党组织作用的有效办法。无论在何种企业,党组织都要坚决贯彻执行党的路线方针政策、围绕改革和生产经营开展工作,都要在自己的活动中体现党的先进性,都要切实管理、教育、监督好党员,都要关心职工、做好群众工作。

机关、高校、科研院所、城市街道和其他事业单位党的建设工作,也要从各自特点和实际出发,认真履行党章规定的职责,在抓好领导班子建设上狠下功夫,切实改进和加强对党员、干部的教育、管理、监督,把党组织建设成为坚强战斗堡垒,为党的路线方针政策贯彻执行提供强有力的保证。

**五、以提高素质、增强党性为重点,大力抓好党员队伍建设。**

加强党员队伍建设,提高党员素质,要着重解决好在发展社会主义市场经济条件下共产党员如何增强党性、保持先进性、发挥先锋模范作用的问题。党的十五大报告明确提出共产党员保持先进性、体现时代特征的四个方面要求[4]，非常重要，为今后加强对党员的教育、管理、监督，充分发挥党员作用，进一步指明了方向。各级党组织要结合开展学理论、学党章活动，组织引导全体党员学习和实践这些要求，把坚持共产主义远大理想同模范执行党在社会主义初级阶段的基本路线、基本纲领和方针政策统一起来，脚踏实地为完成当前任务而奋斗。

建设高素质党员队伍，必须严把入口关。各级党委要对近两年发展新党员工作进行一次认真总结，肯定成绩，克服不足。要认真贯彻"坚持标准、保证质量、改善结构、慎重发展"的方针。要按照党章规定的标准和工作程序发展新党员，正确处理数量和质量的关系，把保证质量放在首位。发展新党员工作的着力点要放在对入党积极分子的培养教育上，放在对他们入党动机的考察上。那些指望借执政党地位为自己捞好处、不愿遵守党章、不肯为党工作的人，决不能吸收入党。发展党员的重点要继续放在生产工作一线，放在优秀青年中，同时注意发展妇女党员。

加强党员队伍建设，必须抓好对党员的教育、管理。缺少教育的管理不会是有效的管理，缺少管理的教育不会是有力的教育。只有把两者结合起来，才能收到好的效果。加强教育，最根本最重要的是用邓小平理论武装头脑，帮助党员树立远大理想和坚定信念，增强执行党的基本路线的坚定性，提高实践为人民服务的宗旨、增强党性锻炼的自觉性。严格管理，就要严格党的组织生活，使每个党员经常处于党组织关心、帮助、管理、监督之中。要通过"创先争优"等各种生动具体的活动形式，推动党员充分发挥先锋模范作用，在改革开放和现代化建设中不断建功立业。

## 注　　释

〔1〕见本卷《中国工人阶级的伟大使命》注〔2〕。

〔2〕见邓小平《精简机构是一场革命》(《邓小平文选》第2卷，人民出版社1994年版，第401页)。

〔3〕"五个好"，是中共中央一九九四年十一月五日发出的《关于加强农村基层组织建设的通知》中提出的。通知要求：今后几年，农村基层组织建设要努力实现以下五项目标：一是建设一个好领导班子，尤其要有一个好书记，能够团结带领群众坚决贯彻执行党的路线方针政策。二是培养锻炼一支好队伍，共产党员能够发挥先锋模范作用，干部能够发挥示范带头作用，共青团员能够发挥助手和后备军作用。三是选准一条发展经济的好路子，充分发挥当地优势，加快农民脱贫致富奔小康的步伐。四是完善一个好经营体制，把集体统一经营的优越性和农户承包经营的积极性结合起来，增强经济发展的活力，引导和帮助农民走共同富裕的道路。五是健全一套好的管理制度，体现民主管理原则，保证工作有效运转，使村级各项工作逐步走上制度化、规范化的轨道。

〔4〕四个方面要求，是江泽民一九九七年九月十二日在中国共产党第十五次全国代表大会上的报告《高举邓小平理论伟大旗帜，把建设有中国特色社会主义事业全面推向二十一世纪》中提出的。报告指出，在新的历史条件下，共产党员保持先进性，要体现时代的要求，做到：胸怀共产主义远大理想，带头执行党和国家现阶段的各项政策，勇于开拓，积极进取，不怕困难，不怕挫折；诚心诚意为人民谋利益，吃苦在前，享受在后，克己奉公，多作贡献；刻苦学习马克思主义理论，增强辨别是非的能力，掌握做好本职工作的知识和本领，努力创造一流的成绩；在危急的时刻挺身而出，维护国家和人民的利益，坚决同危害人民、危害社会、危害国家的行为作斗争。

# 不断形成人才辈出
# 群英荟萃的局面<sup>*</sup>

## （一九九八年二月十三日）

邓小平人才人事理论，是邓小平理论科学体系的重要组成部分，是新时期党和国家人才人事工作的理论依据和行动指南。在改革开放和现代化建设的过程中，邓小平同志始终十分重视人才问题，特别是在推进经济体制改革、科技体制改革、教育体制改革的重要时刻，他都强调最关心的是人才。他总是把能否解决好人才的发现、培养、使用问题提到事关社会主义现代化事业成败的高度来认识，提出我们最终不仅要在经济上赶上发达的资本主义国家、在政治上创造比这些国家更高更切实的民主，而且要造就比这些国家更多更优秀的人才。他精辟指出："有了人才优势，再加上先进的社会主义制度，我们的目标就有把握达到。"[1]在邓小平同志大力倡导下，在邓小平理论指引下，我国干部人事工作取得了很大成绩。建立了干部离退休制度，废除了干部领导职务终身制；适当下放了干部管理权限，赋予企业、事业单位相应的用人自主

---

　　* 这是胡锦涛同志在学习邓小平人才人事理论座谈会上的讲话《以邓小平理论为指导，做好面向新世纪的人才人事工作》的主要部分。

权;打破了干部管理的单一模式,初步建立起分类管理的人事工作体制;公务员制度基本建立,考试录用、考核、辞职辞退等制度开始实施。选拔有突出贡献的专家制度、博士后研究制度、优秀专业人才享受政府特殊津贴制度等,以及"百千万人才工程"[2]的实施,推动了人才培养、选拔、使用,促进了尊重知识、尊重人才良好社会风气的形成。事实表明,邓小平人才人事理论的形成和成功实践,对于建设一支高素质干部队伍和人才队伍、保证建设有中国特色社会主义事业兴旺发达具有极其重大的意义。

人才是科技进步和经济社会发展最重要的资源。即将到来的二十一世纪,是一个充满机遇和挑战的世纪。随着世界多极化趋势发展,国际竞争日趋激烈。在高新技术日新月异的情况下,综合国力竞争越来越突出地表现为人才、智力资源开发和使用。谁拥有人才优势,谁就拥有发展优势,就会在世界范围的竞争中处于主动地位。历史经验、现实要求已经告诉我们,未来发展将继续告诉我们,我国现代化建设的进程,在已经有了正确理论和路线指导、有了党的坚强领导的情况下,在很大程度上将取决于国民素质普遍提高和人才资源有效开发。培养同社会主义现代化建设要求相适应的数以亿计高素质的劳动者和数以千万计的专门人才,发挥我国巨大人力资源优势,是关系二十一世纪社会主义事业发展全局的大事。我们一定要从这样的战略高度深刻认识人才问题的极端重要性,坚定不移以邓小平理论特别是人才人事理论为指导,不失时机做好面向新世纪的人才人事工作,努力建立一整套有利于人才发现、培养、使用的激励机制,形成一个有利于优秀人才脱颖而出、充分发挥作用的良好环境,建设一支包括党政领导人才、经济管理人才、科技人才在内的人才大军。有了这样一个人才辈出、群英荟萃的局面,我们的伟大事业就更有把握取得成功。

做好面向新世纪的人才人事工作,必须坚持解放思想、实事求是,以改革精神不断研究新情况、解决新问题。在党的十五大精神指引下,我国改革开放和现代化建设正呈现出蓬勃发展的新局面。这既为进一步做好人才人事工作提供了机遇,也提出了新的要求、新的课题。比如,如何按照实现经济体制和经济增长方式两个根本性转变的要求,拓展人才资源开发广度和深度,加大人才培养力度,不断提高人才队伍整体素质;又比如,如何适应国有企业改革攻坚和开创新局面的需要,加强企业领导班子建设和管理人员、专业技术人员队伍建设,探索创造符合社会主义市场经济发展需要的国有企业领导班子以及队伍管理的新方式;再比如,经济结构、产业结构调整必然带来人才结构调整,如何根据下岗人员中专业技术人员的不同情况,通过实行人才有序流动等各种有效方式,分别迅速转移到诸如高新技术产业、信息产业、第三产业、区街企业、乡镇企业等新的经济增长点,避免人才资源浪费;等等。我们要善于运用马克思主义立场、观点、方法,以科学态度和创造精神研究分析人才人事工作面临的各种新情况新问题,破除落后的思想观念和习惯势力的束缚,积极探索,勇于实践,深化干部人事制度改革,完善人才管理方法,促进人才资源开发和使用,使人才人事工作水平在为改革开放和现代化建设服务的实践中不断得到提高。

做好面向新世纪的人才人事工作,关键在领导。邓小平同志指出:"善于发现人才,团结人才,使用人才,是领导者成熟的主要标志之一。"〔3〕希望我们的各级领导干部特别是高中级干部都能用以要求自己,努力成为自觉尊重和爱护人才,善于正确培养、选拔、使用人才的表率。希望各级党委和政府要舍得在人才培养上投资金、下气力,继续尽心尽力改善各类优秀人才工作生活条件,为他们健康成长和施展才干创造良好环境。

社会主义改革开放和现代化建设需要造就服务我们这个伟大国家、伟大民族、伟大人民的一代又一代优秀人才。我们相信,在邓小平理论指引下,在以江泽民同志为核心的党中央领导下,经过各级党组织和政府扎实工作,经过广大干部奋发努力,一定会涌现出一批又一批适应伟大时代要求的各类优秀人才,从而保证把建设有中国特色社会主义事业不断推向前进。

## 注　　释

〔1〕见邓小平《把教育工作认真抓起来》(《邓小平文选》第3卷,人民出版社1993年版,第120页)。

〔2〕"百千万人才工程",是一九九五年由人事部(二○○八年与劳动和社会保障部整合组建为人力资源和社会保障部)、国家科学技术委员会(一九九八年更名为科学技术部)、国家教育委员会(一九九八年更名为教育部)、财政部、国家计划委员会(后更名为国家发展计划委员会,二○○三年改组为国家发展和改革委员会)、国家自然科学基金委员会、中国科学技术协会共同推出并实施的,旨在选拔培养中青年学术技术领军人才的综合性人才工程。所谓"百千万"

是指重点培养造就上百名能进入世界科技前沿，在世界科技界有较大影响的杰出青年科学家；上千名具有国内领先水平，保持学科优势的学术和技术带头人；上万名在各学科领域里有较高学术造诣、成绩显著、起骨干或核心作用的学术和技术带头人后备人选。其中，百、千层次为国家级人选。

〔**3**〕见邓小平《改革科技体制是为了解放生产力》(《邓小平文选》第 3 卷，人民出版社 1993 年版，第 109 页)。

# 在纪念真理标准讨论
# 二十周年座谈会上的讲话<sup>*</sup>

（一九九八年五月八日）

同志们：

　　二十年前，我们党和国家开展了一场关于实践是检验真理唯一标准问题的大讨论。这场讨论冲破了"两个凡是"[1]的严重束缚，推动了全国性的马克思主义思想解放运动，为具有划时代意义的党的十一届三中全会作了重要思想准备，在党和国家历史进程中产生了重大而深远的影响。今天，在全党全国各族人民面向新的世纪、贯彻落实党的十五大精神的时候，我们纪念这场讨论，对于高举邓小平理论伟大旗帜，进一步增强解放思想、实事求是的自觉性和坚定性，创造性运用和发展邓小平理论，解决面临的各种复杂矛盾和问题，全面推进建设有中国特色社会主义伟大事业，具有十分重要的意义。

---

＊ 胡锦涛同志当时任中共中央政治局常务委员会委员、中央书记处书记、中华人民共和国副主席。

## 一

真理标准问题讨论,是在我们党和国家处于重大历史转折的背景下,在邓小平等老一辈革命家领导和支持下开展起来的。"文化大革命"十年动乱结束后,我们党面临着思想、政治、组织等各个领域全面拨乱反正的任务。但是,这一进程受到了"两个凡是"的严重障碍。由于"左"的思想长期影响和束缚,许多人还不能正确理解毛泽东思想,还不能正确区分毛泽东同志的伟大历史功绩和晚年所犯的错误,还不能从"文化大革命"的指导理论——"无产阶级专政下继续革命的理论"中摆脱出来。因此,党的事业在前进中出现徘徊局面。针对这种状况,邓小平同志首先提出要完整准确理解毛泽东思想,世世代代用毛泽东思想来指导我们全党全军全国人民,强调毛泽东思想的精髓就是实事求是,旗帜鲜明指出"两个凡是"不符合马克思主义,为我们党实现思想路线上的拨乱反正指明了方向。其他老一辈革命家和党内外不少同志也逐渐从不同角度提出,要恢复和发扬党的实事求是的优良作风,正确认识和把握理论和实践的关系,把实践作为检验真理的标准。一九七八年五月十日,中央党校内部刊物《理论动态》首先发表经胡耀邦[2]同志审定的《实践是检验真理的唯一标准》一文。五月十一日,《光明日报》以特约评论员名义,公开发表了这篇文章,新华社向全国转发。一场规模宏大、内涵丰富、影响深远的关于真理标准问题的大讨论在全国轰轰烈烈展开。针对当时一些同志对这场讨论不理解甚至不接受不赞成的情况,邓小平同志在各种场合反复强调,要坚持实事求是、一切从实际出发、理论联系实际这样一个马克思主义的根本观点、根本方法。他在一九七八年六月全军政治工作会议上的讲话,在之后视察东北三省时的讲话,都对党的思想路线问题,对怎样正确看待马克思列宁主义、毛泽东思想作了深刻而精辟的阐述,尖锐批评了那种违背实事求是、搞"照抄照搬"的唯心主义和形而上学观点。邓小平同志以巨大的理论勇气和政治魄力有力推动了真理标准问题讨论深入开展。

可以说,真理标准问题大讨论,是党的十一届三中全会实现建国以来我党历史上具有深远意义的伟大转折的思想先导,是二十年改革开放历程的思想先导,为我们党重新确立马克思主义思想路线、政治路线、组织路线奠定了理论基础。邓小平同志一九七八年十二月十三日在中央工作会议上所作的《解放思想,实事求是,团结一致向前看》的讲话中高度评价了这场讨论的伟大意义,他说:"目前进行的关于实践是检验真理的唯一标准问题的讨论,实际上也是要不要解放思想的争论。大家认为进行这个争论很有必要,意义很大。从争论的情况来看,越看越重要。一个党,一个国家,一个民族,如果一切从本本出发,思想僵化,迷信盛行,那它就不能前进,它的生机就停止了,就要亡党亡国。这是毛泽东同志在整风运动中反复讲过的。只有解放思想,坚持实事求是,一切从实际出发,理论联系实际,我们的社会主义现代化建设才能顺利进行,我们党的马列主义、毛泽东思想的理论也才能顺利发展。从这个意义上说,关于真理标准问题的争论,的确是个思想路线问题,是个政治问题,是个关系到党和国家的前途和命运的问题。"邓小平同志的这篇重要讲话实际上成为党的十一届三中全会的主题报告,是在"文化大革命"结束以后中国面临向何处去的重大历史关头,冲破"两个凡是"的禁锢,开辟新时期新道路、开创建设有中国特色社会主义新理论的宣言书。

<h1 style="text-align:center">二</h1>

　　二十年改革开放进程,就是不断坚持解放思想、实事求是的进程。无论是实现全党工作重点的转移,还是推动从农村到城市的全面改革;无论是创办经济特区,还是全面对外开放;无论是实行公有制为主体、多种所有制经济共同发展,还是深化国有企业改革、寻找公有制多种实现形式;无论是发展社会主义市场经济,还是发展社会主义民主政治;无论是推进物质文明建设,还是加强精神文明建设;无论是发挥科学技术作为第一生产力的作用,还是面向现代化、面向世界、面向未来推进教育改革发展;无论是国防建设,还是推进祖国和平统一进程,等等,在改革开放和现代化建设全部工作中,邓小平同志都一以贯之倡导解放思想、实事求是,我们党都一以贯之坚持解放思想、实事求是,从而使马克思主义思想路线愈益深入人心,使马克思主义基本原理同当代中国具体实际紧密结合起来,使社会主义改革开放和现代化建设不断前进。

　　在重新确立马克思主义思想路线的同时,邓小平同志提出了什么是社会主义、怎样建设社会主义这个首要的基本理论问题。一九七八年九月，邓小平同志指出，社会主义制度优越性的根本表现，就是能够允许社会生产力以旧社会所没有的速度迅速发展，使人民不断增长的物质文化生活需要能够逐步得到满足。归根结底要表现在社会生产力的发展上，人民物质文化生活的改善上[3]。一九八〇年五月，他又说，讲社会主义，首先就要使生产力发展，这是主要的。只有这样，才能表明社会主义的优越性。社会主义经济政策对不对，归根到底要看生产力是否发展，人民收入是否增加。这是压倒一切的标准[4]。一九九二年春天，邓小平同志在视察南方重要谈话中精辟指出，社会主义的本质，是解放生产力，发展生产力，消灭剥削，消除两极分化，最终达到共同富裕。他强调，要坚持党的十一届三中全会以来的路线方针政策，关键是坚持"一个中心、两个基本点"。不坚持社会主义，不改革开放，不发展经济，不改善人民生活，只能是死路一条。判断各方面工作是非得失的标准，应该主要看是否有利于发展社会主义社会的生产力，是否有利于增强社会主义国家的综合国力，是否有利于提高人民的生活水平。邓小平同志的南方谈话，是在国际国内政治风波严峻考验的重大历史关头，坚持党的十一届三中全会以来的理论和路线，把改革开放和现代化建设推进到新阶段的又一个解放思想、实事求是的宣言书。这一讲话，深刻解答了长期束缚人们思想的许多重大认识问题，为我们抓住机遇、把建设有中国特色社会主义事业大踏步向前推进提供了新的强大的思想武器。

　　实践标准、生产力标准、"三个有利于"[5]标准是统一的。我们党在贯彻执行党的基本路线的实践中始终坚持三者辩证统一,推动了思想解放不断深入,也推动了社会主义改革开放和现代化建设不断深入。

二十年思想解放和社会主义现代化建设的历程,积累了丰富经验,在如何坚持马克思主义思想路线方面也给了我们很多深刻启示。

第一,坚持解放思想、实事求是的思想路线,就必须以科学的态度对待马克思主义。马克思主义是科学。一百五十年来,马克思主义经历了各种风风雨雨的考验,始终有着强大生命力。我们党一直把马克思主义作为指导思想的理论基础。马克思主义老祖宗不能丢,丢了就丧失根本。同时,马克思主义又是随着时代发展、实践发展、科学发展而不断接受检验、不断丰富内容、不断向前发展,不断同中国革命、建设、改革的实际相结合的。邓小平同志指出:"世界形势日新月异,特别是现代科学技术发展很快。现在的一年抵得上过去古老社会几十年、上百年甚至更长的时间。不以新的思想、观点去继承、发展马克思主义,不是真正的马克思主义者。"[6]我们党正是坚持解放思想、实事求是的思想路线,把理论和实践、继承和发展结合起来,才走出了一条建设有中国特色社会主义的正确道路,才取得了改革开放和现代化建设的巨大成就,才把马克思主义在中国发展到新阶段,形成邓小平理论这个当代中国的马克思主义。邓小平理论同马克思列宁主义、毛泽东思想一脉相承,是一个统一的科学体系。坚持邓小平理论,就是真正坚持马克思列宁主义、毛泽东思想;高举邓小平理论旗帜,就是真正高举马克思列宁主义、毛泽东思想旗帜。

第二,坚持解放思想、实事求是的思想路线,就必须尊重实践,尊重亿万人民群众的实践,不断用实践来检验理论、路线和各项方针政策。实践的观点是辩证唯物主义认识论的第一和基本的观点,马克思主义本质上是实践的科学,社会主义是一个不断向前发展的实践的运动。关于真理标准问题的讨论,就是要恢复实践的地位,承认实践的权威,在实践中来认识真理和发展真理。党的十一届三中全会以来我们党所确立的基本理论、基本路线、基本纲领以及其他一系列方针政策,都在实践中形成和发展,并不断在实践中得到检验,被证明是科学的、正确的、符合时代特征和中国实际的。实践是一个永无止息的发展过程,我们的认识也要随着实践发展而发展。面向新的世纪,我们要始终坚持实践第一的观点,在实践中继续开拓前进。

第三,坚持解放思想、实事求是的思想路线,就必须不断加深对中国国情的认识,坚持一切从社会主义初级阶段实际出发。党的十一届三中全会以来,我们党正确分析国情,作出了我国还处在并将长期处在社会主义初级阶段的科学论断,既克服那些超越阶段的错误观念和政策,又抵制了抛弃社会主义基本制度的错误主张,在这个基础上形成了党在社会主义初级阶段的基本路线,党的十五大又提出了党在社会主义初级阶段的基本纲领。这是坚持解放思想、实事求是思想路线的最重要成果之一。我们观察和处理中国改革发展的一切问题,我们理解和把握党的路线方针政策,都应当首先从社会主义初级阶段实际出发,而不能从主观愿望出发、从外国模式出发、从本本上的只言片语出发。

第四,坚持解放思想、实事求是的思想路线,就必须有世界眼光,重视对当代世界经济、政治、科技、文化的研究,善于把握历史发展潮流,走在时代前列。解放思想、实事求是,要求我们以广阔的眼界去观察和把握世界的主题和发展趋势,抓住机遇,迎接挑战,发展自己。改革开放以来,正是认清了和平与发展是当代世界的主题;认清了现在的世界是开放的世界,中国的发展离不开世界,中国要发展起来就必须对外开放;认清了世界各种经济体制的长短利弊,建立社会主义市场经济体制是我们的唯一选择;认清了科学技术是第一生产力,当今世界科学技术发展日新月异,世界各国竞争突出表现在综合国力特别是科技创新能力上,等等,我们才制定了许多不同于过去的政策,才使我们所做的一切更加符合实际、更加符合时代要求。在跨越世纪的新征途上,整个世界还会发生许多新的变化,我们仍然必须坚持解放思想、实事求是的思想路线,正确把握当代世界发展趋势,坚定不移实行对外开放的基本国策,进一步走向世界。

第五,坚持解放思想、实事求是的思想路线,就必须大力加强社会主义民主政治建设。邓小平同志说,"民主是解放思想的重要条件"[7]。我们要进一步扩大社会主义民主,健全社会主义法制,坚持依法治国,建设社会主义法治国家。通过社会主义民主政治建设,进一步形成又有集中又有民主,又有纪律又有自由,又有统一意志又有个人心情舒畅、生动活泼的政治局面,造成一种求真务实、开拓进取,鼓励说真话,鼓励批评和自我批评的好风气,进一步实现社会主义民主制度化、法律化,把广大人民群众积极性和创造性极大发挥出来,形成推动我们事业发展的巨大力量。

# 三

现在，我们正处在世纪之交的重要历史时期，也是改革攻坚阶段和发展关键时期。全党全国人民肩负着重大历史使命。我们必须坚定不移高举邓小平理论伟大旗帜，全面贯彻党的以经济建设为中心、坚持四项基本原则、坚持改革开放的基本路线，认真落实党的十五大提出的各项任务，努力做到统揽全局，精心部署，狠抓落实，团结一致，艰苦奋斗，开拓前进。我们今天纪念真理标准问题讨论二十周年，最重要的就是要在总结经验的基础上更加自觉更加坚定地坚持实践标准，坚持党的解放思想、实事求是的思想路线，使我们的思想认识和精神状态提高到党的十五大所要求的水平和境界、提高到时代所要求的水平和境界。

首先，我们要进一步增强高举邓小平理论伟大旗帜的自觉性和坚定性，兴起学习邓小平理论新高潮。党的十五大作出把邓小平理论作为我们党的指导思想的决策，是具有重大历史意义和现实意义的。在当代中国，只有邓小平理论而没有别的理论能够解决社会主义前途命运问题。全党同志特别是领导干部和理论工作者在这个问题上一定要有清醒的认识和高度的自觉性。我们要按照党的十五大部署，坚定不移用邓小平理论武装全党、教育干部和人民，兴起一个学习马克思列宁主义、毛泽东思想特别是邓小平理论新高潮。这是党最根本的思想建设，也是进一步坚持党的思想路线的关键。在学习中，我们要联系党的十一届三中全会以来的实践，深入理解邓小平理论的科学内涵,完整准确把握邓小平理论的科学体系和精神实质,尤其要着重领会解放思想、实事求是这个精髓。要把学习邓小平理论同总结党的历史经验特别是党的十一届三中全会以来的经验相结合,同正确认识形势、把握时代特征相结合,同学习各种新知识相结合。我们要更好发扬马克思主义学风,努力在全党造成认真学习的风气、民主讨论的风气、积极探索的风气、求真务实的风气。要坚持理论联系实际、学以致用,提高马克思主义理论水平,掌握科学世界观和方法论,增强认识和改造客观世界和主观世界能力。

　　第二,我们要在科学理论指导下,大胆实践,大胆探索,以解放思想、实事求是的精神解决新形势下的新课题新矛盾。实践产生理论、检验理论、发展理论,理论则指导实践、推动实践、升华实践。理论和实践的相互作用就是这样一个无限发展的辩证过程。解放思想没有止境,实事求是要始终坚持。当前,我们面临着许多新课题。比如,如何围绕促进国民经济持续快速健康发展,在国有企业改革、金融体制改革和其他改革方面有新的突破,在经济结构调整方面有新的进展,在解决前进道路上的新情况新问题方面有新的举措,在对外开放水平方面有新的提高;如何进一步加强社会主义民主政治建设,积极稳妥搞好机构改革和各项配套改革,正确处理新形势下的人民内部矛盾,维护社会稳定;如何加强社会主义文化建设,实施科教兴国战略,促进教育科学文化事业发展,全面提高全民族思想道德和科学文化素质,实现两个文明协调发展和社会全面进步;如何进一步从严治党,以改革精神加强党的思想、组织、作风建设,坚持不懈开展反腐败斗争,增强党的凝聚力和战斗力,不断提高领导水平和执政水平,不断增强拒腐防变能力;等等。对这些问题,以江泽民同志为核心的党中央都提出了重要思路和办法,我们在思想上行动上必须紧紧跟上,深刻理解,准确把握。同时,在实践中继续进行探索,认真解决现实提出的问题。

第三,我们要按照党的十五大要求,始终不渝坚持邓小平理论,并在实践中继续丰富和创造性发展这个理论。二十年前关于真理标准问题的讨论在理论上的最大作用,就是恢复了解放思想、实事求是的思想路线;二十年来,我们党在理论上的最大成果,就是形成并确立了邓小平理论。这就为我们实现社会主义现代化建设宏伟目标提供了最根本的思想政治保证。党的十五大报告指出:"坚持邓小平理论,在实践中继续丰富和创造性地发展这个理论,这是党中央领导集体和全党同志的庄严历史责任。"党的思想理论建设一定要坚持马克思主义思想路线,以我国改革开放和现代化建设的实际问题、以我们正在做的事情为中心,着眼于马克思主义理论的运用,着眼于对实际问题的理论思考,着眼于新的实践和新的发展。我们要在邓小平理论指导下,认真研究新情况、解决新问题,注重对实践经验的总结,不断获得对我国社会主义现代化建设的规律性认识,在实践中把马克思主义不断推向前进。

同志们,在二十年前的真理标准问题讨论中,在随后二十年改革开放的过程中,全国思想理论工作者、新闻宣传工作者作出了重要贡献。在新的形势下,要继续发扬勇于探索精神,在理论学习、理论研究、理论宣传工作中作出新的贡献。让我们紧密团结在以江泽民同志为核心的党中央周围,高举邓小平

理论伟大旗帜，为把建设有中国特色社会主义伟大事业全面
推向二十一世纪而努力奋斗！

## 注　　释

〔1〕"两个凡是"，指一九七七年二月七日《人民日报》、《红旗》杂志、《解放军报》社论《学好文件抓住纲》中提出的"凡是毛主席作出的决策，我们都坚决维护，凡是毛主席的指示，我们都始终不渝地遵循"。

〔2〕胡耀邦（一九一五——一九八九），湖南浏阳人。当时任中共中央组织部部长兼中共中央党校副校长。

〔3〕参见邓小平《高举毛泽东思想旗帜，坚持实事求是的原则》（《邓小平文选》第2卷，人民出版社1994年版，第128页）。

〔4〕参见邓小平《社会主义首先要发展生产力》（《邓小平文选》第2卷，人民出版社1994年版，第314页）。

〔5〕见本卷《大力加强国有企业党的建设》注〔4〕。

〔6〕见邓小平《结束过去，开辟未来》（《邓小平文选》第3卷，人民出版社1993年版，第291—292页）。

〔7〕见邓小平《解放思想，实事求是，团结一致向前看》（《邓小平文选》第2卷，人民出版社1994年版，第144页）。

# 赢得二十一世纪新的光荣[*]

（一九九八年六月十九日）


中国共产主义青年团第十四次全国代表大会今天隆重开幕了。这次大会是在世纪之交的历史时刻，在我国改革开放和社会主义现代化建设承前启后、继往开来的重要时期召开的。开好这次大会，对于共青团深入贯彻落实党的十五大精神，进一步团结动员广大团员青年，高举邓小平理论伟大旗帜，为把建设有中国特色社会主义伟大事业全面推向二十一世纪而努力奋斗，具有重要意义。我受党中央委托，向大会表示热烈的祝贺！向全体共青团员、全国各族青年和广大青少年工作者致以亲切的问候！

即将过去的二十世纪，是中华大地发生翻天覆地变化的一个世纪，也是中国青年运动波澜壮阔的一个世纪。在这个世纪中，中国人民在中国共产党领导下，经过百折不挠的英勇斗争，推翻了帝国主义、封建主义、官僚资本主义三座大山，取得了民族独立和人民解放，建立了新中国。在确立社会主义制度以后，经过艰辛探索，又成功走出了一条建设有中国特色

---

[*] 这是胡锦涛同志在中国共产主义青年团第十四次全国代表大会上的祝词，原题为《迈向新世纪，创造新业绩》。

社会主义的正确道路。在这一历史进程中，一代又一代中国青年，发扬光荣传统，积极响应党的召唤，走在革命、建设、改革前列，为中华民族解放和振兴奉献出青春、智慧、力量，立下了不朽功绩。

历史充分证明，中国共产党是领导我们事业的核心力量，青年只有在党的领导下、积极投身于人民群众的伟大实践，才能为祖国和人民建功立业、大有作为。青年是推动历史发展和社会进步的一支生机勃勃、积极向上的重要力量，我们党只有赢得青年，才能赢得未来，不断从胜利走向胜利。

我们即将跨入一个充满机遇和挑战的新世纪。为争取在新世纪发展的主动权，世界各国都在加紧谋划、积极准备。党的十五大站在新的历史高度，对我国改革开放和现代化建设跨世纪发展作出了全面部署。我们的奋斗目标是，再经过半个世纪努力，到建国一百年时，基本实现现代化，把祖国建成富强民主文明的社会主义国家。到那时，中国将进入世界中等发达国家行列，中国人民将达到现代化基础上的共同富裕，中华民族将实现伟大复兴。这是反映了全国各族人民共同意愿的雄心壮志，也是需要一代又一代中华儿女付出巨大努力才能实现的雄心壮志。当前，全党全国各族人民正在以江泽民同志为核心的党中央领导下，深入贯彻落实党的十五大精神，高举邓小平理论伟大旗帜，为实现跨世纪宏伟目标而努力奋斗。跨世纪一代青年一定要大力弘扬我国青年的光荣传统，不负党和人民期望，不辱时代赋予的使命，在把建设有中国特色社会主义伟大事业全面推向二十一世纪的实践中成长进步、贡献力量、建功成才。

要把伟大事业全面推向新世纪,青年就必须高举伟大旗帜、坚定科学信念。伟大的事业必须有科学理论和正确路线的指引。在当代中国,唯有把马克思主义基本原理同当代中国实践和时代特征结合起来的邓小平理论,才是指导我们建设富强民主文明的社会主义现代化国家的科学理论;唯有建设有中国特色社会主义道路,才是实现中华民族全面振兴的正确道路。跨世纪一代青年应该树立的共同理想信念,就是高举邓小平理论伟大旗帜,坚定不移走建设有中国特色社会主义道路。这就要求青年认真学习马克思列宁主义、毛泽东思想特别是邓小平理论。党的十五大对邓小平理论的历史地位、指导意义、科学体系、时代精神作了新阐述,创造性运用邓小平理论解决我国经济、政治、文化发展的一系列重大问题取得了新成果。这表明我们党对建设有中国特色社会主义的认识达到了新的高度。学习邓小平理论要同学习党的十五大报告紧密结合起来,全面正确理解理论的科学体系和精神实质,全面正确理解党的十五大作出的一系列重大决策,努力避免认识上行动上的盲目性、片面性、绝对化。学习邓小平理论要同改革开放和现代化建设新实践新发展紧密结合起来,正确认识国情、观察社会、分析形势,努力把握社会发展规律,不论是在我们的事业顺利发展的时候,还是在遇到困难的时候,都能保持昂扬的斗志和必胜的信心。学习邓小平理论要同改造主观世界紧密结合起来,不断加强思想修养,牢固树立正确的世界观、人生观、价值观。在跨越世纪的新征途上,只要青年一代坚持高举邓小平理论伟大旗帜不动摇,坚持党在社会主义初级阶段的基本路线不动摇,坚持走建设有中国特色社会主义道路不动摇,我们的事业就能薪火相传、兴旺发达。

要把伟大事业全面推向新世纪,青年就必须努力学习实践、掌握过硬本领。当今时代,科学技术发展日新月异,知识经济初见端倪,以经济和科技为基础的综合国力较量愈益激烈。事实表明,知识创新、科技发展、经济社会各项事业进步,关键在人才,特别是要靠一代又一代年轻人才不断涌现、脱颖而出。青年是我国现代化建设的生力军,面对世纪之交的机遇和挑战,广大青年面临着繁重而又紧迫的学习任务。青年要成为经得起二十一世纪竞争考验的专门人才,要成为同现代化要求相适应的高素质劳动者,需要坚持不懈刻苦学习。要立足我国现代化建设现实需要,根据自身条件,结合本职工作,找准努力方向。要有那么一种如饥似渴、只争朝夕的精神,滴水穿石、磨杵成针的毅力,永不满足、攀登不止的追求。既要打好知识基础,又要不断更新知识;既要学习前人创造的文明成果,又要追踪现代科学技术发展脚步;既要注重学问上的深造,又要重视能力上的提高。同时,要注意把学习书本知识和投身社会实践统一起来。在科学技术高度发达的今天,人民群众创造历史的社会实践依然是青年获得真才实学、全面提高素质的大课堂。广大青年特别是青年学生要自觉走与实践相结合、与人民群众相结合的道路,在祖国和人民最需要的地方,在改革开放和现代化建设的第一线,积累经验,经受锻炼,增长才干,汲取从书本中无法得到的丰富营养,真正成为祖国现代化建设的有用之才。

要把伟大事业全面推向新世纪,青年就必须培养优良品德、弘扬文明新风。作为肩负历史重任的青年一代,既要有知

识才干，又要有优良品德。一个青年在人生道路上究竟能有
多大发展，能为人民、为社会作出多大贡献，同自身思想品德
修养关系很大。在改革开放和发展社会主义市场经济的条件
下，在世界范围各种思想文化相互激荡的情况下，处在人生起
步阶段的青年解决好立身做人问题，把学习科学文化和加强
思想修养统一起来，把实现自身价值和服务祖国人民统一起
来，对自身成长进步至关重要。在我们的社会里，一个品德优
良的人，必然是一个遵纪守法、诚实守信，用自己的双手创造
幸福生活的人；必然是一个助人为乐、见义勇为，积极为社会、
为人民多做好事的人；必然是一个严于律己、防微杜渐，自觉
抵制拜金主义、享乐主义、极端个人主义思想侵蚀的人；必然
是一个一心为公、甘于奉献，时刻以国家和人民利益为重的
人。青年应该努力成为这样精神充实、品德高尚的人。我国
青年素有开风气之先的光荣传统。希望大家积极响应党和政
府号召，带头参与群众性精神文明创建活动，带头弘扬社会公
德、职业道德、家庭美德，带头倡导健康文明的生活方式，积极
实践为人民服务思想和集体主义精神，以实际行动促进社会
全面进步。

　　要把伟大事业全面推向新世纪，青年就必须矢志艰苦创
业、勇于开拓创新。实现我国跨世纪的宏伟目标还有很长的
路要走，任何时候我们都不能涣散创业意志、懈怠奋斗精神。
广大青年要坚持树立远大理想和进行艰苦奋斗的统一。要脚
踏实地、勤勉敬业，在各自岗位上创造优异成绩；要厉行节约、
反对奢侈，始终保持艰苦朴素本色；要自立自强、迎难而上，努
力战胜创业征途上的种种困难；要同心同德、顾全大局，坚决

维护社会政治稳定。创新是一个民族进步的灵魂,是一个国家兴旺发达的不竭动力。作为一个发展中国家,要想不受制于人,尽快缩小同发达国家在经济社会发展水平上的差距,尤其要坚持创新。青年人最少保守思想,最具创造活力,要努力在继承、借鉴前人和他人有益成果的基础上,解放思想,实事求是,积极创新,勇攀高峰。留学海外的青年学子,虽然远离故土,但永远是祖国的儿女。党和人民一直关注着你们、牵挂着你们,热切盼望你们学有所成,并欢迎你们回国工作或以适当方式为祖国服务。

共青团是党领导的先进青年的群众组织。长期以来,各级团组织为实现党在不同时期的历史任务作出了重要贡献,为促进广大青年健康成长做了大量工作、发挥了重要作用。在推进建设有中国特色社会主义伟大事业的征程中,共青团应当更好发挥党的助手和后备军作用及党联系青年的桥梁和纽带作用,更好担负起团结教育青年的重要职责。这就要求各级团组织始终坚持先进性和群众性的有机结合。在任何情况下都坚持党的领导,坚定正确政治方向,自觉服从服务于全党全国工作大局,充分发挥共青团员和共青团干部的模范作用。同时,要突出团的特点,贴近青年实际,广泛团结青年,竭诚服务青年,在维护全国人民总体利益的同时更好代表和维护青年具体利益。要始终坚持建功和育人有机结合。既广泛动员和组织青年在两个文明建设中充分发挥生力军和突击队作用,又引导青年全面提高素质,使他们成长为有理想、有道德、有文化、有纪律的社会主义事业建设者和接班人。要始终坚持继承和创新的有机结合。既继承和发扬长期以来形成的优良传统，又主动适应经济社会变革，以改革精神认真研究新情况、解决新问题、创造新经验，全面履行各项职能，使共青团事业不断焕发出新的生机活力。在新的形势下，共青团要更好发挥在青联中的核心作用、对学联的指导作用、对少先队的领导作用，把更多青少年团结和凝聚起来。实现祖国完全统一，是海内外一切爱国的中华儿女的共同心愿。共青团要大力弘扬爱国主义精神，积极引导青年为保持香港繁荣稳定，实现澳门顺利回归，最终解决台湾问题，完成祖国统一大业而不懈努力。我们的时代是开放的时代。共青团要继续发展同世界各国青年组织的交往和友好关系，努力促进人类和平与发展。

建设一支高素质团干部队伍，是做好共青团工作的重要保证。在共青团的历史上，一批又一批团干部肩负党的重托，以强烈的事业心和崇高的献身精神，脚踏实地，忘我工作，把青春献给了共青团事业。长江后浪推前浪。希望广大团干部牢记江泽民同志对年轻干部的要求，刻苦学习，勤奋工作，勇于创造，自觉奉献，努力提高思想政治素质和业务工作水平，不断推动共青团事业向前发展。

青年是国家的未来，民族的希望。一个有远见的民族，总是把关注的目光投向青年；一个有远见的政党，总是把青年看作是推动历史发展和社会前进的重要力量。我们的民族就是这样的民族，我们的党就是这样的党。各级党委要一如既往充分信任青年、热情关怀青年、严格要求青年，切实把青年的积极性引导好、保护好、发挥好。要进一步加强和改善党对共青团工作的领导，重视团的组织建设，支持共青团依照法律和自己的章程独立自主、创造性开展工作。全社会都要关心爱护下一代,为青少年健康成长创造更加有利的环境和条件。

在党的十五大精神指引下,我国各族人民正满怀信心向着二十一世纪进军。我国社会主义改革开放和现代化建设的总设计师邓小平同志曾高瞻远瞩地指出:"下个世纪中国是很有希望的。"<sup>[1]</sup>这一气势磅礴、铿锵有力的预言,表达了一个伟大的爱国者对祖国的无比挚爱,表达了一个伟大的马克思主义者对社会主义事业的坚定信心,也表达了一个世纪伟人对中国青年一代的期待和厚望。我们坚信,跨世纪一代青年一定能够接好老一辈传下的接力棒,创造出无愧于青春、无愧于时代的新业绩。让我们在以江泽民同志为核心的党中央领导下,高举邓小平理论伟大旗帜,紧密团结,奋发图强,朝着社会主义现代化建设宏伟目标奋勇前进!

赢得二十世纪光荣的中国青年,也一定能够赢得二十一世纪新的光荣。青年们,加倍努力吧!


## 注　　释

　　〔1〕见邓小平《振兴中华民族》(《邓小平文选》第 3 卷,人民出版社 1993 年版,第 358 页)。

# 坚决贯彻落实军队武警部队政法机关不再从事经商活动的重大决策<sup>*</sup>

（一九九八年七月二十八日）

中央最近决定，军队、武警部队、政法机关一律不再从事经商活动。这是在新形势下加强党的建设、政权建设、军队建设，深入开展反腐败斗争的一项重大举措，对于维护社会主义市场经济秩序、保证改革开放和现代化建设顺利发展、保证国家长治久安具有十分重要的意义。希望各地区各部门按照中央决策部署，迅速行动起来，坚定信心，团结一致，把这项工作抓紧、抓实、抓细、抓好。

一、认真学习邓小平同志关于反腐败的一系列重要论述和江泽民同志最近几次重要讲话精神，切实把思想统一到中央这一重大决策上来。

统一思想是行动坚决、步调一致的前提。要把中央这一重大决策贯彻好、落实好，各级党委、政府和军队、武警部队、政法机关的领导干部，首先要认真学习邓小平同志关于反腐败的一系列重要论述和江泽民同志最近几次重要讲话精神，

---

* 这是胡锦涛同志在贯彻中央关于军队武警部队政法机关不再从事经商活动决定电视电话会议上的讲话。胡锦涛同志当时兼任军队武警部队政法机关不再从事经商活动工作领导小组组长。

深刻认识中央作出这一重大决策的必要性和重要性,增强做好这项工作的自觉性和紧迫感。

改革开放以来,以邓小平同志为核心的第二代中央领导集体和以江泽民同志为核心的第三代中央领导集体,都高度重视党的建设、政权建设、军队建设,把加强党风廉政建设、开展反腐败斗争作为改革开放和现代化建设顺利发展的重要保证,作为关系我们党、国家政权、军队不改变颜色的重大政治问题来抓,反复强调在改革开放条件下要坚持发扬党的优良传统和作风,艰苦奋斗,惩治腐败。早在一九八二年改革开放的初期,邓小平同志就一针见血指出了腐败现象的严重危害性。他说:"我们自从实行对外开放和对内搞活经济两个方面的政策以来,不过一两年时间,就有相当多的干部被腐蚀了。""要足够估计到这样的形势。这股风来得很猛。如果我们党不严重注意,不坚决刹住这股风,那末,我们的党和国家确实要发生会不会'改变面貌'的问题。这不是危言耸听。"〔1〕一九八五年,针对一些不良现象,邓小平同志严肃批评说:"现在有一些值得注意的现象,就是没有理想、没有纪律的表现,比如说,一切向钱看。""有的党政机关设了许多公司,把国家拨的经费拿去做生意,以权谋私,化公为私。还有其他的种种不正之风。对于这些,群众很不满意。我们要提醒人们,尤其是共产党员们,不能这样做。"〔2〕一九八六年,邓小平同志又尖锐指出:"经济建设这一手我们搞得相当有成绩,形势喜人,这是我们国家的成功。但风气如果坏下去,经济搞成功又有什么意义?会在另一方面变质,反过来影响整个经济变质,发展下去会形成贪污、盗窃、贿赂横行的世界。"〔3〕一九九二年,邓小平同志视察南方时再一次强调指出："在整个改革开放过程中都要反对腐败。对干部和共产党员来说，廉政建设要作为大事来抓。"江泽民同志主持中央工作以来，也一以贯之把党风廉政建设和反腐败斗争放在十分重要的位置。在一九九七年中央纪委第八次全会上，江泽民同志深刻指出：反腐败斗争是关系党心民心、关系党和国家前途命运的严重政治斗争。在这个问题上，旗帜必须鲜明，态度必须坚决，工作必须锲而不舍。这个问题不解决好，我们的改革开放和现代化建设就没有坚强的政治保证，就会走到邪路上去，就有亡党亡国的危险。最近，江泽民同志又对这个问题作过多次阐述。在全国打击走私工作会议上，江泽民同志指出：日益猖獗的走私活动，不仅直接冲击和扰乱市场秩序，危害民族工业和经济安全，使国家和人民的利益蒙受巨大损失，而且毒化社会风气，助长腐败现象，助长一些地方和单位的本位主义、分散主义倾向，破坏中央的政令统一，损害党和政府在人民群众中的声誉。深入开展打击走私犯罪活动，不仅是一场重大的经济斗争，也是一场严肃的政治斗争。各地的党政军机关和执法、司法部门一定要严肃查处下属单位所办的一些公司和挂靠公司中存在的走私、护私问题，还要限期同所办的公司在人、财、物等方面彻底脱钩。在学习邓小平理论工作会议上，江泽民同志指出：在今天和平环境下，在发展社会主义市场经济和对外开放的过程中，虽然也会有生与死的考验，但大量的经常的是权力、地位和利益的考验。这种考验也是很尖锐的。这些年，确有一些干部包括有的高级干部，忽视和放松了主观世界的改造，经不住金钱、物欲等诱惑，不仅自己身败名裂，而且给党和国家造成很大损失。敌对势力从外部搞垮我们党是不容易的，真正可怕的是脱离群众，自己毁了自己。党的两代领导核心都对这一问题反复强调，确实是语重心长。我们一定要认真学习，深刻领会，高度重视。

人民解放军和武警部队作为人民民主专政的坚强柱石，政法机关作为人民民主专政的专门机关，担负着保卫国家安全、维护社会稳定、保护人民利益的神圣职责，在我国改革开放和现代化建设中发挥着重要作用、作出了巨大贡献，赢得了党和人民高度信赖。可以说，没有人民解放军、武警部队广大官兵、政法战线广大干警恪尽职守、辛勤工作，就没有我们国家改革发展稳定的好局面。对这一主流必须充分肯定。也正因为军队、武警部队、政法机关所具有的重要地位和作用，因此加强自身建设、增强其拒腐防变能力就具有关系全局的重大意义。我们的政法机关也是反腐败斗争的"刀把子"，担负着依法惩治腐败的重要责任。政法机关自身思想政治素质如何，能否做到公正廉洁，关系重大。应当清醒看到，在我们这支队伍中确实存在着一些消极腐败现象，有的还十分严重。究其原因，有相当一部分都与从事经商活动有关。事实表明，政法机关从事经商活动不仅严重干扰履行自身职能、影响公正执法，而且容易产生权钱交易等腐败现象和一切向钱看等不良风气，侵蚀政法队伍肌体，甚至发展到掩盖不法经营行为，保护走私、贩私，破坏社会主义市场经济秩序。如果任其泛滥，势必严重损害专政机关和国家政权的形象，甚至可能带来灾难性后果。所以，中央作出关于军队、武警部队、政法机关不再从事经商活动的决定，把这项工作作为深入开展反腐败斗争、加强党风廉政建设的一项重要任务来抓,是十分正确、十分必要的,是深得党心、军心、民心的。我们必须从邓小平同志所说的事关党和国家会不会改变面貌的高度,从江泽民同志所说的防止亡党亡国危险的高度,深刻认识这个问题。这件事决不是可抓可不抓,而是到了非抓不可的地步;也不是可以缓抓慢抓,而是到了必须紧抓狠抓的时候。各级领导一定要以对党、对国家、对人民高度负责的强烈政治责任感,坚决贯彻中央重大决策。要认真抓好宣传教育和思想政治工作,引导广大官兵、干警、职工深刻认识这项工作的重大意义,把思想统一到中央决策上来。特别是各级领导干部和广大共产党员一定要做到讲政治、讲党性、讲原则、讲纪律,把国家和人民利益摆在高于一切、重于一切的位置上,坚决反对个人主义、本位主义和一切向钱看的思想和行为,做到小道理服从大道理、局部服从全局,以实际行动同党中央保持高度一致。

**二、坚定不移、雷厉风行、不折不扣、扎扎实实把中央重大决策落到实处。**

现在中央已经下了决心,作出了决策。这次会议动员部署后,各地区各部门要立即着手工作,切实把中央决策落到实处。当前,在工作中要着重把握好以下几点。

第一,要明确目标。中央对这项工作总的要求,概括起来说是四句话:对军队、武警部队、政法机关及所属单位办的经营性公司要认真进行全面清理;这些公司同军队、武警部队、政法机关要尽快彻底脱钩;今后军队、武警部队、政法机关一律不再从事经商活动;国家财政对军队、武警部队、政法机关履行职能要给予必要的经费保证,也就是说从一九九九年起军队、武警部队、政法机关要全部"吃皇粮"。这样做的目的是进一步加强军队、武警部队、政法机关的党风廉政建设,从根本上预防和治理腐败,保持人民民主专政机关、人民军队性质和本色,以更好履行应有职责。对这一总的目标要求,要完整领会、全面落实。

第二,要从摸清情况和制定政策入手,迅速而又扎实展开工作。摸清情况,是搞好脱钩、移交等工作的基础。只有情况明,才能决心大。不仅要摸清面上的总体情况,也要摸清点上的具体情况;不仅要掌握财和物的情况,也要掌握人的情况。只有把有关情况彻底搞清楚,才能真正做到心中有数、有的放矢。制定政策,是搞好脱钩、移交的重要保证。有了明确政策,工作开展起来才会有所依据、有所遵循。现在,中央关于这项工作总的方向、目标、要求已经明确,要在弄清情况的基础上抓紧制定具体实施方案和相关政策规定。为了使制定的政策具有科学性、指导性、可操作性,必须深入调查研究,广泛听取各方面意见,集思广益,不能大而化之。特别需要指出的是,无论出台什么政策,都必须符合中央总目标、总要求,绝不允许找借口、搞变通、顶着不办,或搞"上有政策,下有对策"。

第三,既要态度坚决,又要措施得力;既要雷厉风行,又要扎实细致。贯彻中央决策是一项十分严肃的政治任务。态度一定要十分鲜明,措施一定要十分有力,行动一定要十分迅速。同时,头脑要清醒,部署要周密,工作要细致,该想到的细节要想到,该估计到的情况要估计到,该做到的工作要做到,还要注意加强组织协调、搞好任务分解、认真落实责任,使工作有计划、有步骤、有章法、有秩序进行。

第四,要始终注意维护大局稳定。保持军队、武警部队、政法机关稳定,是关系改革发展稳定大局的大事。要把维护大局稳定贯穿这项工作全过程,这个指导思想必须十分明确、十分坚定。必须看到,清理、脱钩、移交工作涉及利益关系调整,势必会遇到这样那样的矛盾。因此,在工作中既要严格执行政策,又要做好深入细致的思想政治工作。思想政治工作是我们的一大优势,越是任务艰巨、问题复杂、矛盾突出,越是要发挥这个优势。要向大家讲清,党和国家是高度重视军队、武警部队、政法机关建设的,对军队、武警部队、政法机关履行职能所需经费,国家财政一定会给予保证。开展这项工作,不会影响广大官兵和干警生活待遇和工作条件。对需要重新安排的人员,也会进行妥善安置。要引导干部职工在清理、脱钩、移交过程中顾全大局,坚守岗位,尽职尽责,努力保持思想稳定和各项工作正常进行。

**三、切实加强领导,充分发挥领导机关、领导干部表率作用。**

把中央重大决策贯彻落实好,关键在于领导,在于各级领导机关、领导干部发挥表率作用。

为加强对这项工作的统一领导,中央已经成立了领导小组,领导小组办公室也已经开始工作。人民解放军、武警部队、中央各政法部门和各省、自治区、直辖市也要尽快把这项工作的领导机构和工作班子建立起来。要按照分级负责的原则,实行严格的责任制。原则上,哪一级政法机关的企业清理、脱钩、移交工作,由那一级党委和政府全面负责。要把这项工作切实摆上重要议事日程,主要领导亲自过问、亲自研究、亲自部署、亲自督促检查,并做到任务到人、责任到人。要及时了解和解决工作中出现的新情况新问题,随时掌握工作进展情况,有关重要情况要及时报告中央。

各级政法领导机关要带头严格按照中央要求,首先对本机关所属企业进行一次全面彻底的清理。要抓紧研究实施方案,争取尽早脱钩、尽快移交,做出好样子,以自己的模范行动为基层作出表率。

各级政法机关要把贯彻中央关于不再从事经商活动的决定,同正在深入进行的集中教育整顿工作以及贯彻执行"收支两条线"的规定结合起来,坚持边整边改,标本兼治,把政法队伍建设成为政治坚定、业务精通、作风优良、公正廉洁的高素质队伍。

由于这项工作涉及面宽、情况复杂、政策性强,各地各有关部门都要在中央统一领导下,恪尽职守,紧密配合,协调行动。要搞好有关工作的衔接,不推诿,不扯皮,同心同德把中央决策执行好、落实好。

需要特别强调的是,在这项工作中,一定要严明纪律。这是确保工作顺利进行的重要条件。尤其是对中央明令禁止的事项,一定要严格照办。对于违反规定、不听招呼、顶风违纪的,一定要严肃追究责任,执行党纪、政纪、军纪,对于触犯刑律的,一定要依法严惩,绝不手软。

人民解放军、武警部队、政法机关素有顾大局、听指挥、守纪律的光荣传统,经受过各种严峻考验。党中央相信你们,一定能在坚决贯彻落实中央重大决策中经受住新的考验,以实际行动向党和人民交上一份满意的答卷。

## 注　　释

〔1〕见邓小平《坚决打击经济犯罪活动》(《邓小平文选》第2卷,人民出版社1994年版,第402—403页)。

〔2〕见邓小平《一靠理想二靠纪律才能团结起来》(《邓小平文选》第3卷,人民出版社1993年版,第111—112页)。

〔3〕见邓小平《在中央政治局常委会上的讲话》(《邓小平文选》第3卷,人民出版社1993年版,第154页)。

# 弘扬尊老敬老的传统美德<sup>*</sup>

（一九九八年十月二十八日）

老年朋友们，同志们：

在我国的传统节日"九九"重阳节到来之际，我代表党中央、国务院，代表江泽民主席，向全国各族老年朋友们，向香港特别行政区和澳门、台湾的老年同胞以及海外老年侨胞，致以节日的祝贺和亲切的问候！

第四十七届联合国大会通过决议，将一九九九年确定为"国际老年人年"，并决定于今年十月一日国际老人节开始全球性庆祝活动。这表明，老龄问题已成为世界范围的一件大事，受到国际社会普遍关注和重视。

在即将到来的二十一世纪，人口老龄化将达到历史上前所未有的规模和程度。我国是世界上老年人口最多的国家。目前，六十岁以上的老年人已有一亿二千万，预计到二〇〇〇年将达到一亿三千万，下世纪中叶可能达到四亿左右。我国人口寿命普遍提高，老年人比重日益增长，这从一个方面反映出我国经济、科技、教育、文化、卫生事业蓬勃发展和人民生活水平明显提高。同时，人口老龄化也给家庭结构和社会生活

---

* 这是胡锦涛同志就"国际老年人年"向全国发表的电视讲话。

带来新的变化,对经济社会发展产生重大影响。对于这样一个重大社会问题,全国上下都要有充分认识,并积极研究制定相应政策。

人的一生总要经历少年、青年、壮年、老年时期。尊重老年人,就是尊重人生和社会发展的规律,就是尊重历史。在中国共产党领导人民进行革命、建设、改革各个历史阶段,我国广大老年人为民族解放、国家富强、人民幸福奉献了自己的青春和力量,建立了光荣业绩。今天,他们虽然离开了原来的工作岗位,但仍然"老骥伏枥,志在千里"[1],用长期积累起来的丰富知识和经验,通过各种方式继续为人民服务,为国家改革发展稳定作出了新的贡献。他们应该受到全社会尊重。

尊老敬老是中华民族传统美德。在开展"国际老年人年"活动中,我们更要大力弘扬这一传统美德,在全社会倡导充分理解和尊重老年人、热情关心和照顾老年人。各级党委和政府要充分认识做好老龄工作的重要性,进一步加强和改善对这项工作的领导,充分发挥各社会团体和方方面面的积极性,认真依照《中华人民共和国老年人权益保障法》维护老年人权益,切实为他们解决实际问题,保证他们同其他社会成员一起共享改革开放和现代化建设成果,使他们老有所养、老有所医、老有所为、老有所乐。我们相信,随着改革开放和现代化建设发展,综合国力不断增强,社会保障体系逐步完善,我国老龄事业一定会不断取得新的成绩。我们也希望广大老同志热情爱护、积极帮助、真诚提携年轻人;年轻人要虚心向老同志学习。大家共同努力,进一步形成老少共融、代际和谐的良好风尚,以推动我国社会主义物质文明和精神文明建设更好向前发展。

现在,全党全国各族人民正紧密团结在以江泽民同志为核心的党中央周围,高举邓小平理论伟大旗帜,满怀信心向着新世纪全面推进建设有中国特色社会主义伟大事业。我们衷心希望广大老年人为实现我国跨世纪发展宏伟目标继续作出新的贡献。

最后,祝老年朋友们健康长寿、生活幸福!


## 注　　释

〔1〕见三国曹操《步出夏门行·龟虽寿》。

# 加强民主集中制建设，
# 发挥领导班子整体功能<sup>*</sup>

（一九九八年十一月三十日）

加强领导班子建设，提高领导干部素质，必须切实加强民主集中制建设，认真坚持和执行党的民主集中制原则。邓小平同志曾经指出，民主集中制是我们党和国家的根本制度，也是最便利、最合理的制度，永远不能丢[1]。民主集中制执行得不好，党是可以变质的，国家是可以变质的，社会主义也是可以变质的。干部可以变质，个人也可以变质[2]。邓小平同志这些话是非常深刻的，我们一定要认真领会。民主集中制是党的组织制度、领导制度、决策制度，也是党内生活和党内监督制度。几十年来，正因为我们党密切联系各个时期形势任务和党内状况，始终坚持和不断健全民主集中制，才充分调动了各级组织和广大党员的积极性和创造性，集中了正确意见，在党中央领导下，保持了全党团结统一和行动一致，保证了党的理论路线贯彻执行和事业健康发展。在建设有中国特色社会主义新时期，在改革开放特别是发展社会主义市场经

---

＊　这是胡锦涛同志在中共中央党校第二十五期省部级干部进修班毕业典礼上讲话的一部分。

济的条件下，更要坚持和健全民主集中制。

党的十一届三中全会特别是党的十四大以来，民主集中制建设有了明显进步，形成了一系列具体制度，党的领导和党内生活逐步走上制度化、规范化轨道。江泽民同志前不久概括了坚持党的民主集中制的十六字方针，即：集体领导、民主集中、个别酝酿、会议决定。这四句话，体现了民主集中制原则的基本精神和基本要求，是我们党民主集中制理论和实践的一个新发展。各级党委和领导干部要很好领会，带头落实。各级党政领导班子和领导干部在这方面有了大的进步，领导集体内在凝聚力和整体功能就会大为增强，决策失误就会少得多，工作中出的问题也会少得多，出现了问题也能及时解决。尤其是新走上领导岗位的同志，更要认真学习和严格遵守党的民主集中制原则，养成在正常党内生活中工作的习惯。当前，坚持和执行民主集中制，确有进一步健全具体制度的问题，但更重要更经常的是要强调严格执行已有的制度。要解决发扬民主不够的问题，同时要解决集中不够的问题。这里，我想强调四点。

一是要按照民主集中制原则正确处理好中央和地方关系，坚决维护中央权威，认真贯彻党的路线方针政策，确保政令畅通。现在，违反民主集中制原则的许多事情，都同没有处理好中央和地方、上级组织和下级组织的关系有直接联系。正确处理好中央和地方关系，充分发挥中央和地方两个积极性，是党和国家政治生活以及经济生活中的一个重大原则问题。我们国家大、人口多，情况复杂，各地发展不平衡，照顾地方利益，充分发挥地方积极性，有利于增强经济社会发展活力。但是，全党全国是一个有机整体，中央必须制定和严格执行统一的法律规章和方针政策，保证经济社会有序运行和协调发展，这样才能确保全局利益。各地方各部门一定要增强全局观念，有些事情在局部看来或许有些道理，但从全局来看是不可行的，就要坚持小道理服从大道理，决不能为了局部利益损害全局利益。作为领导干部，必须坚决拥护和贯彻中央路线方针政策，坚决维护中央权威，坚决执行中央决策和部署，决不能采取合意的就执行、不合意的就不执行的态度。同中央保持高度一致，既要体现在不折不扣贯彻执行中央精神上，又要体现在从各地区各部门实际出发进行创造性工作上，不能简单照抄照转，同时也决不能借口情况特殊而或明或暗拒绝执行中央方针政策。领导干部讲政治，这是首要的一条。

二是要健全党委集体领导和个人分工负责相结合的制度。集体领导是党委领导在组织上的最高原则。重大问题由集体讨论决定，是民主集中制原则在党委领导活动中的重要体现。现在，有些领导班子整体功能发挥不好，甚至闹不团结，往往同没有形成集体领导有关。我们肩负着繁重任务、面临着复杂情况，在重大问题上靠一个人或少数几个人拍脑门决策是危险的。只有依靠集体智慧和经验，才能正确掌握情况、作出决策、解决问题，避免失误，少走弯路。各级领导班子和每个领导成员都要明确，凡属方针政策的大事和关系全局的大问题，凡属重要干部的推荐、任免、奖惩，一定要经过充分酝酿、民主讨论，最后由会议集体研究决定。决定时要严格执行少数服从多数的原则，一人一票。主要领导同志要善于发扬民主、集思广益，调动大家的积极性，实行正确的集中。决不能把集体领导当陪衬、把集体讨论当形式,尤其要坚决防止和纠正独断专行、把个人凌驾于组织之上等错误行为。要坚持党委集体领导和个人分工负责相结合的制度,在讨论和研究重大问题时,每个成员都应尽职尽责,把话讲在明处,不要模棱两可;决定一经作出,就要坚决贯彻执行,决不能各行其是。领导班子每个成员既要根据集体的决定和分工切实履行自己的职责,又要积极参与集体领导,自觉维护领导班子形象和集体领导权威。实行行政首长负责制的领导班子,也要根据各自特点贯彻民主集中制原则,不能把首长负责制变成家长制。

三是地方党委要更好发挥领导核心作用。地方各级党委肩负着重大领导责任,要敢于领导、善于领导,把方方面面智慧和力量凝聚起来,正确执行中央路线方针政策和上级党委重大决策。党委要支持人大、政府、政协和群团组织按照各自职责和章程主动开展工作,人大、政府、政协和群团组织中的党组和党员干部要保证贯彻中央和党委重大决策。近两年,各级党委和人大、政府、政协领导班子换届,总的情况是好的,但有些地方在选举中也出现一些问题。究其原因,重要的一条是民主集中制原则贯彻得不好,没有处理好党的领导、发扬民主、依法办事这三者关系。个别人目无法纪,为达到自己的目的,竟然用各种手段干扰、操纵、破坏选举,这更值得高度重视。总之,要加强党的领导,充分发扬民主,严格依法办事。这是做好选举工作必须坚持的,也是做好其他各项工作必须坚持的。要认真总结这方面的经验教训,增强贯彻民主集中制的自觉性,提高党的领导水平和执政水平。

　　四是要增强领导班子团结。维护党的团结，首先要加强各级领导班子团结。团结也是一面旗帜。领导班子团结了，高扬起这面旗帜，才能团结一切可以团结的力量，我们的事业才能从胜利走向胜利。维护团结就是维护大局。当然，我们讲的团结，只能是在坚持党的路线方针政策和党性原则基础上的团结，否则不会有真正的团结。这就要求领导班子中每个成员都加强党性修养和锻炼，努力提高思想政治素质，做到眼界广阔、胸襟坦荡、光明磊落、严己宽人。特别是要摆正个人在领导集体和党内生活中的位置，正确认识自己，正确对待同志，正确对待组织，正确对待群众。领导班子成员要相互尊重、相互帮助、取长补短、共同进步。要正确看待个人利害得失，在党内生活中坚持大事讲原则、小事讲风格。

## 注　　释

〔**1**〕这句话源于邓小平一九九二年七月二十三日、二十四日审阅中共十四大报告稿时的谈话(《邓小平思想年编(一九七五——一九九七)》，中央文献出版社 2011 年版，第 712 页)。

〔**2**〕参见邓小平《在扩大的中央工作会议上的讲话》(《邓小平文选》第 1 卷，人民出版社 1994 年版，第 303 页)。

# 学习金融知识，研究金融问题<sup>*</sup>

## （一九九九年一月五日）

新年伊始，各方面工作都很繁忙，在这样的情况下，中央还是下决心把大家请来举办金融研究班，这本身就进一步表明中央对领导干部尤其是高级干部学习金融知识的高度重视，也进一步表明中央对金融问题的高度重视。为什么中央多次强调，领导干部尤其是高级干部要带头学习金融知识、认真研究金融问题并决定举办以金融为专题的研究班呢？主要是基于以下几方面的原因。

首先，金融在现代经济中的地位和作用十分重要。邓小平同志指出："金融很重要，是现代经济的核心。金融搞好了，一着棋活，全盘皆活。"[1]这段话精辟说明了金融在现代经济生活中的重要地位，深刻揭示了金融在我国改革开放和现代化建设全局中的重要作用。改革开放以来，我国金融业有了很大发展。金融作为聚集和分配资金、进行资金融通、引导资金流向的重要桥梁，作为促进各生产要素结合、形成新的生产力的重要手段，作为对宏观经济进行调控的重要杠杆，在国民

---

＊ 这是胡锦涛同志在省部级主要领导干部金融研究班开班式上讲话的主要部分。

经济发展中发挥了十分重要的作用、作出了很大贡献。尤其是随着社会主义市场经济体制逐步建立和对外开放不断扩大，金融活动日益广泛渗透到社会经济生活各个方面，金融在调节经济中的作用越来越重要。保证金融安全、高效、稳健地运行，关系到国民经济持续快速健康发展，关系到人民群众切身利益，也关系到社会稳定。在经济全球化趋势加速发展的大背景下，在发展社会主义市场经济条件下，我们应当比以往任何时候都更加重视金融工作、更加重视搞好金融改革发展。

　　第二，亚洲金融危机[2]向我们敲响了警钟，防范和化解金融风险已成为当前经济生活中的突出问题。前年下半年以来发生的亚洲金融危机，其危害之烈、波及之广、影响之大为二战结束以后历史所罕见。这场金融危机发展蔓延，不仅给亚洲一些国家带来巨大损失，而且使世界经济受到严重影响，对我国经济特别是出口也产生了不小冲击。面对亚洲金融危机影响和国际经济环境恶化，由于中央冷静分析形势、及时采取正确应对措施，由于我们有二十年来改革开放和现代化建设形成的物质基础，由于全党全国上下团结奋斗，我们保持了经济持续发展势头和社会稳定局面。在外有金融危机冲击、内有历史罕见特大洪涝灾害影响的情况下，去年国内生产总值增长了百分之七点八，基本达到预定目标，确实是来之不易。我们还坚决履行了人民币不贬值的承诺，并对周边几个受危机严重影响的国家提供了力所能及的帮助，进一步向世人展现了负责任大国的形象，受到国际社会广泛赞誉。但是，我们也必须清醒认识到，目前亚洲金融危机尚未结束，其影响仍在加深。特别是这场金融危机发生、发展、蔓延是在经济全球化趋势加速发展的大背景下出现的,既有危机发生国内部的原因,也从一个方面反映出现行国际金融体制不健全,反映出不合理的国际经济秩序同发展中国家利益的矛盾。在这样一个复杂的国际经济环境中,我们既要抓住机遇、顺应潮流,通过扩大开放促进经济发展,同时要趋利避害,高度警惕和重视防范涉外金融风险,维护经济安全。这是摆在我们面前的一个新课题。还必须清醒看到,我国金融领域自身也存在不少问题。国有商业银行多年积累的不良资产数量很大,且比重仍在上升,收息率继续下降,经营面临严重困难。相当一部分城市商业银行、地方信托投资公司、证券公司、城乡信用社等严重违规经营,内部失控,资不抵债,甚至出现挤提,濒临倒闭。一些地方非法集资活动也相当严重。从全局看,金融风险仍然是当前经济运行中的重大隐患。进一步深化金融改革和整顿金融秩序、防范和化解金融风险仍是我们经济工作的重点,是进一步搞好改革发展稳定的关键。江泽民同志告诫大家,一定要知晓利害,高度警觉,认真学习金融知识,积极支持金融改革,自觉维护金融秩序[3]。我们必须充分认识金融风险的危害性,深入研究防范和化解金融风险的问题,按中央要求,增强做好金融工作自觉性,努力解决好金融领域中存在的突出问题。

　　第三,学习金融知识、研究金融问题,也是各级领导干部提高领导经济工作水平、提高自身素质的迫切需要。经济建设是我们全党全国工作的中心,而金融在经济发展中又具有重要地位和越来越大的作用。在改革开放和发展社会主义市场经济的新形势下,各级领导同志尤其是担负全面领导工作的同志必须努力学习金融知识，进一步提高领导经济工作水平。应该说，经过这些年学习和领导经济建设实践，各级领导干部对社会主义市场经济的认识有了很大提高，领导经济工作的知识和经验也在不断增长。但是，也要实事求是看到，我们领导干部中的大多数人对于金融问题还知之不多、知之不深。尤其是在新的国内外经济环境中，在高技术手段被运用于金融运行管理的情况下，即使原来对金融知识有所了解的同志也有一个再学习、再提高的问题。面对纷繁复杂的经济工作，如果我们缺乏金融知识、对金融规律缺乏必要的了解和认识，就可能在工作中贻误时机，甚至决策失误，造成重大损失。这就要求我们各级领导干部首先是高级干部带头学习金融知识，认真研究金融问题，努力掌握金融规律，提高运用和驾驭金融手段的本领；同时，要把学习金融知识同学习中央关于金融工作的方针政策和金融法律法规结合起来，理解和支持金融改革，自觉防范金融风险，把思想和行动真正统一到中央决策部署上来，以利于更有力地维护我国金融安全和经济安全，推进改革发展稳定各项工作。

江泽民同志一贯倡导，领导干部不论怎么忙，都要尽量挤出时间学习。在不久前召开的中央经济工作会议上，江泽民同志强调指出，领导干部特别是高级干部要加强对改革开放和现代化建设全局的认识、提高驾驭经济工作能力，要做到主动地而不是被动地、自觉地而不是盲目地领导经济工作，要学会用马克思主义的宽广眼界观察世界、用政治家的眼光观察和分析经济，善于用经济、法律的办法管理和解决经济问题。要做到这一点，必须适应新形势、学习新知识、研究新问题、积累新经验。这个精神,应该成为我们这个研究班搞好学习的根本要求。

## 注 释

〔1〕见邓小平《视察上海时的谈话》(《邓小平文选》第 3 卷,人民出版社 1993 年版,第 366 页)。

〔2〕亚洲金融危机,指一九九七年至一九九八年间发生于亚洲的区域性金融危机。一九九七年七月,在国际游资攻击及资本恐慌性出逃等因素影响下,东南亚和东亚地区的泰国、印度尼西亚、马来西亚、菲律宾、韩国、新加坡等国以及我国香港、台湾等地区的金融市场先后出现剧烈波动,多数货币快速贬值,居民财富大幅缩水,企业大规模倒闭,实体经济陷入衰退,部分经济体出现政治和社会局势动荡。这次金融危机波及很广,影响了全球资本市场的稳定。

〔3〕参见江泽民《整顿金融秩序,防范和化解金融风险》(江泽民《论社会主义市场经济》,中央文献出版社 2006 年版,第 359—360 页)。

# 沿着党指引的妇女运动
# 正确道路前进<sup>*</sup>

（一九九九年三月六日）

今天，我们隆重集会，纪念三八国际劳动妇女节八十九周年和中华全国妇女联合会成立五十周年。首先，我代表党中央、国务院，向全国各族各界妇女，向香港特别行政区女同胞、澳门和台湾女同胞及海外女侨胞，致以节日的祝贺和良好的祝愿！向辛勤从事妇女工作的同志们，向所有关心和支持我国妇女事业发展的国内外朋友们，表示亲切的问候和衷心的感谢！

一九一〇年诞生的三八国际劳动妇女节，反映了广大被压迫妇女向往自由、要求平等的愿望，始终是激励全世界劳动妇女团结奋斗、争取解放的一面旗帜。中国妇女解放运动曾经历了艰难而光荣的历程。只有当它在中国共产党领导之下，成为中国人民革命运动一个有机组成部分的时候，才走上了蓬勃发展的正确道路。一九四九年全国解放前夕，在党的关怀和指导下，我国妇女建立了全国统一的组织。以新中国

---

＊ 这是胡锦涛同志在纪念三八国际劳动妇女节八十九周年暨中华全国妇女联合会成立五十周年大会上的讲话。

的成立为标志,中国历史翻开了新的一页,中国妇女运动也进入了一个新的时代。

五十年来,党和国家高度重视妇女和妇女工作,运用法律、行政、教育手段,努力消除对妇女的各种歧视,切实保障妇女在国家政治、经济、文化、社会和家庭生活中的平等地位和各项权利,充分发挥妇女"半边天"作用,为妇女解放和进步创造了良好条件,保证了我国妇女运动朝着正确方向不断发展。

五十年来,我国妇女获得了历史性解放,取得了令人瞩目的巨大进步,她们以主人翁姿态积极投身社会主义事业,在物质文明和精神文明建设中充分施展聪明才智,为国家富强和民族振兴作出了重大贡献,涌现出了一批又一批先进模范人物,赢得了社会广泛赞誉和尊重。

五十年来,妇联组织紧紧围绕党在各个时期的中心任务,充分运用自身优势,在促进妇女进步、推动经济社会发展等方面起到了不可替代的作用,成为党联系妇女群众的桥梁和纽带,成为国家政权的重要社会支柱。

特别是党的十一届三中全会以来的二十年,改革开放和现代化建设给我们国家注入了新的生机活力,也开创了我国妇女运动新局面。在建设有中国特色社会主义的历史性创造活动中,妇女的伟大作用得到了前所未有的发挥,妇女的精神面貌发生了前所未有的变化,妇女事业获得了前所未有的发展。

伴随着我国社会主义事业的历史进程,特别是改革开放和现代化建设的伟大实践,我国妇女运动取得了巨大成就、积累了丰富经验、形成了鲜明时代特色。这些都给我们以深刻启示。

第一,必须用马克思列宁主义、毛泽东思想特别是邓小平理论指导中国妇女运动。马克思列宁主义、毛泽东思想、邓小平理论是指引中国人民求得民族独立和解放、实现国家繁荣富强的科学理论,也是指引中国妇女运动健康发展的强大思想武器。在当代中国,只有把马克思主义基本原理同当代中国实践和时代特征结合起来的邓小平理论,才能解决社会主义的前途命运问题,才能为妇女运动指明前进方向。能不能坚持以马克思列宁主义、毛泽东思想特别是邓小平理论为指导,在全党全社会牢固树立马克思主义妇女观,关系到妇女运动全局和长远发展。在这个根本问题上,不能有丝毫怀疑和动摇。

第二,必须坚持中国共产党对中国妇女运动的领导。中国共产党是真正代表包括广大妇女在内的全国各族人民利益的无产阶级政党。我们党从诞生之日起,就把实现妇女解放和男女平等作为自己的奋斗目标之一。在中国革命、建设、改革每个时期,党都对妇女运动作出正确决策和明确指示,领导妇女运动从胜利走向新的胜利。坚持中国共产党领导,是中国妇女运动沿着正确方向前进的根本保证;在任何时候任何情况下,都必须坚决贯彻执行党的路线方针政策,牢牢把握正确政治方向,真正把党的主张变成广大妇女的自觉行动。

第三,必须带领妇女坚定不移走建设有中国特色社会主义道路。我国社会主义制度的建立,从根本上铲除了妇女受压迫的经济基础和阶级根源,为实现妇女解放和男女平等提供了极其重要的社会条件。党领导人民经过艰辛探索走出的建设有中国特色社会主义道路,符合社会主义初级阶段实际,是实现国家繁荣富强和人民共同富裕的唯一正确道路。建设有中国特色社会主义能够极大调动广大妇女的积极性和创造性,能够有力推动妇女进一步解放和发展。只有始终不渝沿着这条道路前进,中国妇女运动才能开辟光明的未来。

第四,必须把妇女运动融入整个社会发展事业之中。妇女的命运从来都是同国家和民族命运紧密联系在一起的。离开整个社会进步与发展,单纯的妇女运动是没有前途的。我国妇女运动必须自觉融汇于振兴中华的历史洪流,自觉服从服务于全党全国工作大局。妇女解放、男女平等实现的程度,归根到底取决于社会生产力发展水平。在社会主义初级阶段,尤其要把发展社会生产力作为妇女运动的一项基本内容,紧紧围绕经济建设这个中心开展妇女工作,引导广大妇女在为解放和发展社会生产力作贡献的过程中实现自身进步与发展。

第五,必须在维护全国人民总体利益的同时切实维护妇女具体利益。把广大妇女群众利益实现好、维护好、发展好,是党全心全意为人民服务的宗旨在妇女工作中的集中体现,也是妇女工作的根本出发点和归宿。在我们国家,全体人民利益在根本上是一致的,但总体利益同具体利益之间也有可能产生某些矛盾。维护总体利益是维护妇女具体利益的前提,维护好妇女具体利益有助于总体利益实现。在实际工作中,必须正确把握两者的辩证关系,使它们很好统一起来。

第六,必须把提高妇女素质作为妇女运动长期的战略任务。妇女素质关系到整个民族发展,也关系到妇女自身进步。

如果没有占人口半数的妇女素质的提高，就不可能有整个民族素质提高，也就难以实现事实上的男女平等，难以真正解决妇女面临的一些问题。特别是在当前，日趋激烈的综合国力竞争对我们民族整体素质提出了更高要求，社会主义市场经济发展也对劳动者个体素质提出了严峻挑战，大力提高妇女素质就显得更加重要和迫切。妇女素质提高需要一个长期过程，必须作出不懈努力。

第七，必须支持妇联组织依照法律和章程独立自主、创造性开展工作。妇联作为各族各界妇女在党的领导下为争取进一步解放而联合起来的社会群众团体，有着自己独特的工作内容和工作方法。只有支持妇联组织在党的领导下依照法律和自己的章程独立自主、创造性开展工作，才能把广大妇女紧紧团结在党的周围，把她们的智慧和力量更好凝聚到实现党的任务上来。

第八，必须加强同世界各国妇女和妇女组织的友好交往和合作。妇女事业发展，离不开广泛的国际合作。尤其是在世界多极化和经济全球化趋势加速发展、科学技术突飞猛进的时代背景下，在我国对外开放进一步扩大、同世界的联系日益紧密的历史条件下，不仅要善于继承我国妇女运动的优良传统，而且要善于通过扩大同世界各国妇女和妇女组织的友好交往和合作，学习和借鉴一切对我国有益的经验和做法，促进我国妇女运动发展。

总结过去是为了更好开辟未来。五十年来特别是改革开放二十年来中国妇女运动所积累的成功经验和得出的深刻启示，是一笔宝贵的精神财富。这对于推动新形势下妇女运动进一步发展具有重大意义。希望同志们倍加珍惜并牢牢记取。

今年是我国历史发展进程中具有特殊意义的一年。我们将隆重庆祝中华人民共和国成立五十周年、迎接澳门回到祖国怀抱,改革发展稳定任务十分繁重。做好今年各方面工作对于全面完成"九五"计划、保证我国以更加主动的姿态跨入二十一世纪至关重要。当前,全党全国人民正在以江泽民同志为核心的党中央领导下,高举邓小平理论伟大旗帜,深入贯彻落实党的十五大和十五届三中全会精神,按照中央确定的统一思想、坚定信心,抓住机遇、知难而进,团结一致、艰苦奋斗的工作指导方针,继续推进改革开放,努力实现经济稳定增长,全力维护社会政治稳定。新的形势和任务,对妇女和妇联工作都提出了新的更高的要求。

广大妇女要大力发扬艰苦创业精神,坚决支持党和政府采取的一系列重大改革措施,在本职工作中自强不息、迎难而上、埋头苦干、争创一流,以实际行动推动中央关于扩大内需、调整结构、开拓市场、增加出口等重大决策的落实,为稳定和加强农业、深化国有企业改革、实施科教兴国战略贡献智慧和力量。要大力弘扬传统美德和时代新风,积极倡导健康文明的生活方式,以勤劳节俭为本,以尊老抚幼为荣,自觉同社会上存在的消极、落后、腐朽现象作斗争,坚决维护社会政治稳定。要大兴勤奋学习之风,以坚忍不拔的毅力和持之以恒的精神学习、学习、再学习,既要认真学习邓小平理论,牢固树立正确的世界观、人生观、价值观,又要结合各自劳动和工作的实际,刻苦学文化、学科学、学技术、学管理,学习各种反映当代世界发展的新知识,进一步增强业务本领和竞争能力,紧跟时代前进步伐,努力成为"四有"[1]、"四自"[2]新女性。

各级妇联组织要更加自觉服务大局,坚持用邓小平理论统一思想、总揽全局、指导工作,始终把党的十五大的主题作为妇联工作的主题,把经济建设这个中心作为妇联工作的中心,把党和政府关注的重点作为妇联工作的重点,找准位置,发挥优势,全面履行妇联的各项职能。要更加密切地联系群众,抓住广大妇女最关心的问题、反映最强烈的问题、要求最迫切的问题,把工作做到基层去、做到千家万户去,特别是要在扶贫攻坚、促进下岗女职工再就业等方面多做实实在在的工作,竭诚为广大妇女群众服务。要更加扎实推进自身建设,坚持继承和创新的统一,用改革精神研究和解决妇联工作中遇到的新情况新问题,不断探索妇联工作新路子。当前,尤其要按照中央部署,以开展"三讲"[3]教育活动为契机,从思想上组织上作风上业务上全面加强妇联干部特别是领导干部队伍建设,努力把妇联工作提高到一个新水平。

一切为了群众,一切依靠群众,是我们事业兴旺发达的根本原因。改革越深入,越要坚持群众观点、贯彻群众路线、重视群众工作。各级党委和政府都要从讲政治的高度,关心和支持妇女工作。要一如既往贯彻男女平等基本国策,认真研究解决改革开放新形势下的妇女问题,切实保证广大妇女充分享受到经济社会发展成果。要加大培养选拔妇女干部工作力度,促进更多优秀妇女人才脱颖而出。要严厉打击侵害妇女权益的违法犯罪行为,坚决扫除影响妇女身心健康的社会丑恶现象,为妇女发展进步创造良好社会环境。

中国妇女占世界妇女总数的五分之一多。中国妇女运动发展对全球妇女事业乃至整个人类的进步都有着重大的影响。我国政府将信守在联合国第四次世界妇女大会上的庄严承诺,继续努力做好本国妇女工作,继续推动中国妇女与各国妇女的友好交往和合作,为促进全球妇女事业和人类和平进步事业发展作出应有的贡献。

充满机遇和挑战的二十一世纪正在向我们走近。经过建国以来五十年的奋斗,我国社会主义事业已经取得了伟大胜利。再经过五十年奋斗,到建国一百周年的时候,我国将基本实现现代化,建成富强民主文明的社会主义国家。到那时,社会主义物质文明、精神文明、民主政治高度发展,将为妇女进步奠定更加坚实的物质基础、创造更加充分的文化条件、提供更加可靠的政治保证。中华民族有着美好的未来,中国妇女也有着美好的未来。让我们高举邓小平理论伟大旗帜,紧密团结在以江泽民同志为核心的党中央周围,同心同德,奋发图强,为实现我国跨世纪发展宏伟目标而努力奋斗!

## 注　　释

〔1〕见本卷《走出一条有中国特色社会主义精神文明建设新路子》注〔1〕。

〔2〕见本卷《为妇女群众服务是妇联工作的出发点和落脚点》注〔2〕。

〔3〕"三讲",指"讲学习、讲政治、讲正气",是江泽民一九九五年十一月在北京市考察工作时提出的。一九九八年十一月二十一日,中共中央发出了《关于在县级以上党政领导班子、领导干部中深入开展以"讲学习、讲政治、讲正气"为主要内容的党性党风教育的意见》。"三讲"教育活动自上而下、分级分批展开,至二〇〇〇年十二月集中教育活动基本结束。

# 当代青年要肩负起时代
# 赋予的崇高责任<sup>*</sup>

（一九九九年五月四日）

八十年前爆发的五四运动，是以一批先进青年知识分子为先锋、广大人民群众参加的彻底反帝反封建的伟大爱国革命运动，也是一场伟大的思想解放运动和新文化运动。这场运动，成为中国旧民主主义革命走向新民主主义革命的转折点。

一八四〇年鸦片战争以后，由于西方列强的野蛮入侵和中国封建统治者的腐败无能，中国一步步成为半殖民地半封建社会。中国发展受到严重阻碍。中华民族灾难深重，国家日益贫弱，社会战乱不已，人民饥寒交迫。为了救亡图存，许多志士仁人艰苦求索，寻找救国救民、振兴中华的真理和道路。为了改变自己的悲惨境遇，中国人民进行了一次又一次英勇卓绝、可歌可泣的斗争。从鸦片战争到中法战争、中日甲午战争，从太平天国运动到义和团运动，从戊戌维新到辛亥革命，都表现了中国人民不甘屈服于西方列强奴役和封建统治

---

　*　这是胡锦涛同志在五四运动八十周年纪念大会上的讲话《发扬伟大的爱国主义精神，为建设有中国特色社会主义努力奋斗》的主要部分。

压迫的顽强反抗精神。这些斗争都在当时的社会历史条件下为拯救中国作出了自己的贡献。正是这些此起彼伏、连续不断的斗争,粉碎了帝国主义把中国变为殖民地的企图。毛泽东同志曾经把领导辛亥革命的孙中山先生称为中国民主革命的伟大先行者。辛亥革命结束了在中国延续几千年的君主专制制度。但是,中国人民仍然处于帝国主义和封建主义双重压迫之下。

　　旧式的农民革命运动和农民战争,资产阶级改良主义运动和资产阶级领导的旧民主主义革命,都没有也不可能改变中国半殖民地半封建的社会性质。从洪秀全[1]、康有为[2]到孙中山,都曾努力向西方学习,但都未能找到救国救民的真理。一九一五年,袁世凯[3]政府承认了日本旨在独占全中国的二十一条要求。一九一八年第一次世界大战结束,西方列强把持的巴黎和会[4]竟然决定把战败国德国在我国山东攫取的各种权利转让给日本,极大激怒了中国人民。也正是在这个时期,俄国十月革命取得胜利显示了马克思列宁主义的伟大力量,使中国的先进分子在黑夜里看到了曙光,中国人民反帝反封建斗争从此找到一个全新的历史支点。五四运动在这种情况下不可避免爆发了。

　　一九一九年五月四日,北京数千学生涌上街头,高呼"外争国权、内惩国贼"等口号,由此掀起了有工人阶级、小资产阶级、民族资产阶级和其他爱国人士广泛参加的全国性群众斗争。五四运动是中国人民以往前赴后继斗争的继续和新的发展。在这场斗争中,中国工人阶级第一次以声势浩大的政治大罢工显示出崭新的战斗姿态。五四运动鲜明贯穿着彻底、不妥协的反帝反封建的爱国主题。

五四运动作为极大促进思想解放的新文化运动,猛烈冲击和荡涤着几千年来的封建旧礼教、旧道德、旧思想、旧文化,为新思想、新文化在中国的广泛传播开辟着道路。热爱祖国、追求进步的青年和人们开始用新的眼光看中国、看世界,从对各种社会思潮、政治主张、政治力量的鉴别中认真思考。一批先进的青年知识分子,经过历史比较和实践选择,接受了马克思列宁主义,并积极传播马克思列宁主义,促进它同中国工人运动结合。这就为以马克思主义为理论指导、以中国工人阶级为阶级基础的中国共产党的成立,作了思想上和干部上的准备,并使社会主义思想成为五四运动后新文化运动的主流。

五四运动树立了一座推动中国历史进步的丰碑。五四运动也孕育了爱国、进步、民主、科学的伟大精神。在当时,爱国,首先是争取民族独立、维护国家主权和领土完整,反对帝国主义奴役和封建军阀政府卖国行径;进步,首先是反对阻碍民族独立和人民解放的一切腐朽没落的东西,推动中国社会向前发展;民主,首先是推翻专制独裁的旧制度,实现最广大人民的解放和民主、自由;科学,首先是探索指导中国人民根本改变受奴役、受压迫地位的科学真理和发展道路。五四精神的核心,是伟大的爱国主义。在五四运动中和五四时期,革命青年为救亡图存、振兴中华,奔走呼号,奋不顾身,表现出了高尚的爱国情操和大无畏的革命英雄主义。五四运动所体现的爱国主义精神,是中华民族百折不挠、自强不息的民族精神的生动写照。这种历久弥新的伟大爱国主义精神,是我国几千年来发展进步的重要力量源泉。所有的中华儿女都应万分珍视、大力弘扬这个宝贵的精神财富。

五四运动以后，在中国共产党领导下，中国人民争取社会进步和推动历史前进的斗争波澜壮阔向前发展。

我们党在以毛泽东同志为核心的第一代中央领导集体领导下，始终站在反帝反封建最前列，经受了世所罕见的重重磨难，付出了难以估量的巨大牺牲。经过北伐战争、土地革命战争、抗日战争、解放战争，终于推翻了压在中国人民头上的帝国主义、封建主义、官僚资本主义三座大山，完成了新民主主义革命任务。在一九四九年纪念五四运动三十周年后不久，中华人民共和国宣告成立，从此彻底结束了鸦片战争以来中华民族任人宰割、备受欺凌的屈辱历史。中国人民在世界上光荣站起来了。

新中国成立后，面对帝国主义对我们的封锁和武力威胁，我们党紧紧依靠人民，坚持独立自主、自力更生的方针，迅速医治了战争创伤，创造性完成了社会主义改造，建立了社会主义制度，实现了中国历史上最深刻、最伟大和具有世界意义的社会变革。在积极探索中国社会主义建设正确道路的过程中，我们遇到过不少困难，也发生过严重失误。但是，党和人民同甘共苦、团结奋斗，社会主义事业取得了巨大成就。在短短二三十年间，我国就建立起了独立的比较完整的国民经济体系，为实现国家工业化和现代化奠定了重要物质技术和文化基础，这在世界发展史上是罕见的。

党的十一届三中全会以后，我国社会主义事业发展进入了新的历史时期。我们党运用马克思列宁主义、毛泽东思想、邓小平理论，科学总结正反两方面历史经验，确立了党在社会主义初级阶段的基本路线、基本纲领和一系列重大方针政策，成功开辟了建设有中国特色社会主义的正确道路。改革开放二十年来，我们党在以邓小平同志为核心的第二代中央领导集体和以江泽民同志为核心的第三代中央领导集体领导下，团结带领全国各族人民排除各种干扰，克服一个又一个困难，经受住了各种风险的严峻考验，取得了改革开放和现代化建设举世瞩目的伟大成就。我国社会生产力、综合国力、人民生活水平都上了一个大台阶。十二亿人的温饱问题已基本解决，正在进入并建设小康社会。发展社会主义民主政治取得重要进展，加强社会主义精神文明建设取得新的成果。我国政府顺利恢复了对香港行使主权。澳门也将于今年回到祖国怀抱。中国国际影响日益扩大，国际地位不断提高。全党全国各族人民正在满怀信心把建设有中国特色社会主义事业全面推向二十一世纪。

五四运动以来的八十年，是中国共产党把马克思主义基本原理同中国实际相结合，继承和发展五四精神的八十年；是中国人民和青年在党的领导下，不断创造革命、建设、改革的辉煌业绩，为振兴中华而不懈奋斗的八十年。此时此刻，我们可以告慰五四先驱们的是，他们追求的理想和目标，许多已经成为现实而且被大大向前推进和发展了。中国人民将继续努力奋斗，直到实现中华民族伟大复兴，直到经过社会主义事业不断发展而最终实现共产主义。

八十年的历史证明，中国共产党是五四精神最忠诚的继承者。我们党自建立以来，总是根据不同历史时期的形势和任务，把五四精神同人民群众推动社会进步的实践结合起来，使爱国、进步、民主、科学的五四精神始终具有广泛的群众性和鲜明的时代性,不断升华到新的境界。今天,我们继承和发扬五四传统,就要坚持以马克思列宁主义、毛泽东思想、邓小平理论为指导,坚持党的基本路线,发扬民族自尊、自信、自强的精神,汲取一切有益的新思想新经验,努力建设有中国特色社会主义的经济、政治、文化,把改革开放和现代化事业不断推向前进。

八十年的历史证明,中国人民选择中国共产党作为领导自己事业的核心力量,选择经过新民主主义过渡到社会主义社会的革命道路,选择并成功开辟具有中国特色社会主义发展道路,是完全正确的。没有中国共产党领导,就没有中国革命胜利,就没有中国的社会主义事业,也就没有中国的前途和希望。社会主义制度建立和通过改革不断加以完善,为我国社会生产力发展和社会全面进步提供了可靠保证。坚持和改善党的领导,坚定不移沿着建设有中国特色社会主义道路前进,中华民族伟大复兴就一定能够实现。

八十年的历史证明,青年始终是我们社会中最积极、最活跃、最有生气的一部分力量,青年运动发展始终同中国共产党领导人民不懈奋斗的历史进程紧密相连,我们的事业取得的全部成就始终与一代又一代青年英勇奋斗分不开。党离不开青年,青年更离不开党。青年运动的正确方向就是坚持党的领导,坚持同人民群众的伟大实践一道前进。在历史进程中,每个人都不可避免要经受各种考验。革命队伍中绝大多数人昂首阔步向前迈进,他们中涌现出的英雄模范永远受到人民尊敬。但是,也有人在历史进步的洪流中被淘汰。青年要坚持正确的人生之路，不断为人民建功立业，就要把个人的理想融入广大人民的共同理想之中，把个人的奋斗融入广大人民的集体奋斗之中，不断从人民群众中汲取智慧和力量，永远保持朝气蓬勃、奋发向上的青春活力。

今年是中华人民共和国成立五十周年。中华民族全面振兴的灿烂前景鼓舞我们奋发前进。在新世纪的第一个十年，我们将实现国民生产总值比二〇〇〇年翻一番，使人民的小康生活更加宽裕，形成比较完善的社会主义市场经济体制；再努力十年，到我们党成立一百周年时，将使国民经济更加发展、各项制度更加完善；到二十一世纪中叶，中华人民共和国成立一百周年时，将基本实现现代化，建成富强民主文明的社会主义国家，中国人民将达到现代化基础上的共同富裕。

实现这个宏伟目标，要靠党和人民团结奋斗，要靠全国青年继往开来、奋发进取。五四运动点燃的革命火炬已经传到当代青年的手中。现在二十多岁的青年将亲身经历实现中华民族全面振兴的伟大进程。生活在这样一个大有作为的历史时期是十分幸运的。五四以来几代青年梦寐以求的实现中国现代化的理想，将通过你们的继续奋斗得以实现，这更是十分光荣和自豪的。广大青年要增强历史使命感，高举邓小平理论伟大旗帜，发扬伟大的五四精神，为实现我国社会主义现代化不断建功立业。

当代青年要肩负起时代赋予的崇高责任，一定要认清形势，勇于面对任何艰难险阻，经受住各种考验。当今世界正在发生深刻变化。世界多极化、经济全球化趋势进一步发展，科学技术突飞猛进，知识经济开始出现，综合国力竞争日趋激烈。和平与发展是当今世界的两大课题，而且一个也没有解决。冷战思维依然存在，霸权主义和强权政治还有新的发展，天下并不太平。西方大国对社会主义国家和发展中国家推行西化、分化战略没有也不可能改变。我国发展既面临难得的历史机遇，也受到严峻挑战。建设有中国特色社会主义是一项全新的事业，我们对它的发展规律在不少方面还知之不多、知之不深，需要继续探索。我们还需要经历一个相当长的时期才能完成工业化和实现经济社会化、市场化、现代化。在前进道路上，还会遇到许多复杂的情况和困难，不可能一帆风顺。广大青年要学会用全面的观点、辩证的观点、发展的观点看待形势。只看到光明的一面，看不到困难或轻视困难，盲目乐观，是不对的和有害的；害怕困难，动摇信心，无所作为，也是不对的和有害的。

五四运动八十年来，中国共产党领导全国各族人民，是在战胜各种困难和风险中走过来并不断取得胜利的。今天，我们有邓小平理论和党的基本路线的正确指引，有以江泽民同志为核心的党中央的坚强领导，有改革开放进一步积累起来的物质技术基础，有广大干部和人民群众的共同奋斗，无论遇到什么困难和风险，无论这些困难和风险是可以预料的还是难以预料的、是来自国内的还是来自国外的，都动摇不了我们实现社会主义现代化的雄心壮志。广大青年应当牢固树立这样的信心和决心。在顺利的时候，不骄傲自满，始终谦虚谨慎；在挫折和困难面前，不悲观失望，始终坚韧不拔；在风云变幻之际，不随波逐流，始终坚持正确前进方向。

当代青年要肩负起时代赋予的崇高责任，一定要响应江泽民同志的号召，坚持学习科学文化和加强思想修养的统一，坚持学习书本知识和投身社会实践的统一，坚持实现自身价值和服务祖国人民的统一，坚持树立远大理想和进行艰苦奋斗的统一，努力把自己锻炼成为党和人民所需要的、符合时代要求的社会主义建设者和接班人。

第一，要坚定理想，服务人民。正确的理想是推动社会进步的重要动力，也是人们知难而进、走向成功的重要精神支柱。古往今来，凡有作为的人，无不具有坚定的理想信念，而且大多立志于年轻之时、追求于一生之中。当代青年一定要立志献身于改革开放和现代化建设伟大事业，一定要始终高举邓小平理论伟大旗帜不动摇，坚持党的基本路线不动摇，坚持走建设有中国特色社会主义道路不动摇。只有牢固树立了这样的崇高理想和坚定信念，才能自觉把自己的人生追求同祖国和民族前途命运联系起来，在服务祖国、服务人民的实践中充分发挥自己的聪明才智。要自觉把爱党、爱祖国、爱社会主义和爱集体、爱岗位、爱本职工作结合起来，在工作中努力创造一流成绩，扎扎实实为人民谋利益。要积极参与群众性精神文明创建活动，带头弘扬团结友爱、诚实守信、助人为乐、见义勇为的道德风尚，努力倡导健康文明的生活方式，做有益于人民、有益于社会的人。

第二，要深入群众，投身实践。一切有志的青年都要自觉深入人民群众之中，与工农相结合、与实践相结合。人民群众改造自然和社会的伟大实践是青年成长的丰厚沃土和宽广课堂。要站在人民的立场上，增强同人民群众的感情，自觉到祖国和人民最需要的地方去，到改革、建设第一线去，到艰苦的和困难多的地方去,了解国情,经受锻炼,增长才干,开拓事业。要通过向人民学习、向实践学习,深刻体验我们现在的奋斗同革命先驱奋斗的历史联系,切身感受改革开放和现代化建设的时代脉搏,保持青年人朝气蓬勃的鲜明特点,认真克服自己的弱点和不足,在建设有中国特色社会主义的实践中更好成长和成熟起来。

第三,要勤奋学习,勇于创造。青年时期是学习的黄金时期,尤其要勤奋学习。不学习就要落伍,就会被时代所淘汰。大家务必珍惜宝贵年华,刻苦学习马克思主义基本理论,特别是要用辩证唯物主义和历史唯物主义武装自己,努力掌握马克思主义关于历史发展和社会进步的科学观点,增强在实际生活中识别和抵御各种唯心主义错误思潮和观点的能力,在改造社会的伟大实践中不断丰富和充实自己的精神世界。要做崇尚科学、破除迷信的模范。要结合各自工作实际,学习经济、科技、法律、历史和其他方面知识,努力用人类创造的优秀文明成果武装自己。当今世界综合国力竞争,归根到底是人才竞争,是创新能力竞争。创新是一个民族进步的灵魂。广大青年要努力培养创新精神、提高创新能力、投身创新实践,为实施科教兴国战略发挥更大作用。

第四,要脚踏实地,艰苦奋斗。建设有中国特色社会主义伟大事业是异常艰巨的,需要全国人民和青年付出长期艰苦的努力。巩固和发展社会主义制度,更需要几代、十几代甚至几十代人坚持不懈奋斗。创业难,守业更难,守业加创业,尤其艰难。当代青年一定要深刻认识我国基本国情,继承和发扬艰苦奋斗优良传统,任何时候都不懈怠创业精神、都不涣散奋斗意志,积极创造无愧于前辈、无愧于后人的业绩。

青年是祖国和民族的未来与希望。各级党委和政府要从社会主义事业长远发展的战略高度,热情关怀青年,正确引导青年,严格要求青年,努力把青年一代培养成为有理想、有道德、有文化、有纪律的社会主义新人。这是我们的事业兴旺发达的重要保证。共青团是党领导的先进青年的群众组织,要发挥好党的助手和后备军作用,为党的事业教育、团结、带领好青年;发挥好国家政权重要社会支柱作用,积极协助政府管理好青年事务;发挥好党和政府联系青年群众的桥梁和纽带的作用,依法代表和维护青年利益,反映青年意愿和呼声。社会各方面都要热情关心青年一代成长和发展。

在二十世纪,中国青年为祖国和人民赢得了巨大光荣。我们相信,在新的世纪里,中国青年也一定不会辜负党和人民厚望,一定会继续勇往直前,谱写青年运动新篇章,为祖国和人民赢得新的更大光荣。

## 注　　释

〔1〕洪秀全(一八一四——一八六四),广东花县(今广州市花都区)人,十九世纪中叶太平天国农民运动的领袖。他早年因感受到清朝腐败、外侮日深,吸取西方基督教教义中的思想,开始宣传"拜上帝教"。一八五一年,他和杨秀清等在广西桂平县金田村发动起义,建号太平天国,以求实现"天下一家,共享太平"的理想。一八五九年,洪仁玕写的主张向西方国家学习的《资政新篇》,经洪秀全批准颁行,但未能实施。一八六四年,太平天国运动在受西方侵略者支持的清朝政府镇压下失败。

〔2〕康有为(一八五八——一九二七),广东南海丹灶(今属佛山市南海区)

人，中国近代维新派领袖。一八九五年中国在甲午战争中被日本打败后，他联合一千三百多名在北京参加科举考试的举人联名向清光绪帝上"万言书"，要求"变法维新"，主张改君主专制制度为君主立宪制度。一八九八年光绪皇帝任用他和谭嗣同、梁启超等人参预政事，试图变法。后来顽固派的代表慈禧太后重握政权，维新运动遂告失败。康、梁逃亡海外，组织保皇会，同孙中山所代表的资产阶级、小资产阶级的革命派相对立。

〔3〕袁世凯(一八五九——一九一六)，河南项城人，北洋军阀首领。原为清朝大臣，因受命编练北洋新军，建立北洋军阀集团。一九一一年辛亥革命推翻清朝以后，他依靠所掌握的武力和帝国主义的支持，又利用当时领导革命的资产阶级的妥协性，篡夺了总统的职位，组织了代表大地主大买办阶级的第一个北洋军阀政府。一九一五年他谋求称帝，为换取日本帝国主义的支持，承认了日本旨在独占全中国的二十一条要求。同年十二月，在云南发生了反对袁世凯称帝的起义，随即在许多省得到响应。一九一六年三月，袁世凯被迫取消帝制。

〔4〕巴黎和会，指第一次世界大战结束后，一九一九年一月十八日至六月二十八日在法国巴黎召开的"和平会议"。参加者有英、法、美、意、日等二十七个国家。会议为美、英、法三国所操纵，名为拟订对战败国和约，"建立战后世界和平"，实际上是帝国主义战胜国重新分割世界和策划反对苏维埃俄国的会议。会上签订了《凡尔赛和约》，通过了《国际联盟盟约》等。中国以战胜国地位出席，但列强无视中国主权，非法决定日本继承战前德国在我国山东的特权，引起中国人民的强烈反对，爆发五四运动，迫使中国代表团拒绝在和约上签字。

# 就北约袭击我国驻南斯拉夫大使馆发表的电视讲话

（一九九九年五月九日）

同志们,朋友们:

在北京时间五月八日清晨,以美国为首的北约悍然使用导弹袭击了我国驻南斯拉夫联盟共和国大使馆[1],造成我国人员伤亡,馆舍严重毁坏。这一违背国际法和国际关系准则的罪恶行径激起了中国人民极大愤慨。中国政府当天上午发表了严正声明,严厉谴责以美国为首的北约的野蛮暴行,要求北约必须对此承担全部责任。中央还决定,由外交部紧急约见美国驻华大使,提出最强烈的抗议;要求联合国安理会召开紧急会议,讨论和谴责以美国为首的北约的野蛮行径;采取一切措施抢救伤员,立即派专机前往贝尔格莱德,接回我国有关人员。我国政府还在声明中郑重表示保留采取进一步措施的权利。所有这些,都表达了全中国人民维护国家主权、坚持正义、反对侵略的共同心愿。在此,我代表中共中央、中国政府和中国人民,对我国驻南斯拉夫大使馆全体工作人员表示诚挚的问候,对死难的烈士[2]表示深切的哀悼,对他们的家属和受伤人员表示亲切的慰问。

从昨天开始,全国各地广大群众纷纷举行座谈、集会、发抗议信或抗议电等各种活动,拥护我国政府的严正声明,强烈谴责以美国为首的北约的野蛮行径。北京、上海、广州、成都、沈阳等一些城市学生和群众还在美国驻华外交机构附近举行了示威游行。这一切,充分反映了中国人民对以美国为首的北约袭击我国驻南使馆暴行的极大愤慨和强烈的爱国热情。中国政府坚决支持、依法保护一切符合法律规定的抗议活动。我们相信,广大人民群众一定会从国家根本利益出发,自觉维护大局,使这些活动依法有序进行。要防止出现过激行为,警惕有人借机扰乱正常社会秩序,坚决确保社会稳定。

中国政府坚定不移奉行独立自主的和平外交政策,坚定不移维护国家主权和民族尊严,坚决反对霸权主义和强权政治。我们要坚持改革开放,依据有关国际法和国际关系准则,依据我国有关法律,保护外国驻华的外交机构和人员,保护外国侨民和来华从事经贸、教育、文化等活动的人员,充分体现中华民族优良文明传统。

中国人民是坚持正义、爱好和平的人民。我们愿意同世界各国人民一道,相互支持,加强合作,为促进人类和平与发展的崇高事业而共同努力。

让我们紧密团结在以江泽民同志为核心的党中央周围,高举邓小平理论伟大旗帜,振奋精神,团结一致,把建设有中国特色社会主义伟大事业全面推向二十一世纪。


## 注　　释

〔1〕一九九九年三月至六月,以美国为首的北约武装干涉南斯拉夫联盟共

和国(二〇〇六年解体为塞尔维亚和黑山两国)内部事务,史称科索沃战争。根据南联盟法律规定,科索沃是南联盟塞尔维亚共和国的一个自治省。一九九九年三月二十四日起,美国为首的北约,以维护科索沃的阿尔巴尼亚族人权为由,对南联盟境内的军事和民用目标实施空袭,至六月九日迫使南联盟政府与北约签署了将军警撤出科索沃的协议,以北约为主导的多国部队于十二日进驻科索沃实行军事保护(二〇〇八年二月,科索沃临时自治机构单方面宣布独立)。在这场战争中,从美国本土空军基地起飞的美军战略轰炸机,于五月七日二十三时四十五分(北京时间五月八日五时四十五分)用五枚导弹从不同角度袭击了中国驻南联盟大使馆,导致我三名新闻记者牺牲,二十多名使馆人员受伤,馆舍严重毁坏。事件发生后,中国政府向以美国为首的北约提出四点严正要求:(一)公开正式向中国政府、中国人民和中国受害者家属道歉;(二)对北约导弹袭击中国驻南斯拉夫联盟共和国大使馆事件进行全面彻底的调查;(三)迅速公布调查的详细结果;(四)严惩肇事者。在中国人民强烈抗议和中国政府严正交涉下,美国政府作出公开正式道歉并赔偿,但始终坚持"误炸"的说法,未能对事件真相作出令人信服的解释。

〔2〕在这次袭击事件中不幸牺牲的同志是:新华社贝尔格莱德分社记者邵云环和光明日报社驻南联盟记者许杏虎、朱颖。

# 在香港回归祖国纪念碑
# 揭幕仪式上的讲话

（一九九九年七月一日）

同胞们，朋友们：

在香港回归祖国两周年的喜庆日子里，由江泽民主席题写碑名的香港回归祖国纪念碑正式落成。我代表中央政府和全国各族人民对此表示热烈的祝贺！并向香港特别行政区政府、香港同胞和各界人士致以节日的问候和良好的祝愿！

两年前的今天，江泽民主席在这里庄严宣告，中国政府对香港恢复行使主权，中华人民共和国香港特别行政区正式成立。随着鲜艳的五星红旗和香港特别行政区区旗升起，神州欢腾，举世瞩目，香港历史从此揭开了崭新的篇章。建立香港回归祖国纪念碑，让我们的子孙永远铭记香港回归祖国这一彪炳史册的重大事件，世代弘扬伟大的爱国主义精神，是香港同胞的共同心愿，也是全国各族人民的共同心愿。

香港回归祖国纪念碑，是一座记载中华儿女维护国家统一、领土完整的奋斗历史的丰碑。一百多年来，为了民族解放和国家统一，包括广大香港同胞在内的全体中国人民进行了不屈不挠、可歌可泣的英勇抗争。在中国走上改革开放之路、现代化建设取得巨大成就的历史条件下，我国政府按照邓小平先生提出的"一国两制"的伟大构想,通过中英谈判,以和平方式解决了香港问题,洗雪了百年国耻,实现了中国人民收回香港的历史夙愿。

香港回归祖国纪念碑,是一座讴歌"一国两制"伟大实践的丰碑。两年来,"一国两制"方针和基本法得到了全面贯彻落实,香港继续保持原有的社会、经济制度和生活方式不变,继续保持自由港地位和国际金融、贸易、航运中心地位,继续保持同世界各国各地区以及有关国际组织的广泛联系,香港居民充分享有各种权利和自由。事实雄辩证明,"一国两制"方针和基本法符合国家根本利益,符合香港根本利益,也符合各国投资者利益,是香港长期繁荣稳定的根本保障。

香港回归祖国纪念碑,是一座标志港人当家作主、开始了建设香港新里程的丰碑。两年来,广大香港同胞以前所未有的主人翁精神,积极参与香港事务管理。以董建华先生为首的香港特别行政区政府,稳健处理香港各项事务,沉着应对面临的各种挑战,成功抵御了亚洲金融危机[1]对香港的强烈冲击,保持了香港繁荣稳定。特别行政区政府带领广大香港同胞在战胜困难和风险中继续前进的坚实步伐向世人昭示,以董建华先生为首的特别行政区政府是完全有智慧有能力驾驭复杂局面的,香港人是完全可以管理好香港的。

香港回归祖国纪念碑,是一座铭刻中国人民对人类和平进步事业作出重大贡献的丰碑。香港回归祖国,为国际社会提供了一个以和平方式解决国家间历史遗留问题和争端的成功范例。和平与发展依然是当今世界的两大主题,但天下还很不太平,霸权主义和强权政治有新的发展。中国人民是热爱和平的伟大人民。我们将一如既往坚持独立自主的和平外交政策,坚决反对一切违反联合国宪章和国际关系准则的行为。我们愿意在和平共处五项原则[2]的基础上,不断发展同世界各国的友好合作关系,为推动建立公正合理的国际政治经济新秩序、促进人类和平进步的崇高事业而努力。

香港回归祖国纪念碑,是一座矗立在每个中国人心中的不朽丰碑,它将永远起到告慰先人、激励今人、教育后人、催人奋进的作用。

同胞们、朋友们!

今年是中华人民共和国成立五十周年。五十年来特别是改革开放二十年来,我们国家发生了翻天覆地的变化,人民生活得到了明显改善,综合国力不断增强,国际地位大大提高。五十年来,香港同胞与祖国同呼吸、共命运,祖国内地发展包含着广大香港同胞的重要贡献。随着祖国现代化建设不断推进,香港与内地的经济联系将进一步密切,香港必将为国家繁荣富强继续发挥不可替代的重要作用,内地经济持续稳定发展也将为香港的繁荣提供更有力的支持。

同胞们、朋友们!

借此机会,我愿在这里重申,中央政府全面贯彻执行"一国两制"、"港人治港"、高度自治的方针和基本法的决心是坚定不移的,支持以董建华先生为首的特别行政区政府依法施政的决心是坚定不移的。无论发生什么情况,伟大的社会主义祖国都将是香港保持繁荣稳定的坚强后盾。我们完全相信,有"一国两制"方针的正确指引,有六百多万香港同胞的勤劳和智慧,有以董建华先生为首的特别行政区政府卓有成效的工作,有全国各族人民和中央政府的大力支持,香港一定能够克服前进中的一切艰难险阻,以崭新的姿态进入新的世纪,创造出新的辉煌!

谢谢大家。

## 注　释

〔1〕见本卷《学习金融知识,研究金融问题》注〔2〕。

〔2〕和平共处五项原则,是中国与印度、缅甸共同倡导的国际关系准则。一九五三年十二月至一九五四年四月,中国政府代表团和印度政府代表团在北京就两国在中国西藏地方的关系问题举行谈判。一九五三年十二月三十一日,即谈判的第一天,中国总理周恩来接见印度政府代表团,提出了互相尊重主权和领土完整、互不侵犯、互不干涉内政、平等互利、和平共处五项原则。后这五项原则正式写入双方达成的《中印关于中国西藏地方和印度之间的通商和交通协定》的序言中。一九五四年六月,周恩来在访问印度、缅甸期间,先后于六月二十八日和二十九日同印度总理尼赫鲁、缅甸总理吴努发表联合声明,正式倡议将和平共处五项原则作为处理国与国关系的基本准则。这五项原则作为国与国关系的准则,已在世界上得到广泛的承认和使用。

# 把哲学社会科学研究
# 提高到新水平新境界<sup>*</sup>

（一九九九年九月二十三日）

我国是一个历史悠久、具有丰富文化底蕴的国家。我国哲学思想和灿烂文化对中华民族和世界文明发展作出过重大贡献。新中国成立后，在中国共产党领导下，全国哲学社会科学事业走上了以马克思主义为指导的发展道路，在社会主义建设中发挥了十分重要的作用。

党的十一届三中全会以来，我国哲学社会科学进入了新的发展时期、出现了新的繁荣局面。广大哲学社会科学工作者坚持以马克思列宁主义、毛泽东思想、邓小平理论为指导，坚持为建设有中国特色社会主义事业服务、为党和政府决策服务的方向，努力研究改革开放和社会主义现代化建设提出的理论和实践问题，在社会主义初级阶段理论、社会主义改革开放理论、社会主义市场经济理论、社会主义民主法制建设理论、社会主义精神文明建设理论等的确立和发展，在新时期党的基本路线和各项重大方针政策的形成和宣传等方面，都作

---

　＊　这是胡锦涛同志在国家社会科学基金项目优秀成果颁奖大会上的讲话。胡锦涛同志当时任中共中央政治局常务委员会委员、中央书记处书记，中华人民共和国副主席，中共中央军事委员会副主席。

出了重要贡献。

在这二十年中，哲学社会科学各学科建设也取得了显著成绩。基础研究、应用研究、对策研究都有新的重大进展，产生了一批具有时代特点、颇有影响的优秀成果，涌现出了一批功底扎实、富有创新精神的学科带头人，壮大了哲学社会科学工作者队伍。哲学社会科学的新发展，伴随着改革开放和现代化建设阔步前进的历程。这二十年，是我国哲学社会科学研究工作充满生机活力的二十年，也是取得丰硕成果的二十年。

我们正处在世纪之交，中国和世界发展都进入了一个重要时期。面对国际国内形势发展变化，需要我们从时代特点和当代中国实际出发，深入探讨、准确把握、正确回答我国及世界发展所面临的重大问题。因而也就需要我们进一步拓展哲学社会科学的视野和领域，形成新思想、新观点、新方法、新学科，把哲学社会科学研究提高到新水平新境界，使面向二十一世纪的中国哲学社会科学事业有一个大发展。这样才能为我国改革开放和社会主义现代化建设、为中华民族全面振兴和人类进步事业作出更大的贡献。这是中国哲学社会科学工作者的崇高历史使命。

为了完成这一使命，必须认真总结我国哲学社会科学发展历史，继续探索哲学社会科学发展规律。经过长期实践，我们党已经形成了关于繁荣哲学社会科学的正确方针和政策，也积累了许多经验，这是继续推进我国哲学社会科学事业的重要保证。

坚持马克思列宁主义、毛泽东思想、邓小平理论的指导地位,是发展我国哲学社会科学的根本,决定着我国哲学社会科学的性质和方向。马克思主义基本原理特别是它的世界观和方法论,是我们认识世界和改造世界的强大思想武器。哲学社会科学的一切学科和领域都必须坚持以马克思主义为指导,决不能搞指导思想上的多元化。唯有如此,才能保证哲学社会科学发展的正确方向。毛泽东思想是马克思主义基本原理同中国革命、建设具体实践相结合的产物。邓小平理论是毛泽东思想在新的历史条件下的继承和发展,是把马克思主义基本原理同当代中国实践和时代特征结合起来的科学理论,是当代中国的马克思主义,是马克思主义在中国发展的新阶段。实践证明,坚持毛泽东思想和邓小平理论对我国哲学社会科学的指导地位,我国哲学社会科学事业才能具有中国特色,才能更好为我们的改革开放和社会主义现代化建设服务。

当然,坚持以马克思主义为指导,决不是教条式地搬用,或者脱离实际地从马克思主义一般原理去作抽象推论,或者用它的个别结论去代替具体的科学研究,而是要深刻领会它的精神实质,善于运用它的立场、观点、方法去指导具体的社会科学研究及其学科建设。广大哲学社会科学工作者一定要认真学习马克思列宁主义、毛泽东思想、邓小平理论,用以武装自己的头脑,牢固确立正确的世界观、人生观、价值观,真正掌握和运用好辩证唯物主义和历史唯物主义。

在改革开放和现代化建设的发展进程中,必然会提出许多重大理论和实践问题,研究和解决这些问题应该成为我国哲学社会科学的主攻方向。努力为建设有中国特色社会主义事业、为党和政府的决策提供智力支持和理论服务，科学总结中国人民历史创造活动的经验并把它们上升为理论，应该成为全国广大哲学社会科学工作者的一个最基本的任务。当前，我国改革开放进入攻坚阶段，发展处于关键时期。由于经济成分和经济利益多样化，社会生活方式多样化，社会组织多样化，社会岗位和就业形式多样化，新情况新问题大量涌现，迫切需要我们去研究。同时，还要通过深入研究和广泛宣传，帮助人们划清在一些重大原则问题上的理论和政治是非界限，提高思想政治水平。在国际上，经济全球化趋势日益明显，综合国力竞争日趋激烈，科技进步日新月异，知识经济初见端倪，霸权主义和强权政治仍然存在，西方敌对势力对我国实施西化、分化战略没有也不会改变。这种国际经济政治形势，对我国发展会带来一些什么样的影响，我们应该如何把握复杂多变的国际环境，抓住机遇，加快发展，使我国在国际竞争和国际斗争中立于不败之地，并在国际事务中发挥更大作用，也都需要我们以新的研究、新的成果作出回答。所有这些，都对哲学社会科学提出了新的课题和新的要求。

　　哲学社会科学发展最深厚的源泉和最强大的动力是人民群众的社会实践。哲学社会科学只有在正确回答国内外重大理论问题和现实问题中发挥应有作用，才能体现自身重要价值和理论力量。衡量我国哲学社会科学研究工作成效大小的一个重要标志，是看它在何种程度上提供了符合我国社会主义初级阶段实际、有利于推动社会主义现代化建设、促进决策科学化民主化、维护广大人民根本利益的成果。广大哲学社会科学工作者在研究工作中必须坚持理论联系实际的马克思主义学风，以我国改革开放和现代化建设的实际问题、以我们正在做的事情为中心，着眼于马克思主义理论的运用，着眼于对实际问题的理论思考，着眼于新的实践和新的发展。广大哲学社会科学工作者一定要深入改革、建设第一线，从亿万人民群众的伟大创造中汲取营养，认真总结实践中的新经验新创造，积极探索有中国特色社会主义经济、政治、文化的发展规律，并从经济、政治、文化、科技、教育、民族宗教、统一战线、军事、外交、党的建设等各个方面，进一步加强理论与实际紧密联系的研究，创造性运用和发展哲学社会科学各个学科和领域的理论与知识。同时，要重视基础研究，加强重点学科和新兴、边缘、交叉学科建设，全面发展哲学社会科学。

百花齐放、百家争鸣，是发展繁荣我国哲学社会科学事业的正确方针。哲学社会科学发展需要有一个民主、团结和相互探讨的良好氛围。在坚持四项基本原则的前提下，要充分发扬学术民主，鼓励自由讨论，鼓励不同学派、不同学术观点相互切磋和争鸣，提倡同志式的充分说理的批评和反批评。这是探索真理、发展科学的必要条件。只有学术空气活跃起来，形成百家争鸣的局面，才有利于新思想、新观点、新学科产生和发展，才有利于形成和保持哲学社会科学的繁荣局面。在贯彻"双百"方针的过程中，要注意区分学术问题和政治问题的界限，不要把一般学术问题当成政治问题，也不要把政治问题当作一般学术问题。学术问题研究和讨论没有禁区，政治理论包括党的方针政策的宣传要有纪律。

解放思想，实事求是，大胆探索，勇于创新，是发展哲学社会科学的内在要求和必由之路。江泽民同志指出："创新是一个民族进步的灵魂"〔1〕,"科学精神的精髓是求实创新"〔2〕。
马克思主义和整个哲学社会科学的发展史说明,理论上的每
一个重大发展,无不是突破创新的结果,而这种突破创新应是
大胆探索和实事求是的统一。只有紧密结合新的时代特征,
在实践中继续丰富和创造性发展马克思主义理论,才能更好
坚持马克思主义的指导地位;只有在实践的基础上努力开创
哲学社会科学发展新境界,才能推动这一事业不断走向繁荣。
广大哲学社会科学工作者一定要坚持解放思想、实事求是的
思想路线,打破思想禁锢,防止教条主义,提倡大胆探索,鼓励
锐意创新。探索和创新是同继承和借鉴不可分割的。我们要
密切联系中国和世界发展提出的重大问题,吸收和借鉴中华
民族优秀文化成果和人类创造的一切文明成果;坚持贯彻古
为今用、洋为中用的方针,反对食古不化和食洋不化。要尊重
和支持广大哲学社会科学工作者在研究中进行的艰苦的创造
性劳动。

积极探索和建立符合社会科学发展规律、与社会主义市
场经济体制相协调的科研及其管理体制,是发展社会科学事
业的重要条件。这种新体制,应有利于哲学社会科学工作者
积极性和创造性充分发挥,优秀成果、优秀人才脱颖而出;有
利于研究方法、研究手段改进和多学科协同攻关及新研究领
域开辟;有利于基础研究、应用研究、对策研究相互协调和共
同推进;有利于社会科学研究成果转化推广和社科研究资金
筹集。要大力深化改革,切实解决科研机构重复设置、条块分
割、大而全、小而全、人浮于事、低水平重复研究等问题。要加
强对哲学社会科学事业的宏观引导、规划、管理,采取有效措

施搞好国家社科研究重大项目和中长期科研规划。通过上述努力,使我们的哲学社会科学事业形成良好发展机制。

邓小平同志指出:"科学技术是第一生产力。"〔3〕科学包括自然科学和社会科学。二者犹如车之两轮、鸟之两翼,同等重要;只有密切配合、相互结合,科学才能全面发展进步。发展社会科学是我国科教兴国战略的重要组成部分。

江泽民同志指出:"积极发展哲学社会科学,这对于坚持马克思主义在我国意识形态领域的指导地位,对于探索有中国特色社会主义的发展规律,增强我们认识世界、改造世界的能力,有着重要意义。"〔4〕哲学社会科学发展水平和繁荣程度是一个民族综合素质和文化力量的重要体现和标志。积极发展哲学社会科学是全党全社会的重要任务。各级党委和政府要充分认识发展哲学社会科学的重大意义,加强对哲学社会科学事业的领导,加大对哲学社会科学研究的投入,加强哲学社会科学队伍建设,关心哲学社会科学工作者工作和生活。希望社会各界都来支持我国哲学社会科学事业发展。

在建设有中国特色社会主义的伟大时代,广大哲学社会科学工作者是大有可为的。希望同志们进一步增强政治意识、大局意识、服务意识、创新意识,以高度的责任感和使命感,敬业奉献,严谨治学,团结协作,开拓进取,多出成果,多出人才。

## 注　释

〔1〕见江泽民《在新西伯利亚科学城的演讲》(《江泽民文选》第 2 卷,人民

出版社 2006 年版,第 237 页)。

〔2〕见江泽民《在全国技术创新大会上的讲话》(江泽民《论科学技术》,中央文献出版社 2001 年版,第 158 页)。

〔3〕见邓小平《科学技术是第一生产力》(《邓小平文选》第 3 卷,人民出版社 1993 年版,第 274 页)。

〔4〕见江泽民《高举邓小平理论伟大旗帜,把建设有中国特色社会主义事业全面推向二十一世纪》(《江泽民文选》第 2 卷,人民出版社 2006 年版,第 34 页)。

# 唱响主旋律，打好主动仗[*]

（二〇〇〇年一月十一日）

　　从现在起到下个世纪的前二十年特别是前十年，对我们党、国家和人民是一个至关紧要的时期。能否抓住时机、加快发展，胜利实现党的十五大提出的奋斗目标，关系到我们在新世纪世界发展格局中能否掌握战略主动权、能否处于更加有利的地位。这是时代向当代中国共产党人提出的新要求新考验。

　　实现新世纪的历史任务，我们有许多有利条件。建国以来特别是改革开放以来，我们已经积累了日益坚实的经济基础和综合国力。我们有马克思列宁主义、毛泽东思想、邓小平理论的指导和一整套经过实践证明是正确的路线方针政策；我们有经得起考验的干部队伍和广大人民群众的拥护、支持；我们有以江泽民同志为核心的党中央的坚强领导。这都是我们特有的优势。同时，也要看到，建设有中国特色社会主义的经济、政治、文化，是前无古人的开创性事业，在前进道路上不可避免会遇到许多困难和问题，甚至还会遇到一些严重干扰和障碍。只有继续坚持唱响主旋律、打好主动仗的方针，才能

---

　　[*]　这是胡锦涛同志在全国宣传部长会议上讲话的一部分。

最大限度发挥好党的宣传思想工作优势，更好履行宣传思想战线的历史责任；才能把全党思想更好统一起来，把全国各族人民力量更好凝聚起来，克服前进道路上的困难和障碍，逐步实现我们跨世纪发展的宏伟目标。

我们讲唱响主旋律，就是要高举马克思列宁主义、毛泽东思想、邓小平理论伟大旗帜，坚持用党的基本理论、基本路线、基本纲领宣传教育干部群众，用爱国主义、集体主义、社会主义、艰苦创业精神宣传教育干部群众，用一切有益于人们身心健康的精神产品占领思想文化阵地，大力弘扬社会正气和时代精神，以激励、调动、发挥人民群众建设有中国特色社会主义的积极性，不断推进改革开放和现代化建设各项事业。我们讲打好主动仗，就是要总结并运用好我们党领导意识形态工作的历史经验和新鲜经验，正确分析和认识社会主义初级阶段宣传思想领域的特点，遵循思想道德和文化建设的客观规律，坚持从实际出发，坚持重在建设，以积极进取、科学务实的态度，研究新情况，解决新问题。在各项工作中要贯穿讲政治的要求，增强原则性、系统性、预见性、创造性，立场坚定，旗帜鲜明，始终坚持正确方向；对于不正确不健康的倾向和问题，要见微知著，未雨绸缪，正确果断处理；对于重要工作、重大活动，要精心筹划，精心组织实施。

唱响主旋律、打好主动仗，两者紧密联系、相辅相成。只有唱响主旋律，我们才能掌握社会主义初级阶段思想文化领域工作主动权，不断巩固马克思主义的指导地位。只有打好主动仗，我们才能用时代的主旋律把全国人民团结起来、动员起来，为实现共同理想而奋斗。

### 一、继续抓好全党特别是领导干部的马克思主义理论学习。

理论建设是党的思想建设的根本,理论素质是领导干部思想政治素质的核心和灵魂。只有理论上清醒,政治上才能坚定。宣传思想战线要唱响主旋律、打好主动仗,必须把加强党的理论建设、把全党特别是领导干部的理论学习当作根本大计来抓。去年,在省部级和地市厅局级领导班子和领导干部中开展了讲学习、讲政治、讲正气的集中教育,收到了明显成效。今年将在县一级有计划全面展开。"三讲"[1]教育深入开展对推动全党的理论学习、加强宣传思想战线的工作创造了好的条件。要很好总结"三讲"教育中加强理论学习的经验,引导和组织干部认真读书,进一步在党内造成认真学习理论的浓厚气氛。宣传思想战线的同志要带头学好中央为"三讲"集中教育规定的必读篇目,加深理解,融会贯通。

推动理论学习,一定要切实加强马克思主义学风建设。学风问题也是一个党性问题、党风问题。能不能结合社会主义现代化建设和党的建设新的实际,发扬理论联系实际的学风,关系到党的兴衰和事业成败。目前存在的学风不正现象,主要表现在:一是轻视理论学习;二是不能正确运用理论研究解决现实问题;三是不能自觉用马克思主义指导改造主观世界。一些党员、干部在重大原则问题面前是非不清,成为错误思想甚至反动思想的俘虏;一些干部包括领导干部置党纪国法于不顾,以权谋私,胡作非为,走上犯罪道路,原因不尽相同,但有一个共同原因,就是不认真学习马克思主义理论,放弃了主观世界改造,丧失了共产党人的起码信仰和基本原则。

特别是有的人经不起考验，导致自己身败名裂，还给党的旗帜抹了黑，其中的教训很值得全党同志重视，引为鉴戒。马克思主义是我们党的指导思想，是我们共产党人的世界观、人生观、价值观。我们不仅要自觉用马克思主义指导改造客观世界，而且要自觉用马克思主义指导改造主观世界，努力按照毛泽东同志要求的那样，做一个高尚的人，一个纯粹的人，一个有道德的人，一个脱离了低级趣味的人，一个有益于人民的人[2]。

　　思想理论界的同志们，多年来为学习和宣传马克思主义、活跃学术理论研究、传播先进思想做了大量工作，为建设有中国特色社会主义事业发展和党的路线方针政策贯彻执行提供了良好思想先导和理论支持，大家也在各方面不断取得新的进步和提高。但是，必须看到，在思想理论领域里也不时出现一些错误的思想观点，需要引起重视。比如，有的鼓吹历史虚无主义，歪曲否定我们党和人民的奋斗历史；有的鼓吹西方民主和自由，否定党的领导和社会主义制度；有的主张指导思想多元化，否定马克思列宁主义、毛泽东思想、邓小平理论在我国的指导地位；有的主张私有化，否定社会主义初级阶段的基本经济制度；还有的无视我国经济、政治、文化建设的主流，抓住我们前进中发生的问题和社会上的一些消极现象，否定党的方针政策和改革开放。在新形势下，出现一些这样那样的杂音并不奇怪，但我们一定要有高度的政治敏锐性和政治鉴别力，绝不可掉以轻心。邓小平同志在一九八七年就指出："对于中国现在干的究竟是什么事情，有些人还没有搞清楚。我们干四个现代化，人们都说好，但有些人脑子里的四化同我们脑子里的四化不同。我们脑子里的四化是社会主义的四化。他们只讲四化，不讲社会主义。这就忘记了事物的本质，也就离开了中国的发展道路。这样，关系就大了。在这个问题上我们不能让步。这个斗争将贯穿在实现四化的整个过程中，不仅本世纪内要进行，下个世纪还要继续进行。"〔3〕宣传思想战线的共产党员要牢牢记住邓小平同志这个重要嘱咐。对思想政治领域中出现的问题，我们要坚持党的十四大以来中央确定的原则，头脑清醒，掌握动态，慎重处理。有什么问题就解决什么问题，什么范围出现的问题就在什么范围解决。无论解决什么问题，都不要影响经济建设这个中心、影响改革发展稳定。要严格区分学术问题和政治问题。对学术问题，要坚持"双百"方针，平等讨论，相互切磋。涉及政治原则、政治方向的问题，必须旗帜鲜明、分清是非。对错误的东西，必须严肃批评、及时处理，不能听之任之。要严格宣传纪律，不给错误言论提供传播阵地。对热点问题、敏感问题要善于引导，在宣传上注意把"度"掌握好。

对国际国内重大理论和实际问题，要有计划组织力量，深入调查研究，用马克思主义立场、观点、方法加以分析，撰写出一批有分量、有深度、说服力强、能产生重大影响的文章，理直气壮宣传科学真理，明白无误划清原则是非，正确客观回答现实问题，引导干部群众坚决沿着有中国特色社会主义道路不断前进。

**二、始终坚持正确舆论导向，进一步提高新闻宣传工作质量。**

坚持正确舆论导向，是唱响主旋律、打好主动仗的一个重要方面。江泽民同志指出："舆论导向正确，是党和人民之福；舆论导向错误，是党和人民之祸。"[4]坚持正确舆论导向，不断提高宣传质量，必须坚持党性原则，坚持实事求是，坚持团结稳定鼓劲、正面宣传为主的方针；必须紧紧围绕经济建设这个中心，服从服务于全党全国工作大局；必须把促进改革发展、维护社会稳定作为重要准则，加强对新闻宣传工作的宏观管理。我们要继续贯彻落实这些要求，进一步完善责任制，努力为改革开放和现代化建设营造良好舆论环境。

还要强调一点，就是我们在做好党的重大方针政策和改革建设宣传的同时，一定要把维护社会政治稳定当作一件大事来抓。深化改革必然带来各种利益关系的调整。我国经济社会生活中长期积累的一些矛盾将凸现出来，而有些矛盾的解决又非一日之功。新闻宣传要始终把维护和促进社会政治稳定放在突出位置，针对干部群众普遍关心的热点难点问题，做好解疑释惑、提高认识的工作。通过摆事实、讲道理，向群众讲清楚改革的必要性，讲清楚前进中出现问题的原因，讲清楚党和政府处理问题的政策和办法，并帮助他们正确认识个人利益、局部利益和整体利益的关系，眼前利益和长远利益的关系；引导他们正确认识形势，看到光明前景，积极参与和支持改革，自觉维护社会稳定。

新闻宣传是一项政治性、政策性很强的工作，要切实抓好新闻队伍学习和培训，不断提高他们的思想政治素质和业务能力。这是提高宣传质量的根本保证。我们的新闻工作者一定要有很强的政治意识。重大问题宣传必须以中央精神为准，发现有背离中央精神的情况，主管部门要及时严肃指出，予以纠正。要把握好公开宣传和内部研究的界限,对那些属于内部探讨的、不适于公开报道的内容,一定要注意内外有别。广大新闻工作者要深入实际、深入群众,改进宣传方法,树立良好文风,努力增强新闻宣传的感染力和说服力。

**三、切实加强思想政治工作。**

加强和改进新形势下的思想政治工作是全党的一件大事,是宣传思想工作的重中之重,也是唱响主旋律、打好主动仗的一项重要基础工作。去年,中央针对我国社会发展出现的新情况和当前思想政治工作的实际,印发了《中共中央关于加强和改进思想政治工作的若干意见》。贯彻好这个文件精神是全党的一项重大而紧迫的任务,也是一项长期工作。各级党委、政府和人民团体以及所有的基层单位都要高度重视,制定有力措施,加强督促检查,确保文件精神贯彻落实。宣传思想工作部门在加强思想政治工作方面,担负着重要责任。

思想政治工作的核心内容是理想信念教育。没有坚定正确的理想信念就没有凝聚力。邓小平同志说:"我们一定要经常教育我们的人民,尤其是我们的青年,要有理想。为什么我们过去能在非常困难的情况下奋斗出来,战胜千难万险使革命胜利呢? 就是因为我们有理想,有马克思主义信念,有共产主义信念。"[5]他还说:"一定要让我们的人民,包括我们的孩子们知道,我们是坚持社会主义和共产主义的,我们采取的各方面的政策,都是为了发展社会主义,为了将来实现共产主义。"[6]我们党在几十年奋斗的历程中,正是因为坚持用崇高理想和各个历史阶段奋斗目标教育党员、引导群众,凝聚了人心,激励了斗志,党和人民才得以战胜各种艰难险阻,使事业从胜利走向胜利。这是我们党的思想政治优势的一个重要体现。在新世纪的征途中，我们的改革、建设越是向前发展，越要经常重温邓小平同志的这些教导，更好发挥这个优势。现在，有些党组织忽视了对党员、干部和群众的理想信念教育，有的领导干部甚至自己在理想信念上发生了动摇。"法轮功"[7]邪教组织问题的出现和蔓延，一些党员、干部卷入其中，在很大程度上说明了忽视理想信念教育的严重危害性。这要引起各级党组织严重关注。在整个改革开放和现代化建设中，我们都要坚持不懈进行理想信念教育，坚持不懈进行党的基本理论、基本路线教育，坚持不懈进行马克思主义唯物论、无神论和科学精神教育，引导人们坚定对马克思主义的信仰，坚定对社会主义的信念，增强对改革开放和现代化建设的信心，增强对党和政府的信任。

　　加强思想政治工作，还必须注意从各种不同社会群体实际出发，尤其要抓好青少年教育工作。这是一件关系党和国家前途命运的大事。只有把青少年教育好，我们的事业才有希望，我们的国家才能长治久安。一定要帮助我们的青年一代了解我们党的历史，了解我们国家和民族的历史，了解人类社会发展客观规律，认清自己将要肩负的历史责任，树立正确的世界观、人生观、价值观，培养良好道德情操。

　　目前，我国社会生活发生了深刻变化，思想政治工作的环境、任务、内容、渠道也都发生了很大变化。加强思想政治工作必须适应变化了的情况，在继承和发扬优良传统的基础上，认真研究新形势下思想政治工作特点和规律，积极开辟新途径、探索新办法、总结新经验。根据一些地方这些年的工作实践,在思想政治工作中要注意这样几个问题:一是要把思想政治工作同经济工作和各项业务工作结合起来,寓思想教育于实际工作之中。一切工作部门以及企业、农村、学校、社区都要根据各自特点和实际加强思想教育,并注意把正确的思想道德要求融入自己的工作目标和管理制度之中。二是要把先进性的要求和广泛性的要求结合起来,加强针对性,根据不同社会群体思想实际,有的放矢进行工作,解疑释惑,明辨是非,鼓舞士气,凝聚民心。防止脱离实际的空洞说教,防止形式主义。思想教育必须贯彻民主的原则和疏导的方针,立足于启发群众自觉性,立足于调动一切积极因素,努力增强工作实际效果。三是要坚持把解决思想问题同解决群众工作生活中的实际问题结合起来,把教育引导群众同切实服务群众结合起来。思想政治工作不能孤立去做,要从群众迫切需要解决的问题入手,诚心诚意为群众排忧解难。当前,特别是要做好下岗职工、困难企业职工、贫困地区农民群众工作。对于一时难以解决的问题,要向群众讲明原因,让群众看到我们逐步解决这些问题的态度和决心。四是要把思想政治工作贯穿到群众性精神文明创建活动和各类健康有益的文化体育活动之中,使群众在参与中受到教育、得到提高。五是要切实加强党的基层组织建设。现在,一些基层单位思想政治工作薄弱,同一些党的基层组织软弱涣散、战斗堡垒作用发挥得不好是分不开的。必须切实加强和改进党的基层组织建设,为做好群众思想政治工作提供坚实组织保证。

**四、进一步加强宣传文化阵地建设。**

强化阵地意识,加强阵地建设,是唱响主旋律、打好主动仗的重要保证。近年来，江泽民同志多次严肃指出，我们的阵地，无产阶级思想不去占领，非无产阶级思想必然会去占领，我们必须充分注意和记取这一历史的经验教训。各级党委和政府的报社、电台、电视台、杂志社、出版社以及其他文化单位，都是社会主义精神文明建设的重要阵地。这些单位的共产党员特别是领导干部务必强化阵地意识，真正做到守土有责。

这些年，宣传文化部门坚持"二为"方向和"双百"方针，坚持把社会效益放在首位，弘扬主旋律、提倡多样化，以"五个一工程"[8]为导向，推出了一大批思想性和艺术性相统一的优秀作品。但是，也确实出现了一些思想倾向不好，或者格调不高、质量低下的东西。也有少数宣传文化单位不能把经济效益和社会效益很好统一起来，片面追求经济效益。个别报社、杂志社、出版社甚至允许错误的东西出笼。这同我们提出的弘扬主旋律、提倡多样化，是完全背道而驰的，必须坚决纠正。

加强宣传文化阵地建设，必须坚持一手抓繁荣，一手抓管理。当前，要突出做好两个方面工作。

一是要把唱响主旋律同满足人民群众多方面需求结合好，多出思想性和艺术性相统一的优秀作品，让反映我们时代精神、表现广大人民群众建设社会主义精神风貌的优秀作品，让反映中华民族奋斗历史、表现党和人民争取国家强盛和人民幸福的优秀作品，以及各种满足群众不同层次文化需求的、健康有益的作品，牢固占领宣传文化阵地。要继承我们民族的优秀文化遗产、优秀文化传统，同时要博采世界各国之长，吸收各民族优秀文化成果。这就要求我们的理论、新闻、出版、文艺工作者认真学习党的基本理论、基本路线、基本纲领，学习党的建设有中国特色社会主义文化的方针政策，更加自觉地树立为人民服务、为社会主义服务的思想。要深入改革、建设第一线，向生活学习，向群众学习，更好认识社会发展客观规律，认识人民根本利益所在，了解人民群众精神生活变化和需求。为保证精神产品创作和生产的正确方向，要认真做好思想评论、文艺评论、出版评论工作，鼓励积极健康的切磋、讨论、批评，加强对优秀作品的宣传介绍，对不健康的倾向及时予以批评教育。总之，要更加努力地肩负起以优秀作品鼓舞人的光荣任务。

二是要认真加强宣传文化阵地管理。无论是思想舆论阵地，还是群众文化场所，都要健全制度、加强管理，决不能为错误的东西提供传播渠道，绝不允许成为腐朽思想文化滋生的场所。同时，要积极探索新的历史条件下管理文化市场的有效途径和方法，防止"一管就死，一放就乱"，保证文化市场健康繁荣。科学技术飞速发展带来了信息传媒的深刻变化。我们必须适应这一变化，一方面加强各有关方面的协作，搞好网上的正面宣传；另一方面又要采取必要措施，防止和控制网上的负面宣传。

还有一个重要问题需要抓紧研究。加入世界贸易组织，从总体上看对我国是有利的，但也带来一些新的挑战。这不仅反映在经济领域，也将反映在宣传思想文化领域。我们要抓紧拿出在新形势下加强宣传文化阵地建设的措施。这同加强宣传文化领域改革、推进新闻出版和文化事业优化结构、提高文化产品质量有着密切的联系，希望同志们予以高度重视。

## 注　释

〔1〕见本卷《沿着党指引的妇女运动正确道路前进》注〔3〕。

〔2〕参见毛泽东《纪念白求恩》(《毛泽东选集》第 2 卷,人民出版社 1991 年版,第 660 页)。

〔3〕见邓小平《用中国的历史教育青年》(《邓小平文选》第 3 卷,人民出版社 1993 年版,第 204 页)。

〔4〕见江泽民《舆论导向正确是党和人民之福》(《江泽民文选》第 1 卷,人民出版社 2006 年版,第 564 页)。

〔5〕见邓小平《一靠理想二靠纪律才能团结起来》(《邓小平文选》第 3 卷,人民出版社 1993 年版,第 110 页)。

〔6〕见邓小平《一靠理想二靠纪律才能团结起来》(《邓小平文选》第 3 卷,人民出版社 1993 年版,第 112 页)。

〔7〕"法轮功",是二十世纪九十年代在中国一些地方存在的邪教。"法轮功"神化教主、对习练者实施非人道的精神控制,建立非法组织,大量非法敛取钱财,具备与世界上其他邪教组织共同的特点。"法轮功"不是气功,更不是宗教,不仅危害个人和家庭,更具有反人类反社会性质。一九九九年七月,中国政府依法取缔了"法轮功"邪教组织。

〔8〕"五个一工程"即精神文明建设"五个一工程",是一项旨在弘扬主旋律、推动优秀精神文化产品创作生产的重点文化工程。该项工程由中共中央于一九九〇年倡导,由中共中央宣传部组织实施,一九九一年正式启动,要求各省、自治区、直辖市党委宣传部和中央部分部委、中国人民解放军总政治部(二〇一五年十一月,根据中央军委命令,组建中央军委政治工作部,撤销中国人民解放军总政治部番号)等单位像抓物质生产重点建设工程那样,有计划有重点组织精神文化产品生产的工程,力争每年度拿出一本好书、一台好戏、一部优秀影片、一部优秀电视剧(片)、一篇有创见有说服力的文章,简称"五个一"。此后,增加了一首好歌、一部好广播剧,取消了一篇文章,工程项目变更为戏剧、电影(包括动画电影)、电视剧(包括电视动画片、电视纪录片)、广播剧、歌曲、图书(包括文学类图书、通俗理论读物和少儿读物),仍称"五个一工程"。

# 领导干部要认真学习财税知识[*]

（二〇〇〇年一月十二日）

我们已经跨入了二〇〇〇年，即将迎来新的世纪。面对复杂多变的国际形势，为了在日益激烈的国际竞争中立于不败之地，我们必须坚定不移贯彻邓小平同志关于发展才是硬道理的思想，抓住时机，加快发展，首先必须集中精力把经济搞上去，实现我国跨世纪发展宏伟目标。在发展社会主义市场经济的条件下，要做到这一点，就必须既充分发挥市场在资源配置中的基础性作用，又切实搞好宏观调控，尤其要把握好宏观调控方向和力度。当前，实施积极的财政政策，是扩大内需、促进经济增长的重要措施。各级领导干部首先是高级干部要进一步提高对财税工作重要性的认识，增强学习、掌握、正确运用财政政策的自觉性，以更好发挥其职能作用，进一步增强驾驭社会主义市场经济能力。

江泽民同志前不久在为《领导干部财政知识读本》所作的重要批语中指出："财政是国家职能的重要组成部分。财政政策是国家宏观调控的一个重要工具。雄厚的财政实力是一个

---

[*] 这是胡锦涛同志在省部级主要领导干部财税专题研讨班开班式上讲话的主要部分。

国家强大、稳定、安全的重要体现和有力保证。正确运用财政政策，运用预算、税收、转移支付等财政手段，对优化资源配置，调节收入分配，促进国民经济稳定增长和区域经济协调运行，促进社会各项事业全面发展，具有重大的作用。"江泽民同志的这段重要批语，是对财政在国家政权建设和经济社会发展中的职能、地位、作用十分深刻精辟的阐述。回顾人类社会发展历史，自从有了国家就有了国家财政。财政是政府履行职能的物质基础，是国家安全和社会稳定的重要保障。随着社会进步特别是市场经济发展，人们社会公共需要不断扩大，与之相适应，国家财政职能也逐步扩展。尤其需要强调的是，我们搞的是社会主义市场经济。在发展社会主义市场经济的条件下，一个财政政策，一个货币政策，都是政府调控经济运行的主要工具。充分发挥财政职能作用，统筹兼顾调节好各种经济利益关系，是推动国民经济持续快速健康发展的必要条件和重要保证。财政与税收有着密不可分的联系。税收作为国家财政收入的主要形式，不仅是财政收入稳定可靠的来源，而且是国家经济社会政策的重要体现，它对经济社会运行、资源配置、收入分配也具有重要调节作用。

　　党的十一届三中全会以来，特别是党的十四大以来，我国改革开放和现代化建设取得了举世瞩目的伟大成就。这些成就都是在不断克服面临的困难和解决前进中的问题中取得的。财政政策作为调控经济运行的主要工具之一，在这一进程中发挥了不可替代的重要作用。这些年来，国民经济之所以能够保持良好发展势头，同我们从实际出发、实行正确的财政政策是分不开的。比如，一九九二年，在邓小平同志视察南方重要谈话推动下,我国经济呈现出加快发展的大好局面。但是,由于认识上的片面性,一些地方也出现了开发区热、房地产热、投资规模过大、物价上涨过快等问题。在这样的情况下,党中央、国务院及时加强宏观调控,实行了适度从紧的财政政策和货币政策。经过三年努力,终于既有效抑制了通货膨胀,又保持了经济较快增长,避免了经济大起大落,实现了"软着陆"。又比如,一九九七年下半年以来,我国经济发展又面临比较复杂的国际国内形势,特别是受亚洲金融危机[1]影响,出口和引进外资增长大幅下降,甚至出现了负增长,造成有效需求不足,经济增长速度下滑,国民经济结构不合理等深层次矛盾也凸现出来。针对这种新情况,党中央、国务院又及时作出扩大内需等重大决策,实施了积极的财政政策,综合运用多种手段对经济运行进行了有效调控,取得了明显成效,使一九九八年、一九九九年两年国民经济都保持了适度增长,有效抵御了亚洲金融危机冲击。实践表明,掌握好财政这个杠杆,正确运用财政政策,对保持国民经济持续快速健康发展具有十分重要的意义。

　　这些年来,财税工作取得了很大成绩,财税改革取得突破性进展,财政实力也随之明显增强。财税体制改革前的一九九三年,全国财政收入仅四千三百四十九亿元,到一九九九年已突破万亿元大关,年均增收千亿元左右。财政对推进改革开放、促进国民经济和社会各项事业发展、促进人民生活水平提高发挥了重大作用。但是,我们也要看到,当前财政工作与经济社会发展的要求相比,还有许多不适应的地方,财政运行中还面临一些突出的问题:一是财政收入占国内生产总值的比重、中央财政收入占全国财政收入的比重仍然偏低。二是财政支出结构不尽合理。一些不该财政负担的项目还在负担,而一些该财政负担的项目又满足不了日益增长的需要。财政供养负担过重。一些地区和单位浪费严重。三是财税秩序还比较混乱。违犯财经法规的现象,偷、逃、骗税现象相当严重。贪污挪用公款、侵吞国家资产等犯罪案件屡有发生。这些矛盾和问题不仅影响了财政职能作用的发挥,而且已经成为国民经济和社会进一步发展的重要制约因素,成为各方面关注的一个焦点问题。正因为如此,党的十五大明确提出了集中财力、振兴国家财政的任务,强调要"逐步提高财政收入占国民生产总值的比重和中央财政收入占全国财政收入的比重,并适应所有制结构变化和政府职能转变,调整财政收支结构,建立稳固、平衡的国家财政"。我们必须高度重视,提高认识,统一思想,认真研究解决存在问题的途径和办法。

学习财税知识,认识财税运行规律,掌握财税政策工具,是各级领导干部适应社会主义市场经济发展新形势,转变观念、转变工作方式、提高经济管理水平、增强驾驭经济全局本领的客观要求,也是提高自身素质的迫切需要。经过这些年学习和实践,各级领导干部对社会主义市场经济的认识不断深化,领导水平也逐步得到提高。但是,也要实事求是看到,我们领导干部中还有相当多的同志对财政税收职能的认识还不深,还只是把财政作为"钱袋子"来看待,认为财政只是简单的收收支支,没有认识到财税工作是党的事业和政府工作的重要组成部分,没有认识到预算里面体现了党和政府的政策和宏观调控意图,数字里面包含了政治,包含了各级政府之间的关系、部门之间的关系、地区之间的关系、民族之间的关系。还有不少领导干部对财税知识还知之不多,特别是对在社会主义市场经济条件下运用财税手段来调控和管理经济还比较陌生。即使是原来对财税工作有所了解的同志,在新形势下也需要再学习、再提高。因此,各级领导干部首先是高级干部,要自觉学习掌握财税基本知识,熟悉财税政策和财税法规,学会运用财税杠杆来调控和管理经济,不断提高领导经济工作水平,以真正做到优化资源配置,规范经济运行和市场秩序,转变经济增长方式,推动经济持续快速健康发展。只有这样,我们才能更好肩负起领导跨世纪经济工作的重任。

## 注　　释

〔1〕见本卷《学习金融知识,研究金融问题》注〔2〕。

# 像爱护眼睛一样
# 维护军政军民团结<sup>*</sup>

## （二〇〇〇年一月十二日）

坚持军民一致，加强军政军民团结，是我党我军我国人民的优良传统和特有政治优势，是我们党三代中央领导核心的一贯思想。毛泽东同志在领导我国革命、建设的伟大实践中，总结提出了人民军队思想和人民战争理论，提出了军民一致的原则和"兵民是胜利之本"[1]的著名论断，指引我国广大军民在党的领导下众志成城、团结奋斗，形成了坚不可摧的伟大力量，赢得了民族解放和国家独立，取得了社会主义建设的伟大胜利。邓小平同志在开创建设有中国特色社会主义伟大事业中，十分关注军政军民团结，明确提出军民一致的原则不能变，要从各个方面搞好军政军民关系，并亲自倡导军民共建社会主义精神文明和创建双拥模范城（县）活动，使拥军优属、拥政爱民工作从内容到形式都有了新的发展。在深化改革、扩大开放、发展社会主义市场经济的新形势下，江泽民同志对加强军政军民团结高度重视，作出了一系列重要论述。他强调指出，一定要把加强军政军民团结作为重大政治原则紧紧抓

---

　＊　这是胡锦涛同志在全国双拥模范城（县）命名大会上的讲话。

住不放;要深入持久开展双拥工作,巩固和发展同呼吸、共命运、心连心的新型军民关系。在以江泽民同志为核心的党中央和中央军委领导下,广大军民在改革开放和现代化建设中相互支持,在维护国家安全、统一和社会稳定中密切配合,在抗御各种严重自然灾害中并肩战斗,军政军民团结显示了不可战胜的强大力量。党的三代领导核心关于加强军政军民团结的思想,是马克思主义基本原理同中国革命、建设、改革实践相结合的产物,是我党我军性质和宗旨的生动体现,是建立、巩固、发展新型军政军民关系的科学依据,无论过去、现在还是将来都是我们从胜利走向胜利的重要法宝。

当前,我们正处在世纪之交的重要历史时期。国际局势正在发生重大而深刻的变化,世界多极化、经济全球化趋势都在发展,和平与发展仍是当今世界的两大主题。但是,天下并不太平,霸权主义和强权政治对人类和平与发展构成了严重威胁。我们既面临难得发展机遇,也面临严峻挑战。我国改革已进入攻坚阶段,发展正处于关键时期,维护社会稳定任务也很繁重。我们要战胜前进道路上的种种困难和风险,把建设有中国特色社会主义伟大事业全面推向二十一世纪,实现中华民族伟大复兴,需要全党全军全国各族人民万众一心、艰苦奋斗。在党的领导下,把军政军民团结的伟大作用充分发挥出来,把广大军民同心同德干事业的积极性充分调动起来,这是我们的事业必定要胜利的基本保证。各级党政军领导一定要从民族振兴、人民幸福、国家长治久安的战略高度,充分认识加强军政军民团结的重要性,把双拥工作摆在事关全局的重要位置,坚持不懈抓紧、抓实、抓好。

江泽民同志最近反复强调,要使社会主义中国永远立于不败之地,必须不断增强我国经济实力、国防实力、民族凝聚力。这是着眼于维护和实现我们国家和民族根本利益、充分估量当今国际局势发展变化、深刻总结历史和现实经验得出的科学结论。军政军民团结既是凝聚中华民族的强大精神力量,也是推动经济社会发展的巨大物质力量。不断巩固和加强军政军民团结,对于增强我国综合国力,捍卫国家主权、安全、统一具有重要意义。我们要适应形势和任务需要,紧紧围绕实现我国现代化建设跨世纪发展目标,努力做好双拥工作,更好发挥军政军民团结在改革发展稳定大局中的积极作用。

要始终坚持用共同理想把军心民心凝聚起来、振奋起来。这些年来,我们国家之所以能够顶住压力、抗御风险、战胜困难、不断前进,一个重要原因,就是我们有坚如磐石的军政军民团结。而这种团结,是建立在建设有中国特色社会主义共同理想基础上的。在新的形势下,要进一步引导广大军民深入学习邓小平理论,坚定社会主义信念,在共同的理想和政治基础上更加紧密地团结起来;要广泛开展全民国防教育,大力弘扬爱国主义精神,进一步增强民族自尊心和自信心;要深入扎实开展双拥共建活动,促进军地思想道德和文化建设,形成爱国拥军、无私奉献的良好社会风尚,进一步激发广大军民建设和保卫社会主义祖国的政治热情。

要牢固树立经济建设和国防建设统筹兼顾、协调发展的思想。经济建设是国防建设的基础,国防建设是经济建设的保障。坚持经济建设和国防建设的协调发展,是关系社会主义现代化建设全局的重要问题,也是做好双拥工作必须牢牢把握的基本原则。人民解放军和武警部队要继续贯彻服从国家建设大局的方针,坚决拥护和支持改革开放,大力支援国家经济建设,协助做好扶贫开发工作,奋勇参加抢险救灾。西部大开发战略是党中央总揽全局、面向新世纪作出的重大决策,人民解放军和武警部队要主动参与、发挥优势,为中西部地区开发和建设多作贡献,为加快国民经济和社会发展建立新的功勋。军队和国防建设关系国家安危,关系社会主义现代化成败,关系人民根本利益,是建设有中国特色社会主义伟大事业的重要组成部分。地方各级党委、政府和人民群众要一如既往关心和支持军队改革建设,积极配合部队完成教育训练、战备执勤、科研试验等各项任务;广泛开展科技拥军活动,协助部队培养现代化建设需要的人才;妥善安置军队转业复员退伍军人和随军家属,满腔热情做好优抚工作,为加强军队质量建设、提高部队战斗力创造良好条件。

要把维护社会稳定摆在双拥工作的突出位置。保持社会稳定是改革开放和现代化建设必不可少的前提条件,军政军民团结是维护社会稳定的重要因素。我们一定要从讲政治的高度看待和处理军政军民关系,以坚强的军政军民团结促进社会稳定。全军和武警部队要自觉尊重各级政府,热爱人民群众,模范遵守党的政策和国家法律法令,严格执行军队纪律,永远保持人民军队性质、宗旨、本色。地方各级党委、政府和人民群众要视军队如长城、把军人当亲人,尊重和爱护军队,认真落实各项拥军优属政策,切实维护军人及其家属合法权益。改革开放和发展社会主义市场经济作为一场深刻社会变革，涉及到利益格局和利益关系调整，也给军民关系带来了一些新的情况。各地各部队要以高度的政治责任感，按照顾全大局、互谅互让、平等协商、增进团结的要求，及时妥善解决军民关系中出现的新问题。军地双方都要像爱护眼睛一样精心维护军政军民团结，使之不断巩固和发展，经得起任何风浪考验。

在跨世纪发展的征途中，双拥工作面临着光荣而又艰巨的任务。为了使双拥工作更好适应新形势新任务要求，保持和焕发生机活力，必须坚持在继承中创新、在改革中前进。我们要认真贯彻落实党中央、国务院和中央军委关于做好新形势下双拥工作的一系列指示精神，勇于在新的实践中解决新问题、创造新经验，努力开创军政军民团结新局面。要根据发展变化了的实际，不断丰富双拥工作内容，更好为党和国家大局服务，为军队和国防建设服务。要尊重群众首创精神，积极探索富有时代特色的活动方式和工作路子。要适应发展社会主义市场经济要求，建立和完善双拥工作政策法规和制度。创建双拥模范城（县）活动，是新形势下加强军政军民团结的有效途径和成功实践，已在全社会产生了积极影响，要坚持标准、注重质量、讲求实效，充分发挥典型引路和榜样示范作用，使这项活动持久扎实开展下去，取得更好成效。双拥工作是一项涉及面广、影响深远的社会工程。各地各部队要切实加强领导，健全组织机构，发挥部门作用和行业优势，形成党政军群齐抓共管、广大军民积极参与的生动局面。

# 注　　释

〔**1**〕见毛泽东《论持久战》(《毛泽东选集》第 2 卷，人民出版社 1991 年版，第 477 页)。

# 进一步做好党的群众工作<sup>*</sup>

## （二〇〇〇年三月一日）

　　正确处理改革发展稳定三者的关系，是我们党领导社会主义现代化事业取得成功的一条宝贵经验。重视并善于运用这个经验，是领导干部提高驾驭复杂局面能力的一个重要方面。现在，我国社会政治状况总的是稳定的，但也必须看到，在世纪之交错综复杂的国内外形势和各种矛盾相互交织的情况下，影响我国社会政治稳定的因素也不少，有的还比较突出。主要表现是：境内外敌对势力相互勾结，加紧对我国进行渗透和破坏，新疆、西藏民族分裂势力不断进行捣乱以至猖狂进行暴力恐怖活动，"法轮功"〔1〕等邪教组织继续进行危害国家和人民的犯罪活动，各种刑事和经济犯罪案件上升，有的地方治安状况不好，一些地方各种原因引起的群体性事件增多。出现这些问题，原因是多方面的，要具体情况具体分析。从领导工作角度来看，一些地方和部门的领导同志不同程度存在政治敏锐性不高、政治责任感不强问题，特别是淡忘了群众观点、放松了群众工作，是很重要的原因。

---

　　* 这是胡锦涛同志在中共中央党校春季开学典礼上的讲话《领导干部要全面提高自身素质，更好地担负起新的历史责任》的一部分。

　　希望同志们在党校学习期间,结合学习马克思主义理论,深入研究怎样在深化改革、促进发展、维护稳定的实践中正确掌握和认真坚持群众观点、群众路线;深入研究怎样加强和改进党的群众工作,努力做到既继承优良传统,又有新的创造。我着重就进一步做好党的群众工作强调五点。

　　第一,必须重视辩证唯物主义和历史唯物主义的学习,深化对群众观点和群众路线的认识。每个领导干部都要重新学习并牢固树立人民群众是历史创造者的观点,向人民群众学习的观点,全心全意为人民服务的观点,干部的权力是人民赋予的观点,对党负责和对人民负责相一致的观点,党要依靠群众又要教育和引导群众前进的观点。每个领导干部都要切实懂得,工人阶级和广大人民群众利益就是党的利益,除此以外党没有任何自己特殊的利益。只有从根本上掌握并努力实践马克思主义的这些基本观点和道理,才能成为合格的党的干部,更好为人民服务。对于领导干部来说,这是加强党性锻炼、坚定马克思主义世界观的严肃课题,也是提高领导水平和执政水平的严肃课题,必须认真解决好。

　　第二,必须全面正确贯彻执行党的路线方针政策,善于从当地实际出发,做好发动和引导群众工作。党的路线方针政策是在集中人民群众愿望和智慧的基础上制定的,目的都是为了实现和保护人民群众利益。任何偏离党的路线方针政策的行为和做法都是对人民群众利益的最大损害。做好群众工作,最重要的就是用党的路线方针政策去宣传群众、引导群众,让群众认识到自己的利益所在,并为其实现而努力奋斗。要认真总结这方面经验教训,深入剖析领导工作中出现官僚主义、形式主义、急功近利、简单粗暴、虚报浮夸、独断专行、强迫命令等不良作风的思想根源，切实防止和克服贯彻执行党的路线方针政策中发生的主观随意性、片面性、绝对化等偏向。

第三，必须加强和改进新形势下党的思想政治工作。思想政治工作是我们党的政治优势之一。但是，这个优势在一些地方和单位未能很好发挥出来，甚至被淡忘了。"法轮功"等邪教组织在一些地方欺骗、毒害群众，同我们党争夺阵地，造成严重影响，很值得我们认真反思、牢记深刻教训。在改革开放和发展社会主义市场经济的条件下，我国社会生活发生了深刻变化。随着改革深化和经济结构调整，不仅带来各种利益关系调整，使长期积累的一些矛盾日益凸现，而且带来各种思想相互碰撞，非马克思主义甚至反马克思主义的意识形态乘机泛起的情况也会出现。在这样的情况下，党的思想政治工作只能加强、不能削弱。在思想政治领域，必须坚持唱响主旋律、打好主动仗，理直气壮宣传马克思主义真理，批评政治方向、政治原则问题上的错误观点，澄清和制止思想政治上对群众的误导。对国际国内的重大理论和实际问题，要用马克思主义立场、观点、方法，深入调查研究，正确客观作出回答。还要下功夫研究解决敌对势力利用所谓"网络民主"、"空中民主墙"造谣惑众、制造思想混乱的问题。各级领导同志要及时分析和掌握社会思想动向，针对群众关心的热点难点问题，用摆事实、讲道理的方法做好释疑解惑、提高认识、理顺情绪、凝聚人心工作。要下大气力克服群众思想政治工作上的简单化和形式主义。要注重把教育引导群众同切实服务群众结合起来,引导广大群众更紧密地团结在党和政府周围,同心同德沿着建设有中国特色社会主义道路不断前进。

第四,必须关心群众生活,切实为群众解决实际问题。满腔热情、诚心诚意做好关心群众生活工作,是贯彻党的宗旨的必然要求,是在改革发展进程中维护稳定的迫切需要,是当前党和政府工作中一件具有头等意义的大事。各级领导干部都要关心群众疾苦,带着深厚阶级感情做群众工作,要深入到群众当中去,想群众之所想,急群众之所急,帮群众之所需。当前,对国有企业下岗职工、困难企业职工、离退休人员、贫困地区和受灾地区困难群众、城镇低收入者,尤其要热情关心和帮助。对于一时难以解决的问题,要向群众讲明原因,让群众看到我们逐步解决这些问题的态度和决心。总之,要以拳拳之心、赤子之情,真心实意帮助群众解决生产生活工作中的实际问题。同时,要切实搞好社会保障体系建设,从制度上机制上落实我们党关心群众生活的方针政策。

第五,必须提高正确处理人民内部矛盾的本领。新形势下人民内部矛盾有许多新特点,复杂性加大,突发性增多,群体性突出,有时甚至会出现一定范围、一定程度的对抗行为。各级领导干部对此要高度重视,认真研究这方面新情况新问题,做好人民内部矛盾排查和调处工作,及时发现和消除各种不安定因素。要正确区分人民内部矛盾和敌我矛盾这两类不同性质的矛盾。对人民内部矛盾,要立足于说服教育,立足于疏导。要坚持具体情况具体分析,针对不同情况采取不同方法和措施,切忌简单化。对一般的思想问题、干群矛盾和民事纠纷,要多做深入细致的思想工作,决不能粗暴对待群众,决不能随便使用警力。许多事实说明，凡是群体性事件大都有先兆，应早做群众工作，早进行预防，努力把矛盾化解在萌芽状态、解决在当地基层。一旦出现突发的群体性事件，要迅速查明原因，有针对性采取措施，尽快妥善解决。对敌对势力利用人民内部矛盾进行捣乱的图谋要保持警惕，严加防范，坚决予以打击。要积极探索，逐步积累新时期调动一切积极因素、团结一切可以团结的力量的经验，努力获得规律性认识。

## 注　释

〔1〕 见本卷《唱响主旋律，打好主动仗》注〔7〕。

# 抓紧做好加入
# 世贸组织的准备工作[*]

（二〇〇〇年四月九日）

争取尽早加入世界贸易组织，是中央全面分析国内外形势，为给我国改革开放和现代化建设营造一个更加有利的外部环境而作出的重大决策。我们只有把这一决策放到当今世界发展变化的趋势和中国社会主义现代化建设跨世纪发展的大局中去审视，才能深入认识和真正理解其重要性和必要性。

当前，国际形势总体上趋向缓和，和平与发展仍然是时代的主题。国际局势中出现的三个发展趋势值得我们高度关注。一是世界多极化趋势。冷战结束后，世界力量重新分化组合，大国关系处在错综复杂的变化和调整之中。美国作为当今世界超强的一极，倚仗其经济、军事、科技优势，千方百计阻止多极化进程，但同时欧洲、日本、俄罗斯等其他力量对美国的牵制也在增强。因此，多极化格局最终形成仍将是一个长期曲折的过程，从根本上说取决于各国综合国力消长变化。二是经济全球化趋势。这一趋势促进了生产要素和科技成果

---

＊ 这是胡锦涛同志在省部级领导干部国际经济贸易知识专题研究班结业式上讲话的主要部分。

在全球加速流动和扩展，为世界经济持续发展创造了巨大空间。西方发达国家在经济全球化进程中占据明显优势，是最大受益者。广大发展中国家既面临着严峻挑战，也有着发展机遇，只要能够抓住机遇、战胜挑战、不断增强自身竞争能力，就能在防范各种风险、维护自身经济安全的同时实现经济跨越式发展。三是信息网络化趋势。信息网络技术是当前发展最迅速、竞争最激烈、影响最广泛的科技领域。信息网络化快速发展，不仅大大推动了信息产业乃至整个国民经济发展，而且必将对人类社会生活各个方面产生深刻影响。信息网络化趋势中最引人注目的是电子商务蓬勃发展，它使得各国经济同世界经济的联系更为便捷，影响也更为直接。综合起来看，无论是世界多极化、经济全球化还是信息网络化，都集中反映出当今世界各国相互联系日益密切，相互竞争也日趋激烈。在这样一个开放的世界里，任何国家关起门来搞建设都是不能成功的。世贸组织作为世界上最大的多边贸易组织，适应了世界发展变化趋势，在促进市场开放和国际贸易发展中发挥着越来越重要的作用。

中国的发展离不开世界。我们要继续推进有中国特色社会主义事业，不断增强我国综合国力，进一步提高我国国际地位，就必须深入贯彻党的基本理论、基本路线、基本纲领，始终坚持对外开放的基本国策，以更加积极主动的姿态参与到国际经济合作与竞争中去。加入世贸组织，就是我们面对世界发展变化的大背景大趋势，乘势而上，抓住机遇，加快发展的重要举措。这有利于我们进一步扩大对外开放，为我国经济发展争取更有利的外部环境；有利于我们深化改革，促进社会主义市场经济体制形成和完善;有利于推进我国经济结构调整和产业优化升级,提高国民经济整体素质;有利于我们参与制定世界贸易新规则,使我国在国际事务中发挥更大作用,并更多分享世界经济贸易发展带来的好处。

在看到加入世贸组织给我们带来的诸多有利因素的同时,也要看到,加入世贸组织后必须遵循权利和义务平衡的原则,在享受一定权利的同时,还要履行必要的义务,承担开放市场后面临的风险和压力。比如,加入世贸组织后,我国对外经贸管理将在一定程度上受到世贸组织规则的制约;开放市场后国内一些行业将面临更为激烈的竞争;我们有些企业的经营观念和行为同世贸组织的要求还不一致,可能出现不利于我们的多边争端;等等。但是,从全局和战略高度上权衡,还是利大于弊,机遇大于挑战,加入比不加入好。我国加入世贸组织,符合世界发展潮流,符合我国根本利益,不仅具有重要经济意义,而且具有重要政治意义,必将对我国改革开放和现代化建设产生深远影响。

加入世贸组织,标志着我国改革开放进入一个新阶段。在新的机遇和新的挑战面前,能不能抓住机遇,战胜挑战,关键取决于我们的精神状态,取决于我们努力的程度,取决于我们工作做得怎么样。只有自觉变压力为动力,迎难而上,主动进取,才能真正把加入世贸组织的积极影响变成现实利益,把负面影响减轻到最低限度。否则,就会坐失良机、陷入被动,导致弊大于利的后果。因此,我们务必要有一种强烈的责任感和紧迫感,未雨绸缪,抓紧行动,努力做好各项准备工作。我这里着重强调一下在工作中需要把握好的几个原则。

　　第一,既要注意维护我们的经济权益和经济安全,又要勇于参与国际经济竞争。加入世贸组织后,我们要逐步降低关税,逐步取消和规范配额、许可证等非关税限制措施,逐步开放市场。在传统保护手段取消之后,如何对我国相关产业进行合理合法保护,这是摆在我们面前的一个新课题。比如,电信、金融、保险这些敏感领域逐步放开后,如处理不好,可能会出问题。亚洲金融危机[1]的发生已给世人敲响了警钟。所以,我们一定要高度重视维护国家经济权益和经济安全,决不能掉以轻心。一方面,要利用过渡期加大政策扶持力度,加快我国相关产业进步和发展,增强企业抗御风险能力。另一方面,要学会运用世贸组织有关保护条款,如反倾销、反补贴、保障措施、技术壁垒等协议,确保关系我国经济安全和重大经济利益的产业稳步发展。当然,一个国家经济发展不能单纯依靠保护政策,依赖保护就永远没有生命力。积极参与国际竞争、在竞争中发展壮大,是当今世界经济技术发展的必然要求。我国改革开放二十多年的经验已经有力证明,只有积极参与国际经济合作与竞争,有效利用国际国内两个市场、两种资源,才能充分发挥我国优势,保持经济稳定和发展。大家都知道,我国家电市场是最早对外开放的,国内家电行业虽然在参与国际竞争过程中也受到过严重冲击,但最终通过竞争增强了活力。目前,国产大型家电产品不仅占有了百分之八十以上的国内市场,而且有的已进入欧美发达国家市场。加入世贸组织意味着我国将更加深入、更加全面地参与国际竞争。这就要求我们进一步克服依赖国家保护的思想,增强积极参与国际竞争的信心,不仅要在国内市场上同外商进行较量,而且要敢于到国际经济舞台上去施展身手。二十多年来我们的对外开放一直以"引进来"为主,现在必须把实施"走出去"战略放到更加突出的位置来抓。要鼓励有条件的企业到境外投资办厂,开展加工贸易,扩大商品和技术输出,占领更多国际市场;要到海外开发资源,增强我国资源保障;要培植一批我们自己的跨国公司,提高企业跨国经营水平。总之,要采取各种措施促进我国产业和企业更加有效地参与全球性生产和国际分工,在竞争中发展壮大。

第二,既要大力推动经济结构调整和科技进步,切实解决生产力发展问题,又要加快体制创新,着力解决生产关系不适应的问题。经济结构不合理、科技发展水平不高,是我国生产力发展中存在的突出问题。目前,世界经济结构正在加快调整和重组,尤其是发达国家的产业结构、产品结构、企业结构正在发生重大变化;以信息科学和生命科学为核心的现代科学技术突飞猛进,为世界生产力发展开辟了新的广阔前景。加入世贸组织后,我们要利用这个机遇,加快经济结构调整步伐,推动产业升级,实现规模和结构、数量和质量、速度和效益的统一;提高科技创新能力,加强技术创新,发展高技术,实现产业化,加快经济增长方式根本转变。特别需要指出的是,真正的先进技术和高技术是难以通过直接引进而获得的。加入世贸组织后,以市场换技术难度加大,创新更加成为生存和发展之本。只有立足于自主创新、提高自主发展能力,才能实现我国科技跨越式发展。同时,必须清醒意识到,目前我国宏观经济管理体制和企业制度上存在的问题仍然是影响经济活力的主要原因,也是我们加入世贸组织需要着力解决的深层次问题。加入世贸组织客观上也要求我们在经济管理体制和运行机制等方面加快改革步伐，从而为我国社会主义市场经济体制建立和完善提供强大外部动力。这就要求我们在进行结构调整和科技创新的同时，下大气力进行体制创新。在宏观上，要继续推进经济管理体制改革，进一步转变政府职能，加快政企分开，强化依法行政，增加政策透明度，更好发挥政府指导、协调、服务作用。在微观上，要以深化国有企业改革为重点，加快建立和完善现代企业制度，突出抓好企业管理体制改革、转换企业经营机制和完善法人治理结构。我们只有尽快建立起既符合市场经济一般规律、又体现中国特色的经济体制，使人民群众创造热情和社会各方面活力充分发挥出来，才能在激烈的国际竞争中立于不败之地。

第三，既要积极应对经济方面的挑战，又要高度重视思想文化方面的冲击。加入世贸组织，对我国政治、经济、思想文化各个领域都会带来影响。经济方面的影响，已经得到人们普遍关注。思想文化方面的影响，还有待于引起足够重视。毋庸置疑，加入世贸组织也会给我们的思想文化带来诸多机遇和好处，比如有利于开阔视野，有利于活跃文化市场，有利于民族文化创新和走向世界，等等。我们应该以一种兼收并蓄的博大胸怀，勇于和善于吸收人类社会一切优秀文化成果。但是，我们也要清醒看到，西方国家在对我国输出文化产品的同时，也输出西方价值观念和生活方式。特别是国际互联网快速发展，为西方思想文化渗透提供了便捷的手段。可以预见，今后围绕网上信息传播而展开的渗透和反渗透的斗争将更加激烈。这种情况务必引起我们高度重视。面对西方思想文化冲击,我们一方面要切实加强管理,依法对文化产品进口进行筛选,及时对境外不良信息进行堵截,绝不允许利用我们的思想文化阵地传播资本主义腐朽思想,传播反共反社会主义观点,传播政治谣言,传播黄色、暴力、迷信的东西。另一方面,也是最根本的,还是要大力繁荣发展社会主义文化事业,弘扬我们民族的优秀传统文化。中华民族并不缺乏创新潜力,完全可以创作出一大批具有民族性、世界性、现代性的优秀作品,主动占领思想文化阵地。

第四,既要针对各地区各部门实际分别制定对策,又要在中央统一领导和部署下行动。加入世贸组织,对各地区各部门都有影响,但影响程度各不相同。这就要求各地区各部门对各自面临的机遇和挑战分别进行科学分析和实事求是评估,并在此基础上分别制定有针对性的措施。同时,必须认识到,任何地方和部门都不可能脱离开国家、民族的整体而孤立发展。每个地方每个部门乃至每个企业的行为,不仅涉及到自身利益,也关系到国家整体利益;更何况有些问题是跨地区、跨部门、跨行业的,单靠哪一个方面都难以解决。这就要求我们必须把应对工作作为一项系统工程,统筹兼顾,通盘考虑,真正做到全国一盘棋。一是要以国家整体利益为重,在中央统一领导和部署下,有计划有步骤推进各项准备工作,而不能政出多门、各行其是。二是要加快对内开放,打破地区封锁和行业垄断,建立和维护全国统一大市场。三是要加强配合、密切合作、相互联动、一致对外,共同抵御风险,而不能搞"窝里斗",让外国人钻我们的空子。

第五,既要抓紧做好近期各项准备工作,又要注意谋划长远发展对策。加入世贸组织,我们有很多工作要做,当务之急是抓好以下几项工作:一是要加强世贸组织知识和规则普及教育,重点组织好各级领导干部和企业经营管理者的学习培训。二是要抓紧对现行涉外法律法规和政策进行必要的清理和修改,同时加紧制定相关新法律法规。三是要尽快培养世贸组织专门人才,特别是针对外国企业同我们争夺人才的严峻形势,尽快建立起有利于人才健康成长、脱颖而出、充分施展才干的激励机制。除了抓好眼前各项工作之外,还要考虑得长远一些。尤其要注意把各项对策措施纳入到正在编制的国民经济和社会发展第十个五年计划之中,使之同国家总体发展战略相一致,同我们正在进行的经济体制改革、经济结构调整、科技创新相结合。同时,还要把增强企业在国际市场的竞争力作为一项长期任务来抓,不断根据变化的情况及时调整和完善应对措施。

## 注　　释

〔1〕见本卷《学习金融知识,研究金融问题》注〔2〕。

# 深刻理解"三个代表"的科学内涵[*]

## （二〇〇〇年五月三十一日）

中央党校第二十八期省部级干部进修班今天就要结业了。刚才听了进修班支部书记的汇报和学员的发言，总的感到这期进修班办得是好的，达到了预期的目的。下面，我着重围绕学习、领会和落实好江泽民同志关于"三个代表"的重要思想，谈谈自己的体会。

**一、充分认识我们党始终做到"三个代表"的重大意义。**

今年二月，江泽民同志在广东考察工作时，提出了中国共产党要始终代表中国先进生产力的发展要求、始终代表中国先进文化的前进方向、始终代表中国最广大人民的根本利益的重要思想。最近，他在江苏、浙江、上海考察工作时再次强调，这"三个代表"是我们党的立党之本、执政之基、力量之源。当前为什么突出提出党要始终做到"三个代表"呢？我理解主要基于三个方面的考虑。

从国内情况看，我国改革开放和现代化建设正进入跨世纪发展的关键时期。我们党要更好发挥领导核心作用，带领

---

[*] 这是胡锦涛同志在中共中央党校第二十八期省部级干部进修班毕业典礼上讲话的主要部分。

全国各族人民解决好面临的诸多复杂矛盾和困难,把伟大事业推向前进,必须始终坚持做到"三个代表"。经过改革开放以来二十多年艰苦奋斗,我国社会主义现代化建设取得了举世瞩目的伟大成就,国家面貌发生了翻天覆地的巨大变化。在即将跨入新世纪的历史时刻,我们面临着更为繁重而又艰巨的任务,肩负着光荣而又崇高的使命。在新世纪的前十年,我们在经济上,要建立起比较完善的社会主义市场经济体制,保持国民经济持续快速健康发展;在政治上,要继续推进政治体制改革,进一步扩大社会主义民主,健全社会主义法制,依法治国、建设社会主义法治国家,保持社会政治稳定;在文化上,要继承和发扬中华民族优秀文化传统,吸收和借鉴世界各国优秀文明成果,建设民族的科学的大众的社会主义文化,努力提高全民族思想道德素质和科学文化素质;在实现祖国统一大业上,要坚持一个中国原则和"和平统一、一国两制"的基本方针,把原则的坚定性和政策的灵活性结合起来,加紧各方面工作,争取早日解决台湾问题。全面完成这些任务,我们具有许多过去没有的有利条件,同时也会遇到许多新的矛盾和一系列深层次问题。党面临的使命和考验,要求我们以"三个代表"为指导,强基固本,凝聚人心,总揽全局,沉着应对,科学解决各种复杂矛盾和问题,从全局上处理好改革发展稳定的关系,特别是要经得起各种风险冲击。这样,我们党才能永远立于不败之地,带领人民不断前进。

从国际局势看,当今世界正在发生深刻而巨大的新变化。我国要在激烈的国际竞争中处于更加主动有利的地位,保证有中国特色社会主义事业经受住各种困难和风险考验,关键取决于我们党,归根到底取决于全党更好做到"三个代表"。当今世界已经和正在出现许多新情况新特点。突出表现在三个方面:第一,和平与发展仍然是当今世界两大课题,新的世界大战较长时期内打不起来;但霸权主义和强权政治有新的发展,天下仍很不安宁。世界多极化趋势不可逆转,但单极和多极矛盾斗争也不可避免,多极格局最终形成将经历一个长期曲折的过程。第二,由西方发达国家主导的经济全球化进程加快。超级大国凭借其实力和优势,力图通过控制国际经济、贸易、金融组织,制定符合其利益的"游戏规则",强加于人。在经济全球化进程中,各国联系日益紧密,相互影响更加广泛,综合国力竞争也日趋激烈。第三,当今世界科学技术突飞猛进,以信息技术和生物技术为代表的高新技术及其产业迅速崛起,知识经济已见端倪,对各国政治、经济、军事、科技、文化、社会等领域正在产生并将继续产生深刻影响。这些新的变化为我国改革开放和现代化建设在新世纪迈出新步伐带来巨大机遇,也使我国在经济、政治、文化上面临严峻挑战。尤其要注意到,西方敌对势力不愿意看到一个统一和强大的中国出现在世界的东方,他们对我国实施西化、分化战略绝不会改变,我们面临的渗透和反渗透、遏制和反遏制、分裂和反分裂、颠覆和反颠覆的斗争将是长期的、复杂的,有时甚至会是很尖锐的。错综复杂的国际环境,要求我们党必须更好做到"三个代表",紧紧跟上客观形势发展变化,始终走在时代前列,保持党的先进性和强大战斗力、旺盛创造力,领导人民实现中华民族伟大复兴。

从党的自身建设来说,我们党正处在整体性新老交替的重要时期,所处的环境发生了很大变化,党的建设遇到许多前所未有的新问题。这都要求我们党以"三个代表"为指导,进一步巩固、加强、提高自己。我们党在领导人民推进社会主义改革开放和现代化建设的进程中,始终把加强党的建设放在关系党和国家工作全局和长治久安的战略地位不断加以推进。特别是坚持不懈用邓小平理论武装全党;贯彻干部队伍建设"四化"[1]方针,加强领导班子建设,集中开展"讲学习、讲政治、讲正气"教育;推进以健全民主集中制为主要内容的制度建设;以农村和企业为重点,加强和改进党的基层组织建设;坚决、深入、持久开展党风廉政建设和反腐败斗争,取得了显著进步。同时,必须清醒看到,形势在发展,情况在变化,我们党肩负的历史任务、所处的国内外环境以及党的队伍状况都跟过去有了很大不同,尤其是社会经济成分、组织形式、就业方式、利益关系和分配方式的多样化,给党的建设提出了许多前所未有的新课题。在不断发展变化的新形势下,如何始终保持党的工人阶级先锋队性质,保持全党坚强团结和高度统一,保持党同人民群众的血肉联系,从而保证党和国家长治久安,保证社会主义江山代代相传,这既对全党同志提出了新的要求,也使全党同志面临着新的考验。现在,党的建设同新形势新任务不相适应的地方还相当不少,党内在思想上组织上作风上存在的不符合甚至违背党的先进性和人民利益的问题也相当不少,在加强和改进党的建设方面我们需要研究的新情况、解决的新问题同样相当不少。我们必须进一步全面加强党的建设,抓紧解决党内存在的突出问题,保证党始终做到"三个代表",以更好承担起自己的历史使命。

　　总之,江泽民同志关于"三个代表"的重要思想,高瞻远瞩、深谋远虑,是在世纪之交、千年更替的重要历史时刻,基于对国内外形势、党肩负的历史任务和党的自身建设实际的清醒认识和准确把握,从事关党和国家前途命运的高度作出的战略性思考;是运用马克思主义立场、观点、方法,总结历史、分析现实、前瞻未来作出的精辟论断;是深入总结我们党近八十年历史经验、深入思考《共产党宣言》发表以来一百五十多年间世界社会主义历史经验作出的科学结论;是对党的性质、根本宗旨、根本任务的新概括,对马克思主义建党学说的新发展,对新时期党的建设和建设有中国特色社会主义事业各项工作提出的新要求。这一重要思想,进一步从根本上回答了在充满挑战和希望的二十一世纪,我们党要把自己建设成为一个什么样的党、怎样建设党的问题,是新的历史条件下全面加强和改进党的建设的行动指南,为面向新世纪的中国共产党进一步巩固自己、加强自己、提高自己,提供了强大思想武器。实践证明,一个马克思主义政党,如果偏离了"三个代表"方向,就会发生失误和挫折;如果背弃了"三个代表"要求,就会变质,最终走向自己的反面。全党同志对此一定要有清醒认识。只要我们敏锐把握中国先进生产力的发展要求、中国先进文化的前进方向、中国最广大人民的根本利益,按照"三个代表"要求全面加强党的建设,就一定能够把党建设得更加坚强,一定能够开创我国改革开放和现代化建设新局面。

　　二、深刻理解"三个代表"的思想内涵和内在联系。

　　"三个代表"重要思想具有丰富深刻的思想内涵,是有机统一的整体。只有正确理解它的思想内涵及其内在联系,才能在实践中自觉坚定贯彻落实"三个代表"要求。

（一）关于党要始终代表中国先进生产力的发展要求。

回顾我们党近八十年的历程，可以说党的一切奋斗，归根到底都是为解放和发展中国社会生产力而不断开辟道路和创造条件，使国家繁荣富强，使人民共同幸福。

生产力不仅是社会生产方式中最活跃最革命的因素，而且是推动人类社会发展的最终决定力量。生产力决定生产关系，一定的生产关系是一定生产力发展的必然产物，又反过来影响生产力发展。我们党领导中国社会主义事业的历史经验证明，当生产关系存在着不符合生产力发展要求的问题时，如果不适时变革生产关系，就会阻碍生产力继续发展；当生产关系符合现实生产力发展要求时，如果超越阶段，盲目变更生产关系，同样会影响生产力发展。在这个问题上，我国建国以后既有成功的宝贵经验，也有过曲折和失误的教训。最近二十年我国生产力所以能够得到迅速发展，最重要的就在于我们自觉调整和改革生产关系同生产力发展要求不相适应的方面和环节，并正确处理上层建筑同经济基础之间的矛盾，为解放和发展社会生产力开辟了一条康庄大道。

生产力先进和落后是客观的、相对的。衡量一个国家生产力是否先进，有纵向和横向两个参照系。纵向看，我国现阶段生产力发展水平是我国历史上任何时代都无法比拟的；横向看，我国生产力水平总体上还低于发达国家。从我国社会生产力自身现状看，无论是生产的社会化程度还是科技含量和劳动生产率都是先进和落后并存。我们要代表先进生产力的发展要求，就要从现实中国国情出发，改变落后，发展先进，提高生产的社会化程度,提高科技含量,提高劳动生产率,追赶世界先进生产力发展水平。

生产力的发展要求,一方面是指生产力自身发展的要求,包括生产力合理布局,生产力内部诸要素配置合理化、高效化,提高生产社会化程度,增强科技含量等;另一方面是指生产力对生产关系相适应程度的要求。我们党要始终代表中国先进生产力的发展要求,也要从两个方面努力:第一,要敏锐了解和把握世界范围内生产力发展的最新动向和发展趋势,根据我国生产力发展的现实状况,认真研究和解决生产力发展中的一系列重大问题,推动和促进生产力发展。比如,要根据生产力自身发展规律,按照工业化和现代化要求,调整生产力布局,促进生产力诸要素按照最合理最有效的方式进行组合,不失时机推进产业结构优化和升级,以推动我国生产力整体水平提高。又比如,科学技术是第一生产力,教育是经济社会发展之本。这就要大力实施科教兴国战略,紧跟世界科技发展新趋势,充分发挥我们自身优势,尽快提高我国科技创新能力,发展高技术,实现产业化。再比如,人是生产力中最活跃的因素,发展生产力,既要见物,又要见人,既要重视物质生产水平提高,又要重视人的素质提高;无论改革、建设都要充分调动和发挥最广大人民群众积极性、主动性和创造精神。如此等等。第二,在现代化建设过程中,一定要正确处理生产力和生产关系的矛盾,使生产关系适应生产力水平,并随着生产力发展需要自觉调整生产关系。这就要求我们密切关注现阶段生产力发展反映出的新情况、提出的新要求,坚定不移推进改革。重点是继续推进以建立和完善社会主义市场经济体制为中心任务的各项改革，以不断促进生产力新发展新提高。

（二）关于党要始终代表中国先进文化的前进方向。

社会主义社会作为人类历史上崭新的社会形态，是全面发展、全面进步的社会。经济、政治、文化协调发展，物质文明和精神文明都搞好，才是有中国特色社会主义。我们党要始终代表中国先进文化的前进方向，这也是由我们党的性质和肩负的历史使命所决定的。

文化作为一种社会意识形态，是随着社会历史条件变化而发展变化的。先进文化是人类文明进步的结晶，它影响人的精神和灵魂，引导人们积极向上，是推动人类社会前进的精神动力和智力支持。在当代中国，代表先进文化的前进方向，要求我们党必须站在时代前列和世界科学文化制高点上，努力建设以马克思主义为指导，以培育有理想、有道德、有文化、有纪律的公民为目标，面向现代化、面向世界、面向未来的民族的科学的大众的社会主义文化，也就是有中国特色社会主义的文化。

建设这样的先进文化，是一个不断推进的历史过程，是一项复杂艰巨的历史任务，必须作长期不懈努力。在这方面，把握好以下几点特别重要。第一，要始终坚持马克思主义在思想文化领域的指导地位，决不能搞指导思想多元化。马克思列宁主义、毛泽东思想、邓小平理论，是我们认识世界、改造世界的强大思想武器，也是先进文化的灵魂和指南。只有以这一科学理论为指导，才能使我国文化建设沿着正确道路健康发展，才能引导人们树立正确的世界观、人生观、价值观，抵御各种腐朽没落思想文化的影响，才能保证全党全国人民形成共同理想和强大精神支柱。如果在思想文化领域搞指导思想多元化,动摇和否定马克思主义的指导地位,就会人心大乱、天下大乱。苏联解体、东欧剧变[2]已充分证明了这一点。第二,要大力加强社会主义思想道德建设。坚持用邓小平理论武装全党、教育人民。在全社会提倡社会主义、共产主义道德,大力弘扬爱国主义精神、集体主义精神、为人民服务和勇于奉献的精神,同时把先进性要求和广泛性要求结合起来,鼓励一切有利于国家统一、民族团结、经济发展、社会进步的思想道德。第三,要进一步繁荣社会主义文化事业。坚持为人民服务、为社会主义服务的方向,贯彻百花齐放、百家争鸣的方针,弘扬主旋律,提倡多样化。必须立足我国现实,既要坚持继承中华民族优秀文化和革命文化传统,又要积极吸收世界各国各民族优秀文化成果,认真总结人民群众在建设有中国特色社会主义伟大事业中生气勃勃的创造性实践,促进中国先进文化发展,不断满足人民日益增长的多方面文化需求和健康向上的精神需要。第四,要重在建设,掌握文化建设主动权。要坚持以科学的理论武装人、以正确的舆论引导人、以高尚的精神塑造人、以优秀的作品鼓舞人,用社会主义文化占领阵地。我国仍处在社会主义初级阶段,社会生活中正确、先进、健康的思想文化和错误、落后、腐朽的思想文化影响的斗争,不仅将长期存在,而且情况错综复杂。对此,我们必须保持头脑清醒。要牢牢把握思想文化领域主动权,唱响主旋律、打好主动仗,切实加强阵地建设,通过各种传播手段,旗帜鲜明、理直气壮、科学生动宣传、倡导、推广一切先进的思想文化,引导干部群众不断克服错误、落后、腐朽的思想文化影响。

第五,要高度重视信息网络化对先进文化建设带来的机遇和挑战。信息网络化迅速发展,既为我们吸收和传播先进文化、加强思想舆论斗争提供了新的途径和手段,也给西方敌对势力对我国进行思想渗透提供了更便捷的渠道。现在,互联网上信息庞杂多样、泥沙俱下,既有许多反映当前科技进步、经济发展、优秀文化成果等有益信息和动态,也存在不少反动、迷信、黄色的内容。可以说,由于信息网络化发展,互联网已经形成了一个新的思想文化阵地和思想政治斗争的战场。对此,消极回避、因噎废食或者只靠封堵都是不行的。面对这种形势,我们既要抓住信息网络化发展带来的机遇,采取相应对策,加快网络技术发展,充分利用网络为传播先进思想文化服务,同时又要高度重视网上斗争,加强管理,趋利避害,把信息网络化对思想文化领域带来的消极影响减少到最低限度。

(三)关于党要始终代表中国最广大人民的根本利益。

代表中国最广大人民的根本利益,是我们党一切工作的出发点和落脚点,是党近八十年历史的基本实践,也是"三个代表"的最终归宿。人民是我们国家的主人,是决定我国前途命运的根本力量。我们党的全部任务和责任就是为人民谋利益,团结带领人民群众为实现自己的根本利益而奋斗。在任何时候任何情况下,党的一切工作和方针政策都要以是否符合最广大人民根本利益为最高衡量标准。

始终代表中国最广大人民的根本利益,必须坚持党的"一切为了群众,一切依靠群众,从群众中来,到群众中去"的群众路线,尊重人民群众创造,倾听人民群众呼声,反映人民群众意愿,集中人民群众智慧和力量去发展我们的各项事业。面对当前改革、建设的繁重任务,面对人民群众日益发展变化的多方面要求,各级领导干部要更加注意坚定相信和依靠群众,带头发扬艰苦奋斗、脚踏实地、埋头苦干的工作作风,坚决防止和克服脱离群众、当官做老爷的官僚主义作风,坚决防止和克服贪图虚名、不务实事、不求实效的形式主义作风,关心群众疾苦,扎扎实实为群众多办实事好事,坚决同各种违背和侵害群众利益的行为作斗争。越是在群众有困难的时候,领导干部越要到群众中去,与群众同甘共苦、共渡难关。对于从整体和长远利益看需要办而一部分群众暂时还不理解的事,一定要做细致的思想政治工作,耐心引导和帮助群众前进,切忌简单生硬。

我国是工人阶级领导的、以工农联盟为基础的人民民主专政的社会主义国家。讲代表中国最广大人民的根本利益,首先必须着眼于为广大工人、农民、知识分子和其他劳动群众谋利益,在整个改革开放和现代化建设过程中努力使他们共同享受到经济社会发展成果。二十多年来,我国改革开放成就斐然,人民受益,人民高兴。在改革过程中,也出现了部分群体利益暂时受到影响的现象。特别是随着经济体制改革深入和经济结构调整,出现了国有企业职工大量下岗问题。改革发展中出现的问题,要通过改革发展来解决。从长远看,通过经济体制改革和经济结构调整,使国民经济走上良性循环的发展道路,最终必然有利于包括下岗职工在内的最广大人民根本利益。当前,重要的是要克服各种困难,千方百计解决好下岗职工、离退休职工以及农村贫困人口生活保障问题。总之,始终代表中国最广大人民的根本利益,要求我们在改革中务必正确认识和处理各种利益关系,把个人利益和集体利益、局部利益和整体利益、当前利益和长远利益正确统一和结合起来,把最广大人民根本利益实现好、维护好、发展好,把他们的积极性引导好、保护好、发挥好。

"三个代表"重要思想,全面体现了社会主义的本质和党的先进性,是相互联系、相互促进、内在统一的。先进生产力,既是发展先进文化的物质条件,又是实现人民利益的物质基础。同时,生产力发展离不开教育、科技、文化发展,离不开思想道德建设和人们崇高精神的培育。建设先进文化,既满足人们日益增长的文化生活的需要,又为生产力发展提供精神动力和智力支持。我们党致力于发展先进生产力和先进文化,就是为了不断满足人民群众日益增长的物质文化需要,实现和维护好最广大人民根本利益;离开了这个根本目的,没有人民群众支持和积极性、创造性充分发挥,先进生产力和先进文化的发展就是一句空话。我们学习、理解"三个代表"重要思想,应该从三者的内在联系上去完整理解、准确把握,自觉将三者统一到建设有中国特色社会主义伟大实践之中。

## 注　　释

〔1〕见本卷《中国工人阶级的伟大使命》注〔2〕。
〔2〕见本卷《社会主义的前途是光明的》注〔2〕。

# 走好人生的第一步 <sup>*</sup>

（二〇〇〇年六月一日）

少先队员小朋友们，我们正处在世纪交替的重要时刻，一个充满希望的新世纪就要到来。这对于你们来说具有非同寻常的意义，因为你们的人生历程是和祖国在新世纪的前进步伐紧紧相伴的。十年后，我国综合国力将再上一个大台阶，人民小康生活将更加宽裕，到那时你们二十岁左右，正是羽翼丰满、蓄势待发的年华。二十年后，到建党一百年时，我国国民经济将更加发展，各项制度将更加完善，到那时你们三十岁左右，正是风华正茂、大有作为的时候。五十年后，到世纪中叶建国一百年时，我国将基本实现现代化，建成富强民主文明的社会主义国家，到那时你们正处在人生的收获季节，多姿多彩的幸福生活将充分展现在你们面前。

你们的确是幸运的一代，也是肩负重任的一代。今天你们是天真烂漫的红领巾，明天将成为建设祖国的生力军，现代化建设第三步战略目标要靠你们去实现，中华民族伟大复兴要靠你们去奋斗。党和人民殷切希望你们，按照德智体美全

---

<sup>*</sup> 　这是胡锦涛同志在中国少年先锋队第四次全国代表大会上的祝词《为推进祖国新世纪大业做好全面准备》的主要部分。

面发展的要求，在学校里做一个好学生，在家庭中做一个好孩子，在社会上做一个好少年，为长大以后推进祖国新世纪大业做好全面准备。

推进新世纪大业，就要从小树立远大理想。理想是人生的太阳，是催人奋进的动力。少年有志，国家有望。不论今后你们想当工人、农民、解放军，还是想做科学家、企业家、艺术家，都要把个人奋斗志向同国家前途命运紧紧联系在一起，把个人今天的成长进步同祖国明天的繁荣昌盛紧紧联系在一起，牢固树立起振兴中华的雄心壮志，立志为民族争光、为祖国争光。只有这样，才能保持正确的人生航向，真正成就一番事业。

推进新世纪大业，就要从小养成优良品德。这是一个人做人做事的根本。只要人人心中有国家、心中有集体、心中有他人，我们的社会就会变得更加美好。你们要继承和发扬中华民族传统美德，学习和实践社会主义道德，从一点一滴、一言一行做起，逐步养成文明礼貌、团结互助、诚实守信、遵纪守法、勤俭节约、热爱劳动的好品行，努力成为一个品德高尚的人，一个有益于社会、有益于人民的人。

推进新世纪大业，就要从小培养过硬本领。过硬本领是一个人成功的基础，在科学技术飞速发展、竞争日趋激烈的今天更是这样。你们一定要以强烈的求知欲和上进心，发愤读书，刻苦学习各门功课，打好知识基础；还要积极参加形式多样的课外校外活动，接触自然，了解社会，开阔眼界，增长见识，不断提高实践能力；特别是要学会独立思考，培育创新精神，敢于在前人的基础上超越前人。

推进新世纪大业,就要从小锻炼强健体魄。这是建设祖国、保卫祖国的本钱。当代少年儿童不应该是温室里的花朵,而要勇做搏击风雨的雄鹰。要坚持体育锻炼,养成良好卫生习惯,不断增强体质。要磨炼勇敢顽强的意志,不向困难低头,不被挫折压倒,以乐观向上、积极进取的精神状态迎接未来的挑战。

少先队是少年儿童健康成长的摇篮,也是少先队员学习社会主义和共产主义的大学校。面对新的世纪,少先队要更好担负起培养千百万社会主义事业合格建设者和接班人的光荣任务,就必须坚持以邓小平理论为指导,全面贯彻党的教育方针,始终把竭诚为少年儿童健康成长服务作为全部工作的出发点和落脚点,切实把广大少年儿童团结好、教育好、带领好,让星星火炬代代相传。在工作内容上,要重点抓好少先队员思想品德教育和实践能力培养,通过开展健康有益、生动活泼、独具特色的活动,努力使爱国主义、集体主义、社会主义思想在他们幼小的心灵里深深扎根,使优良品德和高尚情操在他们日常的行为中逐步形成,使他们动脑动手能力和适应社会的本领不断得到增强。在活动方式上,要充分照顾少年儿童特点,以正面教育为主,以激励为主,注重引导小队员们自己管理自己、自己教育自己、自主开展活动,争做少先队组织的小主人。在组织建设上,要积极适应经济社会发展新形势,进一步巩固学校少先队组织,建立健全城市社区和农村少先队组织,努力把全体少年儿童都团结和组织起来,使他们在集体中健康快乐成长。共青团担负着党赋予的全团带队的光荣职责,要进一步加强对少先队的领导,支持少先队创造性开展工作。教育行政部门要把少先队工作纳入学校工作总体布局，帮助少先队更好发挥作用。

少先队辅导员和少年儿童工作者是少先队员的亲密朋友和指导者，从事着面向未来、塑造未来的崇高事业。长期以来，同志们以对党的教育事业的忠诚和对少年儿童的热爱，辛勤耕耘，默默奉献，像蜡烛一样燃烧了自己、照亮了孩子，有的甚至付出了毕生精力。党和人民感谢你们、敬重你们，也必然会从各方面更加关心和支持你们。希望同志们不负重托，继续发扬甘为人梯的精神，按照全面推进素质教育的要求，不断提高思想政治素质和业务素质，努力把培养祖国下一代的工作做得更好。

我们党历来非常重视对少年儿童的教育培养。以毛泽东同志、邓小平同志、江泽民同志为核心的党的三代中央领导集体都从关系党和国家前途命运的战略高度，对少年儿童倾注了无限关爱、寄予了殷切期望。最近，江泽民同志又作出了一系列重要指示，为我们做好新时期少年儿童工作指明了方向。全党全社会首先是各级党委和政府都应当以对未来极端负责的精神，更加关心少年儿童的成长，更加重视少年儿童工作，下大气力解决好少年儿童教育中存在的突出问题。要大力加强少年儿童素质教育。牢固树立正确的教育观和人才观，积极推进教育改革发展，着力加强思想政治教育、品德教育、纪律教育、法制教育，注重培养创新精神和实践能力，认真做好减轻中小学生过重课业负担的工作，更好促进少年儿童全面发展。要切实维护少年儿童合法权益。一方面要继续为少年儿童特别是贫困地区、民族地区少年儿童创造更好就学条件，争取让每一个孩子都能接受九年义务教育;另一方面要采取有力措施,坚决扫除和打击各种危害少年儿童身心健康的社会丑恶现象和违法犯罪行为,不断净化少年儿童成长的社会环境。要进一步加大对少年儿童事业的投入。尤其要把少年儿童活动设施建设放到突出位置来抓,既要管好用好现有少年儿童活动阵地,并积极鼓励一切健康有益的文化体育场所尽可能免费向孩子们开放,又要进一步增加财政投入,广泛动员社会力量,想方设法为孩子们建设更多更好的活动场所。同时,还要为少年儿童提供优秀精神产品。教育培养少年儿童是一项艰巨而复杂的系统工程,学校、家庭、社会各个方面都要密切配合、齐抓共管,努力形成全社会关心少年儿童、爱护少年儿童、为少年儿童办好事、为少年儿童作表率的良好风尚。

少先队员小朋友们,少年时代是美好人生的开端,远大的理想在这里孕育,高尚的情操在这里萌生,良好的习惯在这里养成,生命的辉煌在这里奠基。你们一定要珍惜、要努力啊!党和人民相信你们,一定能够走好人生的第一步,一定能够成长为有理想、有道德、有文化、有纪律的社会主义新人,一定能够肩负起建设有中国特色社会主义伟大事业的神圣使命。你们一定能行!

# 把党校教育事业提高到新水平 <sup>*</sup>

（二〇〇〇年六月七日）

江泽民同志关于"三个代表"的重要思想，是新时期党的建设工作的指导方针，也是新时期党校工作的指导方针。按照始终坚持"三个代表"要求培养造就适应党的事业跨世纪发展需要的高素质领导干部，特别是培养造就一大批优秀年轻领导干部，党校肩负着重大责任和使命。我们必须认真研究和解决新形势下加强和改进党校工作、提高党校办学质量的一系列重要问题。

我们的党校在党的建设和党的事业中历来占有重要地位，发挥了重要作用。在历史上，我们党充分运用党校这个阵地，坚持"实事求是，不尚空谈"的校训，贯彻把马克思主义基本原理同中国实际相结合的方针，培养了一批又一批、一代又一代领导骨干，为新民主主义革命、社会主义革命和建设的胜利推进，提供了有力组织保证。在党的十一届三中全会前后以及改革开放新时期，党校在开展真理标准问题讨论、推动拨乱反正等方面做了大量工作，在培训轮训领导干部和推进干

---

\* 这是胡锦涛同志在全国党校工作会议上的讲话《面向二十一世纪，努力把党校教育事业提高到新水平》的一部分。

部队伍革命化、年轻化、知识化、专业化方面作出了重要贡献。在以江泽民同志为核心的党中央领导下,近几年来全国党校工作在原有基础上不断向前发展,取得了显著成绩。各级党校充分发挥"三个阵地,一个熔炉"[1]的作用,坚持把学习邓小平理论作为党校教学的中心内容,按照"学马列要精,要管用的"[2]原则学习马列著作和毛泽东同志著作,认真研究改革开放和现代化建设中的重大问题,引导和帮助领导干部树立正确的世界观、人生观、价值观,促进了干部队伍思想政治素质和领导水平的提高。党校内部教学、科研等各方面改革也不断深入发展,党校办学体制和各项制度进一步得到规范。各级党委关心和支持党校工作,使党校领导班子建设取得新的成效,党校自身队伍建设有了新的加强,教学设备、校舍基本建设等都有了很大改善。当然,党校工作也还存在不少薄弱环节,还有不少矛盾和困难,需要继续认真加以解决。

在即将进入新世纪的重要时刻,党校工作面临着新的形势和任务,既有机遇也有挑战。党中央对党校工作寄予殷切希望。中央已经明确,党校教育是全国各级党政领导干部培训轮训的主渠道。这是对党校地位和任务的一个重要规定,必将对党校教育事业发展产生重大影响。党政领导干部成长和进步离不开实践锻炼,对他们进行培养提高的渠道和方式可以多种多样,但经过党校的学习尤其是马克思主义理论学习和党性教育是十分重要、必不可少的。中央明确提出,现职的省部级、地厅级、县处级党政领导干部,每五年必须到党校轮训一次;县处级以上中青年后备干部,在被提升或提名选举到上一级领导岗位之前,必须经过相应的党校培训。这体现了党中央对党校培养干部的高度重视,为党校充分发挥作用提供了制度保证。各级党校,首先是中央党校和省级党校,一定要深刻理解党中央战略意图,进一步提高办好党校的政治责任感和使命感,努力加强和改进自身工作,更好肩负起光荣而艰巨的任务。

**一、适应建设高素质领导干部队伍要求,加大培训轮训干部力度,深化党校教学改革,建立新的教学布局,提高教学质量。**

为了加快建设高素质领导干部队伍,必须加大对领导干部特别是跨世纪年轻干部的培训轮训力度。从现在开始,要适度扩大党校办学规模,适当增加每期招收学员数量。中央、省、地、县各级党校,要分层次抓好相应级别干部培训轮训工作。中央党校和省级党校要把强化中青年后备干部培训作为重点,下大气力提高培训质量。鉴于县(市)一级在我们党的组织结构和国家政权结构中处于直接面向城乡基层的特殊重要地位,这一级主要领导干部承担着重要责任,中央决定,从现在起将全国县(市)委书记纳入中央党校培训轮训范围,以保证他们能够受到更高质量的教育。这是对中央党校和省级党校培训轮训任务的一个重大调整,也是适应新情况对干部培养工作的一个重要加强。面对迅速发展的新形势和大量新情况、新问题、新矛盾,党的理论建设和理论工作必须大大加强,中央党校和省级党校要更好承担起为党培养马克思主义理论工作骨干的任务。为适应西部大开发需要,中央党校还应当同西部地区党校合作,加强对西部地区领导干部和理论工作骨干的培训轮训工作,并继续办好少数民族干部培训班。

中央近年来在党校举办了一系列由省部级主要领导干部参加、以关系全局的重大战略性问题为主题的专题研讨班,收到了很好的效果。中央已经决定,这种班次以后每年都要根据需要继续举办,至少在中央党校举办一次。省级党委也应以党校为阵地,举办类似的专题研讨班。

为了适应全面提高领导干部素质需要,必须把"三个代表"要求贯穿在党校教学各个方面,进一步深化教学改革,建立新的教学布局,提高党校教学质量。近几年,中央党校已经在着手进行这方面改革,基本方向和布局是:紧紧围绕学习邓小平理论这个中心,建设好坚持马克思主义科学体系和科学思想、充分适应世界大转折和中国新发展的,主要包含理论基础、世界眼光、战略思维和党性修养这几方面内容的教育课程。这样一个布局,主要解决四方面问题:一是加强理论武装,突出马克思列宁主义基本问题、毛泽东思想基本问题、邓小平理论基本问题的教学,使党校学员能够以学习邓小平理论为中心,全面掌握马克思列宁主义、毛泽东思想、邓小平理论的基本原理和科学世界观、方法论。二是及时学习和掌握当代世界最新的为推进我国现代化建设所必需的各方面知识,如当代世界经济、当代世界科技、当代世界法制、当代世界军事和我国国防、当代世界思潮等,拓展视野,跟上时代。三是将理论和实践紧密结合起来,加强对国际国内重大现实问题尤其是重大战略性问题的研究和讨论,提高学员战略思维能力,善于从全局高度认识问题和解决问题。四是在整个教学过程中结合学习有关课程,加强党性党风党纪教育,着重解决世界观、人生观、价值观问题。这个布局是适应新世纪要求改革党校教学的新尝试，在实践中已经取得初步成效，有关教材也有了雏形，下一步要继续加以完善。省、地、县各级党校要根据不同层次干部实际情况作出相应安排，不要简单模仿。随着教学内容和教材改革，各级党校教学方法也要相应改进，坚持理论联系实际，联系国际国内形势、全党全国工作大局和个人工作、思想实际，不断深化理论学习。在教学手段上，要逐步建立全国党校系统远程教学体系。

二、适应新形势对学习研究宣传马克思列宁主义、毛泽东思想、邓小平理论的要求，进一步加强和改进党校系统科研工作。

党校是学习、研究、宣传马克思列宁主义、毛泽东思想、邓小平理论的重要阵地，党校教学和科研力量是我国哲学社会科学和马克思主义理论研究的一支重要队伍和方面军。面对新世纪我们党担负的崇高使命，面对世界经济、政治格局的大变动，面对改革开放和现代化建设中层出不穷的新情况新问题，各级党校要进一步增强责任感，以高度的自觉性推动党校科研工作改进和加强，为不断提高党校教学质量服务，为党委和政府决策服务，为社会主义物质文明和精神文明建设服务。要在科研工作中大力弘扬理论联系实际的马克思主义学风，紧密结合改革开放和现代化建设实际，有计划加强对马克思列宁主义、毛泽东思想特别是邓小平理论基本问题研究，做好马克思主义理论教育和宣传工作。要密切关注和紧紧把握国际国内形势发展变化，加强对建设有中国特色社会主义经济、政治、文化等重大现实问题尤其是那些战略性、前瞻性问题的深入研究。当前，特别是要深入系统研究党的建设问题，经济体制改革和经济发展中的重大问题,新形势下的思想政治工作问题,党的民族工作、宗教工作问题,实施"引进来"和"走出去"相结合的对外开放战略问题,祖国统一问题,保持社会政治稳定问题以及国际战略问题,等等。

在科研活动中,要进一步解放思想、实事求是,坚持为人民服务、为社会主义服务的方向和百花齐放、百家争鸣的方针。要鼓励理论工作者以科学的态度大胆探索,在学术讨论中敞开思想、畅所欲言,提倡不同学术观点自由讨论,发扬坚持真理、修正错误的精神。对事关政治方向、事关全局的重大原则问题,党的理论工作者要坚持马克思主义立场,做到头脑清醒、旗帜鲜明、分清是非,确保科学研究沿着正确方向发展。

为了提高党校科研工作质量和实效,要认真做好党校科研组织工作,围绕重大课题加强党校系统科研协作,发挥全国党校整体优势。要大力加强党校同实际工作部门的联系、交流,拓宽党校对外学术交流渠道。党校报纸刊物和出版机构一定要带头坚持正确方向,不断提高质量。要充分发挥中央党校邓小平理论研究中心作用,大力培养理论和政策研究人才,发展和壮大马克思主义理论队伍。

**三、适应党校改革发展要求,建设一支政治强、业务精、作风正的高素质党校教师和干部队伍,加强管理,从严治校。**

全国党校系统已经拥有一支素质比较好的教师和干部队伍。多年来,大家兢兢业业,为党的干部教育事业,为学习、研究、宣传马克思主义,作出了重要贡献。但是,这支队伍在数量和质量上还不能完全适应形势任务要求。我们要从造就一批忠诚于党和人民的马克思主义理论家、教育家的高度,切实采取措施,进一步加强各级党校队伍建设,尤其要抓紧建设一支规模适当、结构合理、素质优良、能够满足分级培训轮训干部需要,并在思想理论战线上发挥更大影响的党校教师队伍。这是党的干部队伍建设的重要组成部分,是党校教育事业实现新发展的一项基础性工程和紧迫任务。各级党校要通过多种途径和方式,从理论功底、政治水平、知识储备、实践经验、教学能力、党性修养等方面,提高党校现有教师素质。特别是要培养一批在国内外有影响的中青年拔尖人才。同时,要严格对党校教师的要求和管理。我们的党校教师不仅业务要适应岗位要求,而且首先要坚定站在党和人民立场上,坚持正确政治方向,始终在思想上政治上行动上同以江泽民同志为核心的党中央保持高度一致。在党校讲坛或与党校有关的各种论坛上,绝不允许传播违反四项基本原则、违反改革开放、违反党的路线方针政策、违反党中央决定的错误观点。对有这类问题的教师,要及时提醒,进行批评教育。对确实不适合做党校教育工作的同志,应对他们的工作进行必要的调整。要建立起党校教师和有教学能力的党政领导干部双向交流制度,大力推进党校内部组织人事制度改革,加强行政管理、后勤服务、机关党的建设和思想政治工作队伍建设。

党校的性质、职能和担负的任务,要求在内部建设和教学工作中坚持贯彻从严治校的指导方针。首先要严格党校内部各项管理制度,特别是要加强对函授教育、在职研究生教育管理,发扬成绩,发挥优势,同时要认真解决存在的突出问题,注重社会效益,严格学历管理,保证教学质量,以维护党校教育声誉。还要严格对学员的管理。干部进党校学习,不论什么级别,都必须以普通学员身份,严格遵守党规党纪和校规校纪,集中精力读书,认真完成学习任务,尽可能减少各种社会应酬;尤其要加强党性修养和锻炼,严格遵守党风廉政建设的一系列规定,坚决反对用公款吃喝玩乐等不良风气。党校和组织部门要加强对学员的考核,学员在党校的表现和成绩应当成为干部使用的重要依据之一。

**四、不断完善发展有中国特色社会主义的党校教育体系。**

我国党校教育事业,是整个有中国特色社会主义教育事业的重要组成部分,又具有其突出的特点和优势。为了使党校教育更好适应新形势新任务要求,既要借鉴现代教育有益经验,又要突出党校特点、发挥党校优势,不断完善党校教育体系。现在,全国党校教育有较为规范的层次设置和领导体制,有一支较大规模的教职员工队伍,有明确的教育对象、职能、任务,有比较系统的教学和培训轮训内容,有相对稳定和富有特色的学科群体,有具备一定特色的教育手段和方法,有相对规范的班次、学制、学历规定。这样的党校教育体系为我们党建设高素质干部队伍提供了有力保证。当然,现在党校教育体系还是初步的,还存在很多问题,需要研究、探索并加以发展。要进一步研究和明确党校教育体系的内涵、层次、特点、要求,明确省部级、地厅级、县处级领导干部在理论武装和知识武装方面分层次规范化教育的要求。要切实抓紧党校系统以及整个干部队伍教育教材建设。一些重要课程教材应组织力量统一编写。为了充分发挥党校系统整体功能,规范办学制度和办学秩序,要加强全国党校系统业务指导工作。党校在培养对象、教育内容、教育方法、学制学历问题上,也要处理好同国民教育的关系,在坚持党校特色的同时,同国民教育实行一定程度的衔接。

## 注　释

〔1〕"三个阵地,一个熔炉",当时指党校要成为培训轮训党员领导干部,培养党的理论队伍,学习、研究、宣传马克思列宁主义、毛泽东思想、邓小平理论的重要阵地和干部加强党性锻炼的熔炉。

〔2〕见邓小平《在武昌、深圳、珠海、上海等地的谈话要点》(《邓小平文选》第3卷,人民出版社1993年版,第382页)。

# 共同探讨亚洲未来发展的新思路<sup>*</sup>

## （二〇〇〇年七月二十四日）

　　人类即将跨入二十一世纪。在世纪之交的重要历史时刻，纵观亚洲文明进程，展望亚洲美好未来，我们不禁感慨万千。勤劳、勇敢、智慧的亚洲人民，在漫长的岁月里创造了灿烂的东方文化，为人类进步作出了巨大贡献。特别是在波澜壮阔的二十世纪，亚洲人民不屈不挠、奋发图强，又谱写出一部政治觉醒、经济崛起的宏伟史诗，有力推动了历史进步和社会发展。这些进步和发展突出表现在三个方面。

　　一是在争取国家独立和民族解放的斗争中取得了历史性的伟大胜利。第二次世界大战的浩劫曾给亚洲人民带来深重灾难，也使亚洲人民空前觉醒。经过艰苦卓绝的斗争，亚洲数十个国家获得独立，十几亿人民挣脱殖民统治的枷锁。亚洲广大发展中国家作为新兴的力量，在地区和国际事务中发挥了重要作用。

　　二是在振兴经济和摆脱贫穷落后的进程中创造了经济发展的奇迹。六七十年代以来，亚洲不少国家和地区从实际出

---

　　* 这是胡锦涛同志访问印度尼西亚期间在印度尼西亚国际事务学会的演讲《携手共建二十一世纪和平稳定发展繁荣的亚洲》的一部分。

发,实施赶超型发展战略,从战后废墟上迅速崛起,实现了经济持续快速增长,大大提高了人民生活水平,谱写了推动世界经济发展新篇章。其中,东亚地区已经成为世界经济最具活力和发展潜力的地区,为落后国家实现跨越式发展开辟了一条新路。

三是在创立战后公正合理的国际关系准则中作出了不可磨灭的贡献。相似的历史遭遇,共同的发展要求,使亚洲人民深知和睦与合作的珍贵。五十年代,在亚洲诞生了著名的和平共处五项原则[1],以及体现亚非各国团结合作的万隆会议十项原则[2]。这些原则已经成为国与国关系的普遍准则,为不同社会制度国家和平共处、为广大发展中国家友好合作发挥了积极作用,对推动建立公正合理的国际政治经济新秩序已经并将继续产生重要影响。

亚洲百年取得的成就巨大而辉煌,然而世纪跋涉的道路又充满了坎坷和曲折。列强的殖民统治和争夺势力范围在亚洲国家埋下的分裂和敌对的种子至今仍未彻底根除,东西方冷战在亚洲凝成的坚冰尚未完全消融,亚洲各国经济发展也不平衡,目前仍有一些国家人民处于贫困状态。九十年代后期,亚洲一些国家又遭受了金融危机强烈冲击,经济发展遇到了严重困难。这些问题和教训应该引起我们高度重视和认真对待。

回顾和总结历史,是为了更好开辟未来。当今世界正处在深刻变化之中,世界多极化趋势不可逆转,经济全球化迅速发展,科学技术突飞猛进。亚洲各国既面临难得机遇,又面临严峻挑战。如何有效维护地区和平、促进经济发展,在新的世纪实现持续稳定和繁荣,是亚洲人民共同面对的重大历史课题。为此,我们应该在以下几个方面共同作出努力。

第一,大力发展经济,努力提高人民生活水平。发展关乎各国国计民生和长治久安,也关系世界和平与安全。经济优先、发展为重已成为当今世界潮流。亚洲各国应抓住时机,积极调整发展战略,加快工业化、现代化、市场化进程,特别是要加大对科技和教育的投入,大力培养造就人才,重视发展高新技术产业,加快产业升级,促进亚洲经济在新世纪持续快速发展,逐步使人民普遍过上富裕的生活。

第二,联合自强,进一步加强区域经济合作。现在,国与国经济联系越来越密切,没有哪个国家能在闭关锁国中发展。亚洲各国相互开放、互利合作、共同发展,是提高亚洲整体发展水平和竞争力的必由之路。东盟与中国、日本、韩国的十加三合作,正是在区域经济合作的大潮中脱颖而出的成功创举。亚洲各国应通过区域经济合作和其他合作形式,促进优势互补,实现资源有效配置,扩大贸易和投资,加强金融合作,增强抵御风险能力,共同促进亚洲经济发展。

第三,树立新安全观,切实维护亚洲和平稳定的环境。没有稳定,万事难兴。目前,冷战思维依然存在,霸权主义和强权政治有新的发展,对人类和平与发展构成威胁。和平共处五项原则和万隆会议十项原则没有过时,它们和联合国宪章及其他公认的国际关系准则应成为维护亚洲新世纪稳定的基石。要确立互信、互利、平等、协作的新安全观,建立新安全秩序,真正做到相互尊重而不是以强凌弱、相互合作而不是彼此对抗、协商一致而不是强加于人,通过和平方式解决争端。只有这样，国与国才能和睦相处，各国发展才有保障。

第四，适应时代发展要求，积极推动建立公正合理的国际政治经济新秩序。世界多极化、经济全球化是大势所趋，将给各国政治、经济、文化生活带来深刻影响。应该看到，经济全球化是在旧的经济秩序没有根本改变的情况下、由发达国家主导并首先推动起来的，具有明显的不平等性。在经济全球化的进程中，发展中国家尽管也面临一些机遇，但由于经济落后、科技文化水平低，总体上还处于不利地位。这就使得建立公正合理的国际政治经济新秩序显得更加迫切。国际政治经济新秩序应以公认的国际关系准则为基础，适应时代发展进步要求，体现和平与平等精神。国家无论大小、贫富、强弱都应一律平等。各国都有权选择适合自己国情的社会制度、发展道路、价值观念，都有权充分参与有关规则制定。世界的事情应由各国共同协商解决。

以上是我们对亚洲在二十一世纪发展问题上的一些主要思考和基本主张。我们愿意同亚洲各国一起，共同探讨亚洲未来发展的新思路，不断开创经济建设和社会发展的新境界。

## 注　　释

〔1〕见本卷《在香港回归祖国纪念碑揭幕仪式上的讲话》注〔2〕。

〔2〕万隆会议十项原则也称和平相处十项原则，即《亚非会议最后公报》中《关于促进世界和平和合作的宣言》里提到的十项原则：（一）尊重基本人权、尊重联合国宪章的宗旨和原则。（二）尊重一切国家的主权和领土完整。（三）承认一切种族的平等、承认一切大小国家的平等。（四）不干预或干涉他国内政。（五）尊重每一国家按照联合国宪章单独地或集体地进行自卫的权利。（六）不

使用集体防御的安排来为任何一个大国的特殊利益服务；任何国家不对其他国家施加压力。（七）不以侵略行为或侵略威胁或使用武力来侵犯任何国家的领土完整或政治独立。（八）按照联合国宪章，通过如谈判、调停、仲裁或司法解决等和平方法以及有关方面自己选择的任何其他和平方法来解决一切国际争端。（九）促进相互的利益和合作。（十）尊重正义和国际义务。

# 党的思想政治建设的核心是理论建设<sup>*</sup>

## （二〇〇〇年十一月十二日）

　　党的建设最根本的是思想政治建设，思想政治建设的核心是理论建设。党的理论正确和牢固与否，直接关系着党的兴衰存亡和国家的前途命运。第一个社会主义国家苏联所以会解体，具有光荣斗争历史的苏联共产党所以会失去政权并顷刻瓦解，原因是多方面的，其中很重要的一条就是理论上政治上出了问题，指导思想上的多元化导致党内思想混乱，思想政治上彻底解除武装。苏联共产党从思想涣散走到组织瓦解，教训是很深刻的。国际和国内、历史和现实正反两方面经验表明，马克思主义政党要具有坚强凝聚力和战斗力，首先必须在思想上理论上具有坚强凝聚力和战斗力。理论上混乱，思想上涣散，行动上必然各行其是，党就没有什么凝聚力和战

---

* 这是胡锦涛同志在中共中央党校举办的学习江泽民同志关于"四个如何认识"研究班第二期上海班结业式上讲话的一部分。二〇〇〇年六月二十八日，江泽民在中央思想政治工作会议上提出，全党同志要深入研究如何认识社会主义发展的历史进程、如何认识资本主义发展的历史进程、如何认识我国社会主义改革实践过程对人们思想的影响、如何认识当今的国际环境和国际政治斗争带来的影响四个大问题。

斗力可言。

我们党历来重视思想理论建设。在我们党把马克思主义基本原理同中国实际相结合的过程中,通过不断总结实践经验和进行理论创新,形成了毛泽东思想和邓小平理论两大理论成果。在这两大理论指导下,我们取得了革命、建设、改革的伟大胜利。党的十三届四中全会以来,以江泽民同志为核心的党中央坚持以马克思列宁主义、毛泽东思想、邓小平理论为指导,继续致力于党的理论建设,结合改革开放和社会主义现代化建设新实际,结合国内外形势发展变化新特点,不断深化对建设有中国特色社会主义的认识,在一系列重大问题上坚持、丰富、发展了邓小平理论。近年来,国际局势发生了种种新的变化,我国改革开放和现代化建设又向前发展了一大步。实际生活发生的深刻变化使我们党的理论工作面临着新的挑战,也给我们的理论发展提出了新的要求和任务。在新世纪,全党要把加强党的思想理论建设摆到更加突出的位置,进一步做好这方面工作。

加强党的思想理论建设,最根本的是坚持和巩固马克思列宁主义、毛泽东思想、邓小平理论在全党和我国意识形态领域的指导地位。特别是要坚持把邓小平理论作为我们党观察世界、发展自己的强大思想武器,作为统领全局、贯穿各项工作的灵魂。要在建设有中国特色社会主义伟大实践中学习和运用这一理论,丰富和发展这一理论。《共产党宣言》发表一百五十多年来世界发展变化证明,马克思主义揭示的资本主义剥削制度的本质并没有改变,资本主义向全球扩张的现象也没有改变,社会主义经历一个比较长的发展过程后必然代替资本主义这一人类社会历史发展的总趋势同样也没有改变。我们说老祖宗不能丢，就是马克思主义基本原理不能丢，马克思主义科学世界观和方法论不能丢，一定要坚持学习、坚持在实践中运用，如果丢了就丧失了根本。马克思主义是随着时代前进、科学发展、实践深化而不断丰富、完善、发展的。只有坚持才谈得上发展，只有发展才是真正的坚持。如果把马克思主义变成一成不变和干巴巴的教条，变成简单的说教，脱离了人民群众活生生的实践，那就不会有说服力，也就会丧失生命力。马克思主义诞生以来，一代又一代马克思主义者遵循实践、认识、再实践、再认识的规律，与时俱进，不断研究新情况、解决新问题、创造新经验，从而推动马克思主义在实践中不断开拓新的境界。列宁运用马克思主义基本原理，在分析资本主义政治、经济发展不平衡规律的基础上，提出社会主义革命可以首先在一国或几个国家中获得胜利的思想，才在落后的俄国成功进行了十月社会主义革命，建立起人类历史上第一个社会主义国家。毛泽东同志把马克思主义基本原理同中国革命具体实践相结合，开创了以农村包围城市、武装夺取政权、最后夺取全国胜利的新民主主义革命道路，才有了新中国的建立。邓小平同志把马克思主义基本原理同当代中国实践和时代特征相结合，提出社会主义初级阶段思想，提出改革开放政策，我们才走出了一条建设有中国特色社会主义的正确发展道路，我国现代化建设才取得了举世瞩目的巨大成就。江泽民同志反复强调，创新是一个民族进步的灵魂，是一个国家兴旺发达的不竭动力，要勇于创新，包括理论创新、体制创新、科技创新以及其他方面创新。实践一再证明，创新和发展是马克思主义充满生机活力的根本原因,是马克思主义具有强大生命力和战斗力的奥秘所在。广大理论工作者要努力承担起时代赋予我们的理论创新的崇高使命,坚持解放思想、大胆探索,用宽广的眼界去观察和把握当代世界经济、政治、科技、文化发展趋势,观察和把握当今中国的伟大变革,力求在理论创新上有新的进步、新的贡献。

我们要密切关注国际形势发展,研究当今时代已经发生和正在发生的深刻变化。和平与发展仍然是当今世界的主题,世界多极化、经济全球化进程加快,科学技术进步日新月异。面对国际形势新变化,我们要始终不渝坚持独立自主的和平外交政策,反对霸权主义和强权政治,高举和平的旗帜、发展的旗帜,在国际上进一步树立我国维护世界和平、促进共同发展的形象。这对我们事业发展非常重要。我们的理论工作要坚持以马克思主义为指导,密切跟踪国际形势走向,研究世界范围科技革命特别是信息技术发展和影响,研究当代资本主义包括各资本主义国家发展和问题,研究世界各个地区新变动,揭示内在矛盾和深层规律。只有这样,我们才能科学判断形势,准确把握时代发展特点,保持清醒头脑,制定正确战略和对策,更好把握机遇,利用国际有利条件促进我国改革开放和社会主义现代化建设。

我们要密切关注我国改革开放和社会主义现代化建设新进展,研究实践中遇到的新问题。我国二十多年改革发展取得了巨大成就,这为我们今后发展打下了很好的基础。从新世纪开始,我国将进入全面建设小康社会、加快推进社会主义现代化新的发展阶段。不久前召开的党的十五届五中全会,确定了今后五到十年我国发展的奋斗目标、指导方针、重要任务。完成新世纪国民经济和社会发展的任务,有大量工作要做,包括有大量理论问题和实际问题需要进一步深入研究和解决。比如,怎样紧紧围绕发展这个主题,坚持用发展的办法解决前进中的问题,努力保持国民经济持续较快增长;怎样坚持以结构调整为主线,在体制创新和科技创新中切实推进经济结构战略性调整;怎样加快国民经济和社会信息化,以信息化带动工业化;怎样适应国际激烈竞争的严峻挑战,进一步扩大对外开放,发展开放型经济;怎样深化对劳动和劳动价值理论的认识,切实搞好收入分配制度改革,进一步调动广大劳动者积极性和创造性,提高人民群众生活水平;怎样在推进经济发展的同时,加强社会主义精神文明建设和民主法制建设,实现社会全面进步;等等。总之,我们的理论工作一定要密切联系实际,把改革开放和现代化建设重大现实问题作为研究主攻方向,积极探索有中国特色社会主义经济、政治、文化发展规律,为党和政府科学决策服务,为全党全国工作大局服务。

　　我们要密切关注党的建设在国内外复杂形势下面临的新情况,按照"三个代表"重要思想深入研究和切实解决党内存在的突出问题。江泽民同志在党的十五届五中全会上指出:"进入新世纪,继续推进现代化建设,完成祖国统一,维护世界和平与促进共同发展,是我们必须抓好的三大任务。党的建设,是实现这三大任务的根本保证。"这是千真万确的真理。这些年,党中央非常重视党的建设。今年以来,江泽民同志就加强党的建设问题连续做了大量调查研究,提出了一系列重要思想和观点。今年初他提出的"三个代表"重要思想,高屋建瓴、高瞻远瞩，是对党的性质、宗旨、根本任务的新概括，是对马克思主义建党学说的新发展，是对新形势下加强党的建设提出的新要求。讲新概括，因为"三个代表"重要思想不仅科学总结了世界上其他社会主义国家成败和我们党领导中国革命、建设的历史经验，而且把这些历史经验同新时期党所承担的历史任务以及为完成这些任务而确定的基本理论、基本路线、基本纲领联系起来，进一步指明了党的建设的方向；讲新发展，因为"三个代表"重要思想依据马克思主义关于生产力和生产关系、经济基础和上层建筑的基本原理，着眼于新的世纪，从社会发展规律和党的根本性质的高度，丰富和发展了马克思主义关于政党、阶级、群众的学说；讲新要求，因为"三个代表"重要思想在进一步强调党要代表中国最广大人民的根本利益的同时，鲜明提出了党要代表中国先进生产力的发展要求、中国先进文化的前进方向，充分体现了共产党人的先进性和时代精神。我们的理论工作要以"三个代表"重要思想为指导，紧密结合国内外形势发展，紧密结合我国生产力发展和经济体制深刻变革，紧密结合人民群众物质文化生活发展要求，紧密结合党员、干部队伍发生的重大变化，进一步加强对党的建设问题的研究，以高质量的研究成果为加强和改进党的建设实践服务，从而使我们党能够更好适应改革开放和现代化建设需要，提高领导水平和执政水平，增强拒腐防变和抵御风险能力，推进我们的事业更快更好向前发展。

我们还要继续加强对新形势下思想政治工作的研究。党的思想政治工作是经济工作和其他一切工作的生命线，是团结全党全国各族人民实现党和国家各项任务的中心环节，是我们党和社会主义国家的重要政治优势。我们党历来重视思想政治工作,在长期实践中形成了一整套思想政治工作的理论、方针、政策。这是一笔宝贵财富,要结合新的实际加以坚持和运用。同时,必须明确,思想政治工作理论同其他理论一样,也要随着时代和实践发展而发展。特别是改革开放以来,我国社会生活发生了深刻变化,实践提出了大量新问题,干部群众思想十分活跃,思想领域矛盾和斗争相当激烈。与此同时,世界范围各种思想文化相互激荡,境外敌对势力加紧对我国实施西化、分化战略,在思想、文化等意识形态领域对我国进行渗透。面对新的形势,我们的思想政治工作必须加强而不可有任何削弱、必须进行创新而不可裹足不前。我们要深入研究当前形势下做好思想政治工作的内容、形式、方法、手段、机制,研究如何增强思想政治工作时代感、针对性、实效性,更好发挥思想政治工作对于澄清模糊认识、分清原则是非、坚定理想信念、增强前进信心、推动改革建设的巨大作用。

# 奋力开拓中华民族
# 伟大复兴的美好未来*

## （二〇〇一年一月一日）

在人类告别二十世纪、迎来二十一世纪的历史时刻，我们中国共产党人和全国各族人民正在沿着建设有中国特色社会主义道路阔步前进，奋力开拓中华民族伟大复兴的美好未来。

回顾一个世纪以来中国大地上发生的沧桑巨变，展望我们国家发展的光明前景，我们深深体会到中国共产党对中华民族的命运担负着崇高历史责任。二十世纪中华民族从屈辱中抗争、从奋斗中崛起的历史表明，中国共产党人始终以民族根本利益为己任，坚持全心全意为人民服务的宗旨，英勇顽强，前仆后继，为民族独立、人民解放、社会进步进行了艰苦卓绝的不懈奋斗，取得了辉煌胜利，赢得了全国各族人民信赖和拥护。我们党领导全国人民，经过长期努力，已经把一个半殖民地半封建的旧中国变成了社会主义的新中国，并开创了在改革开放中实现国家繁荣富强、人民共同富裕的建设有中国特色社会主义道路。我国现代化建设取得的伟大成就为全世

---

* 这是胡锦涛同志在中共中央党校《学习时报》上发表的文章，原题为《新世纪献辞》。

界所瞩目。百年历史昭示了一个无可辩驳的真理：只有中国共产党才能领导中国人民取得民族独立、人民解放和社会主义的胜利，才能实现中华民族伟大复兴。

在二十一世纪到来之际，我国已经进入全面建设小康社会、加快推进社会主义现代化新的发展阶段。我们所处的国际环境正在发生巨大而深刻的变化。随着世界多极化、经济全球化趋势发展和科学技术突飞猛进，我们正面对一场全球范围的激烈国际竞争。抓住机遇，在国际竞争中争取主动，更好发展壮大我们自己，是我们中国共产党人对国家、民族、人民必须肩负起来的新的历史责任。进入新世纪，我们要继续推进现代化建设，完成祖国统一，维护世界和平与促进共同发展。实现这三大任务，党的建设是根本保证。只要我们高举邓小平理论伟大旗帜，以江泽民同志"三个代表"重要思想为指导，全面加强和改进党的建设，把我们党建设得更加坚强，更具有强大的创造力、凝聚力、战斗力，就一定能够团结带领全国各族人民不断前进，经受住各种风险考验，克服前进道路上的种种困难，胜利实现现代化建设宏伟目标。

中华民族在新世纪的前景是美好的。而要把这一美好前景变为现实，需要我们付出艰苦努力。我们要在新的历史条件下创造新业绩，一要靠学习，二要靠创新。

学习，是我们永恒的主题。我们从事的建设有中国特色社会主义事业是前所未有的创造性事业。面对世界大转折和国内大变革，面对科学技术日新月异发展，面对我们已经遇到的和将会遇到的各种新的矛盾和复杂情况，全党同志都必须加强学习。学习才能跟上时代，学习才能获得新知，学习才能增长本领。不学习就会落后,落后就不能生存。对一个党、一个国家、一个民族是如此,对个人成长和进步也同样是如此。我们党的各级领导干部要带头认真学习、虚心学习、坚持不懈学习。要深入学习马克思列宁主义、毛泽东思想、邓小平理论,学习"三个代表"重要思想,学习领导现代化建设所需要的各种新知识,学习人民群众在实践中创造的新鲜经验,学习世界各国创造的优秀文明成果。要学以致用,不断武装自己、充实自己、提高自己。只有这样,才能担当起时代赋予的历史重任。

创新,是时代的要求和呼唤。江泽民同志深刻指出:"创新是一个民族进步的灵魂,是一个国家兴旺发达的不竭动力,也是一个政党永葆生机的源泉。"[1]我们所说的创新,包括理论创新、体制创新、科技创新和其他各方面创新。要在坚持马克思主义基本原理的前提下,以实践创新为基础,以理论创新为先导,使两方面紧密结合、相互促进,推动我们的事业和马克思主义理论不断向前发展。要紧紧围绕发展社会生产力和促进社会全面进步,推进体制创新、科技创新和其他各方面创新,为现代化建设提供新的动力和保证。只有这样,我们才能永远走在时代前列、立于不败之地。

党校在我们党的建设和党的事业中历来占有重要地位,发挥了重要作用。新世纪、新形势、新任务对党校工作提出了新的更高的要求。希望党校的同志们进一步认清自己肩负的光荣历史使命,深入贯彻落实中央关于面向二十一世纪加强和改进党校工作的决定,按照"三个代表"要求做好党校工作,以改革创新精神探索新形势下党校教育的有效途径和方法,努力把党校教育事业提高到新的水平，为推进党的建设新的伟大工程和党领导的伟大事业作出新的更大的贡献。

邓小平同志在一九九二年曾语重心长地说："从现在起到下世纪中叶，将是很要紧的时期，我们要埋头苦干。我们肩膀上的担子重，责任大啊！"[2] 历史赋予我们党领导全国人民建设富强民主文明的社会主义现代化国家的重任。让我们高举邓小平理论伟大旗帜，紧密团结在以江泽民同志为核心的党中央周围，坚持党的基本路线、基本纲领，坚定信心，开拓进取，扎实工作，为实现"十五"计划目标而奋斗，在新世纪谱写中华民族伟大复兴的新篇章！

## 注　释

〔1〕见江泽民《不断根据实践的要求进行创新》(《江泽民文选》第3卷，人民出版社2006年版，第64页)。

〔2〕见邓小平《在武昌、深圳、珠海、上海等地的谈话要点》(《邓小平文选》第3卷，人民出版社1993年版，第383页)。

# 深刻认识世界政党
# 兴衰沉浮的经验教训<sup>*</sup>

## （二〇〇一年二月十二日）

八十年代末以来，世界上一些执政几十年的老党、大党先后失去了政权，有的甚至走向衰亡，引起国际社会广泛关注。认真分析这些政党兴衰沉浮的经验教训并引为鉴戒，对我们加强和改进党的建设很有意义。对我们来说，以下几点启示是重要的。

第一，执政党要巩固自己的执政地位，必须坚持改革创新，随着时代前进步伐不断进步。要目光远大、开拓进取，决不能因循守旧、固步自封。只有顺应历史潮流，坚持在继承的基础上不断进行理论和制度创新，党才能始终保持生机活力，才能增强吸引力和凝聚力，才能在国家生活和社会生活中保持主导地位。

第二，执政党的路线方针政策和行动纲领必须顺应民心，反映广大人民愿望和要求。任何执政党的根基都在于民众支持。正如江泽民同志深刻指出的，人心向背，是决定一个政党、一个政权兴亡的根本性因素<sup>[1]</sup>。只有始终致力于解放和发展社会生产力，不断增强综合国力，促进社会的协调发展，

---

＊　这是胡锦涛同志在中央工作会议上讲话的一部分。

努力提高群众生活水平,党才能为群众所拥护,才能保持执政地位和国家长治久安。

第三,执政党必须注重自身建设,善于根据形势发展变化不断认识自己、提高自己、加强自己,经受住长期执政和社会变革考验。一个党要在国家政治生活中长久发挥领导核心作用,必须加强自身建设,从实际出发改进党的领导方式、组织形式、活动方式和工作方法,不断提高领导水平和执政水平。特别要加强党的团结和统一,做到为政清廉,坚决反对和整治党内各种腐败现象,防止脱离群众。

第四,社会主义国家执政党还必须有统一的指导思想、坚强领导核心和高素质干部队伍,牢牢掌握巩固执政地位的各种手段,建立防范和处理突发事件的有效机制。目前世界社会主义处于低潮,西方敌对势力对社会主义国家西化、分化的手段无所不用其极。社会主义国家执政党必须旗帜鲜明坚持马克思主义思想理论基础,形成一个团结、坚强、稳定的领导集体,建立一支同人民群众保持密切联系的高素质干部队伍。要保证党对军队的绝对领导,高度重视党对政权机关的领导和对社会舆论的引导,密切关注各种社会动态,见微知著,防微杜渐,及时排除一切不稳定因素,警惕和挫败国际国内敌对势力渗透、颠覆和分裂活动。

## 注　释

〔1〕参见江泽民《推动党风廉政建设和反腐败斗争深入开展》(《江泽民文选》第3卷,人民出版社2006年版,第185页)。

# 关于新经济组织中的党建工作[*]

## （二〇〇一年四月三十日）

刚才，大家从不同角度讲了认识和体会，介绍了做法和经验，讲得生动感人，听后很受启发。下面，我就进一步加强新经济组织中党的建设工作讲三点意见。

**一、从贯彻"三个代表"要求的高度，充分认识在新经济组织中加强党建工作的重要性和紧迫性。**

江泽民同志"三个代表"重要思想，是在深刻总结我们党成立八十年来的历史经验、深刻认识当今时代特征、深刻分析我们党面临的任务和党的自身状况的基础上提出来的，是我们党在新世纪推进建设有中国特色社会主义伟大事业、推进党的建设新的伟大工程的行动指南。全面贯彻"三个代表"要求，不仅要体现在执行党的基本路线和各项方针政策上，而且要体现在党的思想、组织、作风建设各个方面，体现在党在各个领域的工作中。具体到党的基层组织建设方面，我们必须以"三个代表"重要思想为指导，根据社会主义市场经济发展和"四个多样化"[1]的实际，在继续抓好农村、国有企业党的

---

[*] 这是胡锦涛同志在浙江温州主持召开非公有制企业党建工作座谈会时的讲话。

建设这两个大头的同时，积极探索和加强在城市社区、新经济组织、新社团组织中的党建工作。

随着改革深化和经济结构调整步伐加快，这些年来新经济组织不断涌现，特别是个体工商户和私营企业发展很快。据统计，全国私营企业的户数，一九九八年为一百二十万一千户，一九九九年为一百五十万九千户，二〇〇〇年达到一百七十六万一千八百户；私营企业从业人员二〇〇〇年达到二千四百零六万多人。浙江私营企业二〇〇〇年达到十七万八千八百户，个体工商户一百五十八万八千六百户，从业人员五百七十二万八千六百人，非公有制经济已占浙江经济的"半壁江山"。温州非公有制经济起步早，发展得更快一些。应该说，非公有制企业在活跃城乡经济、满足社会多方面需要、增加就业、促进国民经济发展等方面发挥着积极作用。同时，也使我们面临一个新的课题，就是如何使党组织及时覆盖到这个新的经济领域，在非公有制企业等新经济组织中如何开展好党的工作。做好这方面工作，对于加强党同非公有制企业等新经济组织中广大职工的联系、巩固和扩大党的群众基础，对于引导非公有制经济健康发展、坚持和完善我国社会主义初级阶段的基本经济制度，都具有重要意义，从根本上说是我们党在新形势下更好坚持"三个代表"的客观需要。

这些年来，我们在新经济组织党的建设工作方面进行了一些探索，也取得了一些进展。但是，总的说，这方面工作还很不平衡，同形势发展要求还不相适应。在整个党的建设工作全局中，这还是一个需要着力解决好的新课题，是必须下大气力切实加强的一个薄弱环节。各级党委要从全面贯彻"三个代表"重要思想的高度,从巩固党的执政地位的高度,从坚持我国现阶段基本经济制度的高度,充分认识这方面工作的重要性和紧迫性,以高度的政治责任感继续扎实认真做好这方面工作。

**二、采取得力措施,大力加强在非公有制企业中的党建工作。**

我们党是执政党,在我国政治、经济、社会生活各个领域都要充分发挥党的思想政治优势、组织优势、密切联系群众优势,加强和改善党的领导,在非公有制经济领域也不例外。实践证明,在非公有制企业建立党的组织、开展党的工作,有利于保证监督党和国家方针政策、法律法规贯彻落实,有利于调动和保护非公有制企业职工积极性,也有利于企业健康发展。因此,我们在非公有制企业中加强党的建设工作,要坚定不移、理直气壮。

去年九月,中央组织部下发了《关于在个体和私营等非公有制经济组织中加强党的建设工作的意见(试行)》,进一步明确了在非公有制经济组织中加强党建工作的指导思想和原则、党组织的地位作用和职责任务,在总结实践经验的基础上,提出了加强这方面工作的措施。各地要结合实际,认真贯彻执行。在新形势下加强非公有制经济组织中的党建工作,总的说,要坚持以"三个代表"重要思想为指导,围绕党的中心任务来进行,着眼于党和国家方针政策、法律法规贯彻执行,着眼于增强党组织影响力、凝聚力、战斗力,着眼于加强党同职工群众的联系,着眼于促进非公有制企业健康发展。在实际工作中要抓好以下几个环节。

一是要按照党章规定,结合企业实际,抓紧建立健全基层党组织。要在进一步摸清底数的基础上,根据党员分布情况,采取单独建立党支部、建立联合党支部等办法尽快把党组织建立起来。对于因没有党员暂不具备建立党组织条件的企业,要把工会、共青团组织先建立起来,并抓紧做好培养和发展党员工作,努力使党的组织和工作覆盖到所有企业。在企业改革、改组、结构调整时,党组织设置要同步改建或组建。

二是党组织要围绕党的中心任务和企业生产经营开展工作,在广大职工中充分发挥政治核心作用。建立党组织的目的是充分发挥党组织应有的作用。我们说党的工作要扩大覆盖面、增强凝聚力,这两句话是相互联系、相互统一的。党组织怎样发挥作用、履行职责,中央组织部下发的意见中明确了八个方面[2],要结合企业实际,一一落实好。这里尤其需要把握好两点。一点是,党组织要坚决贯彻党的路线方针政策,全心全意依靠职工群众,切实维护职工合法权益,真正做到在广大职工中充分发挥政治核心作用。另一点是,党组织工作要紧密结合企业生产经营来进行,支持企业合法经营、健康发展;如果脱离了生产经营,党组织作用就很难充分发挥。要下功夫积极探索如何在实践中把这两方面很好统一起来。

三是要切实加强党组织自身建设。要坚持把思想政治建设摆在首位。党组织领导成员要带头认真学习马克思列宁主义、毛泽东思想、邓小平理论,学习"三个代表"重要思想,学习党的路线方针政策和国家法律法规,切实提高思想政治素质。同时,要学习科技知识和管理知识,了解企业生产经营,努力探索非公有制企业党建工作规律,不断提高工作水平和领导水平。要加强对党员的教育和管理,做好培养和发展新党员工作,严格党的组织生活,充分发挥党员先锋模范作用。要根据非公有制企业的特点,积极探索开展党组织活动的方式方法,努力做好群众工作,增强党建工作实效。

**三、坚持因地制宜、分类指导,以创新精神积极探索加强党建工作的有效途径。**

新经济组织是党建工作的一个新的重要领域。做好这方面工作还需要我们下功夫在实践中探索,进一步积累和总结经验。各级党委要切实加强领导,各有关部门要在党委统一领导下密切配合、形成合力,把这方面工作真正落到实处。个体经济、私营企业等新经济组织情况多种多样,随着改革深化、对外开放水平提高和社会主义市场经济发展,新经济组织情况正在发生着变化。在这一新的领域加强党的建设工作,必须从实际出发,因地制宜、因企制宜,加强分类指导。要坚持解放思想、实事求是,以改革创新精神进一步探索新经济组织党的建设有效途径,完善党组织设置形式,总结和推广党建工作成功经验。随着新经济组织党的建设发展,我们要逐步使新经济组织中的党建工作做到有法可依、有章可循。各级党委要重视加强非公有制经济组织党务工作者队伍建设,为他们大胆工作创造条件,维护他们合法权益。要有计划对他们进行培训,提高他们的政治和业务水平。同时,要教育和引导非公有制企业领导人致富思源、富而思进,支持在企业中建立党组织和开展党的工作,自觉地为建设有中国特色社会主义贡献力量。

## 注　　释

〔1〕"四个多样化",指我国在实行改革开放和发展社会主义市场经济的新的历史条件下,出现了社会经济成分、组织形式、就业方式、利益关系和分配方式的多样化。

〔2〕这八个方面是:(一)宣传贯彻党和国家的路线方针政策,引导和监督企业遵守国家的法律法规,依法经营,照章纳税。(二)关心企业生产经营的重大问题,提出意见和建议,支持和促进企业发展。(三)加强党员的教育管理,做好发展党员工作,发挥党员的先锋模范作用。(四)做好职工思想政治工作,团结和依靠职工群众,关心和维护职工的合法权益。(五)加强社会主义精神文明建设,建设有理想、有道德、有文化、有纪律的职工队伍。(六)协调企业内部各方面的关系,坚持原则,化解矛盾,维护企业和社会的稳定。(七)领导工会、共青团等群众组织,支持他们依照法律和各自章程独立自主地开展工作。(八)完成上级党组织交办的任务。

# 做好新世纪干部教育培训工作<sup>*</sup>

## （二〇〇一年五月十六日）

新世纪初，中央组织部召开全国干部教育培训工作会议，研究部署《二〇〇一年——二〇〇五年全国干部教育培训规划》的贯彻落实，很及时，也很必要。下面，我讲几点意见。

**一、充分认识加强学习的极端重要性，切实增强做好新世纪干部教育培训工作的责任感和紧迫感。**

我们党是一个善于学习的党。以毛泽东同志、邓小平同志、江泽民同志为核心的党的三代中央领导集体都高度重视全党的学习，特别是在革命、建设、改革的重大历史转折关头，在面临新的形势和任务的时候，总是把学习问题突出提到全党面前。在我们党的历史上，曾开展过多次学习活动，其中有几次学习活动意义特别重大，影响特别深远。

第一次是从延安整风<sup>〔1〕</sup>到党的七大。全党同志首先是党的高中级干部联系实际认真学习马克思列宁主义，深入总结党的历史上正反两方面经验。经过这次学习，全党在毛泽东思想的基础上达到了空前团结统一，为夺取抗日战争、解放

---

* 这是胡锦涛同志同全国干部教育培训工作会议代表座谈时讲话的主要部分。

战争胜利提供了有力思想保证。

第二次是从建国前夕到建国初期。我们党从夺取政权到执掌政权，党的地位和面临的任务发生了根本性转变。毛泽东同志号召全党重新学习，用极大的努力去掌握过去不懂得、不熟悉的东西。这次学习，对于巩固新生的人民政权、恢复国民经济、确立社会主义制度、顺利推进社会主义建设起到了极为重要的作用。

第三次是改革开放初期。在邓小平同志大力倡导下，全党开展了真理标准大讨论和又一次重新学习。这次学习，对于我们党重新确立马克思主义思想路线、政治路线、组织路线，实现党和国家工作重点转移，全面开创社会主义现代化建设新局面产生了重大而深远的影响。

第四次是党的十四大以来。党的十四大提出用邓小平同志建设有中国特色社会主义理论武装全党的战略任务，党的十五大把邓小平理论确立为党的指导思想，由此兴起了学习邓小平理论新高潮。这些年来，我们党能够毫不动摇坚持党的基本路线，经受住国际国内各种风险和困难考验，领导人民把改革开放和社会主义现代化建设不断推向前进，从根本上说，是得益于全党认真学习和实践邓小平理论。现在，全党正在把学习邓小平理论与学习江泽民同志"三个代表"重要思想结合起来，理论学习呈现出新的活跃局面。

我之所以回顾以上这些情况，目的是要说明，党的事业发展，党的自身建设进步，党的干部队伍素质提高，都是同全党重视学习、加强学习密不可分的。学习问题对于我们党实在太重要了。

我国已经进入全面建设小康社会、加快推进社会主义现代化新的发展阶段。当前,世界多极化、经济全球化趋势继续发展,科学技术突飞猛进,知识更新速度越来越快,以经济实力、科技实力、国防实力、民族凝聚力为基础的综合国力竞争日趋激烈。国内改革发展稳定任务极其繁重而艰巨。这些都对干部队伍理论素养、知识水平、业务本领、领导能力提出了新的更高的要求。面对新世纪的新形势新任务,切实抓好干部学习比以往任何时候都显得更为重要、更为迫切。干部教育培训工作是推动干部学习的一条重要途径,是建设高素质干部队伍的一个重要环节。各级党委和政府必须从全局和战略的高度,充分认识加强干部教育培训工作的重要意义,切实把这项工作抓紧抓好。

**二、坚持学以致用,在提高干部素质上狠下功夫。**

我们党历来重视理论联系实际,始终坚持学以致用。毛泽东同志强调学习的目的全在于应用,邓小平同志强调学马列要精、要管用,江泽民同志强调理论学习和研究要坚持"一个中心、三个着眼于"〔2〕,其基本精神都是强调学以致用。学以致用,是理论联系实际的马克思主义学风的重要体现,也是干部教育培训工作必须遵循的重要原则。我们现在强调学以致用,从根本上讲,就是要善于运用马克思主义理论武器来解决我国改革发展稳定中的现实问题,解决干部队伍素质特别是思想政治素质方面存在的问题。这就要求我们进一步增强干部教育培训工作的针对性和实效性,切实把工作的出发点和落脚点放在提高干部素质和能力上。

在干部教育培训工作中贯彻学以致用,首先是要搞好学习,特别是突出马克思主义理论教育。马克思主义理论素养是我们党的干部领导素质的核心和灵魂。一个领导干部,只有理论上坚定,政治上才能清醒,工作中才能有原则性、系统性、预见性、创造性,才能全面正确积极贯彻执行党的基本路线和各项方针政策。干部教育培训工作要始终把马克思主义理论教育作为主课,中心内容是学习邓小平理论,当前特别是要注重学习江泽民同志"三个代表"重要思想以及关于在新形势下加强和改进党的建设的一系列重要论述,帮助干部进一步提高马克思主义理论水平。

在干部教育培训工作中贯彻学以致用,关键在于联系实际,运用科学理论去研究和解决我们面临的一些重大问题。

一是要紧密联系国际形势新变化进行教育培训。当前,国际局势正在发生重大而深刻的变化。和平与发展仍然是当今世界的两大主题。国际环境总体上对我们是有利的。但是,天下仍很不太平,霸权主义和强权政治有新的发展,西方敌对势力正加紧对我国实施西化、分化战略。干部教育培训工作要联系这些情况,引导干部认真思考和研究如何在颠覆和反颠覆、遏制和反遏制、分裂和反分裂、演变和反演变的斗争中争取主动,如何在参与国际经济合作与竞争中维护国家的独立、安全、利益,如何在吸收和借鉴国外优秀文明成果的同时有效抵制资产阶级意识形态和各种腐朽思想文化的渗透。通过教育培训,使广大干部坚定社会主义信念,提高政治敏锐性和政治鉴别力,增强应对复杂国际局势和政治斗争能力。

二是要紧密联系我国改革开放和社会主义现代化建设新

进展进行教育培训。我国改革正处于攻坚阶段,发展正处在关键时期,在经济、政治、文化等方面都面临许多复杂的矛盾和问题。干部教育培训工作要联系这些情况,引导干部认真思考和研究如何完善社会主义市场经济体制,加快经济结构战略性调整,推动我国经济持续快速健康发展;如何既坚决反对西方那种议会制和多党制,又从中国实际出发,有领导、有步骤、有秩序推进政治体制改革,进一步加强社会主义民主法制建设;如何发展有中国特色社会主义的文化,健全适应新的历史条件的社会主义道德体系,在社会主义精神文明建设上取得重大进展;如何正确处理新形势下的人民内部矛盾,消除不稳定因素,保持安定团结的政治局面。通过教育培训,提高广大干部解决改革发展稳定中实际问题能力。

三是要紧密联系党的建设面临新情况新挑战进行教育培训。新的形势和任务,既给党的建设提出了新要求,带来许多有利条件,同时也使党的建设遇到许多新问题。干部教育培训工作要联系这些情况,引导干部认真思考和研究如何体现和落实好"三个代表"要求,顺应历史潮流,走在时代前列,坚持在继承的基础上不断进行实践创新和理论创新,始终保持党的生机活力,巩固党在国家生活和社会生活中的领导核心地位;如何全面正确积极贯彻执行党的基本路线和各项方针政策,更好反映人民愿望和要求,赢得最广大人民群众拥护和支持;如何根据形势发展变化加强和改进党的自身建设,不断认识自己、提高自己、加强自己,维护党的坚强团结和高度统一,经受住长期执政和社会变革考验。通过教育培训,提高广大干部领导水平和拒腐防变、抵御风险能力。

总之，干部教育培训工作一定要自觉围绕党和国家工作大局，从贯彻执行党的基本路线实践和党的建设实际出发，紧密联系国内外形势发展，引导干部把学习理论同研究实际问题结合起来，提高干部理论素养和分析、解决实际问题能力。衡量干部教育培训工作搞得好不好，是否坚持了学以致用，最重要的是看这一条。只有干部理论素养提高了，运用科学理论解决实际问题能力增强了，干部教育培训工作才算是真正取得了成效。

**三、突出工作重点，着力抓好领导干部和中青年干部教育培训。**

对干部进行教育培训，应当确立终身教育的观念和全员培训的目标，坚持党政干部队伍、企业经营管理干部队伍、科学技术干部队伍和其他战线干部队伍一起抓，完善分层次、分类别、多渠道、多形式的工作格局。对各级各类干部的教育培训，既要有普遍性要求，又要有特殊性要求。要从不同类型、不同层次干部实际和需要出发，确定教育培训内容和重点，提出切合实际的要求，以全面提高干部队伍整体素质和能力。

领导干部是干部队伍的骨干力量，在贯彻落实党的路线方针政策中承担着重要职责。中青年干部是党和国家的希望和未来，肩负着承前启后、继往开来的历史重任。因此，在加强整个干部队伍教育培训的过程中，必须把领导干部和中青年干部作为重点。这个重点抓住了、抓好了，干部教育培训工作就能取得更加明显的效果。

这里，我想着重谈谈中青年干部教育培训问题。大家知道，我们党正处在整体性新老交替的重要时期。培养选拔优秀中青年干部,造就一大批始终坚持"三个代表"要求、能够在新世纪担当重任的领导人才,是关系老一辈革命家开创的社会主义事业后继有人,关系我国现代化建设第三步战略目标胜利实现,关系党和国家长治久安的战略大计。培养选拔优秀中青年干部,培养是前提、是基础。这就要求我们把中青年干部教育培训放到重中之重的位置来抓。现在,这一批中青年干部基本上是改革开放以来陆续进入干部队伍、逐步走上领导岗位的。他们年富力强,大多数文化程度较高,眼界比较开阔,思想比较活跃,开拓进取精神较强,许多同志在自己的岗位上做出了出色成绩、积累了一定经验。但是,也要看到,他们身上还存在一些不容忽视的弱点和不足,主要是相当一部分同志程度不同缺少马克思主义理论的系统学习,缺少对党的优良传统和党的历史的深刻了解,缺少党内生活的严格锻炼和艰苦环境的磨炼,缺少做群众工作和解决复杂矛盾能力。我们的干部教育培训工作,一定要从中青年干部队伍实际出发,本着缺什么补什么的原则,有针对性进行。

对中青年干部进行教育培训,从大的方面讲,主要还是抓住两条。一是要把帮助中青年干部坚定理想信念、增强党性修养贯穿教育培训全过程。中青年干部接班,最重要的是接老一辈坚持革命斗争方向的英勇精神的班。这就要求我们突出抓好中青年干部思想政治教育。要帮助他们掌握马克思主义基本原理和贯穿其中的立场、观点、方法,认清人类社会发展客观规律,坚定走有中国特色社会主义道路的信念,使他们能够在纷繁复杂的社会环境中明辨是非,在政治斗争的考验面前站稳立场,在任何情况下都自觉同党中央保持高度一致。要引导和鼓励他们解放思想、开动脑筋,根据新的实践进行新的探索,推动马克思主义理论创新和发展。同时,还要引导他们把学习理论同改造主观世界、加强党性锻炼结合起来,解决好世界观、人生观、价值观问题,解决好权力观、地位观、利益观问题,自觉抵御拜金主义、享乐主义、极端个人主义侵蚀。今年是我们党成立八十周年,要通过开展各种纪念教育活动,促进广大中青年干部进一步学习党的知识和党的历史,深入了解党的优良传统和作风,不断增强党的意识,更加坚定自觉地为党的事业而奋斗。二是要把帮助中青年干部提高实际本领贯穿教育培训全过程。实践出真知,实践出人才。新世纪的接班人,必须在实践中成长,在实践中考验,在实践中选拔。各级党组织要引导广大中青年干部牢固树立尊重群众、尊重实践这个辩证唯物主义和历史唯物主义的根本观点,把实践锻炼作为教育培养中青年干部、全面提高中青年干部素质的根本途径。在教育培训过程中,要加大实践教育分量,适当组织一些考察调研和实践经验交流,尤其要通过交流、轮岗、挂职锻炼等方式引导和安排中青年干部到工作第一线去,到那些经济比较落后、条件比较艰苦、任务比较繁重、情况比较复杂的地方去,经受摔打,磨炼意志,积累经验,使他们在人民群众中吸取政治营养,在实践中增长胆识和才干,增进同群众的感情,增强解决实际问题能力,从而更好担负起党和人民交给的光荣任务。这里我还要指出一点,中青年干部成长要有一个过程,教育培养不可能一劳永逸,必须把集中教育培训同日常培养锻炼结合起来,推动他们不断提高和进步。

**四、勇于开拓创新,在继承和发扬优良传统的基础上不断探索干部教育培训工作新路子。**

我们党在长期干部教育培训工作中积累了许多成功经验,形成了许多优良传统。这是一笔宝贵精神财富,必须很好继承下来,不断发扬光大。同时,也要清醒看到,当前干部成长所面临的内部和外部环境、主观和客观因素都发生或正在发生着深刻变化。干部教育培训工作只有坚持不断创新,才能跟上时代前进步伐,保持旺盛生机活力。我们一定要按照江泽民同志提出的坚持创新、创新、再创新的要求,在继承优良传统的基础上,进一步解放思想、开拓进取,不断研究新情况、解决新问题、探索新路子,使干部教育培训工作更好适应形势发展和干部队伍建设需要。

干部教育培训工作需要创新的地方很多,从近年来各地区各部门所进行的探索来看,是不是可以概括为这么几个方面:在教育培训观念上,要强化终身教育、素质教育、人才培训是基础性建设等观念,树立与时代发展相适应的新的教育思想。在教育培训内容上,既要突出马克思主义基本原理教育,又要重点抓好马克思主义理论最新发展的学习研究;既要突出思想政治教育,又要兼顾新知识新技能培养。在教育培训方式方法上,要更好把读书学习和研讨问题结合起来,把课堂教学和实践锻炼结合起来,把传统教学方法和现代教学手段结合起来,进一步提高教学质量和培训效果。在教育培训组织管理上,要坚持和完善党委统一领导,有关部门分工负责、协作配合的工作格局;要健全质量评估、考试考核和学用结合等制度措施,形成一套有效的激励和约束机制;要在不断增加财政投入的同时,广泛利用社会教育资源。对这些有益探索,要认真总结,并在实践中不断加以完善和提高。

这里还要指出的是,在干部教育培训工作创新过程中,一定要尊重客观规律,认真按照人才成长和干部教育培训规律办事;要把坚持我们党干部教育的优良传统同时代特征更好结合起来,运用好"三讲"〔3〕教育中的新鲜经验,不断探索新形势下干部教育培训有效途径;要善于吸收和借鉴国外在领导人才培养教育上的有益经验,以丰富、充实、提高我们的干部教育培训工作;要从我国国情出发,根据建设高素质干部队伍需要,推进有中国特色的干部教育培训体系建设。

### 注　释

〔1〕见本卷《坚持和发扬党的三大作风》注〔4〕。

〔2〕"一个中心、三个着眼于",指学习马克思列宁主义、毛泽东思想、邓小平理论,一定要以我国改革开放和现代化建设的实际问题、以我们正在做的事情为中心,着眼于马克思主义理论的运用,着眼于对实际问题的理论思考,着眼于新的实践和新的发展。参见江泽民《高举邓小平理论伟大旗帜,把建设有中国特色社会主义事业全面推向二十一世纪》(《江泽民文选》第2卷,人民出版社2006年版,第12页)。

〔3〕见本卷《沿着党指引的妇女运动正确道路前进》注〔3〕。

# 在西部大开发中
# 实现新疆发展和稳定<sup>*</sup>

（二〇〇一年六月十五日）

## 牢牢抓住西部大开发的历史机遇，
## 努力实现新世纪新疆经济社会大发展

发展是硬道理。新疆有现在这样的好形势，靠的是发展。新疆要保持长治久安，归根到底还是要靠发展。随着西部大开发步伐加快，国家和各地支持新疆开发力度逐步加大，新疆各族干部群众参与大开发的热情普遍高涨，再加上新中国成立以来特别是改革开放以来新疆建设打下的良好基础，加快新疆发展面临着前所未有的大好机遇。新疆一定要把中央关于西部大开发的总体部署和本区实际紧密结合起来，抓住机遇，开拓进取，推动全区经济社会更快更好发展。在这方面，自治区党委和政府已经有了一个全面规划，要认真组织实施，狠抓落实。这里，我着重强调以下几点。

第一，要不断调整和优化经济结构，因地制宜发展特色经济。在当前市场供求关系发生重大变化、市场竞争日趋激烈

---

＊ 这是胡锦涛同志在新疆维吾尔自治区考察工作时讲话的一部分。

的情况下,新疆要加快经济发展,就必须大力推进经济结构战略性调整,切实提高经济增长质量和效益。要从自身实际出发,以国内外市场需求为导向,以本地独特的优势资源为依托,以科技进步为动力,下大气力发展特色产业,不断提高劳动生产率,提高比较效益,增强产业竞争力,真正把资源优势转化为经济优势。比如,新疆具有最适宜种植棉花的自然条件,现在棉花产量已占全国总产量的百分之三十三,占全国棉花出口的百分之八十左右。要在稳步发展的基础上,大力繁育优良品种,积极推广科学栽培方法,努力提高单位面积产量,进一步增强在国际国内市场上的竞争力。新疆吐鲁番葡萄、哈密瓜、库尔勒香梨、伊犁苹果等瓜果品种也闻名遐迩,有着广阔市场前景。要着力抓好这些特色农产品规模化生产和加工增值,尤其要进一步培育壮大一批龙头企业,采用"公司加农户"、"订单农业"等多种形式,走产业化经营路子,努力提高瓜果产品质量和效益,使农民收入不断增加。又比如,新疆石油天然气资源十分丰富,储量分别占全国的百分之十四点七和百分之三十点四,是我国石油天然气的战略接替区域。要把握国家建设"西气东输"工程的有利时机,继续加大石油天然气资源勘探和开发力度,加快石油化工企业技术改造,提高产品质量,增强市场竞争能力,努力把新疆建成西部最重要的石油化工基地。再比如,新疆作为古丝绸之路的主要通道,拥有独特的自然风光、人文景观、民俗风情等旅游资源,已经成为国内外旅游的热点地区。要把旅游业作为发展的一个重点,保护和开发好这里宝贵的旅游资源,大力改善交通等配套设施条件,进一步提高服务和管理水平,使之成为新疆一个新的经济增长点。这里需要指出的是,在调整和优化经济结构的过程中,要坚持按经济规律和自然规律办事,充分尊重群众意愿,注意调动和保护群众积极性。

第二,要加快基础设施建设,为新疆大开发奠定坚实基础。近年来,新疆基础设施条件虽然有了很大改善,但要适应今后更大发展,还有很大差距。新疆一定要把加强基础设施建设作为大开发的突破口,抓住不放,务求实效。在加快基础设施建设的过程中,要注意以下几个方面:一是要科学规划、突出重点。新疆地方大、底子薄,需要建设的基础设施项目很多,不可能一下子都铺开。要统筹考虑、反复论证,分清轻重缓急,优先安排那些事关新疆发展全局的水利、交通、能源等重大基础设施项目。二是要加强管理、确保质量。国家在财力有限的情况下加大对西部地区基础设施建设的投入,确实很不容易,一定要倍加珍惜。要牢固树立“百年大计、质量第一”的思想,严格执行国家有关规定,切实加强管理和监督,努力提高工程质量和投资效益,坚决杜绝“豆腐渣”工程。三是要抓住契机、带动发展。不能就基础设施建设抓基础设施建设,而是要通过基础设施建设,带动相关产业发展,拉动当前经济增长,力争收到最大综合效益。

第三,要进一步加大改革开放力度,不断增强经济发展生机活力。要进一步解放思想、更新观念,坚定不移推进改革开放,努力突破影响生产力发展的体制性障碍,为新疆经济更快更好发展提供强大动力。一是要深化国有企业改革。这是整个经济体制改革的中心环节。新疆虽然已经基本实现国有企业改革和脱困三年目标,但要真正解决国有企业多年来积累的深层次矛盾,任务仍十分艰巨。一定要下更大气力,加快建立和完善现代企业制度,突出抓好企业管理体制改革、转换企业经营机制、完善法人治理结构,切实增强国有企业活力。在推进国有企业改革发展的同时,还要针对新疆非公有制经济发展相对滞后的问题,采取更加有效的政策措施,积极鼓励和引导非公有制经济健康发展,真正形成公有制为主体、多种所有制经济共同发展的局面。二是要继续扩大对内对外开放。只有大开放才能促进大开发。新疆要适应经济全球化和我国即将加入世界贸易组织新形势,充分利用欧亚大陆桥向西开放的地缘优势,开拓国外市场,利用国外资源,大力改善投资环境,扩大外商投资领域,做好引进外资工作。还要继续加强同其他省区市的经济技术合作,吸引更多企业到新疆来投资建厂、开发资源、改造老企业。兵团和地方也要互相开放,发展融合经济,实现共同繁荣。三是要转变政府职能。要继续推进政企分开,改革行政审批制度,把属于市场调节的职能切实转移给市场,更好发挥市场在资源配置中的基础性作用。同时,要把政府应当管的事情切实管好,尤其要大力整顿和规范市场经济秩序,依法严厉打击制售假冒伪劣产品等经济犯罪活动,坚决制止地方保护和部门分割市场的行为,努力维护公平竞争的良好市场环境。

第四,要切实加强生态环境保护和建设,努力实现可持续发展。西部地区是保障国家生态安全的要害地区。新疆面积有一百六十六万多平方公里,约占国土面积六分之一,搞好新疆生态建设对于改善全国生态环境、实现可持续发展具有重要意义。新疆在发展经济过程中一定要处理好资源开发利用和环境保护的关系,决不能以牺牲生态环境为代价换取一时的经济增长,决不能走先破坏后治理的弯路。影响新疆生态环境最突出的是水的问题。虽然新疆水资源人均占有量高于全国平均水平,但水资源时空分布极不均衡,而且降水少、蒸发量大,一些地方已经成为全国重点缺水地区。同时,水资源开发利用不合理,浪费也比较严重。在新疆,不首先解决好水的问题,生态环境保护和改善就无从谈起。因此,必须高度重视水资源可持续利用,把保护和合理利用有限的水资源作为生态环境保护和建设的中心任务来抓。一方面,要切实把节水放在突出位置,全面推行各种节水技术和措施,发展节水型产业特别是节水农业,逐步建立有偿用水机制和节水激励机制,不断提高水资源利用效率;另一方面,要加强水资源管理调度和开发利用,合理配置水资源,优先安排生态环境用水。当前,尤其要按照中央要求,尽快启动并搞好塔里木河流域综合治理工程,把有限的水资源开发好、利用好。还要看到,现在新疆土地荒漠化日趋严重。一定要采取有效措施,严禁毁林开荒和乱砍滥伐,防止超载过牧,切实保护好现有林草和沙漠植被。同时,还要因地制宜开展防沙治沙,有计划有步骤退耕还林还草,努力遏制生态环境恶化势头。在生态环境保护和建设中,一定要充分考虑群众实际利益,切实解决群众生产生活中的实际问题,并帮助他们找到新的增收门路,防止出现"先植树种草、后砍树开荒"的现象,真正把广大群众的积极性引导到生态环境保护和建设上来。

第五,要大力开发人才资源,为经济社会发展提供有力智力支持。人才是决定我们事业成败的一个关键因素。加快新疆发展，一定要切实把实施人才战略，培养、吸引、用好人才作为一项重大任务来抓。应当看到，新疆地处边疆，条件比较艰苦，要吸引更多人才到新疆来，需付出很大努力。要认真总结这些年在吸引人才方面成功经验，开动脑筋，多想办法，从新疆实际情况出发，制定更加优惠的政策，采取更加灵活的措施，努力营造对优秀人才具有吸引力的环境。在积极吸引外地人才的同时，还要注重发挥本地人才作用，特别是对那些长期扎根边疆、为新疆建设作出贡献的优秀人才，要给予格外关心和爱护，使他们能够更好为新疆发展贡献自己的聪明才智。育人是用人的基础，重视人才就要重视教育。要进一步增加对教育的投入，加快发展各级各类教育，在不断提高劳动者整体素质的基础上，培养造就一大批适应新疆发展需要的专门人才。

这里，我要特别强调一点，在加快发展的过程中，一定要把提高人民生活水平作为根本出发点。无论搞什么开发、上什么项目，都要兼顾长远和当前的利益、国家和地方的利益、集体和个人的利益。要在发展经济的同时，让广大群众得到实实在在的好处，真正感受到中央开发西部的战略决策确实是为他们谋利益的，从而把他们更加紧密地团结在党和政府周围，形成开发新疆的强大力量。

## 高举民族团结和祖国统一的旗帜，全力维护新疆社会政治稳定

加快新疆发展，使各族人民安居乐业、富裕幸福，就必须

努力增强民族团结，维护社会稳定。当前，新疆大局是稳定的。但是，必须清醒看到，维护稳定任务仍然十分艰巨，我们决不能有丝毫松懈。新疆各级党委、政府和领导干部要充分认识反对民族分裂势力斗争的长期性、尖锐性、复杂性，进一步增强忧患意识，认真贯彻落实中央决策部署，确保新疆社会政治稳定。

第一，要进一步加强以维护民族团结和祖国统一为主要内容的思想教育。这是维护新疆稳定、反对民族分裂势力的治本之策。西方敌对势力和境内外民族分裂势力对我国进行分裂破坏的一个重要手段，就是大肆进行反动舆论宣传和思想文化渗透，妄图以此搞乱人们的思想，动摇我们的群众基础和社会基础。我们必须针锋相对，充分发挥政治优势，切实加强对各族干部群众的思想教育。在教育内容上，要突出抓好马克思主义民族观、宗教观和党的民族政策、宗教政策教育，广泛宣传汉族离不开少数民族、少数民族离不开汉族、各少数民族之间也相互离不开的思想。当前，特别是要结合一些国家和地区因民族纷争而导致社会动乱、国家分裂、生灵涂炭的惨痛事实，进一步帮助各族干部群众深刻认识稳定是福、动乱是祸的道理，自觉抵制敌对势力的反动舆论宣传和思想文化渗透。教育好各族青少年是维护新疆稳定、反对民族分裂的长远大计。要善于用新疆发展的历史、新旧社会的对比、新疆改革发展的巨大成就教育和引导他们从小树立正确的祖国观、民族观、宗教观，增强辨别是非、抵御错误思想能力，把他们培养成为维护民族团结和祖国统一的可靠接班人。在加强思想教育的过程中，要特别注意发挥大众传媒的积极作用，用我们强大的舆论力量把西方敌对势力和境内外民族分裂势力的反动宣传压下去，使民族大团结的思想深入人心，在广大干部群众中筑起一道反对民族分裂的坚固思想长城。

第二，要坚决贯彻党的民族政策。我们党的民族政策，是马克思主义关于民族的基本理论同我国民族的具体实际相结合的产物，是马克思主义民族观在我国的具体体现。纵观中国几千年历史，新中国的民族政策是最好的；同世界上其他国家相比，我们的民族政策也是最成功的。民族区域自治制度是解决我国民族问题的根本制度。实行民族区域自治，既能发挥各少数民族和民族地区的积极性，又保证了中央必要的集中和祖国的统一。我们必须坚定不移贯彻落实党的民族政策和民族区域自治法，巩固和发展平等、团结、互助的社会主义民族关系。要贯彻好党的民族政策，首先就要对它有一个全面准确的理解和把握。比如，在对待民族差别上，既要正视民族差别和民族特点的存在，尊重各民族风俗习惯，又要欢迎和提倡各民族相互亲近、相互学习、相互融合，不断增进兄弟情谊。又比如，在对待民族文化上，既要科学继承和发扬本民族优秀文化传统，又要大胆抛弃那些不利于本民族发展进步的陈规陋习，积极吸收和借鉴其他民族优秀文化成果，努力学习现代文明；既要尊重各民族使用自己语言文字的权利，又要提倡相互学习对方的语言文字，大力推广和规范使用国家通用语言文字，消除民族交流和交往的语言障碍。在贯彻党的民族政策的过程中，还要妥善处理各民族群众关系，正确对待不同民族之间或同一民族内部出现的问题，严格区分两类不同性质的矛盾，是什么问题就按什么问题对待，不能把什么问题都不加区别地当作民族问题处理,谨防将民间纠纷转化为民族纷争。总之,要进一步贯彻落实好党的民族政策,努力促进各民族团结进步和共同繁荣,真正做到同呼吸、共命运、心连心。

第三,要依法加强对宗教事务的管理。宗教问题十分复杂、敏感,处理不当就会影响稳定大局。从这个意义上说,依法加强对宗教事务的管理,对于新疆这样一个信教群众集中的地方具有特殊重要的意义,我们一定要高度重视、切实做好。一方面,要坚决贯彻执行宗教信仰自由政策,切实保护信教群众正常宗教活动,既要保护信仰宗教的自由,也要保护不信仰宗教的自由;另一方面,要加强对宗教团体、宗教人士、宗教场所、宗教活动的管理,坚决取缔非法宗教活动,坚决制止利用宗教活动和宗教场所进行的一切非法活动。不管是信教还是不信教的公民,都必须以我国宪法法律为根本行为准则,不得以任何借口反对中国共产党领导和社会主义制度,不得破坏民族团结和祖国统一。要严禁宗教以任何名义干涉行政、司法、教育和基层组织的事务,严防宗教势力对学校的渗透,绝不允许利用学校向学生灌输分裂思想和宗教教义。要进一步做好团结、教育、引导宗教界人士工作,坚持领导干部联系清真寺和同宗教人士谈话制度,关心他们的思想和生活,完善和落实对宗教职业人员的培训制度,帮助他们增强辨别大是大非能力。要通过开展深入细致的工作,确保宗教事务领导权掌握在爱国进步可靠的宗教人士手中,从而把宗教界力量凝聚到建设有中国特色社会主义事业上来。

第四,要严厉打击民族分裂势力、宗教极端势力、暴力恐怖势力。近年来,境内外这"三股势力"相互勾结,从事破坏民族团结和祖国统一的各种活动,严重影响新疆稳定,威胁到各族群众生命财产安全。当前,要把打击"三股势力"作为"严打"整治斗争的重中之重,周密部署,迅速行动,坚决打掉他们的嚣张气焰。人民群众是真正的铜墙铁壁。在同"三股势力"的斗争中,一定要相信群众、依靠群众,把发挥广大群众作用同发挥专政机关作用结合起来,特别是要重视做好"三股势力"活动猖獗、敌社情比较复杂、社会基础比较薄弱地区的群众工作,把群众真正发动起来。自治区党委要进一步加强领导,协调各方力量,形成打击"三股势力"的强大合力。新疆反对民族分裂势力斗争是一项长期任务,不可能毕其功于一役。既要切实增强紧迫感,抓紧做好当前各项工作,又要做好长期作战的思想准备,防止和克服松懈情绪,常抓不懈,持之以恒,不断夺取斗争新胜利。

这里我还要强调的是,统一战线是我们党的一大法宝,在维护祖国统一、反对民族分裂势力斗争中具有不可替代的重要作用。各级党委要高度重视并切实做好统一战线工作,团结一切可以团结的力量,化消极因素为积极因素,进一步巩固和发展安定团结的政治局面。

# 坚定自觉地实践
# "三个代表"重要思想<sup>*</sup>

（二〇〇一年七月二日）

在新的历史条件下，认真学习、身体力行"三个代表"重要思想，是共产党员站在时代前列、保持先进性的根本要求。所有共产党员都要立足本职、联系实际，坚定自觉实践"三个代表"重要思想，在自己的学习工作和社会实践中全面体现"三个代表"要求，把共产党人的先进性在社会主义物质文明建设和精神文明建设中充分发挥出来。

第一，坚持用科学理论武装头脑，勤奋学习科学文化知识，不断提高自身思想文化素质。当今时代是要求人们终身学习的时代。共产党员要始终站在时代前列，在错综复杂的环境中保持政治上的清醒和坚定，在解放和发展生产力、推动社会全面进步的实践中充分发挥先锋模范作用，必须坚持不懈学习、学习、再学习。如果不重视学习，不努力用科学理论武装头脑，不努力掌握科学文化知识，不善于实现知识不断更新，就必定要落后，就难以保持共产党员的先进性。必须看

---

* 这是胡锦涛同志在优秀共产党员代表庆祝中国共产党成立八十周年座谈会上讲话的一部分。

到,虽然近几年来全党学习空气有了明显增强,但仍有相当一些党员学习热情和自觉性不高,认为学不学无所谓;有些党员学习不刻苦、不深入,热一阵、冷一阵,满足于一知半解;有些党员学习理论不联系实际,学而不信,学而不行,学而不用。这些情况说明,加强学习,在党员队伍中仍然是一个迫切需要解决的重要问题。对于共产党员来说,学习既是掌握知识、增强本领、做好工作的重要手段,也是增强党性、加强修养、陶冶情操的重要途径,因而要把它作为一种政治责任、一种精神追求、一种思想境界来认识、来对待,孜孜以求,学而不怠。加强学习,第一位的是认真学习马克思列宁主义、毛泽东思想特别是邓小平理论,学习江泽民同志"三个代表"重要思想,深刻领会和全面把握其科学思想和精神实质,下功夫提高理论修养。要坚持马克思主义学风,密切联系自己的思想和工作实际,在改造客观世界的同时加强主观世界的改造,努力提高运用理论指导实践、解决现实问题能力,做到学和用、知和行、说和做的统一,力戒学用脱节。在加强政治理论学习的同时,还要抓紧学习经济、法律、科技、文化、历史等方面知识,学习一切反映当代世界发展的新知识,学习做好工作所必需的一切知识,不断拓宽知识领域。广大共产党员思想文化素质不断得到提高,就能更好实践"三个代表"重要思想,就能为改革开放和现代化建设作出更大贡献。

第二,树立共产主义远大理想,坚定走建设有中国特色社会主义道路的信念,脚踏实地为实现党在现阶段的基本纲领而奋斗。社会主义和共产主义理想信念,是建立在马克思主义揭示的人类社会发展客观规律基础上的,是共产党人最崇高的追求和强大精神支柱,也是我们党的政治优势。有了这样的理想信念,就有了立身之本,站得就高了,眼界就宽了,心胸就开阔了,对个人名利得失就看得淡了,就能够自觉、满腔热情为党的事业而奋斗。革命战争年代,无数革命先烈之所以冲锋陷阵、赴汤蹈火在所不辞;社会主义建设和改革开放中,焦裕禄[1]、孔繁森[2]等许许多多共产党员之所以能够为党和人民事业鞠躬尽瘁、死而后已,说到底就是因为有崇高理想和坚定信念在激励着他们。而现在有些党员、干部经不起权力、金钱、美色等考验,打了败仗,甚至陷入犯罪的泥坑,最根本的是他们在世界观上出了问题,动摇或丧失了社会主义信念。共产党员坚定理想信念,一定要把党的最高纲领和实现党在现阶段的任务统一起来。实现共产主义是我们党的最高纲领。我们现在的努力以及将来多少代人的持续努力,都是朝着这个目标前进的。同时,必须看到,实现共产主义是一个非常漫长的历史过程。我国现在处于并将长期处于社会主义初级阶段,我们必须从这个实际出发,根据社会发展的现实基础确定现阶段的奋斗目标,有步骤推进我们的事业。邓小平同志曾深刻指出:"我们共产党人的最高理想是实现共产主义,在不同历史阶段又有代表那个阶段最广大人民利益的奋斗纲领。因此我们才能够团结和动员最广大的人民群众,叫做万众一心。"[3]忘记远大目标而只顾眼前就会失去前进方向,离开现实工作而空谈远大理想就会脱离实际。这就要求我们既要胸怀实现共产主义崇高理想,矢志不移,更要坚定走建设有中国特色社会主义道路的信念,脚踏实地为实现党在社会主义初级阶段的基本纲领而努力奋斗,扎扎实实做好当前每一项工作。共产党员的远大理想要落实在这里;衡量一个共产党员信念是否坚定着眼点也要放在这里。

第三,自觉坚持党的根本宗旨,诚心诚意为人民谋利益,始终保持同人民群众的密切联系。全心全意为人民服务,引导人民群众认识自己的根本利益并团结起来为之奋斗,是我们党的唯一宗旨,也是共产党员保持先进性必须解决好的一个根本问题。八十年来,我们党之所以能够赢得广大人民群众拥护和信任,从根本上说,是因为我们党坚持一切为了群众、一切相信群众、一切依靠群众,同群众保持着血肉联系,真正代表和实现了人民群众利益。应当看到,在执政和改革开放的条件下,我们党有了更好为人民服务的条件,也增加了脱离群众的危险。现在,有一些党员、干部把为人民服务挂在嘴上,实际上却把个人利益放在第一位,把人民群众利益置于脑后。这样做,损害了党的形象,影响了党群关系,也妨碍了党的路线方针政策贯彻落实。共产党员如何对待群众的问题,是一个根本立场问题、世界观问题、党性问题。在任何时候任何情况下,与人民群众同呼吸、共命运的立场不能变,全心全意为人民服务的宗旨不能忘,坚信群众是真正英雄的历史唯物主义观点不能丢。共产党人保持先进性,体现在同群众的关系上,就是要用先进思想和模范行为代表、维护、实现人民群众利益,引导、团结、带动广大群众为实现党的任务而共同奋斗。每一个共产党员都要心系人民、关心群众,体察群众情绪,真正做到群众利益高于一切、群众疾苦急于一切、群众呼声先于一切,为群众多办实事、多办好事,扎扎实实帮助群众克服困难。党员干部特别是领导干部要在这方面作出表率,想问题、办事情、作决策必须把对上级负责和对群众负责统一起来，在思想上尊重群众、行动上深入群众、工作上依靠群众，坚决反对和纠正一切高踞于群众之上、当官做老爷、不关心群众痛痒、不维护群众正当权益的不良现象。毛泽东同志曾说："我们共产党人好比种子，人民好比土地。我们到了一个地方，就要同那里的人民结合起来，在人民中间生根、开花。"[4]广大共产党员都要努力成为毛泽东同志比喻的"种子"，牢牢植根于群众，密切联系群众，真诚服务群众，不断从人民群众中汲取营养和智慧，不断增强同人民群众的感情，不断引导和带领群众前进。这样，我们党就能获得强大的力量源泉和胜利的保证。

第四，站在改革开放和现代化建设前列，奋发拼搏，开拓创新，努力创造一流业绩。在新时期，共产党员保持先进性、充分发挥先锋模范作用，不仅要体现在思想觉悟和精神境界上，而且要体现在带头做好深化改革、扩大开放、促进发展、保持稳定的各项工作中，体现在带动群众为经济发展和社会进步艰苦奋斗、开拓进取的实际行动中。我们的共产党员大都在一定岗位上承担着一定生产工作任务，这些看来平凡的工作和任务，都是同实现党在现阶段奋斗目标和党的整个事业紧密联系在一起的。共产党员先锋模范作用发挥得怎么样，经常大量反映在本职工作上。我们说共产党员要站在改革开放和现代化建设前列，最基本的要求就是要立足本职工作、埋头苦干、奋发进取，努力创造一流工作业绩，为周围群众作出表率。这次受到表彰的优秀共产党员和优秀党务工作者之所以得到人们普遍赞誉和尊重，最重要的就在于他们在各自工作岗位上作出了突出成绩。广大党员向他们学习，最终也要落实到爱岗敬业、勇创一流、建功立业的实际行动上。我们从事的建设有中国特色社会主义事业是伟大的开创性事业，我们在前进中遇到的许多矛盾和问题也是前所未有的新矛盾新问题。面对错综复杂的国际局势，面对日新月异的科技进步，面对改革开放的伟大实践，共产党员要紧跟时代前进步伐，坚持解放思想，勇于开拓创新，防止和克服因循守旧、不思进取的精神状态。要在自己的工作实践中，坚持一切从实际出发，把积极进取和求真务实结合起来，把工作热情和科学态度结合起来，用辩证唯物主义和历史唯物主义世界观、方法论去分析和解决面临的问题，使自己的思想认识和工作水平随着实践深化不断得到提高。

　　第五，始终保持清正廉洁，坚决抵制歪风邪气，带头弘扬社会主义道德风尚。共产党员良好的道德操守、高尚的人格形象、抵御腐朽思想侵蚀的能力，是党员先进性的重要体现，也是实践"三个代表"重要思想的必然要求。绝大多数共产党员在这方面做得是好的，是廉洁奉公、勤政为民的。这是主流。但是，也确有一些党员、干部精神空虚、萎靡不振，受不住清贫，耐不住寂寞，抗不住诱惑，管不住自己。广大党员、干部都要认真记取一些人贪图享受、腐化堕落，导致身败名裂的深刻教训，筑起拒腐防变的牢固思想防线，自重、自省、自警、自励，经受住权力、金钱、美色考验，做到在拜金主义、享乐主义、极端个人主义侵蚀面前一尘不染、一身正气。共产党员特别是党的领导干部的人格力量对全社会有着重要示范作用。在我们党的历史上，许许多多共产党员和党的干部在为党和人民事业的奋斗中,不仅表现出坚定的政治信念、英勇无畏的革命精神,而且表现出崇高的道德情操和鲜明的人格魅力,在群众中产生了强大感召力、影响力、凝聚力。在新的形势下,广大共产党员特别是党的各级领导干部要加强道德修养,树立正确的义利观、荣辱观、道德观、人生观,保持共产党人的高尚情操和革命气节,追求积极向上的生活情趣,堂堂正正做人,清清白白做官,带头弘扬社会主义道德风尚,勇于同各种消极腐败现象和不正之风作斗争。这样坚持不懈做下去,就能有力影响和带动全社会风气好转。

这里,我要强调一点,就是共产党员实践"三个代表"重要思想,发挥先锋模范作用,关键靠自觉,靠党员自身努力,同时必须有党组织正确引导和帮助。各级党组织都要按照"三个代表"要求,研究新情况,解决新问题,探索新途径,为共产党员在两个文明建设中贡献聪明才智、建功立业创造条件。要根据新的形势和任务,紧密联系党员思想和工作实际,加强党员教育,不断提高党员思想政治素质和科学文化素质,努力造成珍视共产党员光荣称号、做名副其实先进分子的良好风气。要坚持党要管党原则和从严治党方针,严格党内生活,严肃党的纪律,加强党员管理,及时吸收具备条件的优秀分子入党,严肃处置不合格党员,坚决清除腐败变质分子,保持党员队伍先进性和纯洁性,进一步增强党组织创造力、凝聚力、战斗力。

## 注　释

〔1〕 参见本卷《在新时期学习弘扬焦裕禄精神》。

〔2〕 见本卷《领导干部要带头增强党性》注〔14〕。

〔3〕 见邓小平《用坚定的信念把人民团结起来》(《邓小平文选》第 3 卷,人民出版社 1993 年版,第 190 页)。

〔4〕 见毛泽东《关于重庆谈判》(《毛泽东选集》第 4 卷,人民出版社 1991 年版,第 1162 页)。

# 欢迎北京奥运会申办代表团
# 凯旋时的讲话

（二〇〇一年七月十四日）

同志们辛苦了！

我代表党中央、全国人大、国务院、全国政协和中央军委，代表全国各族人民，热烈欢迎大家胜利归来！同时，谨向你们和所有参加申办工作的同志，表示热烈的祝贺和亲切的慰问！向所有支持北京申奥的朋友们，表示衷心的感谢！

昨天晚上，北京申奥成功的喜讯传来，举国上下一片欢腾，海内外中华儿女都沉浸在巨大的喜悦之中。北京申奥成功，再一次向世界表明改革开放、日益繁荣的中国正在以坚定的步伐走向世界，这是我们伟大祖国的光荣，是中华民族的骄傲。

经过同志们艰苦细致、卓有成效的工作，现在申办任务已经圆满完成。北京申办成功，也标志着二〇〇八年北京奥运会准备工作的开始。党中央、国务院和全国各族人民将继续大力支持北京做好举办奥运会的各项准备工作。我们一定要在以江泽民同志为核心的党中央领导下，团结一致，再接再厉，奋发努力，扎实工作，努力把二〇〇八年北京奥运会办成奥运史上最精彩、最出色的一次盛会，为奥林匹克运动作出新的更大的贡献。

　　谢谢大家。

# 在庆祝西藏和平解放
# 五十周年大会上的讲话

（二〇〇一年七月十九日）

同志们，朋友们：

今天，布达拉宫广场红旗飘扬，雅鲁藏布江纵情歌唱，古城拉萨披上了节日盛装。我们中央代表团全体成员同西藏各族干部群众一道，怀着无比喜悦的心情，隆重庆祝西藏和平解放五十周年。首先，我代表中共中央、全国人大常委会、国务院、全国政协和中央军委，向西藏各族工人、农牧民、知识分子、干部和各界人士，向人民解放军驻藏部队指战员、武警西藏部队官兵、公安干警，表示热烈的祝贺和亲切的慰问！向所有为西藏和平解放和繁荣发展作出贡献的同志们、朋友们，表示崇高的敬意！向一切关心和支持西藏发展进步的国际友人，表示衷心的感谢！

五十年前，党中央和毛泽东同志高瞻远瞩、审时度势，果断作出和平解放西藏的重大决策。中央人民政府和原西藏地方政府签订了《十七条协议》[1]，西藏实现了和平解放。西藏和平解放是中国现代史上的一件大事，是西藏发展史上一个具有划时代意义的转折点。它标志着西藏永远摆脱了帝国主义侵略的羁绊，标志着中华民族大团结和祖国统一进入新的发展阶段,开辟了西藏从黑暗走向光明、从落后走向进步、从贫穷走向富裕、从封闭走向开放的新时代。

五十年,在人类历史长河中不过是短暂的瞬间,但在西藏这片古老而神奇的土地上却发生了以往任何时代都无可比拟的巨大变化,创造了旷世未有的人间奇迹。

这五十年里,西藏实现了社会制度的历史性跨越,走上了社会主义道路。随着废除长期压榨西藏人民的封建农奴制度,昔日连做人的起码权利都没有的百万农奴,翻身作了主人。今天西藏各族人民充分享有政治、经济、文化等各方面权利,完全掌握了自己的命运。

这五十年里,西藏经济建设取得长足发展,人民生活水平显著提高。经过民主改革、社会主义改造和改革开放,西藏社会生产力获得空前解放和发展,去年全区地区生产总值是一九五九年民主改革之初的五十多倍。基础设施从无到有,不断发展壮大。城乡居民收入持续增长,绝大多数群众摆脱了贫困,部分群众过上了小康生活。这同旧西藏民不聊生的悲惨境况形成了鲜明对照。

这五十年里,西藏社会主义精神文明建设不断发展,社会全面进步。教育、科技、文化、卫生等各项社会事业蓬勃发展,西藏各族人民思想道德素质和科学文化素质普遍提高。西藏优秀传统文化得到保护、继承、弘扬,并被赋予反映人民群众新生活和社会发展新要求的时代内容。

这五十年里,西藏各民族团结不断加强,社会局势保持基本稳定。随着党的民族政策、宗教政策贯彻落实和民族区域自治制度全面实施,平等、团结、互助的社会主义民族关系不断发展,群众宗教信仰自由受到充分尊重和保护。各族人民团结一致,一次又一次挫败了达赖[2]集团和国际反华势力的分裂破坏活动,维护了西藏稳定、祖国统一、国家安全。

历经五十年不平凡的岁月,今天的西藏,经济发展,社会进步,民族团结,局势稳定,边防巩固,人民安居乐业,呈现出一派生机勃勃、欣欣向荣的景象。

西藏五十年辉煌成就的取得,是以毛泽东同志、邓小平同志、江泽民同志为核心的党的三代中央领导集体在西藏发展各个历史时期英明决策、正确领导的结果,是国家对西藏大力扶持、全国人民对西藏无私援助的结果,是西藏各族人民发扬特别能吃苦、特别能战斗、特别能忍耐、特别能团结、特别能奉献的精神,齐心协力、共同努力的结果。

抚今追昔,饮水思源。此时此刻,我们深切缅怀为西藏的发展进步做出开创性、奠基性工作的毛泽东同志、邓小平同志等老一辈革命家;深切怀念为西藏革命、建设、改革事业,为保卫祖国边疆,贡献了青春、智慧、力量乃至宝贵生命的先烈和英雄。他们的英名和功业将千秋颂扬、永垂史册!

五十年风雨历程,五十年沧桑巨变,揭示了一个伟大的真理:只有在中国共产党领导下,只有在祖国大家庭怀抱中,只有坚定走建设有中国特色社会主义道路,西藏才有繁荣进步的今天和更加美好的未来。这是我们从西藏五十年发展历程中得出的最重要的结论,也是今后建设西藏、发展西藏必须遵循的最根本的原则。

同志们、朋友们!

西藏地处祖国西南边疆,幅员辽阔,战略地位非常重要。

西藏的发展、稳定、安全直接关系到西藏各族人民根本利益，关系到民族团结、祖国统一、国家安全。实现西藏繁荣进步，保持西藏安定团结，是包括西藏人民在内的全国各族人民的共同愿望和共同责任。

现在，我国已经进入全面建设小康社会、加快推进社会主义现代化新的发展阶段，西藏也进入了加快发展、维护稳定的重要时期。最近，江泽民同志在庆祝中国共产党成立八十周年大会上发表了重要讲话，系统总结了我们党八十年的奋斗业绩和基本经验，深刻阐述了"三个代表"重要思想的科学内涵，正确回答了新的历史时期党的建设需要研究和解决的重大问题，进一步指明了党在新世纪的奋斗目标和工作任务。这一重要讲话，是指导我们在新世纪推进建设有中国特色社会主义伟大事业和党的建设新的伟大工程的马克思主义的纲领性文献，也为新世纪加快西藏发展提供了强大思想武器。前不久，党中央、国务院召开了第四次西藏工作座谈会，描绘了新世纪初西藏发展宏伟蓝图，确定了西藏工作大政方针。根据会议部署，中央和全国各地今后将继续加大对西藏的支持力度，进一步为西藏发展创造更加有利的条件。西藏作为西部大开发的重点地区之一，面临着前所未有的发展机遇。

中央殷切希望西藏广大干部群众，认真学习贯彻江泽民同志"七一"重要讲话精神和第四次西藏工作座谈会精神，抓住机遇、用好机遇，开拓进取、扎实工作，努力促进西藏经济从加快发展到跨越式发展，促进西藏社会局势从基本稳定到长治久安。

加快经济发展，是实现西藏各族人民利益的基础条件，也是巩固民族大团结、维护西藏稳定的根本保证。西藏各族干部群众要进一步解放思想、更新观念,不断推进改革开放,努力为经济发展创造良好社会氛围和体制环境;要勤俭节约、精打细算,珍惜和用好国家投入和各地援助的资金,保证援建项目充分发挥经济社会效益;要自力更生、艰苦奋斗,真正把立足点放到充分发挥自身积极性、主动性、创造性上来;要依托本地优势资源,积极发展特色经济,加快推进经济结构战略性调整,努力把资源优势转化为现实经济优势;要全面实施科教兴藏战略,积极倡导尊重知识、尊重人才的社会风尚,大力发展科技教育事业,切实把经济增长转到依靠科技进步和提高劳动者素质的轨道上来;要牢固树立环境意识,加强生态环境保护和建设,努力实现西藏经济社会可持续发展。

加强民族团结,保持社会稳定,是西藏各族人民根本利益所在。只有民族团结、社会稳定,经济才能顺利发展,各族人民才能安居乐业。西藏各族干部群众要始终高举爱国主义和民族团结的旗帜,牢固树立汉族离不开少数民族、少数民族离不开汉族、各少数民族之间也相互离不开的思想,切实做到同呼吸、共命运、心连心;要坚持和完善民族区域自治制度,进一步巩固和发展平等、团结、互助的社会主义民族关系;要全面正确贯彻党的宗教信仰自由政策,做到政治上团结合作、信仰上相互尊重,努力把各方面力量凝聚到加快西藏发展、维护西藏稳定上来;要旗帜鲜明同达赖集团和国际反华势力的分裂破坏活动作斗争,努力发展西藏安定团结的大好局面,坚决维护祖国统一和国家安全。

人民解放军驻藏部队、武警西藏部队、政法队伍是保卫祖国边疆、维护西藏稳定的坚强柱石和忠诚卫士，是西藏两个文明建设的重要力量，要继续发扬优良传统和作风，搞好自身建设，加强军政、军民、警民团结，为西藏稳定和发展作出新的贡献。

同志们、朋友们！

西藏是伟大祖国一块美丽富饶的地方。勤劳智慧的西藏各族人民，在长期历史发展中，为创造中华民族灿烂文化、为缔造我们统一的多民族国家作出了卓越贡献；特别是半个世纪以来，谱写了西藏发展进步的辉煌篇章，为社会主义祖国大家庭增添了新的光彩。回顾过去，我们无比自豪；展望未来，我们信心百倍。让我们在以江泽民同志为核心的党中央领导下，高举邓小平理论伟大旗帜，以"三个代表"重要思想为指导，同心同德，再接再厉，为建设团结、富裕、文明的社会主义新西藏，为实现中华民族伟大复兴而努力奋斗！

祝同志们、朋友们扎西德勒[3]！


### 注　　释

〔1〕见本卷《继往开来，团结奋斗，振兴西藏》注〔2〕。

〔2〕见本卷《把西藏反分裂斗争进行到底》注〔2〕。

〔3〕扎西德勒，藏语吉祥如意的音译。

# 坚持社会治安综合治理的方针<sup>*</sup>

（二〇〇一年八月二十四日）

对社会治安进行综合治理的方针，是我们党在邓小平理论指导下，在改革开放和现代化建设的历史进程中逐步确立起来的。自一九九一年中共中央、国务院和全国人大常委会分别作出关于加强社会治安综合治理的决定以来，各地区各部门齐心协力，社会各方面广泛参与，综合运用政治、经济、行政、法律、文化、教育等各种手段，认真落实社会治安综合治理的重要方针，创造了许多好的经验和做法。这些经验和做法归纳起来，主要有以下几个方面。

第一，必须加强对社会治安综合治理的统一领导。搞好社会治安综合治理，领导是关键。十年来，各级党委和政府认真实行领导责任制，切实把这项工作摆上重要议事日程，及时研究和解决工作中存在的突出问题，全面加强了对这项工作的领导。同时，各地还普遍建立和完善了激励约束机制、监督查究机制等，把党政领导干部抓综合治理情况纳入任期目标考核之中，有效促进了领导责任制落实。事实证明，只要党委和政府高度重视，党政领导干部真正负起责任，社会治安综合

---

* 这是胡锦涛同志在全国社会治安综合治理工作会议上讲话的一部分。

治理就一定能取得良好效果。

第二，必须充分发挥各部门职能作用。社会治安综合治理是一项涉及面很广的社会系统工程，需要各部门积极参与、协同作战、形成合力。十年来，中央和地方各部门坚持谁主管谁负责的原则，主动参与社会治安综合治理，并自觉做到管好自己的人，看好自己的门，办好自己的事，尤其是对那些靠一两个部门难以解决的难点问题，各有关部门密切配合、大力协作，共同组织力量加以解决，真正形成了齐抓共管的工作局面。实践告诉我们，各部门职能作用发挥得如何，直接关系到综合治理各项措施的落实，必须在工作中加以强调和督促。

第三，必须坚持打防结合、预防为主。打击犯罪是综合治理的首要环节，预防犯罪是维护社会治安秩序的积极措施，两者相辅相成，缺一不可。十年来，各地针对不同时期不同地区存在的突出治安问题，坚持不懈开展"严打"斗争和重点治理，依法从重从快严厉打击严重危害社会治安的刑事犯罪活动。同时，各地还注意克服重打轻防现象，大力加强治安防范，建立和完善打防控一体化的工作机制，抓好与社会治安有关的教育和管理工作，有效堵塞了违法犯罪漏洞。事实表明，坚持打击和防范并举、治标和治本兼顾，重在防范，重在治本，就能有效震慑违法犯罪分子，最大限度减少犯罪。

第四，必须大力加强基层基础建设。社会治安综合治理各项措施，说到底，要靠基层来落实。十年来，各地大力推进以党支部为核心的基层组织建设，不断加强基层政法组织、综合治理组织建设，全面提高基层预防、发现、控制、打击犯罪能力，努力做到综合治理工作在基层有人抓、有人管，尽可能把影响社会治安的因素化解在基层、解决在萌芽状态。近年来，一些地方开展的基层安全创建活动就是推动基层基础建设、促进综合治理各项措施在基层落实的成功实践。事实表明，凡是基层安全创建活动搞得好、基层基础建设得到加强的地方，社会治安良好环境就能长久保持。

第五，必须广泛调动人民群众参与的积极性。群众是真正的铜墙铁壁，是我们做好包括社会治安综合治理在内的一切工作的力量源泉。只有把发挥专门机关作用和发挥人民群众作用结合起来，相信群众，依靠群众，社会治安综合治理才能取得更大成果。十年来，各地在加强专政力量建设、提高政法队伍战斗力的同时，注重建立健全群防群治网络，积极动员和组织广大群众参与社会治安综合治理，使我们的政治优势在这项工作中得到了充分体现。走群众路线是社会治安综合治理工作保持旺盛生命力的根本原因，必须始终不渝坚持。

以上这几条，是我们在以往工作中积累的宝贵经验，也是在今后工作中必须长期坚持的重要原则。现在，我国正处在一个深刻变革的时期，社会治安综合治理工作也面临着许多新情况新问题。比如，在改革不断深化和各种利益关系进一步调整的情况下，如何正确处理人民内部矛盾，妥善处置群体性事件；在社会生活出现"四个多样化"[1]的情况下，如何协调各方面力量、进一步扩大社会治安综合治理工作覆盖面；在科学技术日新月异的情况下，如何有效防范和打击利用高新技术手段进行的智能化犯罪；在对外开放不断扩大的情况下，如何有力抵御境外敌对势力对我国的渗透和破坏；等等。所有这些问题都需要在实践中不断进行探索。这就要求我们解放思想、与时俱进，把继承和创新结合起来，不断研究新情况、解决新问题，努力掌握新形势下社会治安综合治理工作特点和规律，使社会治安综合治理的方针在新的历史条件下得到更好贯彻落实。

## 注　　释

〔1〕见本卷《关于新经济组织中的党建工作》注〔1〕。

# 坚决反对各种形式的恐怖主义 *

## （二〇〇一年十月二十三日）

九一一事件〔1〕发生以来，党中央在对付国际恐怖主义问题上确定了正确原则和策略，重申我国历来反对各种形式的恐怖主义，支持联合国大会和安理会分别通过的有关决议，支持打击恐怖主义行动；强调有关军事行动应针对恐怖主义活动的具体目标，避免伤及无辜百姓；坚持冷静观察、沉着应付；既坚持反对恐怖主义，又保持我国外交独立性和政策连续性。这些正确原则和策略使我国在当前复杂多变的国际形势中保持了主动，维护了我国国家利益和安全，收到了良好效果，在今后国际反恐怖斗争中，我们要继续坚持和贯彻。

当前和今后一个时期，我国反恐怖工作总的要求是：以邓小平理论和江泽民同志"三个代表"重要思想为指针，以维护我国国家利益和安全、维护世界和平与发展为基本出发点，坚决反对各种形式的恐怖主义，充分发挥我国社会主义制度优越性，坚持专门工作和群众路线相结合，加强领导，加强建设，加强国际合作，综合运用政治、经济、外交、财政、法律、文化、

---

* 这是胡锦涛同志在国家反恐怖工作协调小组第一次会议上讲话的一部分。胡锦涛同志当时兼任国家反恐怖工作协调小组组长。

教育、科技等手段，协调和发挥各方面作用，立足预防，主动出击，高效处置各种恐怖活动，维护国家安全、社会稳定、人民群众生命财产安全。据此，在反恐怖工作中要把握好以下几点。

第一，以维护国家利益和安全、维护世界和平与发展为基本出发点，坚决反对各种形式的恐怖主义。恐怖活动是国际公害，对世界和平与发展构成严重威胁，也直接危害我国改革发展稳定。坚决反对和谴责各种形式的恐怖主义，支持国际社会加强磋商和合作，共同打击恐怖主义，是我国一贯的立场和主张，也符合我国国家利益。当然，在参与国际反恐怖合作中，我们既要坚定不移反对一切恐怖主义，又要坚定不移反对一切霸权主义，警惕借口反对恐怖主义推行霸权主义。在此原则下，我们要加强反恐怖工作国际合作，积极参加双边、多边、地区性反恐怖合作，推动合作机制不断完善。要充分发挥上海合作组织机制作用，加大对新疆境内外"三股势力"〔2〕的打击力度，加强对中亚、西亚、南亚等国家的外交工作，坚决遏制"三股势力"国际化、暴力化、联合化趋势，挤压"三股势力"活动空间。要坚持以我为主、为我所用，进一步加强同其他国家、国际组织在反恐情报方面的合作和执法机构的协作交流，共同打击国际恐怖活动，最大限度维护我国根本利益。

第二，立足预防，努力防止恐怖事件发生。恐怖事件一旦发生，不仅造成重大人员伤亡和财产损失，而且会带来巨大精神和心理冲击，直接影响国家安全和社会稳定。如果发生涉外恐怖事件，还会直接影响到国家关系，带来更为复杂的问题。因此，同恐怖活动作斗争，要把预防工作放在首位，首先提高防范能力，把工作做在前面，力争使恐怖活动不发生或少发生。在这方面，我们有党的领导和社会主义制度，有多年来社会治安综合治理的经验，应该说有我们特殊的优势。在反恐怖工作中，要把这种优势保持好、发挥好。要做到有效预防，必须大力加强反恐怖斗争情报信息工作，及时采取有针对性的防范措施，努力做到对恐怖活动早发现、早控制，将其消灭在预谋阶段。要注意综合施策，运用政治、经济、外交、财政、法律等多种手段，对恐怖活动严加防范。一旦发现恐怖活动的蛛丝马迹，就要采取坚决措施打掉恐怖分子的阴谋活动。要坚决切断恐怖分子的经济来源，铲除其制造恐怖活动的经济基础。要特别强调专门工作和群众路线相结合，积极推动反恐怖斗争的群众性基础防范工作，充分发挥人民群众在防范恐怖活动方面不可替代的作用，努力打好反恐怖人民战争。

第三，主动出击，依法严厉打击各种恐怖活动。对各种恐怖活动要坚持打早打小，一旦发现恐怖活动苗头，就要及时采取强有力的措施坚决制止。当前，我国防范和打击恐怖活动的重点，一是国际恐怖组织、恐怖分子可能在我国制造的恐怖活动；二是境内外的"三股势力"、"法轮功"[3]等邪教组织可能制造的重大恐怖破坏活动；三是境内外敌对分子和境内刑事犯罪分子可能制造的重大恐怖破坏活动。为此，一要加强侦查破案工作，公安、国家安全部门要按照各自职责分工，对发现的恐怖活动线索要一查到底，迅速破案，依法严惩犯罪分子；二要按照预案，快速、高效处置恐怖事件，力争将恐怖活动造成的损失减少到最低程度；三要本着有备无患的原则，大力加强反恐怖基础建设，制定和落实反恐怖处置预案，不断提高处置恐怖事件能力；四要加强反恐怖立法工作，为打击恐怖活动提供更有力的法律武器。

第四,各职能部门要加强协作配合,形成反恐怖工作合力。恐怖活动产生的因素很复杂,消除恐怖主义赖以滋生的土壤是一项系统工程。防范、打击、处置恐怖活动需要各部门各地区密切协作和配合。中央决定成立国家反恐怖工作协调小组,其中一个重要考虑就是加强各部门各地区反恐怖工作的组织、指导、协调。必须明确的是,国家反恐怖工作协调小组并不代替各职能部门具体工作。各职能部门一定要切实担负起自身在反恐怖工作中的职责和任务,充分发挥职能作用。同时,要着眼全局,主动加强同有关部门的协作配合,注意重要情报信息共享,努力增强工作合力。在国家反恐怖工作协调小组内部,各专门工作组和各成员单位要逐步形成有效协作机制,办公室要充分发挥沟通协调的作用,以便更好完成中央交给我们的任务。

## 注　释

〔1〕九一一事件,指二〇〇一年九月十一日在美国发生的大规模恐怖袭击事件。恐怖分子劫持四架民航客机,其中两架撞击纽约世界贸易中心双塔楼,一架撞击美国国防部五角大楼,一架在飞行途中坠毁,共导致近三千人遇难。美方认定这一事件为本·拉登领导的"基地"组织所为,并于同年十月七日向拒绝交出本·拉登的阿富汗塔利班(意为"伊斯兰学生军")政权发动了战争。

〔2〕"三股势力",指民族分裂势力、宗教极端势力、暴力恐怖势力。

〔3〕见本卷《唱响主旋律,打好主动仗》注〔7〕。

# 让二十一世纪成为和平、安全、合作、发展的新世纪<sup>*</sup>

## （二〇〇一年十一月五日）

在刚刚过去的二十世纪，人类创造了前所未有的巨大物质和精神财富，同时也经历了惨烈热战和长期冷战的磨难。深刻的体验和沉痛的教训使各国人民渴望在二十一世纪享有持久的世界和平，过上稳定安宁的幸福生活，渴望二十一世纪成为和平、安全、合作、发展的新世纪。

当新世纪刚刚开始的时候，我们看到的是，世界既面临前所未有的机遇，也面临着严峻挑战。国际局势总体趋向缓和，世界多极化、经济全球化趋势深入发展，以信息技术和生物技术为代表的现代科学技术突飞猛进，为全球经济社会发展打开了广阔前景。今天，人类拥有的物质、精神财富比过去任何时候都要雄厚，人们对于安宁幸福生活的渴望比任何时候都要强烈。这为世界向着光明的目标前进提供了重要条件和根本动力。同时，必须清醒看到，世界发展并不平衡。不公正不合理的国际政治经济秩序还没有得到改变，南北贫富差距和

---

　　* 这是胡锦涛同志访问法国期间在法国国际关系研究所的演讲《二十一世纪的中国与世界》的主要部分。

数字鸿沟日益扩大，因民族、宗教、领土、资源等因素引发的局部冲突此起彼伏，各种恐怖主义势力和极端势力给国际社会不断带来危害，环境、毒品、难民等全球性问题日益突出。实现人们对新世纪的期盼，任重而道远。

在错综复杂的国际形势下，如何抓住机遇、迎接挑战、维护和平、促进发展，是摆在世界各国面前的重大课题。我们面临的问题是全球性的，解决全球性问题需要全世界人民共同参与，需要世界各国团结合作，需要联合国和安理会充分发挥作用。中国作为一个负责任的发展中大国，始终不渝奉行独立自主的和平外交政策，把维护世界和平、促进共同发展作为对外政策的根本宗旨，愿同全世界一切爱好和平、渴望发展、向往进步的国家和人民一道，为争取实现一个长时期的国际和平环境而不懈努力。

多极化是世界持久和平的重要基础。世界多极化，有利于建立公正合理的国际政治经济新秩序，实现世界和平与安宁；有利于形成相对稳定的国际政治框架，促进各国在相互尊重独立、主权和平等互利基础上的交流合作。我们注意到，世界事务不能只由一个超级大国控制而应由各国人民共同参与的原则，正逐渐成为国际社会共识，得到越来越多国家赞同和支持。中国和欧洲是国际上两支正在上升的政治和经济力量，在多极化进程中必将发挥越来越重要的作用。随着中国发展壮大，我们对维护世界和平稳定将会作出更多更大的贡献。

国际关系民主化是世界和平的重要保证。国家不分大小、贫富都是国际社会平等一员。各国的事应由本国政府和人民决定,国际上的事应由各国政府和人民平等协商。在事关世界和地区和平的重大问题上,应该按照联合国宪章宗旨和原则以及公认的国际关系基本准则,坚持通过协商谈判和平解决争端。我们的世界是丰富多彩的,不可能只有一种模式。应承认世界多样性,尊重各国历史文化、社会制度、发展道路。各种文明交流互鉴是人类文明进步的动力。各种文明和社会制度应该而且可以长期共存,在竞争比较中取长补短,在求同存异中共同发展。中国一贯在国际关系中主持公道、伸张正义,维护自己的主权、独立、尊严,反对形形色色的霸权主义。在新的世纪,我们将继续坚持在平等和相互尊重的基础上同世界各国开展交流合作,加深了解,扩大共识,相互学习,共同前进。

经济全球化是当今世界不可抗拒的发展潮流。它给世界经济、政治、社会生活诸多方面带来深刻影响,既有机遇,也有挑战。近年来世界许多地方出现了反全球化运动,发人深思。迄今为止,发达国家是经济全球化的主要受益者,而发展中国家从中获益甚少,甚至有被边缘化的危险。只有建立在各国平等基础上的全球化,才能真正实现全球经济可持续发展。中国从历史经验中认识到,在科学技术迅猛发展的今天,任何国家都不可能关起门来搞现代化建设。二十多年前,中国毅然打开国门,实行改革开放政策,同世界经济的联系越来越紧密。经过十五年艰难谈判,中国即将加入世界贸易组织,中国同世界经济的联系和交融将进入一个新的阶段。我们将致力于各国平等参与制定世界经济决策和规则,建立新的合理的国际金融和贸易体制,减少发展中国家面临的风险,遏止贫者愈贫、富者愈富现象。南北差距缩小将不仅有利于全球经济健康发展,也有利于从根本上消除世界上许多不安定因素。

在冷战结束后的今天,国际社会应树立以互信、互利、平等、协作为核心的新安全观,努力营造长期稳定、安全、可靠的国际和平环境。扩充军备并不能保障安全,反而会带来新的不稳定因素。二十一世纪的国际安全秩序应该建立在国际合作和国际法律体系的基础之上,以互信求安全,以互利求合作,这样才能从根本上减少不安全因素,实现世界长久安全。中国将以自己的行动来实践这一新安全观,继续坚持和平共处五项原则[1],同所有国家平等相待、友好相处、坦诚合作。

在人类历史上,从未有过任何一个机构具有像联合国这样广泛的代表性,也没有任何一个组织能够对世界产生如此重大而深远的影响。在新世纪,联合国权威和作用应该得到进一步维护和加强。中国作为联合国创始国和安理会常任理事国,一贯积极参与联合国事务,为维护世界和平、促进共同发展,为主持正义、维护国际公正,作出了应有的贡献。我们愿与世界各国共同努力,使联合国更加有效地维护国际和平与安全,为各国发展创造良好环境。

在美国发生的九一一事件[2]再次表明,国际恐怖主义对世界和平稳定已构成重大威胁,成为严重的国际公害。我们坚决谴责和反对一切形式的国际恐怖主义,主张国际社会加强对话、开展合作,共同打击国际恐怖活动。同时,我们认为,打击恐怖主义要遵守联合国宪章宗旨和原则及公认的国际法准则,充分发挥安理会作用,一切行动都应有利于世界和平与发展的长远利益。随着经济全球化进程加快,国际贩毒、非法移民等各种形式的跨国犯罪现象也日趋突出,严重影响着各国政治稳定和经济发展。中国愿意在新世纪里同各国加强合作,共同遏制这些犯罪现象蔓延。

中华民族从来是一个爱好和平、与邻为善的民族。近代以来,中国人民长期饱受外来侵略和奴役之苦,更加珍惜来之不易的和平与自由。新中国成立以来的事实雄辩地向世界昭示,中国始终是维护亚洲和世界和平稳定的重要力量。中国率先提出和平共处五项原则,恪守不参加军事集团、不谋求势力范围、永远不称霸等庄严承诺,倡导以互信、互利、平等、协作为核心的新安全观,为促进地区和世界和平与安全作出了自己的贡献。

上个世纪七十年代末以来,中国在邓小平先生倡导下,坚持实行改革开放,走出了有中国特色社会主义道路,经济建设和社会发展都取得了举世瞩目的成就。今日的中国,政治稳定,民族团结,经济发展,社会主义市场经济体制初步建立,全方位对外开放格局基本形成,中国人民总体上达到了小康生活水平。但是,中国人口多、底子薄,经济文化发展不平衡,仍是一个发展中国家。搞好现代化建设,推动经济发展,是我们长期的中心任务。我们需要一个长期的和平国际环境和良好周边环境,坚决反对霸权主义和强权政治。中国发展不会对任何国家构成威胁,只会有利于地区和世界和平与繁荣。在新世纪,中国愿与世界各国人民一道,为实现和平、稳定、发展、繁荣的二十一世纪贡献自己的力量。

## 注　释

〔1〕见本卷《在香港回归祖国纪念碑揭幕仪式上的讲话》注〔2〕。

〔2〕见本卷《坚决反对各种形式的恐怖主义》注〔1〕。

# 建设好的作风，推动事业发展<sup>*</sup>

### （二〇〇一年十二月三十一日）

党的作风是党的性质、宗旨、纲领、路线的重要体现。重视作风建设是我们党的一个显著特点和优势。特别是在党的事业发展的重大转折时期，全党面临新的形势和任务的时候，我们党总是把作风建设放在党的建设的突出位置来抓，以好的作风为推进革命、建设、改革提供强有力的保证。从延安整风[1]到党的七大，我们党在总结历史经验的基础上，明确提出和大力倡导理论联系实际、密切联系群众、批评和自我批评的"三大作风"，为夺取抗日战争、解放战争胜利提供了保证。党的七届二中全会及时向全党提出"两个务必"的要求，即"务必使同志们继续地保持谦虚、谨慎、不骄、不躁的作风，务必使同志们继续地保持艰苦奋斗的作风"，为我们党夺取全国政权、经受住执政的初步考验发挥了重要作用。党的十一届三中全会重新确立解放思想、实事求是的思想路线，恢复党的优良传统和作风，保证了正确政治路线确立和贯彻执行，开创了改革开放和社会主义现代化建设新时期。

历史和现实一再告诉我们，党的事业发展同党的作风状

＊ 这是胡锦涛同志在中共中央党校《学习时报》上发表的文章的主要部分。

况密切相关。有了正确的理论和路线方针政策，还必须有好的作风来保证其贯彻落实。在新的一年，我们既面临着难得发展机遇，也面临着严峻挑战。坚持以"三个代表"重要思想为指导，按照"八个坚持、八个反对"[2]的要求切实加强和改进党的作风建设，进一步在全党全社会形成健康向上的良好风气，这对于全面推进建设有中国特色社会主义伟大事业，无疑将起到十分重要的作用。

加强和改进党的作风建设，核心问题是保持党同人民群众的血肉联系。任何执政党的根基都在于人民支持。人心向背，历来是决定一个政党、一个政权兴亡的根本性因素。历史和现实正反两方面经验表明，马克思主义政党的最大优势是密切联系群众，执政后的最大危险是脱离群众，最容易犯的错误也是脱离群众。我们党是在人民群众哺育和支持下发展壮大起来的。始终代表最广大人民根本利益，始终保持同人民群众的血肉联系，是我们党八十年来战胜各种困难和风险、取得辉煌业绩的根本原因，也是我们党在新的历史条件下把党领导的事业不断推向前进的根本保证。这就要求我们在任何时候任何情况下，与人民群众同呼吸、共命运的立场不能变，全心全意为人民服务的宗旨不能忘，坚信群众是真正英雄的历史唯物主义观点不能丢。江泽民同志在"七一"讲话[3]中明确指出："最大多数人的利益是最紧要和最具有决定性的因素。"这是一个马克思主义的基本观点。我们共产党人诚心诚意为人民群众谋利益，首先要考虑最大多数人利益。改革越深化，经济越发展，社会越进步，越要正确认识和妥善处理各种利益关系，把最大多数人切身利益实现好、维护好、发展好，把他们的积极性引导好、保护好、发挥好,不断增强党的阶级基础和扩大党的群众基础。抓党的作风建设,就要抓住保持党同人民群众血肉联系这个核心问题,认真解决那些影响党群干群关系的突出问题,努力为群众办实事,切实维护人民群众经济、政治、文化权益。对工作生活中遇到困难的群众,要热心帮助。作风建设抓得好不好、有没有成效,很重要的是要用群众工作有没有新的进步,党群干群关系有没有新的改善来衡量、来检验。

推进党的作风建设,第一位的是在全党大力弘扬解放思想、实事求是的思想作风。解放思想、实事求是,是马克思列宁主义、毛泽东思想、邓小平理论的精髓,是保证我们党永葆蓬勃生机和旺盛活力的法宝。中国革命、建设、改革每一步伟大胜利,马克思主义中国化进程中每一次历史性飞跃,都是坚持解放思想、实事求是的结果。社会实践没有止境,解放思想也没有止境,实事求是要一以贯之。坚持解放思想、实事求是,必须解决好正确对待马克思主义问题。马克思主义是我们立党立国的根本指导思想。只有马克思主义而没有任何其他主义能够解决中国的前途命运问题。我们说老祖宗不能丢,就是马克思主义基本原理不能丢,贯穿其中的科学世界观和方法论不能丢,一定要坚持学习,坚持在实践中运用,如果丢了就会丧失根本。马克思主义具有与时俱进的理论品质,是随着时代、实践、科学发展而不断发展的。决不能采取教条主义、本本主义的态度对待马克思主义。如果不顾历史条件和现实情况,拘泥于马克思主义经典作家在特定历史条件下、针对当时的具体情况提出的某些个别论断和具体行动纲领;

如果认为经典作家们讲过的话就一个字也不能改，没有讲的就不能讲、不能干，我们就会因为思想脱离实际而不能胜利前进，就打不开革命、建设、改革局面，就不可能取得今天这样的伟大成就。当今世界和我们所处的时代，同过去相比已发生了巨大而深刻的变化。无论从国际还是从国内看，我们都面临着许多新情况新问题。这就要求我们准确把握时代特征，坚持解放思想、实事求是，坚持与时俱进、开拓进取，深入研究关系我国经济社会发展全局的重大问题，深入研究执政党建设面临的重大问题，深入研究国际局势发展中出现的重大问题，不断总结新的实践经验，不断深化对共产党执政规律、社会主义建设规律、人类社会发展规律的认识，不断推进理论创新、制度创新、科技创新。抓思想作风建设，一定要在全党积极倡导求真务实、勇于创新、与时俱进的精神，进一步造成解放思想、实事求是的生动局面。这一条抓好了，我们的事业就会更加充满生机。

加强调查研究，是贯彻解放思想、实事求是的思想路线和党的群众路线的必然要求，也是改进党的作风、实现科学决策、提高领导水平的重要途径。实践的观点是马克思主义认识论的第一和基本的观点。真理来自实践、指导实践，又要在实践中经受检验。一个正确的认识，往往需要经过由实践到认识、再由认识到实践，这样多次反复才能形成。这个正确认识的形成，离不开深入实际、调查研究。没有对客观实际的深入了解，没有对国情民意的切身体验，就很难作出正确决策、采取有效办法，有了好的决策和办法，也难以真正落到实处。江泽民同志指出，坚持做好调查研究这篇文章，是我们的谋事

之基、成事之道〔4〕。这是千真万确的。加强和改进党的作风
建设，要把加强调查研究作为一个切入点和重要环节，在全党
大兴调查研究之风。深入进行调查研究，要坚持以科学的理
论为指导，以改革开放和现代化建设的实际问题、以我们正在
做的事情为中心，紧紧围绕党的基本理论、基本路线、基本纲
领和中央重大决策贯彻执行，着眼于研究新情况、解决新矛
盾。既要到工作形势好和先进的地方去总结经验，更要到困
难较多、情况复杂、矛盾尖锐的地方去研究解决问题。对任何
问题进行调查研究，都要坚持实事求是的态度，有一是一，有
二是二，有喜报喜，有忧报忧，如实反映客观事物的本来面目；
切忌浮光掠影、主观臆断，力戒虚报浮夸、搞花架子。调查研
究是一门科学。要真正沉下去，深入基层，深入群众，深入到
生产工作第一线，广泛听取群众意见，努力掌握第一手材料，
使调查研究的过程成为深入了解民情、充分反映民意、广泛集
中民智的过程，成为密切联系群众、虚心向群众学习、深入做
群众工作的过程。对于领导干部来说，调查研究是一项必备
的基本功，也是一条基本的工作方法。各级领导干部都要学
习、掌握这一基本功和基本的工作方法，带头加强调查研究，
以不断取得对工作的发言权、决策权、领导权，增强驾驭全局
和解决复杂矛盾能力。

　　各级领导干部是党的事业的骨干，在贯彻党的路线方针
政策中肩负着重要责任。领导干部作风怎么样，同群众的关
系怎么样，对党的作风状况乃至党的事业发展有着重要影响。
目前，党内存在的一些突出的作风问题，不少是由于领导机关
和领导干部对作风建设不重视、不抓紧引起的，有的则是由于

领导机关和领导干部自身作风不正引起的。因此，端正和改进作风首先要从领导机关和领导干部做起。要求下级做到的，上级首先做到；要求群众不做的，领导首先不做。这样，才能在下级和广大干部群众中起好的示范和导向作用，才能带动党风乃至社会风气转变。

搞好作风建设，关键是狠抓落实、真抓实干。现在，在不少地方和部门存在的一个突出问题，就是作风飘浮、华而不实。有的该抓的工作没有认真抓，该管的事情没有认真管，该督促检查的没有督促检查，有了规章制度也没有严格遵循，结果是会议没少开、文件没少发、制度没少定，而不少工作却在一片落实声中落空了。贯彻党的十五届六中全会精神，一定要以好的作风抓作风建设，坚决改变那种简单"以会议落实会议"、"以文件落实文件"的做法，真正把全会要求转化为实际行动。要结合本地区本部门实际，抓紧解决那些影响改革发展稳定、影响群众生产生活的突出问题。对涉及全局、情况复杂、一时难以解决的深层次问题，要持之以恒、常抓不懈。对涉及面广、危害性大、群众反映强烈的问题，要进行专门整治，一个问题一个问题解决。我们说作风建设要狠抓落实、真抓实干，归根到底要落脚到真正解决问题上。

## 注　释

〔1〕见本卷《坚持和发扬党的三大作风》注〔4〕。

〔2〕"八个坚持、八个反对"，是中共十五届六中全会二〇〇一年九月二十六日通过的《中共中央关于加强和改进党的作风建设的决定》提出的党的作风

建设的主要任务。即:坚持解放思想、实事求是,反对因循守旧、不思进取;坚持
理论联系实际,反对照抄照搬、本本主义;坚持密切联系群众,反对形式主义、官
僚主义;坚持民主集中制原则,反对独断专行、软弱涣散;坚持党的纪律,反对自
由主义;坚持清正廉洁,反对以权谋私;坚持艰苦奋斗,反对享乐主义;坚持任人
唯贤,反对用人上的不正之风。

〔3〕"七一"讲话,指江泽民二〇〇一年七月一日在庆祝中国共产党成立八
十周年大会上的讲话。

〔4〕参见江泽民《没有调查就没有决策权》(《江泽民文选》第1卷,人民出
版社2006年版,第309页)。

# 扎实做好维护企业和
# 社会稳定工作*

（二〇〇二年四月九日）

这次会议是一次十分重要的会议。中央对维护企业和社会稳定工作非常重视。下面，我着重就如何贯彻落实这次会议精神讲五点意见。

**一、进一步提高认识，把思想统一到中央精神上来。**

维护社会稳定，创造和谐、稳定、良好的社会秩序和环境，是贯彻落实"三个代表"重要思想的必然要求，是全国各族人民根本利益之所在。特别是在深化改革、调整经济结构、各方面利益关系变动较大的时期，保持稳定更具有重大现实意义。

（一）要把思想统一到中央对当前稳定形势的基本判断上来。改革开放二十多年来，我国社会主义现代化建设取得了举世瞩目的成就，人民生活明显改善，综合国力不断增强。我国总的形势是好的，大局是稳定的。进一步维护社会稳定有着许多有利条件，我们对新世纪国家发展前途充满信心。同时，也要清醒看到，当前我国社会生活中还存在着许多不稳定

---

＊　这是胡锦涛同志在省、自治区、直辖市有关负责人会议上讲话的主要部分。

因素,社会稳定工作面临不少新情况新问题。特别是今年以来,各地发生的群体性事件明显增加,其中企业职工参与的群体性事件尤为突出,必须引起高度重视。要把思想统一到中央对当前稳定形势的基本判断上来,最重要的就是要既充分肯定大局是稳定的这一主流,又清醒看到存在问题的严峻性;既充分认识和把握有利条件,看到中央所采取的重大决策措施已经并将继续发挥积极作用,坚定信心,又要看到工作的艰巨性,切实增强忧患意识和责任感。各级领导干部特别是党政主要领导干部一定要增强政治敏锐性。在实际工作中,宁可把困难和矛盾估计得严重一些,把影响稳定的因素设想得周全一些。要居安思危,未雨绸缪,始终保持清醒头脑,真正做到防患于未然,扎扎实实做好维护企业和社会稳定工作。

(二)要把思想统一到中央关于改革发展稳定的基本方针上来。党的十四大以来,以江泽民同志为核心的党中央深刻总结我国现代化建设历史经验,全面正确贯彻党的基本理论、基本路线,提出并牢牢把握"抓住机遇、深化改革、扩大开放、促进发展、保持稳定"的基本方针,使我国在国际风云变幻中保持了社会政治稳定的好局面,促进了改革不断深化和经济持续快速健康发展,给各族人民带来了实实在在的利益。实践证明,这一方针是完全正确的。发展是硬道理,解决中国所有问题的关键要靠我们自己的发展。改革是发展的动力,是我们走向现代化的必由之路。稳定是改革发展的基本前提,没有稳定的社会局面,什么事也办不成。古人说:"利莫大于治,害莫大于乱"[1],"治国常富,而乱国必贫"[2],讲的都是保持稳定对强国富民的重要性。当今世界,一些国家由于社会动荡造成经济凋敝、人民流离失所、蒙受苦难的例子也屡见不鲜。我们是社会主义国家,我们要通过深化改革、扩大开放、促进发展造福于最广大人民群众,更要始终保持安定团结的政治局面和稳定有序的社会环境。今年是我们党和国家历史上非常重要的一年,下半年我们党将召开十六大,维护社会稳定尤其具有特别重要的意义。各级党委和政府要认真贯彻党的基本路线、基本方针,按照"三个代表"要求正确处理改革发展稳定的关系,统揽全局,精心谋划,把改革的力度、发展的速度、社会可承受的程度协调统一起来,正确把握和处理社会生活中出现的各种矛盾,在社会政治稳定中推进改革发展,在改革发展中实现国家长治久安。

(三)要把思想统一到中央关于维护企业和社会稳定的一系列重大决策上来。近年来,中央就维护企业和社会稳定作出了一系列重大决策。比如,中央提出,各地要建立党委总揽全局、协调各方的稳定工作体制和责任制,地方各级党委第一把手必须对本地区所有企业和社会稳定工作负总责;要稳步推进国有企业改革,妥善处理企业改革发展中遇到的矛盾和问题;要千方百计创造就业机会,认真贯彻落实下岗职工再就业各项优惠扶持政策;要切实做好"两个确保"〔3〕工作,做好"三条保障线"〔4〕衔接;要认真排查企业和社会中存在的不稳定因素,防止少数别有用心的人利用人民内部矛盾蓄意制造事端;要做好宣传工作,加强网络信息登载管理;要建立健全企业和社会稳定责任追究机制;等等。对中央的这些重大决策和部署,各地区各部门都要认真学习、深刻领会,结合各自实际坚决贯彻执行。

这里需要强调的是,把全党同志思想高度统一到中央精神上来,必须克服各种思想障碍。应该说,对维护企业和社会稳定的重要性,大多数领导干部认识是明确的。但是,在一部分干部中也存在着这样那样的模糊认识。例如,有的不能正确认识和处理改革发展稳定的关系,在实际工作中没有把维护稳定工作放到重要位置上来;有的认为少数企业、个别地方出点乱子不要紧,无碍大局;有的对本地区本单位存在或潜在的不稳定因素视而不见,满足于表面上的太平,盲目乐观;有的认为维护稳定是政法部门的事,与己无关;等等。这些认识都是不对的、有害的,必须坚决克服和纠正。

**二、正确区分和处理两类不同性质的矛盾,努力把不稳定因素消除在萌芽状态。**

做好维护稳定工作,必须严格区分和正确处理两类不同性质的矛盾。这里,我要特别强调的是,当前出现的一些影响社会稳定的群体性事件,绝大部分是由人民内部矛盾引起的,其中相当一部分又是由职工下岗、收入分配、农民负担、集资兑付、征地拆迁、水利山林纠纷等关系群众切身利益的问题引发的。从参与群体性事件的人员来看,比较多的是有偿解除劳动关系职工、下岗职工、离退休职工、困难企业职工以及被拖欠工资和医疗费职工。这就要求我们各级党委和政府,首先是领导干部,一定要高度重视新形势下的人民内部矛盾,务必把正确处理人民内部矛盾作为一项重大政治任务切实抓紧抓好。要区别不同情况,采取说服教育、思想引导和解决实际问题相结合的方法,正确运用经济、行政、法律等手段加以妥善处理,防止因处理不当酿成危害稳定的乱子。

（一）要把党中央、国务院关于社会保障等各项政策落到实处，解决好事关群众切身利益的实际问题。要正确处理好收入分配关系。当前，特别要关心有偿解除劳动关系职工、下岗职工以及破产企业职工，主动、满腔热情帮助他们，鼓励他们学习新的技能，找到新的就业岗位。各级党委和政府要把扩大就业摆在重要位置，千方百计增加就业机会，引导职工转变就业观念，加强就业培训和就业服务，使下岗职工更多实现再就业。要加快建立和完善社会保障体系，继续搞好"两个确保"，搞好"三条保障线"衔接工作，做到应保尽保。要抓紧制定、完善、规范经济性裁员办法，妥善处理与企业解除劳动关系职工的各种遗留问题。企业改制改组、关闭破产和人员分流实施方案，要经职工代表大会讨论通过。经济效益好的企业负责人和在职职工仍要发扬艰苦奋斗、勤俭节约的精神，处理好企业长远发展和眼前利益的关系，避免工资和奖金过快增长，防止收入分配差距过于悬殊。

（二）要耐心细致做好职工群众思想政治工作。要适应形势发展，有针对性做好思想政治工作，向广大职工群众讲清楚深化改革、推进经济结构调整的重要性和必要性，讲清楚前进中面临的困难和问题只能通过深化改革和加快发展来解决的道理，讲清楚党和政府解决困难和问题的有关政策措施，多做释疑解惑工作，引导他们进一步增强信心，自觉支持改革、投身建设。要教育职工群众增强大局观念和民主法制观念，自觉遵纪守法，发扬工人阶级优良传统，振奋精神，为国分忧，维护安定团结的政治局面。做职工群众思想政治工作，要因地制宜、因人制宜，创新教育方法、改进引导方式，做到因势利导,注重实效。各级工会组织要切实履行维护职工合法权益的职责,继续开展好"送温暖"活动,努力为困难职工办实事、办好事,在密切党同职工群众的联系中充分发挥桥梁和纽带作用。

(三)要建立健全对人民内部矛盾经常化、制度化的调处机制,及时处理纠纷,尽可能把各种矛盾和隐患化解在基层。各地区各有关部门要组织开展不稳定因素排查工作。对排查出来的问题和隐患要立即采取有效措施,及时予以化解和解决,努力将不稳定因素解决在萌芽状态,坚决防止酿成重大群体性事件。要做到防微杜渐,充分运用法律手段,依法调节经济关系和社会关系,认真处理各种民间纠纷,做好各类调解工作。要加强信访工作,疏通和拓宽民意上达渠道,及时解决群众反映的实际问题,防止激化矛盾、引发突发性事件。在正确处理人民内部矛盾的同时,我们也要警惕敌对势力利用人民内部矛盾混水摸鱼、挑拨离间,进行捣乱和破坏活动。

**三、大力加强和改进党的基层组织建设,为企业和社会稳定提供坚强组织保证。**

党的基层组织是党的全部工作和战斗力的基础,也是维护企业和社会稳定的基础。总结一些企业和地方发生群体性事件的教训,很重要的一条就是那里党的工作薄弱,基层党组织没有发挥应有作用。特别是在那些停产、关闭、破产企业和困难企业,党员和职工面临的困难多,产生的思想问题也会比较多,他们更需要党组织关心和帮助、更需要贴近实际的教育和引导。而现在的情况是,相当一些停产、关闭、破产企业和困难企业的党组织不健全,有些处于软弱涣散甚至瘫痪状态;

对下岗职工、解除劳动关系职工、离退休职工中党员的工作十分薄弱。各地都要高度重视这个问题，采取得力措施加强和改进党的基层组织建设，在深化改革、促进发展、维护稳定中充分发挥基层党组织战斗堡垒作用和党员先锋模范作用。

（一）要健全企业和街道、社区党的组织，把所有党员置于党组织的有效管理之中。国有企业在实施改制重组、停产关闭破产和分流富余人员过程中，一定要高度重视企业党建工作，努力做到党的组织不散、党的关系不断、党的工作不停，使所有党员包括企业下岗职工、离退休职工、解除劳动关系职工中的党员都能及时编入党的组织，都能正常参加组织生活，得到党组织教育、管理、帮助。党组织要关心职工群众疾苦，倾听职工群众呼声，密切同职工群众的联系，把保持稳定和促进企业改革发展作为企业党组织的中心任务。要根据中央组织部《关于在实施关闭、破产国有企业中加强党的工作的意见》的要求，对目前管理体制和组织结构已经发生变动的企业，要尽快转移党员组织关系，不允许出现"有党员无组织，有组织无上级"现象。要按照党章等有关规定，及时明确企业党组织隶属关系，及时明确和接转下岗、离退休、解除劳动关系职工中党员的组织关系。一是已有新的就业单位的，要将其组织关系及时转到新的就业单位；二是去向比较集中的，要将这些党员组织关系整体移交；三是已经办理离退休手续及解除劳动关系的，组织关系要及时转到本人居住地（社区）党组织；四是对组织关系一时没有转出去、暂时保留在企业的党员，企业党组织要将他们编入相关的党支部，或集中成立临时党支部，使他们能够正常参加党的组织生活。地方各级党委及组织部门要切实加强对这项工作的指导,为接转下岗、离退休、解除劳动关系职工中党员的组织关系创造条件。各接收单位及街道、社区党组织都要按照有关规定认真做好党员组织关系接转工作,不得以任何借口拒绝接转党员组织关系。

(二)要切实加强党员思想教育工作。要教育和引导党员包括下岗职工、离退休职工、解除劳动关系职工中的党员,树立政治意识、大局意识、改革意识和党的观念,正确理解中央关于国有经济战略性调整和国有企业改革的方针政策,正确认识国有企业改革过程中遇到的矛盾和困难,正确处理个人利益和集体利益、局部利益和整体利益、当前利益和长远利益的关系,以自己的实际行动支持各项改革措施顺利实施。党员要带头维护企业和社会稳定,协助企业积极主动做非党员群众思想工作,化解不稳定因素。党组织要满腔热情关心党员思想、工作、生活,尽可能帮助他们排忧解难,为他们充分发挥自己的聪明才智和模范带头作用创造条件。对那些生活十分困难的党员特别是老党员,可以组织党员互相帮助,有条件的地方也可以使用自留党费帮助他们解决一些特殊困难,使这些党员感受到党组织温暖。

需要强调的是,党员必须严格遵守党的纪律和国家法律法规。个人有意见和建议,可通过正当渠道向党组织反映,但不得参与群体性聚集、上访活动。对于参与此类活动的党员要批评教育,违纪违法的要严肃处理。

(三)要进一步加强企业领导班子建设,提高企业领导人员思想政治素质。这是做好停产、关闭、破产企业和困难企业各项工作的关键,也是维护企业稳定的关键,各地一定要下功夫抓好。要按照"三个代表"要求,认真贯彻落实党的十五届六中全会精神,运用好国有大中型企业领导班子"三讲"[5]教育的成功经验,进一步加强企业领导班子思想作风建设。企业领导人员要增强宗旨意识、责任意识,始终把职工群众冷暖放在心上,与职工群众共谋发展、共渡难关。越是在企业困难的情况下,越要牢记党的全心全意为人民服务的根本宗旨,克己奉公,清正廉洁,以高尚的人格力量凝聚职工。在企业停产、关闭、破产期间,要严禁装修办公楼,严禁购买小汽车,严禁大吃大喝,防止借停产、关闭、破产之机以权谋私、侵吞国有资产。对问题严重的企业领导班子要及时果断进行调整。对群众反映强烈、涉及以权谋私和贪污腐败等违法乱纪问题的企业领导人员,要及时严肃查处。

**四、做好宣传工作,充分发挥舆论宣传在维护稳定中的重要导向作用。**

现代社会,舆论对人们思想和行为的影响越来越大。江泽民同志指出:"舆论导向正确,是党和人民之福;舆论导向错误,是党和人民之祸。"[6]这是总结我们党长期实践经验得出的一个重要论断。我们要做好维护企业和社会稳定工作,必须高度重视并充分发挥舆论引导作用。我们的宣传工作要紧紧围绕党和国家工作大局,坚持党性原则,坚持团结稳定鼓劲、正面宣传为主的方针,唱响主旋律、打好主动仗,牢牢把握正确舆论导向,加强正面引导,努力为维护企业和社会稳定营造良好舆论氛围。

(一)要加强新闻宣传工作,不断提高新闻舆论引导水平和效果。新闻宣传工作是政治性、思想性、针对性很强的工作,必须讲大局、讲原则、讲纪律。各新闻媒体要大力宣传维护社会稳定的重要性,宣传稳定压倒一切的思想,引导干部群众深刻认识维护稳定关系国家安全、关系人民根本利益,不做危害稳定的事情。要正确宣传中央关于企业改革的方针政策,对涉及广大群众切身利益的改革措施,要认真做好宣传解释工作,防止因宣传不及时、不全面、不到位引发纠纷和矛盾。要大力宣传职工群众自强不息、艰苦创业的先进典型,积极引导职工克服暂时困难,鼓励和引导下岗职工转变就业观念、努力实现再就业。要多反映群众愿望要求,多宣传群众生动实践,多报道得人心、暖人心的事情,坚决杜绝一切可能激化社会矛盾、诱发不稳定因素的报道。对有关敏感问题、政策性强的问题的报道,新闻主管部门要从严把关,掌握政策,把握好度,做好理顺情绪、平衡心理、化解矛盾的工作,防止因工作疏忽和把关不严造成重大失误而影响社会稳定的现象发生。

(二)要做好对外宣传工作。我们要坚持对外开放,加强与世界各国的文化交流合作,包括欢迎境外媒体和记者到中国来,客观公正向世界介绍中国改革开放和现代化建设。对境外记者,要多提供正面信息,使他们全面了解中国、宣传中国。同时,要理直气壮依照法律和有关规定严格管理境外记者的采访活动,防止一些别有用心的人利用敏感问题蓄意进行歪曲报道,混淆视听,搞乱人心。一旦发现歪曲报道,要立即采取措施消除影响。

(三)要加强对互联网新闻传播和信息内容安全的管理。目前,互联网发展很快,已成为信息传播的重要渠道,但同时也是各类有害信息传播的主要途径。加强互联网信息内容的安全管理，已经成为新形势下进行思想政治斗争的一个重要方面。各地区各部门要从维护社会政治稳定和国家安全的高度，重视网上斗争，趋利避害，做好工作。既要重视发挥互联网正面信息的宣传作用，为我所用；又要加强对有害信息源的控制，防止影响社会稳定的信息和其他有害信息上网传播。要进一步采取技术措施，加强对有害信息内容的监控，将有害信息内容造成的不良影响减小到最低限度。还要加强互联网信息工作的制度化、规范化建设，特别是要依照《互联网信息服务管理办法》等有关法规，加大执法力度，依法严厉打击网络犯罪活动。

**五、各级领导干部要以扎实的作风抓好维护企业和社会稳定工作。**

做好维护企业和社会稳定工作，落实好有关政策和领导责任制、工作责任制，必须有深入扎实的作风。

（一）要牢固树立群众观念，切实转变工作作风，坚决克服官僚主义。从近年来发生的群体性事件看，一些地方群众最初反映的问题并不大，解决起来难度也不大，但由于这些地方、企业的领导干部官僚主义严重，对群众疾苦漠不关心，使一些应该解决、经过努力也能够解决的问题长期得不到解决，以致小事变大，最后发展为群体性事件。各级领导干部一定要从中认真汲取教训，做好维护稳定工作。首先要有强烈的爱民之心，时刻把群众安危冷暖放在心上，真正把群众呼声当作第一信号，把群众需要当作第一选择，把群众利益当作第一考虑，把群众满意当作第一标准，努力为群众多办实事、好事。做好维护稳定工作，还要有扎实的工作作风。各级领导干部要深入基层、深入群众,经常了解群众愿望、倾听群众呼声。对群众提出的要求,能解决的一定要及时解决;一时解决不了的,要向群众说清楚,并积极创造条件加以解决;对不符合政策规定的要求,也要依据有关法规政策,耐心细致做好解释说服工作。发现影响稳定的突出问题特别是出现群体性事件时,各级领导干部尤其是第一把手要亲自过问,深入一线,靠前指挥,及时协调解决,必要时要面对面做好说服疏导工作,把事态处理在萌芽状态,这是一条重要经验。对因高高在上、回避矛盾、推诿扯皮、贻误时机而酿成大祸的,要追究责任、严肃查处。

(二)要讲究方式方法,正确应对影响稳定的问题和群体性事件。有的地方,平时对群众要求和呼声漠不关心,一旦发生群众上访请愿行为,便采取简单生硬的办法去处理,结果使事态扩大。这种现象,今后各地一定要坚决防止和避免。各级领导干部要深入基层、深入实际,及时发现和掌握本地区本部门本单位的矛盾纠纷,坚持抓早抓小,把问题解决在基层。对群体性事件,要依法、及时、妥善加以处理,除对其中的坏人要加以控制外,对参与的群众要耐心进行说服疏导工作,讲清道理,化解矛盾,做好工作。决不能简单粗暴进行压制,特别是要慎用警力、慎用枪械,严防激化矛盾。

(三)各级领导干部要严于律己,清廉自守,以自己的表率作用赢得群众信任。古人云:"其身正,不令而行;其身不正,虽令不从。"[7]领导干部的行为和在群众中的形象对维护稳定有着重要的影响。当前,一部分群众生产生活遇到不少困难,而有的领导干部仍在那里搞腐败,群众怎么会没有怨气呢？这也是一些问题不能及时得到解决、逐渐演变成群体性事件的原因之一。各级领导干部都要清正廉洁、艰苦奋斗，与人民群众同甘共苦，在人民群众中树立良好形象。只有这样，才能赢得人民群众信任，才能理直气壮去做维护稳定工作，做工作时才容易使群众信服。

## 注　释

〔1〕见《管子·正世》。

〔2〕见《管子·治国》。

〔3〕"两个确保"，指确保国有企业下岗职工基本生活，确保企业离退休人员基本养老金按时足额发放。

〔4〕"三条保障线"，指有企业下岗职工基本生活保障制度、失业保险制度、城市居民最低生活保障制度。

〔5〕见本卷《沿着党指引的妇女运动正确道路前进》注〔3〕。

〔6〕见江泽民《舆论导向正确是党和人民之福》(《江泽民文选》第1卷，人民出版社2006年版，第564页)。

〔7〕见《论语·子路》。

# 社区建设是新形势下
# 城市工作的重要基础<sup>*</sup>

（二〇〇二年六月十一日）

加强社区建设，为群众创造安居乐业的良好环境，对于扩大党的工作覆盖面、密切党和政府同人民群众的联系，对于推进城市两个文明建设，保持社会稳定，都具有重要的意义。随着企事业单位改革深化，随着社会保障体系建立和完善，城市社区承担的社会保障任务不断加重，城市社区地位和作用越来越重要。要建设文明城市，就必须继续加强基层和基础建设，把建设文明社区摆在重要位置。要进一步认识加强社区建设、搞好社区工作的重要性，按照"三个代表"要求，努力把城市社区建设提高到一个新的水平。

第一，要把搞好社区服务作为社区工作的主题。加强社区建设，必须把服务群众、造福居民作为出发点和落脚点。要坚持以人为本，适应群众安居乐业的要求，努力拓展社区服务，帮助群众排忧解难，为群众办实事、办好事，不断满足人民群众日益增长的物质文化需求。要着眼于提高居民生活质量和城市文明程度，开展创建文明社区活动，丰富居民精神文化

---

生活，倡导科学、文明、健康的生活方式和团结互助、奋发向上的道德风尚。要搞好社会治安综合治理，实行群防群治，加强群众性法制教育和民事调解工作，维护社区稳定。

第二，要把做好低保工作作为社区的重要任务。城市居民最低生活保障制度是我国社会保障制度的重要组成部分，是覆盖全体城市居民的最后一道"安全网"。做好低保工作，关系到群众切身利益，关系到社会稳定。实践表明，要把低保工作真正落实好，必须充分发挥社区作用。社区组织要充分发挥联系居民、熟悉居民的优势，协助政府摸清困难群众真实情况，把所有符合条件的城市贫困人口都纳入低保的范围。既要做到应保尽保、不留死角，避免出现漏保的现象；又要做到实事求是、坚持原则，避免保了不该保的人。要进一步完善低保机制，保障金的申请、审批、发放、监督等要按规范程序实施严格管理。与此同时，社区组织要做好深入细致的思想政治工作，确保有关政策措施落实。

第三，要加强以社区党组织为核心的社区组织建设。要按照党章规定，根据社区党员分布，及时建立健全社区党组织，积极有效开展工作。要不断探索和完善社区党建工作协调机制，充分发挥社区内机关、企事业单位等党组织和在职党员作用，共同建设好社区。社区党组织要把服务群众、凝聚民心作为自己的工作重点。一些地方社区党组织建立了下岗职工党员联系站，鼓励下岗职工党员自强创业，效果很好。社区居委会作为社区居民的自治组织，要在党的领导下，履行好自己的职能，管理好社区日常事务，逐步实现居民自我管理、自我教育、自我服务、自我监督。

第四,要大力加强社区工作者队伍建设。这是搞好社区建设的重要组织保证。要采取从机关选派、从应届大中专毕业生中选任、从下岗职工和复员退伍军人中选聘、向社会公开招聘等办法,选拔一批文化程度较高、年龄较轻、工作能力较强的同志,充实社区工作者队伍,增强社区领导班子生机活力。同时,要积极发展社区志愿者队伍,并充分发挥他们的作用。城市社区作为一个新的工作领域,是一个需要干部的地方,也是培养锻炼干部的地方。应该大力提倡、鼓励有抱负的青年干部到社区工作。

第五,要加强对社区建设的领导。社区建设是一个新的工作领域,也是一项社会系统工程。各级党委和政府要把社区建设作为重要基础性工作来抓,切实摆上重要议事日程。要坚持因地制宜、循序渐进,不断探索和完善社区管理体制,改进工作方式。要广泛动员社会力量参与社区建设,协调各方形成社区建设合力,保证社区工作健康发展。要加大对社区建设的投入,逐步改善社区工作条件。要从政治上工作上生活上关心社区干部,加强对他们的培训,帮助他们不断提高自身思想政治素质、不断提高管理和服务水平。

# 进一步提高党政领导干部
# 选拔任用工作水平 *

## （二〇〇二年七月二十二日）

正确执行党的干部政策,首先要掌握选贤任能的原则、标准、方法,这样才能把人选准用好。颁布《党政领导干部选拔任用工作条例》,说到底就是要解决好选什么人、怎样选人问题。这个条例内容很多、很丰富,贯穿其中的基本精神,就是高举马克思列宁主义、毛泽东思想、邓小平理论伟大旗帜,全面贯彻"三个代表"重要思想,坚持党管干部原则,用科学的制度、民主的方法、严密的程序、严格的纪律把干部选准用好,把各级党政领导班子建设好,从组织上保证改革开放和现代化建设顺利进行。各级党委及其组织部门贯彻执行条例,要牢牢把握这个基本精神,着重抓好以下五个方面的工作。

一、坚持德才兼备原则,严格按照条例规定的条件选拔任用干部。

我们党一贯坚持德才兼备原则,并根据形势和任务变化不断赋予这一原则以新的内涵。在新世纪新阶段,坚持德才

---

* 这是胡锦涛同志在全国学习贯彻《党政领导干部选拔任用工作条例》电视电话会议上讲话的一部分。

兼备原则,就是要把坚持和实践"三个代表"重要思想作为选拔任用干部最重要最根本的要求,把那些身体力行"三个代表"重要思想的优秀干部选拔上来。条例规定的党政领导干部应当具备的六项基本条件[1],体现了"三个代表"要求,我们要严格按照这些条件选拔任用干部。这里,我特别强调以下几点。

一要注重看干部思想政治素质。对党政领导干部来说,思想政治素质是最重要的素质。我们党在制定干部队伍"四化"[2]方针时,是把革命化放在首位的。这些年,一些干部出问题主要是在革命化上不合格,在思想政治素质上出了问题。条例坚持了《党政领导干部选拔任用工作暂行条例》[3]对党政领导干部思想政治素质的基本要求。比如,具有履行职责所需要的理论水平,努力用马克思主义立场、观点、方法分析和解决实际问题;坚决执行党的基本路线和各项方针政策;有强烈的革命事业心和政治责任感;正确行使人民赋予的权力,清正廉洁,勤政为民;坚持和维护民主集中制;等等。同时,条例根据当前干部队伍实际状况,特别强调了要认真实践"三个代表"重要思想,坚持讲学习、讲政治、讲正气,经得起各种风浪考验;具有共产主义远大理想和中国特色社会主义坚定信念;坚持解放思想,实事求是,与时俱进,开拓创新;做到自重、自省、自警、自励;等等。我们选拔任用干部,必须坚持条例规定的条件,把政治标准放在首位,注重对干部思想政治素质的考察,坚决防止和纠正重才轻德现象。考察干部思想政治素质,要考察其政治方向、政治立场、政治观点、政治纪律、政治鉴别力和政治敏锐性,也要考察其思想道德品质。尤其要看关键时刻的表现，要看能不能经受名利权色考验，能不能做到把党和人民摆在高于一切的位置上。

二要注重看干部作风。干部作风是干部在群众中的形象。群众往往从他们直接接触到的干部来看我们党。因此，干部作风怎么样，干群关系怎么样，对党的事业发展有着重要影响。我们要按照党的十五届六中全会要求，注意考察干部思想作风、学风、工作作风、领导作风和生活作风等方面情况，考察他们在"八个坚持、八个反对"[4]方面做得怎么样。现在，一些地方和部门工作之所以进展不大，往往不是因为没有好的思路、好的规划，主要是因为作风飘浮，工作抓得不紧、落实得不好。我们衡量一个干部的作风，不仅要看他嘴上说得怎么样，更重要的是要看他做得怎么样。那些脱离群众、脱离实际，搞形式主义、官僚主义的人，不干实事、弄虚作假的人，因循守旧、照搬照抄、不思进取的人，作风霸道、不顾大局、闹不团结的人，任人唯亲、拉帮结伙、投机钻营、跑官要官的人，贪图享乐、铺张浪费、以权谋私的人，决不能提拔重用。而且，要该批评的批评、该处理的处理，从而在全党形成一种正确导向，让坚持党的优良作风的干部能够奋发有为，让搞不正之风的人在党内没有市场。

三要注重看干部政绩。实践是检验真理的唯一标准，也是检验干部是否优秀的试金石。干部政绩是干部德才素质的集中表现和综合反映，是使用干部的基本依据。干部素质高低最终要在政绩中体现出来。识别和评价干部政绩，要做到全面、客观、真实、科学，防止片面性和简单化。既要看当前工作的成绩，又要看在基础性、长效性工作中的成果；既要看工作成绩的大小，又要看取得这些成绩的工作环境和条件；既要看日常工作的成效，又要看在重要时期、重要工作、重大事件中的决策能力和工作成效；既要看抓物质文明的成效，又要看抓精神文明的成效。这样才能全面准确识别和评价干部，公正公道对待干部，不让那些勤勤恳恳、踏实工作、不事张扬的人吃亏，也不让那些投机取巧、哗众取宠、惯于做表面文章的人捞到好处。

四要注重看干部群众公认程度。人民群众是真正的英雄。干部思想政治素质高不高、作风好不好、政绩突出不突出，群众自有公论。在干部选拔任用工作中，要把人选准用好，防止用人失察失误，从根本上说必须充分发扬民主，走群众路线。这些年，一些地方选拔任用干部出问题，很重要的一条是没有用好群众公认这把尺子，这方面教训务必认真记取。在正常情况下，多数群众不拥护的干部，不能提拔。

**二、严格执行条例规定的程序，形成选拔任用干部科学机制。**

条例对干部选拔任用的推荐提名、考核考察、酝酿讨论、任免、监督等各个环节，作出了更加规范的程序性规定，形成了干部选拔任用工作的完整要求。我们说要坚持用好的制度选人，形成选拔任用干部科学机制，就要按照条例规定的程序办事。这里，我着重强调三点。一是要严格执行推荐提名程序。选拔任用党政领导干部必须经过民主推荐提出考察对象。除个别特殊情况可由组织推荐者外，凡没有经过民主推荐程序的不能列为考察对象。二是要切实把好考察关。现在，一些地方和部门干部考察工作存在严重形式主义，表面上看必要的考察程序都走过了,但对干部实际表现并没有真正掌握,或者没有把考察情况真实反映到党委(党组)会上来。有的干部提拔到新的领导岗位不久,问题就暴露出来;有的干部犯了错误,一查早就有劣迹。这说明考察考核工作没有起到应有的把关作用。解决好这个问题,一方面要不断改进考察方法,防止考察失真失实;另一方面有关人员要增强党性、坚持原则,客观真实了解和反映考察对象情况。三是要严格执行集体讨论决定干部的制度和程序。现在,一些地方和部门实际上仍然存在着少数人甚至个别人决定干部任用的情况。党委(党组)讨论决定干部,一定要按照民主集中制原则办事,坚持会议讨论决定,坚持少数服从多数,绝不允许把个人凌驾于集体之上,搞个人或者少数人说了算。近年来,按照中央要求,许多地方对市(地)、县(市)党委和政府正职的拟任人选和推荐人选,由上级党委常委会提名,全委会审议,进行无记名投票表决,收到了好的效果。条例吸取了这一好的做法,对此作了原则规定,各地要认真贯彻执行。

**三、坚持干部工作中的群众路线,进一步落实群众对干部选拔任用的知情权、参与权、选择权、监督权。**

扩大干部工作中的民主,是干部人事制度改革的基本方向。实践证明,在干部工作中坚持走群众路线,是选好人、用好人的重要保证,也是减少和避免用人上的失误、防止和纠正用人上不正之风的有效措施。这些年来,我们在扩大干部工作民主方面采取了许多措施。比如,面向社会公开选拔领导干部,实行领导干部任前公示,推行和完善民主推荐、民主评议、民主测评制度,实行差额考察和考察预告制度,深入了解干部社会生活方面表现,等等。这些改革措施,受到了广大干部群众普遍欢迎,也取得了一定效果。当前,进一步扩大干部工作的民主,必须进一步增强干部选拔任用工作的公开性和透明度,落实好群众对干部选拔任用的知情权、参与权、选择权、监督权。在这方面,条例作出了明确规定,我们要认真把握和执行。一是坚持民主推荐,并根据实际情况适当扩大群众参与民主推荐范围。二是进一步扩大干部考察工作中的民主,广泛听取各方面意见,特别是要重视听取基层群众意见。三是选拔任用干部必须在一定范围内公示人选的有关情况,接受群众监督。对群众反映和举报的问题,要严肃对待,认真调查处理。

**四、切实加强干部监督工作,防止和减少用人上的失察失误。**

加强干部监督,是党政领导干部选拔任用工作的重要环节,也是防止和纠正用人上的不正之风的重要保证。条例总结了我们党的干部监督工作特别是对《党政领导干部选拔任用工作暂行条例》执行情况的监督检查工作的经验,进一步完善了监督制度,强化了监督措施,严肃了工作纪律,为进一步加强对干部选拔任用工作的监督提供了有力武器。贯彻执行条例,加强干部监督工作,重点是加强对领导干部的监督和干部选拔任用工作的监督,特别是对第一把手的监督。第一把手在领导班子中起着关键作用,在用人上有相当大的发言权,要带头执行党的干部路线和干部政策。上级党委要加强对下级第一把手的教育和管理,加强对第一把手在用人上的监督。要抓紧建立并完善干部推荐责任制、干部考察工作责任制、干部选拔任用工作责任追究制、干部选拔任用工作监督责任制。对选拔任用干部不按规定办事造成失误的,要严肃追究责任。要增强主动监督意识,强化事前监督、事中监督,把对执行条例情况监督关口前移,切实改变出了问题才去检查、才去监督的状况。要努力健全监督体系,做到党内监督、法律监督、群众监督、舆论监督相结合,形成监督合力。要建立干部监督工作信息网络,进一步拓宽监督渠道、扩大信息来源,使干部监督机构耳聪目明、监督工作更加及时有力。

**五、进一步深化干部人事制度改革,为优秀人才脱颖而出提供制度保证。**

条例是干部人事制度改革的一个重大成果,同时又为进一步深化干部人事制度改革指明了方向。随着形势发展和实践深化,干部选拔任用工作中还会出现许多新情况新问题,干部人事制度改革必须坚持不懈抓下去,不断向广度和深度推进。这里很重要的,是要树立科学用人观念,坚决克服论资排辈、迁就照顾、求全责备、凭个人印象和好恶选干部等陈旧落后观念和习惯。江泽民同志在中央纪委第七次全会上对选人用人问题作了精辟论述。他强调,一是要坚持任人唯贤,反对任人唯亲;二是既要德才兼备,又不求全责备;三是既要坚持选人标准,又要不拘一格;四是既要搞五湖四海,又要唯才是举;五是用人要用其所长,防止用其所短;六是既要看素质,又要看实绩。这些重要的选人用人思想,是对我国历史上和我们党在长期实践中选人用人经验的科学总结。各级领导干部和从事组织人事工作的同志一定要认真学习、深刻领会,并在实际工作中自觉遵循。深化干部人事制度改革,必须弘扬与时俱进精神,积极推进制度创新。条例在制度建设许多方面,如民主推荐制度、干部考察工作责任制、考察预告制度、部分领导职务聘任制、引咎辞职制度、责令辞职制度、干部选拔任用工作责任追究制、干部选拔任用工作监督责任制等,只作了一些原则性规定,需要在今后实践中继续探索、积累经验,逐步加以完善。各级党委要以贯彻执行条例为契机,继续认真落实中央下发的《深化干部人事制度改革纲要》,加快干部人事制度改革步伐,总结经验,探索规律,努力推进干部工作科学化、民主化、制度化,进一步完善选贤任能科学机制,为优秀人才脱颖而出、健康成长、施展才干创造良好环境。

## 注　　释

〔1〕六项基本条件是:(一)具有履行职责所需要的马克思列宁主义、毛泽东思想、邓小平理论的水平,认真实践"三个代表"重要思想,努力用马克思主义的立场、观点、方法分析和解决实际问题,坚持讲学习、讲政治、讲正气,经得起各种风浪的考验。(二)具有共产主义远大理想和中国特色社会主义坚定信念,坚决执行党的基本路线和各项方针、政策,立志改革开放,献身现代化事业,在社会主义建设中艰苦创业,做出实绩。(三)坚持解放思想,实事求是,与时俱进,开拓创新,认真调查研究,能够把党的方针、政策同本地区、本部门的实际相结合,卓有成效地开展工作,讲实话,办实事,求实效,反对形式主义。(四)有强烈的革命事业心和政治责任感,有实践经验,有胜任领导工作的组织能力、文化水平和专业知识。(五)正确行使人民赋予的权力,依法办事,清正廉洁,勤政为民,以身作则,艰苦朴素,密切联系群众,坚持党的群众路线,自觉接受党和群众的批评和监督,做到自重、自省、自警、自励,反对官僚主义,反对任何滥用职权、谋求私利的不正之风。(六)坚持和维护党的民主集中制,有民主作风,有全局观念,善于集中正确意见,善于团结同志,包括团结同自己有不

同意见的同志一道工作。

〔2〕见本卷《中国工人阶级的伟大使命》注〔2〕。

〔3〕《党政领导干部选拔任用工作暂行条例》，由中共中央一九九五年二月九日发布施行，是我们党在干部选拔任用工作方面第一个比较全面系统的党内法规。此后，中共中央在该条例的基础上，制定了《党政领导干部选拔任用工作条例》，于二〇〇二年七月九日发布施行。

〔4〕见本卷《建设好的作风，推动事业发展》注〔2〕。

# 以扎实工作迎接党的十六大召开<sup>＊</sup>

### （二〇〇二年九月二日）

我们党即将召开十六大。这是我们党在新世纪召开的第一次全国代表大会，也是在我国进入全面建设小康社会、加快推进社会主义现代化新的发展阶段召开的一次十分重要的代表大会，对于新世纪新阶段全面开创建设有中国特色社会主义事业新局面具有重大而深远的意义。全党同志要继续高举邓小平理论伟大旗帜，全面贯彻"三个代表"重要思想，努力做好改革发展稳定各项工作，以优异成绩迎接党的十六大召开。

今年五月三十一日，江泽民同志在中央党校省部级干部进修班毕业典礼上发表了重要讲话。这个讲话，是继去年"七一"讲话〔1〕后又一篇马克思主义重要文献。讲话站在全局和战略高度，科学总结了我们党带领人民建设有中国特色社会主义的基本经验，全面阐述了贯彻"三个代表"重要思想的根本要求，深刻回答了新世纪党和国家事业发展的一系列重大理论和实践问题，为召开党的十六大作了重要政治、思想、理论准备，对于更好团结和动员全党肩负起历史和时代赋予我们的庄严使命具有十分重要的意义。学习"五三一"讲话，最

---

＊　这是胡锦涛同志在中共中央党校秋季开学典礼上讲话的主要部分。

重要的是加深对贯穿讲话全篇的"三个代表"重要思想的理解。"三个代表"重要思想，既坚持了马克思主义基本原理，坚持了辩证唯物主义和历史唯物主义世界观和方法论，同马克思列宁主义、毛泽东思想、邓小平理论一脉相承，又反映了当代世界和中国发展变化对党和国家工作的新要求，以新的思想、观点、论断丰富和发展了马克思列宁主义、毛泽东思想、邓小平理论，是我们党理论创新的最新成果。"三个代表"是我们党的立党之本、执政之基、力量之源，是加强和改进党的建设、推进我国社会主义制度自我完善和发展的强大理论武器。贯彻"三个代表"重要思想，关键在坚持与时俱进，核心在保持党的先进性，本质在坚持执政为民。要把学习"七一"讲话和"五三一"讲话作为重要任务切实搞好，不断增强贯彻"三个代表"重要思想的自觉性和坚定性，为下一步全面落实党的十六大提出的各项任务打下坚实思想基础。

一、充分认识国内外形势新变化和我们党面临的新任务，始终保持与时俱进的精神状态，不断推进理论创新。

历史和现实都告诉我们，马克思主义具有与时俱进的理论品质，坚持马克思主义就必须坚持与时俱进精神；与时俱进又是我们对待马克思主义的正确态度，坚持与时俱进就要在实践中不断丰富和发展马克思主义。我们党是执政党，坚持解放思想、实事求是的思想路线，弘扬与时俱进的精神，不断开拓马克思主义理论发展新境界，这是党在长期执政条件下保持先进性和创造力的决定性因素。我们党能否始终做到这一点，决定着中国前途命运。

坚持与时俱进，推进理论创新，前提在于正确认识时代特征,把握社会前进脉搏,洞察历史发展大势。在新世纪新阶段,我们要贯彻"三个代表"要求,不断丰富和发展马克思主义理论,始终保持党在思想理论上的先进性,就必须坚持用马克思主义宽广眼界来观察当今世界和当代中国,准确把握世界发展潮流,把握中国社会前进方向,把握党自身状况发生的变化。

首先,要科学认识和把握世界形势新变化。进入新世纪,和平与发展仍然是世界面临的两大课题。国际局势总体趋向缓和,但天下并不太平。当前,国际局势呈现许多新的特点。世界多极化趋势在曲折中发展。经济全球化进程加快。科技进步日新月异,越来越成为经济社会发展的重要决定性因素。非传统安全因素影响上升,国际安全形势更加复杂。发达国家和发展中国家发展差距进一步扩大,南北矛盾更加突出。总的看,当今国际形势错综复杂,各种矛盾相互交织,但新的世界大战在可预见的未来还打不起来,争取较长时期的国际和平环境是可以实现的。面对日趋激烈的综合国力竞争,面对西方敌对势力对我国实施西化、分化战略,我们必须增强忧患意识,抓住机遇,迎接挑战,集中精力把国内的事情办好,尤其要把经济建设搞上去。同时,我们要坚持独立自主的和平外交政策,坚决反对霸权主义和强权政治,坚决反对一切形式的恐怖主义。要积极改善和发展同各大国的关系,继续加强同周边国家的睦邻友好关系,大力推进同发展中国家的团结合作,为我国改革开放和现代化建设创造一个良好国际环境和周边环境。

其次,要科学认识和把握国内形势新变化。经过全党全国各族人民二十多年艰苦努力,我们胜利实现了现代化建设"三步走"战略的第一、第二步目标。一个十二亿多人口的发展中大国,人民生活总体上达到小康水平,这是改革开放和现代化建设的丰硕成果,是中华民族发展史上一个新的里程碑,也为我国在新世纪的发展奠定了坚实基础。现在,我国进入了全面建设小康社会、加快推进社会主义现代化新的发展阶段。我们要抓住机遇、加快发展,继续推进现代化建设,具有许多有利条件,也面临不少矛盾和问题。人民群众日益增长的物质文化需要同落后的社会生产之间的矛盾仍然是我国社会的主要矛盾。我国生产力和科技教育整体水平还比较低,仍然面临着发达国家在经济科技等方面占优势的压力。我们在建设社会主义物质文明、政治文明、精神文明方面积累了许多成功经验,但改革发展稳定中还有许多深层次问题有待我们去解决,有许多规律性东西需要我们去认识和把握。我国加入世界贸易组织后面临着新的机遇和挑战,既需要我们遵守世贸规则,又要求我们善于利用规则来发展自己、化解风险。随着改革开放深入,我国社会经济成分、组织形式、就业方式、利益关系和分配方式日益多样化,正确处理各种利益矛盾,理顺收入分配关系,需要我们继续作出努力。总之,在未来的征途上,改革发展的任务会十分艰巨,新情况新问题会层出不穷,来自各方面的挑战和风险会不时出现。对此,我们要始终保持清醒头脑。

第三,要科学认识和把握党自身状况发生的新变化。经过八十多年发展,我们党的自身状况发生了重大变化。一是我们党已经从一个领导人民为夺取全国政权而奋斗的党,成为一个领导人民掌握着全国政权并长期执政的党。党的地位的这种变化，使我们有了更好为人民服务的条件，同时也增加了脱离群众的危险。二是我们党已经从一个在受到外部封锁和实行计划经济条件下领导国家建设的党，成为在对外开放和发展社会主义市场经济条件下领导国家建设的党。党所处的外部环境的变化，有利于我们的党员、干部开阔眼界，学习国外先进科学技术和管理经验，同时也增加了受资本主义腐朽思想和生活方式腐蚀的危险。随着经济体制、政治体制、文化体制改革推进和社会主义市场经济、社会主义民主政治、社会主义精神文明发展，给党的建设带来了新动力，同时也提出了许多新课题。三是我们党已经有六千六百多万名党员，五十多万名县处级以上领导干部。新党员数量大幅度增加，干部队伍新老交替不断进行，一大批年轻干部走上领导岗位。这种新变化给党的发展带来了新活力，也提出了许多新挑战。

总之，当今世界、当代中国和我们党的自身状况已经和正在发生重大变化。我们要在不断发展变化的形势下迎接新挑战、完成新任务、实现新发展，把我们党和国家事业不断推向前进，首先就要求我们坚持与时俱进，以马克思主义政治勇气和理论勇气不断推进理论创新。马克思主义基本原理任何时候都要坚持，否则我们的事业就会因为没有正确的理论基础和思想灵魂而迷失方向。但是，坚持马克思主义基本原理必须同时代特征结合起来，同不断发展变化的客观实际结合起来。要自觉把思想认识从那些不合时宜的观念、做法、体制中解放出来，从对马克思主义的错误的和教条式的理解中解放出来，从主观主义和形而上学的桎梏中解放出来，坚持科学态度,大胆进行探索,加强对现实生活中的重大理论问题和实际问题的研究,不断深化对共产党执政规律、社会主义建设规律、人类社会发展规律的认识,在实践中推进马克思主义发展,用发展着的马克思主义指导新的实践。

**二、把发展作为我们党执政兴国的第一要务,推动国民经济持续快速健康发展和社会全面进步。**

江泽民同志在"五三一"讲话中,提出了"把发展作为党执政兴国的第一要务"的重要论断。这既是对我们党执政经验的科学总结,也是对我们党新时期根本任务的高度概括。发展是硬道理,解决中国所有问题的关键在于发展。我们党要承担起推动中国社会发展的历史使命,必须始终紧紧抓住发展这个主题不放松,把保持党的先进性和发挥我国社会主义制度优越性落实到发展先进生产力、发展先进文化、维护和实现最广大人民根本利益上来。把握住这一点,就从根本上把握了人民愿望,把握了社会主义现代化建设本质。这里所说的发展,是以经济建设为中心、经济政治文化相协调的发展,是立足于实现中国现代化又顺应世界发展潮流、具有时代特征的发展,是促进人与自然相和谐的可持续发展。综观全局,今后一二十年,对我国来说是可以大有作为的重要战略机遇期。我们要按照江泽民同志提出的"发展要有新思路,改革要有新突破,开放要有新局面"[2]的要求,进一步增强抓住机遇、加快发展的使命感和紧迫感,用发展的办法解决前进中的矛盾和问题,坚定不移实现我们的发展目标。

加快发展,关键是促进经济发展。当前,我国经济形势总的是好的。今年以来,各地区各部门以"三个代表"重要思想为指导，认真贯彻落实中央部署，努力做好各方面工作，取得了明显成效。国民经济在平稳中保持较快增长，国内需求进一步扩大，外贸出口和外商直接投资增长明显加快，结构调整取得新进展，各项改革稳步推进。在看到我国经济发展取得的成绩和具有许多有利条件的同时，也要清醒认识到面临的新矛盾新问题。从国际经济环境看，世界经济走向稳定复苏的前景还有很多不确定因素。从国内经济运行情况看，主要问题是：上半年财政收入增长明显放缓，收支矛盾比较突出；下岗失业问题十分严峻，就业矛盾有所加剧。此外，一些地方安全生产基础薄弱，重大特大安全事故时有发生，市场经济秩序混乱等问题也不容忽视。

今年是我国经济发展和政治生活中非常重要的一年。要保持经济平稳发展势头，实现全年百分之七的预期增长目标，必须抓紧解决面临的突出矛盾和问题，扎扎实实做好工作。

要坚定不移贯彻执行扩大内需的方针和积极的财政政策、稳健的货币政策。加快国债项目建设进度，抓紧在建项目收尾工作，并适当新开工一批经济发展和社会稳定所急需的项目。同时，要继续加大对农村投资省、见效快的中小型基础设施项目的投入力度，改善农村生产生活条件，促进农民增收。

要千方百计增收节支。进一步加强税收征管，堵塞各种"跑冒滴漏"，把该收的税款都收上来。与此同时，要严格控制各种开支，大力提倡艰苦奋斗、勤俭节约的作风，坚决刹住铺张浪费之风。

要从维护改革发展稳定大局和实现国家长治久安的高

度,将就业再就业工作作为一项长期的战略任务,坚持不懈抓好。要建立健全就业再就业的责任制度,把控制失业率和增加就业岗位作为宏观调控的重要指标。要广开就业门路,加强就业服务和职业培训,加大对下岗职工再就业的扶持力度。对特殊就业困难群体,通过开发公益性岗位等办法提供就业援助。

要加快农业结构调整,促进农民增收减负。继续推进农业产业化经营,加大对"公司加农户"等农产品加工和流通企业的信贷支持。加快退耕还林进度,确保退耕还林质量。认真抓好农村税费改革试点。积极引导农村富余劳动力合理转移和有序流动。继续开展涉农价格收费专项治理,减免受灾地区农业税费,增加对受灾人民群众的救济,切实减轻农民负担。

要努力扩大外贸进出口,积极有效吸引外商直接投资。要认真实施"走出去"战略,加大对境外投资的金融支持,重点鼓励优势国有企业和有实力有信誉的民营企业到境外投资办厂。要继续改善投资环境,抓住国际资本流动出现的新机遇,采用多种方式,引进一批技术水平高、有利于促进国内结构调整的外资项目。

要稳步推进以国有企业改革为中心的各项改革,以建立现代企业制度为目标,继续推进规范的股份制改造。加快推进投融资体制改革,扩大企业投资决策权。进一步放开民间投资领域,创造公平竞争的市场环境。

此外,还要认真抓好安全生产,严格执行安全生产责任制,强化日常监督管理,及时查找并排除安全隐患,防止重特大事故发生。

**三、充分调动一切积极因素，紧紧依靠广大人民群众，共同推进有中国特色社会主义伟大事业。**

在建设有中国特色社会主义道路上实现中华民族伟大复兴，是一项极其伟大又十分艰难的事业，必须最广泛最充分地调动一切积极因素，依靠全国各族人民齐心协力、团结奋斗。调动一切积极因素，需要从多方面努力，需要做大量艰苦细致的工作。尤其要在以下三个方面下功夫。

第一，要妥善处理各种利益关系。经过二十多年改革开放和现代化建设，我国经济社会发展取得了举世瞩目的伟大成就，广大人民群众普遍得到了实惠。同时，改革作为一场深刻革命，又必然带来利益格局和利益关系调整。特别是随着"四个多样化"[3]出现，在人民根本利益一致的同时，也产生了社会不同阶层、不同方面群众的利益差异，而且不少利益关系和矛盾交织在一起，错综复杂。我们只有把各种利益关系调整好、处理好，才能巩固和扩大党执政的群众基础，才能使改革开放和现代化建设获得最广泛最可靠的力量源泉。改革越深化，越要正确认识和处理各种利益关系，把个人利益和集体利益、局部利益和整体利益、眼前利益和长远利益、少数人利益和多数人利益正确统一和结合起来，把社会各个阶层、各个方面群众切身利益实现好、维护好、发展好，把他们的积极性引导好、保护好、发挥好。我们的各项政策措施都要正确反映和兼顾不同阶层、不同方面群众利益，使全体人民朝着共同富裕的方向稳步前进。

第二，要正确处理新形势下的人民内部矛盾。在新的历史条件下，人民内部矛盾明显增多，近年来各地发生的群体性事件绝大多数是由人民内部矛盾引起的。我们要从调动一切积极因素、巩固党执政的群众基础、实现国家长治久安的战略高度，充分认识正确处理人民内部矛盾的极端重要性，扎扎实实做好工作。要坚持运用民主协商、说服教育的方法，依据有关政策和法律规定，及时妥善处理人民内部矛盾。一是要开展经常性的矛盾纠纷排查调处工作，善于见微知著，及时发现问题，真正把工作做在前头，及早消除隐患，尽可能把矛盾解决在萌芽状态。二是要及时妥善处置群体性事件。一旦发生群体性事件，各级领导干部要敢于负责、靠前指挥，尽快控制局面；决不能回避矛盾，推诿拖延；防止因处理不当造成矛盾激化而影响社会稳定和人民团结。三是要加强有针对性的教育，引导群众正确对待改革中的利益调整。特别是出台涉及群众切身利益的政策措施时更要耐心细致做好释疑解惑、理顺情绪、统一认识、凝聚人心的工作，防止因思想政治工作不到位而引发矛盾。四是要切实转变领导作风和工作作风，坚决克服官僚主义。领导干部要经常深入基层、深入群众，了解群众愿望，倾听群众呼声，时刻把群众安危冷暖放在心上，为群众多办实事、好事。对群众提出的要求，能解决的一定要及时解决；一时解决不了的，要向群众说清楚，并积极创造条件加以解决；对不符合政策规定的要求，也要依据有关法规政策耐心细致做好解释说服工作。

第三，要积极做好维护社会稳定工作。保持社会稳定，是全国各族人民根本利益之所在。特别是在深化改革、调整经济结构、各方面利益关系变动较大的时期，维护稳定更具有重大现实意义。我们要按照中央确定的方针处理好改革发展稳定的关系，切实加强社会治安综合治理，努力消除各种不安定因素，为人民群众创造和谐稳定的社会秩序和环境。要继续深入开展"严打"整治斗争，严厉打击各种刑事犯罪和破坏社会主义市场经济秩序的犯罪活动，依法打击黄赌毒等各种危害社会治安的违法活动和丑恶现象，铲除黑恶势力，切实增强人民群众安全感。要进一步加强基层基础工作，增强基层组织对社会的管理和控制能力，完善群防群治工作机制，尽可能把各种矛盾和隐患化解在基层。要全面执行党的民族政策、宗教政策，切实做好新形势下的民族工作、宗教工作。同时，对境内外敌对势力的各种渗透、破坏活动，要高度警惕，严加防范，进行有效斗争。

**四、按照"三个代表"要求，以改革精神全面推进党的建设新的伟大工程。**

开创有中国特色社会主义事业新局面，必须毫不动摇坚持和改善党的领导，全面推进党的建设新的伟大工程。江泽民同志在"五三一"讲话中深刻指出："在新的历史条件下，加强和改进党的建设，一定要高举邓小平理论伟大旗帜，认真贯彻'三个代表'要求，保证党的路线方针政策全面反映人民的利益和时代发展的要求；一定要坚持党要管党、从严治党方针，进一步解决提高党的领导水平和执政水平、提高拒腐防变和抵御风险能力这两大历史性课题，始终保持党同人民群众的血肉联系；一定要准确地把握当代中国社会前进的脉搏，改革和完善党的领导方式和执政方式、领导体制和工作制度，使党的工作充满活力；一定要把思想建设、组织建设、作风建设有机结合起来,把制度建设贯穿其中,既立足于经常性工作,又抓紧解决存在的突出问题。"这"四个一定要",是对党的建设经验特别是改革开放以来党建工作经验的科学总结,为我们在新世纪新阶段加强和改进党的建设提供了重要指导方针、指明了前进方向。我们要坚持以"三个代表"重要思想为指导,按照"四个一定要"的要求,不断提高党的建设水平。

应该看到,在我国改革开放新时期,在世界社会主义遇到挫折、霸权主义和强权政治依然存在并有所发展的国际背景下,在发展社会主义市场经济和实行对外开放、经济全球化和信息网络化不断发展的条件下,党的建设面临着许多前所未遇的新问题。解决这些新问题,需要运用我们党在加强自身建设中长期积累的成功经验,但仅靠老办法已经远远不够了,必须在实践中探索新路子、寻找新办法、总结新经验。党的建设不创新就不能前进,就不能适应新形势新任务需要。我们必须坚持解放思想、实事求是,与时俱进、开拓创新,以改革精神研究党的建设面临的新问题,从理论和实践的结合上给予科学回答。

比如,要深入研究发展党内民主,改革和完善党的领导方式和执政方式问题。我们党处于执政地位,党内民主发展对于社会主义民主政治建设具有根本性、全局性影响。发展党内民主,改革和完善党的领导方式和执政方式,是我们党保持先进性和增强活力、进一步实现党和国家政治生活制度化、规范化的需要。这方面,有许多重要问题需要我们去研究、去解决。如何把坚决维护中央权威,保持全党统一意志、统一行动,同充分发扬党内民主、最大限度调动各级党组织的积极性和创造性统一起来,增强党的生机活力;如何进一步保障和落实党员民主权利,建立和完善党内情况通报、党内情况反映、党内重大决策征求意见等制度,使党内民主渠道畅通,保证广大党员能够更多参与党内事务;如何把坚持党的领导同发扬人民民主、严格依法办事有机统一起来,使党的领导更充分地体现组织和支持人民当家作主的本质、体现依法治国的原则;如何按照总揽全局、协调各方的原则,规范党委同人大、政府、政协和人民团体的关系,既保证党委在同级各种组织中发挥领导核心作用,又保证各方独立负责、协调一致进行工作。所有这些都需要认真研究。把这些问题研究透了、解决好了,我们党领导改革开放和社会主义现代化建设能力和水平就会进一步提高。

再比如,要深入研究干部队伍建设和选人用人问题。按照干部队伍"四化"〔4〕方针和德才兼备原则,努力建设一支高素质的、能够担当重任、经得起风浪考验的干部队伍,特别是培养造就一大批讲政治、懂全局、善于治党治国的优秀领导人才,关系到建设有中国特色社会主义事业成败。改革开放以来,我们党在干部队伍建设和干部制度改革方面取得了很大成绩。但是,把人选准用好,有效防止选人用人上的不正之风,还有大量工作要做。如何把坚持党管干部原则同扩大干部工作中的民主有机结合起来,全面落实好群众对干部选拔任用的知情权、参与权、选择权、监督权;如何把干部培养、使用、教育、管理、监督等环节有机结合起来,促进干部奋发工作、能上能下;如何改进培养年轻干部工作的方式方法,保证优秀年轻干部脱颖而出、健康成长;如何适应党和国家事业发展需要,实施好人才强国战略,做好培养、吸引、用好各方面人才工作,等等,都需要认真研究。前不久,中央颁布了《党政领导干部选拔任用工作条例》,各地区各部门正在贯彻执行。需要指出的是,条例对干部选拔任用中的有些改革措施虽作了原则规定,但仍需要我们从理论上进一步研究、在实践中进一步探索,积累经验,逐步完善。

又比如,要深入研究城市社区和非公有制经济组织中党的建设问题。社区建设是新形势下城市工作的重要基础。随着各项改革深入,加强社区党的建设越来越重要。如何加强以党组织为核心的社区组织建设;如何建立健全社区党组织和社区内其他基层党组织及群众性自治组织的协调机制,发掘资源、形成合力;如何吸引、选拔优秀年轻干部到社区工作,把社区建设成为锻炼干部、培养人才的场所,等等,都需要深入探索。加强非公有制经济组织党的建设,是增强党的阶级基础、扩大党的群众基础、提高党的社会影响力的需要,也是保护非公有制经济组织中广大职工合法权益和引导非公有制经济健康发展的需要。如何在非公有制企业尽快建立健全党的组织,并发挥它们的政治核心作用和党员先锋模范作用;如何从这类企业党组织实际出发,探索党组织活动方式和发挥作用的有效途径,等等,都需要我们认真研究。

还比如,要深入研究从源头上预防和治理腐败问题。我们党历来旗帜鲜明反对腐败。改革开放以来,针对体制转换时期腐败现象易发多发的特点,加大了反腐败斗争力度,取得了明显成效。当前,反腐败斗争形势依然严峻,不能有丝毫放松。反腐败斗争必须坚持标本兼治。要在继续下大气力抓好大要案查处的同时,加强从源头上预防和治理腐败工作。当前,要深入研究如何进一步深化行政审批制度、财政制度、干部人事制度等方面改革,从根本上铲除腐败滋生的土壤。反腐败斗争实践告诉我们,不受监督的权力容易导致腐败,而我们的监督制度和机制还很不完善。如何健全和完善监督制度,切实加强对领导机关、领导干部特别是第一把手的监督,建立领导干部权力行使到哪里、领导活动延伸到哪里,党组织的监督就实行到哪里的监督机制,等等,都需要认真研究。治理腐败,教育是基础。古人说:"道德当身,故不以物惑"〔5〕,讲的就是这个道理。如何使党内思想教育更加切实有效,特别是如何引导领导干部将他律和自律有机结合起来,也需要认真研究、深入探索。

适应新形势新任务要求,以改革精神推进党的建设是一篇大文章,需要研究和解决的问题很多。以上我只是例举了其中几个问题。解决党的建设面临的新问题,既需要实践探索,也需要理论研究。我们要以"三个代表"重要思想为指导,结合本地区本部门工作实际,认真思考、深入研究党的建设的重大理论和实践问题,力求取得丰硕成果。

## 注　　释

〔1〕见本卷《建设好的作风,推动事业发展》注〔3〕。

〔2〕见江泽民《努力开创建设有中国特色社会主义事业新局面》(《十五大以来重要文献选编》下册,中央文献出版社2011年版,第597页)。

〔3〕见本卷《关于新经济组织中的党建工作》注〔1〕。

〔4〕见本卷《中国工人阶级的伟大使命》注〔2〕。

〔5〕见《管子·戒》。